裂縫中的未來
批判性失能研究的理論實踐與典範轉移
Future in the Cracks: Critical Disability Studies and the Praxis of Paradigm Shifting

孫小玉　著

文學觀點 48

裂縫中的未來
批判性失能研究的理論實踐與典範轉移

Future in the Cracks: Critical Disability Studies and the Praxis of Paradigm Shifting

孫小玉　著

國家圖書館出版品預行編目 (CIP) 資料

裂縫中的未來：批判性失能研究的理論實踐與典範轉移＝Future in the Cracks: Critical Disability Studies and the Praxis of Paradigm Shifting／孫小玉著；一版，臺北市：書林出版有限公司，2025.07
面： 公分．—（文學觀點；48）
ISBN 978-626-7605-21-9（平裝）
1.CST: 失能　2.CST: 人文社會學
548　　　　　　　　　　　　　　114005205

文學觀點❹⓼

裂縫中的未來：批判性失能研究的理論實踐與典範轉移
Future in the Cracks: Critical Disability Studies and the Praxis of Paradigm Shifting

作　　　者	孫小玉
編　　　輯	張麗芳
校　　　對	王建文
出　版　者	書林出版有限公司
	100 台北市羅斯福路四段 60 號 3 樓
	Tel (02) 2368-4938・2365-8517 Fax (02) 2368-8929・2363-6630
台北書林書店	106 台北市新生南路三段 88 號 2 樓之 5 Tel (02) 2365-8617
學校業務部	Tel (02) 2368-7226・(04) 2376-3799・(07) 229-0300
經銷業務部	Tel (02) 2368-4938
發　行　人	蘇正隆
郵　　　撥	15743873・書林出版有限公司
網　　　址	http://www.bookman.com.tw
登　記　證	局版臺業字第一八三一號
出 版 日 期	2025 年 7 月一版初刷
定　　　價	500 元
I S B N	978-626-7605-21-9

欲利用本書全部或部分內容者，須徵得書林出版有限公司同意或書面授權。請洽書林出版部，Tel (02) 2368-4938。

目次

導論：後人類世代之批判性失能研究 ■ 1

壹、失能與生態 ■ 25
　【第一章】失能與生態中之慢性與結構性暴力......................27
　【第二章】台灣生態汙染、環境病與失能............................55

貳、失能者之生命書寫 ■ 81
　【第三章】失能賽博格之生命書寫....................................83
　【第四章】台灣在地失能研究與失能者之生命故事..............127

參、失能美學 ■ 173
　【第五章】失能藝術與現代美學......................................175
　【第六章】台灣失能藝術之萌芽與轉型..............................225

肆、失能身體與假體之配置 ■ 253
　【第七章】彼得 2.0 及 3.0 之假體配置與想像......................255
　【第八章】輪動藝術與人生..297

伍、失能研究之轉向 ■ 327
　【第九章】後人類時代之失能主體....................................329
　【第十章】從失能到智能之生命光譜................................367

結語：轉向之契機 ■ 403

致謝詞 ■ 417

引用書目 ■ 419

索引 ■ 445

【導論】

後人類世代之批判性失能研究

〔批評〕真正的意義在於開啓質疑我們假設的可能性,並以某種方式鼓勵我們生活在質疑的焦慮中,而不會過快地關閉它。當然,也不是爲了著急去做……但是因爲焦慮伴隨著一些事情,比如見證新的可能性。

——朱迪思・巴特勒(Judith Butler)引自 Salih 2004: 331

失能的體現揭露了身體不穩定、破裂的開放性,且「撕裂」了我們存在的整體。

——亨利-雅克・史帝克(Henri-Jacques Stiker)
A History of Disability 1999: 10

　　過去一個世紀人們針對族群、性別及性向問題著力甚深,成果斐然,但對於失能的議題仍然有很大的改善及突破空間,至今失能者仍然活在社會的底層,甚至被視爲非人。文學評論家萊斯利・費德勒(Leslie Fiedler)也宣稱失能是人文領域意圖開墾、征服的「最後邊境」(last frontier)(Mitchell and Snyder, *Narrative Prosthesis* 178)。失能研究在過去數十年來歷經不同的主導典範(paradigm)

或認識論（epistemology），從象徵模式起始過渡到醫療模式，轉進到較貼近弱勢族裔的社會模式。[1] 近年來失能研究開始轉向，批判性失能研究（Critical Disability Studies）成為新一波的研究方向，重點在於要將失能做為一種文化、歷史、社會和政治現象來分析。本書使用批判性失能研究一詞，意在捕捉更廣泛且多元的方法，包括那些源於哲學、宗教領域的方法，因此批判性失能研究主要是一種研究方法論，而不僅是單一主題的研究領域。它的研究方向採取多面向的反思及顛覆論述，一方面針對主流的政治文化所形成的身體健全或能者意識形態（ableism）進行修訂或抵制，並與其他弱勢族裔進行跨領域的連結，加強理論論述；另外一方面則呼籲區域性、在地性的失能研究學者，建構符合各自文化的失能研究，藉此平衡以全球化或歐美中心主導的研究方向。

在批判性失能研究中，最關鍵的特質乃是質疑我們現有既成假設的應然或必然，並開啟、見證各種可能的創新視角與思維的可能性。批判性失能研究固然鬆動了部分以族裔及性別或階級為主的概念，但針對以破除能者或健全意識形態為主的宰制，成效仍然有限，或忽略了原有失能研究論述中的矛盾或另類的權力失衡，例如失能研究學者在討論文化社會建構所形成的失能過程中，往往聚焦在體制與政策，而忽略了失能者個別的身體病痛或生命經驗，抑或不同形式的失能，以及在空間或福利的需求上，彼此出現相互排擠或衝突的現象。儘管失能研究對於失能主體概念的建構有積極的建樹，從原本表徵失能之將成形卻尚未成形的賤斥（abject）主體，過渡到今日常用來代表自主及能動性較高的可立（crip）主體[2]，但

---

[1] 關於失能研究的起源與發展，請參考拙作《失能研究與生命書寫：失能女性之性／別、身體／政治、與詩／美學》之第一及第二章。

[2] 可立（crip）的翻譯與定義將於下文說明。

失能研究在人權倡議上仍然面臨著兩大困境：一者是走不出體制中二元思維的限制框架，使得失能者在二元分立的概念中，總是居於被排除的他者位置；二者是失能研究的論述思維仍傾向由西方、白人、男性研究者為主導的歐洲中心思維與價值觀。換言之，本書的研究基調為啟動失能研究的典範轉移，以轉向（turn）為主軸，期待透過批判性失能研究的視角，提供不同於以往的反思。

　　失能主體的界定與定位饒富深意。自二十世紀末起，社會對失能的觀念和態度有明顯的修訂。過往，失能者多半被隔離到社區特殊學校或寄宿機構，現在他們則強調自立生活，期待融入社區與社會。在現今的氛圍下，討論弱勢族群的論述，焦點策略在於運動實踐者重構社會福利資源的分配，抑或是基於人道、人權思想的改革行動，但這或許要透過歷史的沉澱與實踐結果，方能印證。無論如何，失能或弱勢族群不會從人間消失，他們的生命尊嚴及處遇，也充分檢驗出時代文明提升與否。整體而言，失能的身體承載了不同於主流大眾的生存模式與定位，所表徵的意涵也總是弔詭的，它一方面是承受壓迫的場域，但另一方面也占據著改變與顛覆的重要位置，因此失能身體其實充滿了改革的潛力和希望。

　　失能身體對於近代新科技的發展有一定的觸媒作用，創新的醫療技術與科技輔具對於失能者其實是兩面刃。過去一個世紀以來，科技不斷地創新，生物科技、奈米科技、人工智能、人工胚胎及人工繁殖的出現，持續引發全球熱議，其進展神速，推陳出新，新潮科技的問世和創新輔具對人類及人體的支配力造成前所未有的衝擊，它們不僅改善了人類的身體、心理和社會素質，也增強了人類的健康和能力，並延長了壽命，甚至改造了人之為何物。創新的科技提供失能者各種增能輔助工具和技術，如義肢、智能輪椅、感應器、機器人助手、語音助理等智能輔具，幫助失能者克服生活中的

障礙，使其更容易參與社會生活和工作，提供更多的自主性和更高的生活品質。基因工程和其他先進的醫療技術，甚可將治療更加個人化，提供更為優化的治療方案，治療與身、心損傷相關的疾病。然而科技進步的速度過快，亦有其副作用，科技恐將更為快速地激化社會分化，使得部分大眾，尤其是失能者，無法跟上科技發展的步伐。不均等的科技輔具使用權，恐將造成更深的數位鴻溝，深化失能者在資訊取得和社交參與的限制，難以融入社會，造成更大的障礙。此外，基因編輯和先進的生物技術發展後，同時會導致社會大眾對優生學的興趣增加，易於接受基因改良和提高生理能力的觀念，淘汰弱勢與瑕疵的身體成為輕易的選項。失能者在如是價值觀的衝擊下，有可能被任意忽視、否定，進而面臨更深層的歧視和壓迫，甚至失去自己的身分和意義。同時間，能者意識形態也必然隨之強化、深化，趨於合理化。在這種情況下，人類更容易對某些基因或生理特徵進行篩選，以追求所謂的理想、完美人類，這樣的優生學意識形態也必然加深人們對失能者的拒斥，使其面臨更大的淘汰風險，並引發更深的倫理和社會問題。

　　無論如何，人類已進入新文明狀態。在人類世或後人類世的階段，世界改變步調加快，在數位化時代中，腦與意識面臨全新的整合，而太陽系或行星大自然的變化，也同樣給人類帶來各種天災及人為的疾病與傷害。科技控制、生技革命將會帶來人類的福祉？還是人類的終結？針對未來，科學家、哲學家或人文學者各持己見，眾說紛紜，眾聲也喧譁。人類的生存已不再屬於人類自身，這樣的世代對失能者會有何種衝擊、助益或威脅？人們面對這些難以避免的對立、磨擦和衝突，必須重新思考並定位人與非人的關係網絡。在未來急遽變動的世界裡，人們必將展開對人及人體定義的質疑，而失能也將隨之被賦予新的定義、形式及思維。失能研究的典範如

何移轉或轉向,以及失能者如何自處,值得深究。針對此議題,本書將自下列幾個面向爬梳析論:

一、失能族群的成員特徵極為複雜多元,無法以「一」表或概「全」,其中之繁複或許可以透過斜槓「/」來表達失能符號鏈上的變異與流動性。[3] 本書提出斜槓主體的概念再現失能主體的變異與流動性。斜槓做為失能主體的符碼有其多元的意涵,其核心概念舉其犖犖大者包括:斜槓主體的身分是流動的、斜槓凸顯失能主體的能力(ability)應被看見、斜槓可視為生命成長的移動游標、斜槓主體代表「一種後現代的繁複身體樣貌」、斜槓主體與 zoe(自然生命)/ bios(政治生命)的區別有關、斜槓主體一詞中的「斜槓」表達輔助「支柱」、斜槓主體一詞中的「斜槓」與排他律有關,意指被排除於「參與公共事務與機會的欄杆(bar)」外、斜槓主體代表「彈性空間」(alternative space),充滿潛力。斜槓做為一流動符號,表徵了二元兩極間的彈性流動、身分認同的繁複的相互性,詳細的說明與析論請參見本書第九章。

二、解構正常之神話:失能的樣態有百千萬種,人們對失能的恐懼也無以復加,「寧死也不能失能」("Better dead than disabled")是大眾對於失能或邊緣身體的感受。失能的艱辛經歷在文學作品或媒體報導中更是不勝枚舉,悲劇似乎是他們的宿命。失能者有部分的不便確實來自於身體功能上的不足,但更大一部分源於批判他們的「正常」鏡像。正常、異常是失能的監控代理人,對照失能的「正常」鏡像總是恆常不變,深植人心,如影隨形地映照所有身軀,彷彿真理般的圭臬,為大眾信仰、渴求。一般人從胎兒開始就面臨正常與常模的框架,這框架如同《仙履奇緣》中的那只玻

---

[3] 本書初稿多以失/能方式呈現失能概念,意在凸顯斜槓意涵,後為精簡版面,仍以失能表述,謹此說明。

璃鞋，此玻璃鞋可以是真實的一只鞋子，也可以是許多框架的譬喻或轉喻，人一生的成長過程，心中或多或少被玻璃鞋制約著，鞋子也許會換了樣式、材質，但不曾真正從心中消失。這只玻璃鞋轉換到現實生活，就是身高、體重、外型、工作、對象、婚姻、孩子、收入、房子、車子、教育背景、榮譽事蹟等等的價值框架，每個人都想穿上它，或成為皇后，或成為枝頭鳳凰，謳歌它，樂意讓它制約著我們，卻鮮少能看穿玻璃鞋的神話。

常與異常、能與失能的二元論述，在不同時代、地區、文化以不同的方式轉喻、再現。從早期的神話、童話故事乃至於現今的優生論述，無一不落常與異常的分立框架。相較於失能的身軀，什麼樣的身體才被認定為重要的身體或有價值的身體？除了玻璃鞋外，古希臘神話裡的普洛克路斯忒斯床（Procrustean bed）典故也是另一個貼切的譬喻，普洛克路斯忒斯是個十分殘暴的強盜，他有一張床，他邀請過路人睡在這張床上，如果客人太高，普洛克路斯忒斯就會截掉那人多出床的長度，一直都沒有人完全適合這張床，直到特修斯（Theseus）出現，他正好符合這張床的長度，因此保留住完整的身軀，而為了除暴安良，他以其人之道反治其人之身，截掉普洛克路斯忒斯的身軀。這典故表徵透過暴力和專斷措施所擬定的單一標準，例如所謂的標準或正常，看似理想或完美，但對大多數人其實是一種「削足適履」的制約。

生命過程中，這樣一套削足適履的規範或潛規則往往成為自我教育與自我治理或管理的隱形推手，在其中的個體，依此培養自己的能力與自我治理，建構成為特定政府或意識形態所認定或認可的主體樣態，例如在資本主義社會中，人的能力與價值皆配合量身訂做，個體的生產力及薪資所得皆由資本主義的邏輯與規則決定，能力等同於工資，而薪資所得成為規範個人的能力發展形式與外型的

打理、購買個人的時間與自由;換言之,唯有擁有資本主義機器所期待的主體形象,才具有意義、價值或存在感。個體必須符合此一體系的隱形玻璃鞋,才算正常。如此,不僅失能者是受到制約的個體,非失能者也同樣受到這個無形框架的壓制,即便剛好能合適這雙玻璃鞋,卻逃不出其窠臼及宰制,雖然如同灰姑娘般幸運,但穿得上鞋的人都心知肚明,看似合適的玻璃鞋仍得小心呵護,否則隨時會破碎,而成功的背後可能是異化得更為深刻徹底。就人類一生的歷程來審視,單一的標準或所謂的健康與正常,就如同雅各・拉岡(Jacques Lacan)鏡像層裡的自我,看似完整,其實是脆弱、不協調的個體,人的真實與鏡中的擬真造成人與自我不斷地異化。

失能研究自醫療模式邁入社會模式階段後,學者們自文化、社會、生命、政治治理等角度,對於失能者為何被邊緣化已有多元且充分的討論,例如藍納德・戴維斯(Lennard J. Davis)從1995年開始論述正常(normality)或常模(normalcy)如何被建構成形(*Enforcing Normalcy*),之後又撰文提出失能主體在社會模式論述之後,進入後認同理論的階段(post-identity theory)("Disability: The Next Wave or Twilight of the Gods?" 532)。他指出,後現代或新自由主義所顯現在身分認同的特色是「多樣或多元性」,多樣性意謂著身分是一種選擇,而無論是何種身分都值得慶祝與祝福。誰是失能者?失能身軀的定義與疆界究竟何在?有待重新衡量。二十一世紀初期,戴維斯進一步申論常模的終結(*The End of Normal*),他強調諸多解構性論述已瓦解常模的宰制性,取而代之的是多元。遺憾的是,在多元的光譜上,失能身分最終還是未曾鬆動、改變,被遺漏墊底,成為比對多元的對照元素或恆常的他者。根據戴維斯的觀點,在醫療論述主導下,失能始終被看作是一種異常或不正常的形式與表徵,一旦失能則意謂著喪失選擇的機會與權利;基本上,

失能與醫療始終保持著持續且穩定的關係。在如是的背景下，失能不會被視為「一種生活方式或身分，而是一種固定的類別」（a lifestyle or an identity, but as a fixed category）（*The End of Normal* 8）。他進一步以喬治・阿岡本（Giorgio Agamben）定義生命所使用的兩個詞彙：自然生命（*zoe*）及政治生命（*bios*）來區分失能者的生命，他質疑所謂的多元並不包含屬於自然生命的失能者，並且指出在這群所謂多元的自由消費者中，失能者從未被納入其中（5）。相對於其他多元的身分，失能者始終被界定為一種固定的（fixed）身分，亦即是一個不值得活存的身分，而看似褪色的「常模」概念卻恆常地適用於失能者。戴維斯銳利地詰問：「多元是否曾將失能或非常模含納其中？在自由主義氛圍中之政治生命（*bios*）是否曾將自然生命（*zoe*）納入其中？」（6）。戴維斯直指當前知識論述的盲點，此一問題亟待省視，以免失能在「自由」的氛圍中褪去受壓制的形式，讓失能者消失於隱形、無形之中。

事實上，在可預見的未來，失能者具有各種可能的存在模式與樣態，失能的形式與對象或許與現在的定義有著極大的不同，新近技術擴大了輔具使用者範圍，非失能者也包含在那些消費群之中。艾米・穆琳斯（Aimee Mullins）曾說，「義肢的消費者與購買iPod、眼鏡或房間的沙發的消費者是一樣的」（Mullins 2009）。義肢如同新出品的科技一般，都提供了精密化的增能功能，以穆琳斯及奧斯卡・皮斯托瑞斯（Oscar Pistorius）為例，義肢不僅改變了失能者之身體功能和外觀，甚至使他們能夠從失能過渡為有能力或超能力之人。未來身體的多變（volatility）將不易預期或探測，失能的意涵更難以想像，例如凱瑟琳・鄧恩（Katherine Dunn）的《怪胎之愛》（*Geek Love*）或閻連科《受活》中的失能角色。《怪胎之愛》描述一個馬戲團家庭如何透過人類對畸形的迷戀而建構失能

之價值，在普遍失能的家族中，只有極端特異反常的失能者才具備存活的價值，書中主角之一阿圖洛（Arturo）利用自身與眾不同的突出身形，成為眾人的焦點，翻轉了正常和失能之間的權力架構，並催化自己成為常人眼中趨近神的角色。《受活》則以虛構方式想像了一個以失能者為主的村莊，住在其中的人全都是聾、啞、盲、手殘、腳廢、醜到不行、智力不佳或發育不全的侏儒，小說時間的場景雖然設定在明朝，閻連科卻以想像方式勾勒出一個屬於失能者的桃花源。小說中的失能者一度離開受活莊，他們組成了雜耍團營生，書中之各式各樣的失能者，皆以其失能處展現創意的表演，雖然他們的表演廣受好評，最終他們還是決定回到受活莊，活在一個完全以失能者為主的地方，儘管他們生活中承受著身體上的各種不適，但卻能苦中作樂。兩本小說對於想像失能有著相似性，但其中也蘊含著不同的文化底蘊，西方仍是傾向翻轉失能者為神化的強者，東方則回到抱樸守靜的桃花源，遺世獨立。

　　三、厚植在地化失能研究：本書在引介歐美失能研究的同時亦帶入台灣在地的失能研究及生命敘事、藝術展演，一方面介紹台灣經驗，另一方面也平衡以西方為主導的失能研究論述與經驗。過往，學者進行失能研究時所參考的文化、理論或背景脈絡，多以西方或歐美概念為主，批判性失能研究另外一個重要訴求就是提供在地化之文化社會觀點探究失能議題，尚恩・格雷奇（Shaun Grech）與凱倫・蘇爾達提克（Karen Soldatic）所著的《全球南部的失能問題：批判手冊》（*Disability in the Global South: The Critical Handbook*），自南半球為主的角度發聲，挑戰北半球失能問題研究及其論述中隱含的缺失，並以南半球問題為背景勾勒失能論述。格雷奇以拉丁美洲為例，指出學者應注意原住民受到的壓迫，由於一些非殖民化和新興民族國家的形成，隨之而來的是，他們對少數族裔工

人的剝削和排斥;這也無形地增加流動難民的暴力和鬥爭,進而迫使這些新移民工人面臨更多的困難處境與種族化衝突。因此,對於南半球失能倡議者而言,努力的目標是基本生存。至於北半球所重視或關切的融合式教育、人權發展或失能文化等議題,對那些手足無措、連溫飽活存都有困難的人而言,則顯得次要。本書將失能研究置於更宏觀的後人類世框架中研究,特別納入東方、區域性的在地文化脈絡,加入生態、科技及老年等跨領域面向,並以東方哲學及宗教的生命觀,透過更開闊的全球化及視角,凸顯不同時空中各種形式生命治理的箝制性及霸權運作,進而破除其所建構之能者意識形態或相關神話。

目前台灣的失能研究已開始萌芽,除了筆者在 2014 年出版的專書《失能研究與生命書寫:失能女性之性／別、身體／政治、與詩／美學》,近期出版與失能研究有關的主要有楊芳枝主編之《邊緣主體:性別與身分認同政治》,以及劉人鵬、宋玉雯、蔡孟哲、鄭聖勳合編之《抱殘守缺:21 世紀殘障研究讀本》;在現有少數的研究論述中,則多以西方理論為主。當學界引介失能研究至台灣本土實踐時,常因文化屬性及社會福利之差異,產生「研用落差」之現象,因此台灣學界有發展其在地化失能研究知識論述之必要性,期能與全球化之西方論述接軌並進行對話,進而整合跨文化的研究方法。本書則透過建構屬於台灣在地的失能研究,一方面補述台灣失能者的生命故事與口述歷史,進而提供啟動屬於失能者轉型正義之論述基礎。轉型正義是政府目前努力的政策,除了政治受害者外,失能者長久以來被剝奪的人權更應納為優先考慮之列。失能者的主體在社會上像是一個月蝕的主體,社會大眾總以填補缺失的意識形態對待他們;換言之,失能者永遠是一個缺,而其主體則是一匱乏的主體。屬於族群或黨國政治意識形態產生的創傷容易被看

見,尚有處理與療癒修復的機會,而失能者所遭受的各種壓制,在當今社會往往在歸因成個人不幸後即被忽略,他們存在於社會各個角落卻不被看見,所有被剝奪的人權、權益,乃至尊嚴,都極易被詮釋為個人不幸而不予以理會。平權不應僅存在或僅止於族裔與性別異同之間。

四、跳脫二元之一體共生人文思維:二元思維與邏輯自古以來一直主導西方思維、語言、論述或說理模式,近代哲學及理論家則開始關注二元論述所含藏的內在瑕疵與問題,因而不曾間歇地提供出離之道,設法瓦解、掙脫二元束縛的論點。二元論述是重要的認識與認知的工具,便於理解現象界的人、事、物,但同時也容易造成各種不同形式的衝突、對立關係,例如常與異常、能與失能的二元對立。二元的差異總是涵藏著各種有形無形的競爭、比較與衝突,身處其中的人們也注定了難以真正地平等對待、和平相處,無論是失能或非失能者,其實都被這虛擬、想像的正常鏡像框架著,時時刻刻制約著。我們所處的世代滿布各種新的觀點及視角,各種以「後」(post)為前置詞的理論不斷地推陳出新,後人類或後人類世主導著時代前進的脈絡。「後」似乎影射了補正、修訂、創新、前衛、翻轉、未來等概念,但最為關鍵的是,與「後」有關的論述都力求突破二元的框架。瓦解二元的框架是世代典範轉移的關鍵點,也是失能研究能夠徹底啟動典範轉移的契機。

本文借鑑吉爾・德勒茲(Gilles Deleuze)、費利克斯・瓜達里(Félex Guattari)的理論以及羅西・布雷朵蒂(Rosi Braidotti)等後結構及後人類論述,破除二元分立的觀點。德勒茲的根莖、無器官身體、遊牧主體、去二元化等論述,強調生命的存在是一種不斷變化、流動、連結的生命力,沒有固定的形式或界限,相關論述將於下文引介析論。布雷朵蒂的觀點本於巴魯赫・史賓諾沙(Baruch de Spinoza）的一元論思想，強調所有的物質皆具有「生命力與自我組織的能力」，他的思想可統稱為「有生命力的唯物主義」（vitalist materialism）(*The Posthuman* 57）。史賓諾沙拒絕各種形式的形上超越主義，將差異置於辯證方案之外，並視其為一個由內在與外在的力量所構成的複雜延異過程，期間並與多個他者有緊密的關聯性，因此其觀點亦稱為「激進的內在性」（radical immanence）(57）。同樣地，布雷朵蒂帶出從二元走到一元（monistic）的指標方向，反對所謂的單一認同及個體性，破解以人類為中心世界觀，尤其是以歐洲白人、男性、異性戀或中產階級為代表的「人」的概念，強調整個宇宙為一個無限的、不可分割的物質。生命不是單個、個別的實體屬性，而是整體的屬性。宇宙的一元論是一切物質的普遍、統一性，它瓦解了傳統以人類為中心的人文主義，是破解所有分立、差異的有效工具（57）。布雷朵蒂指出人在宇宙網絡中與非人連結合作之必要與必然性，此一層面的論述正可包容失能者的多元、差異性，而她強調與機器連結的概念也同時開展了人的定義範疇，並合理地支撐了失能者與輔具／假體連結的生命體。布雷朵蒂從二元對立的框架過渡到人與非人「一體」的思維，從「不二」的角度，化解人們透過政治、分別意識及生命治理所建構的階級、性別、族群等矛盾與對立，重視「自然生命」（*zoe*）的概念，強調所有的生命都應獲得平等的尊重與尊嚴。上述觀念合理地啟動了失能研究的轉向動力。

五、建立失能者自在、自主的人生觀：近年來，東、西方學者常用倡議或示威抗議方式為各種弱勢族裔爭取其人權及相關權益，倡議固然有其立即性或針對性，然而所爭取的果實往往在政權及經濟的變遷時面臨各種變數，例如歐美經濟緊縮政策立即影響失能者的福利及醫護權益，而在新自由主義當道及政治結構向右傾斜時，

透過倡議或示威所得到的保障，面臨各種不確定、不定時的挑戰。同時間，能者意識形態在多元層面發酵擴展，與性別、種族及階級歧視緊密結合，無所不用其極地滲透在生活的方方面面，因此本書另闢蹊徑，透過批判性失能研究的角度，回觀失能研究的缺漏或論述盲點，帶入去中心化的思維模式與論述，以不二概念破解能者意識形態或常模概念所建構的霸權意識，透過斜槓主體的概念，鬆動主流文化、社會及政治論述給失能者配置的邊緣位置或負面定型化形象，聚焦並凸顯失能者「能」（ability）的部分，鬆解「失」（dis）的偏見，在建／解構失能主體後的最後階段，提出自在、自主的失能主體論述，並建立非失能者與失能者、人與非人（環境、動物、智能輔具等）一體和諧、共融／榮平等的生命觀。

　　失能者在積極推動倡議、改革的同時，更為重要的是向內探索，積極地發現、建立自力救濟的自信、自在的人生哲學，以消解、療癒身心時時面臨的痛苦與磨難。創傷和痛苦，是每位失能者共有的生命經驗，唯有認識生命真相，找到療癒創傷的方式，並獲得內心的寧靜，才是苦痛的解藥。失能者有一面反照社會及人性的鏡子，要懂得忽略、超越所見的不悅與冷眼對待，勿再內化成為自我的一部分。以小我及意識形態主導的生命，必然無法接近、甚至體悟宇宙人生的真理或真實。對於失能者而言，若無法看破制約自己的世間框架，突破正常或能力背後的意識形態與運作機制，則無法活出坦然自在的生命。在西方，失能論述所倡議的可立概念，是近期所建構較為正向、自主的主體論述，但這些理論終究還是二元思維所建構的產物。超越二元相對，走出虛妄不實的外在鏡像制約，走出生命的創傷，從內心尋求最大的平靜與自在，才是關鍵所在。找到生命的寧靜點，才有真正的自由與平等；成為自由、自信、自在的可立主體，才能真正地為失能研究典範轉移賦能。整體

而言，本書以全方位視角，期待在人文學界推動平權倡議，豐富失能論述的知識檔案，並厚植台灣人文學界之失能研究。

本書的研究基調是啟動失能研究的典範轉移，提出多面向的批判性失能研究做為多樣化、跨學科的理論與研究方法，並探討在未來急遽變動的世界裡，失能研究如何轉向，以及失能者如何自處。文中採用的研究方法包括新寫實主義（new realism）、後人類主義（post humanism）、新自由主義（Neoliberalism）、前衛失能美學、高科技假體化的身體、斜槓主體、可立知識論（Cripistemologies）、可立技術科學（Crip technoscience）以及德勒茲與瓜達里的思想，在跨文化及跨領域的脈絡下，深入書寫、展演及想像失能等相關議題，析論失能（disability）與能（ability）的互補及辯證關係，藉以鬆動失能單一固定的身分及主體位置，凸顯潛藏在文化論述中與失能相關的矛盾及弔詭現象，詰問健全至上的能者意識形態之應然，進而提出新的詮釋策略。最終所思考的議題則是，失能者在自我（self）與被界定的他者（other）身分之間，如何拾回生命的自在與自主性，並理解生命之本然。

失能者之身體向來挑戰著傳統或大眾認知的身體與主體概念，亦即身體是固定、穩定、完整、統一的。近三、四十年後結構主義、後殖民主義、女性主義及酷兒（queer）論述，對於此「單一」（unitary）主體的概念也紛紛提出修訂與質疑，而技術及科技輔具的發明也增加了其複雜性。德勒茲、瓜達里對於邊緣化的弱勢族群的主體或身分認同鮮少碰觸，針對失能議題更甚少觸及，然而他們的論述特別有利於非主流族群或弱勢族群質疑、挑戰主流霸權所表彰的身體與主體概念，因此本書借鑑德勒茲、瓜達里的理論做為重點論述工具，並進行與其對話之跨領域研究。首先，德勒茲和瓜達里的「無器官身體」（Body without Organs），具體地打破了西方

傳統的身體概念，提出身體是生成的、流動的、永不停息的變動。「無器官身體」並非德勒茲與瓜達里首創，兩位哲學家借用了劇作家阿爾托・亞陶（Antonin Artaud）的「無器官身體」（Body without Organs，簡稱 BwO）的概念，並針對所謂的 BwO 做了如下說明：

> BwO 不是器官的對立面，器官不是它的敵人，有機體才是。BwO 反對的不是器官，而是稱爲有機體的器官組織，有機體才是身體的敵人。BwO 並不反對器官，相反地，BwO 及其必須組成和定位的「眞正的器官」，與有機體或組織器官的有機組織是相對立的。上帝的審判系統及神學系統，製造、操作此有機體或稱爲有機體的器官組織，有機體無法承受 BwO，有機體追求它並撕裂它，使自身成爲第一，有機體是上帝的審判，醫師從中受益，他們的力量也建立在它之上。有機體根本不是身體，相反地，它僅是 BwO 上的一個階層；換句話說，它是一種積累、凝固和沉澱的現象，爲了從 BwO 中提取有用的勞動，有機體強加給它形式、功能、紐帶、主導和等級化的組織。我們不斷分層。……主體本身也同樣依賴或附屬於其中一個階層，這個不是我的，我們是誰呢？（Deleuze and Guattari, *A Thousand Plateaus* 158-59）

「無器官身體」的觀念十分抽象，但卻具體存在於現象界，有機體的觀念掩飾、掩蓋了它的多樣性。德勒茲和瓜達里對有機體規範性概念所提出的批判論點與傳統靜態器官所運作的有機體系統（system）大不相同，其反對器官和集合功能自然化排序的領土化，與身體做爲有機體以及與之相伴的連貫性、個體化和自主性制度，它不反對具有器官的身體，而是關注器官排序的標準化；它是一個過程，是動態的連結網絡（networks）。無器官身體不像樹，而像根莖，不是組織化、規範化的身體，而是一種非主體、自由、具有欲望及強度的身體，德勒茲的無器官身體不是有機的身體，而是超越身心二元結構模式的身體形態，是沒有中心且無法預測可能性的身

體。此一論點既開展也含納了所有存在的身體與生態樣態。德勒茲和瓜達里所強調的是,「欲望生產的積極性,這種積極性來自於在混合的連結中,來自於對模糊性的接受中,最重要的是來自於不斷擴展的連結中,在這種連結中,不是人類本身,而是人類的所有生成,人只是一個元素」(Shildrick, *Dangerous Discourse* 157)。無器官身體的概念也並非否定肉體本身,而是要解離代表組織的統一和整合概念,因為它阻礙各種深刻且複雜的聯繫與連結,透過不斷地解體,才可能打開無數不可預測的聯繫和連結。失能身體所呈現的生命則為如實現象,透過德勒茲和瓜達里的論述與論證,則顯得更具說服力。

「無器官身體」的論述強調身體是由各種配件和器官,加上行動和流動力所形成的集合體;它是一種無法窮盡的狀態,當這些組合配件都被移走時,它仍然存在。無器官身體是被強度、流動和梯度所占據、填充的身體,只有那些強度可以在其中通過和迴繞,它既不是消極的,也不是對立的,但總是跳脫器官的分層架構和系統組織,並不斷地嘗試打開新的聯繫或連結。無器官身體與失能研究相得益彰,因其將身體脆弱性、缺陷、偏差和虛弱,重新想像為一種肯定的形式,成為一種不穩定的身體規範生產力。此外,它在解構有機體的體系時,也同時開闢與身體相關的實驗和未知身體的感覺途徑。失能身體一直是由外部主流社會所界定且詮釋的不可欲樣態,而在無器官身體概念的認知中,失能者受損傷的身、心就不再被認定或解讀為一種缺乏、不完整的人體,而像是一個沒有器官的身體(Goodley, *Dis/ability Studies* 15)。德勒茲以樹的概念表徵主流的系統思維,失能者固然有其獨特的身軀與生活方式,但更大的問題則來自於主流社會以樹的系統觀念對其投射負面意涵。針對主流的宰制,德勒茲和瓜達里以樹為名,表達了他們的不認同,「我們

厭倦了樹木。我們應該停止相信樹和根，它們讓我們受了太多苦。從生物學到語言學，所有的樹木文化都建立在它們之上」（Deleuze and Guattari, *A Thousand Plateaus* 15）。失能研究的典範轉移，首先必須從樹的文化中解放出來，德勒茲的觀點提供了批判性失能研究典範轉移的最佳契機及強而有力的論述。

在失能研究領域，諸多學者引用德勒茲的遊牧主體、根莖概念、逃逸線（line of flight）及去畛域（deterritorialization）的論述，反制主流強調能力、健全及完整的常模概念。芭芭拉・吉布森（Barbara E. Gibson）於 2006 年開啟了失能研究與德勒茲的對話，強調身體及生命的連結性，之後布雷朵蒂也透過遊牧主體的概念，修訂失能研究對身體損傷的概念，瑪格麗特・希爾德里克（Margrit Shildrick）則全面性地深入採用德勒茲的視角做為批判性失能研究的核心概念，丹・古德利（Dan Goodley）亦跟進，以生成（becoming）的概念，破除以樹為象徵的系統框架，走向根莖式的逃逸線。此外，古德利特別強調社會公正的教學法需要更多學者自政治化及社會構建的角度提出更有創造性的思考，以落實社會公正教學法的條件，古德利據此借鑑德勒茲與瓜達里的概念，從根莖、欲望的生產模式和內在性的平面角度，思考社會公正的教學法，這些概念將教學法構建為生成而非存在的情境，以排除社會主流教學的阻力。2009 年，佩特拉・谷珀思（Petra Kuppers）則在失能研究的研究方法上，提出更多元彈性的論述模式，她強調在聚焦生物本質醫學模式及外在環境的社會建構模式之後，失能研究應走向根莖模式的路徑，她在〈走向失能的根莖模式〉（"Toward a Rhizomatic Model of Disability"）一文中，以德勒茲與瓜達里的論述來探討詩歌、表演和實驗影片，對詩學與美學提出具體貢獻。

針對失能研究的典範移轉，谷珀思所提的失能研究根莖模式尤

其具有指標意義。失能者的生活經驗，在做結構論述時最容易被忽略，然而對失能者而言，那才是最切身、具體的寫實與現實，他們甚至不認為自己是失能運動中的成員或某個運動群體的訴求對象。谷珀思指出她將建構一種新的失能研究模式，即根莖模式，強調在理論和生活經驗的夾縫中開闢思想領域，根莖「沒有開始或結束；它總是在中間，在事物之間，相互存在，為間奏曲。樹是親子系譜關係，而根莖是聯盟，唯一的聯盟。樹強加了動詞『存有』，但根莖的結構是連接詞，and...and...and...」（Deleuze and Guattari, *A Thousand Plateaus* 27-8）。根莖是多樣性，沒有形而上的「一」（例如上帝、科學、人、真理）的概念。根莖在植物上的概念是指一種水平生長的地下植物莖，根莖模式的特色就是不定於一隅，每次的呈現都是「唯一的、短暫的」，其不穩定特質總讓它不斷質疑自身做為模式的特質（Deleuze and Guattari, *A Thousand Plateaus* 222）。德勒茲和瓜達里以樹及根莖分別譬喻系統與解構系統的對立關係，以非線性的方式「振盪和舞動」，能在不穩定的生產不平衡狀況下，容納各種多元的經驗（93）。根莖概念除了具有生物學的許多特徵，主要能提供「非辯證」的方式思考（223）。谷珀思借鑑德勒茲的根莖概念，以更為多元的創意方式解讀失能的定義。

　　谷珀思也同時指出，德勒茲和瓜達里的概念最適用於定位及詮釋少數文學與美感經驗，「少數並不代表一個特定建構的少數群眾，它並不堅持一套經驗」；相反地，少數在主導的表達形式中「展示了不同差異的相會」，他們在文學寫作與藝術展演中得到表達的機會。在這樣的文學創作中，「語言受到了高度去畛域化的影響」（*Kafka* 16; Kuppers 233）。為此德勒茲和瓜達里強調，「少數文學擁抱的是一種有意志的貧困，將去畛域化推到極端，乃至於除了強度之外什麼都不剩」（Deleuze and Guattari, *Kafka* 19）。谷珀思則

將少數文學的特質進一步詳加申論，強調她所理解的寫作情境是，「詞語成為了舞台上的道具：它們並不代表一種透明的情感，而是蘊含著一種對立的情感的痕跡，是一種在銜接處的鬥爭」（233）。谷珀思以根莖模式書寫這篇文章，「有觸覺，有聲音，有諧音，讓事物相互接觸，而不是創造一個樹狀的連接結構，根和枝和樹枝」，文章跨越邊界，以根莖模式不斷在移動，藉此提供讀者另類的能量（239）。根莖所表達的與樹或根所表徵的意涵不同，沒有點或位置，只有延伸線條，任何點都可以連接到其他任何東西，以此所延伸的概念顯現出，樹或根無法表達主體或身體的概念，根莖才行。身體的統一、完整性不過是一種臨時的體現方式。相反地，不確定性和不穩定性並非異常身體所獨有，而是所有身體存在的樣態，主體的完整性最終只是幻覺。

德勒茲在其最具影響力的著作《純粹的內在：關於生活的論文》（*Pure Immanence: Essays on a Life*）中，進一步具體地提出一種超越能與失能二元的奇點（singularity）概念，做為他的「生活／命表達」。詹姆斯・奧弗伯（James Overboe）借鑑德勒茲此書的論述，肯定失能者生命及其應有的表達空間，他通過「規範陰影」的概念來闡明政治生命先於裸命的生活情境。他強調腦麻的正向積極面是無法被「測量」的，因為目前所設計測量的方式和方法，皆是從貶低腦麻的角度而發展出來，因此制式地認為腦麻者的生命不值得活存，更別說他們表達生命的形式與內容（Overboe 221）。奧弗伯以自身在廣播電台上跟來賓對話的經驗，說明能者意識形態如何滲透在生活各個面向，以及一般大眾如何排斥腦麻或身障者，節目中他分享了腦麻帶給自己的正向影響，強調以遺傳或基因瑕疵之名淘汰失能或有疾病的生命，不應被鼓勵或視為理所當然，雖然主流社會總認為醫療介入處理是應該且符合期待。但他指出，腦麻給

他獨特的經驗，其所呈現的痙攣為他帶來極大的快樂，啟發他的生活，他肯定地說，他所有的成功都是因為痙攣（221）。廣播電台為他提供了揭露腦麻做為一種生命肯定力量的活力，他解釋說，他的生活不需要依賴健全人的理解或給予的祝福。通常那些以健全生活為榮的人，總是要求他為活著找出合理的說辭，但他強調自己不需為腦麻做出任何「解釋、證明、道歉或教育他人」（221）。大多數廣播聽眾習慣將人的概念以二元化的方式劃分，認為失能者的存在僅屬於「例外狀態」，並未擁有生活表達的權利，但奧弗伯強調為生活、生命表達其實是賦予存在感的方式，目前遺傳學論述中當道的優生概念剝奪了他們的生存機會，而基因干預更可能導致新的被排斥的特徵產生，無形中這將使得政治生命的規範越來越縮小（222, 228）。

奧弗伯爬梳了他因早產導致腦麻所經歷的裸命的點點滴滴，以及他如何強迫自己進入政治生命的無奈。事實上，能與失能的二分概念總將失能者困在一個需要不斷回應主流能者意識形態發出質問的情境裡，為此，奧弗伯循著德勒茲《純粹的內在》的論述脈絡做出了他的「生活表達」，德勒茲指出：

> 一個奇點生命可能沒有任何個性，亦沒有任何其他使其個性化的伴隨物。例如，非常小的孩子們雖然彼此相似，但幾乎沒有任何個性，他們的奇異之處在於：一抹微笑、一個手勢、一張有趣的臉──而不具有主體性的特質。小孩子，透過他們所有的痛苦和軟弱，被注入一種內在的生命，是純粹的，甚至是幸福的。（Deleuze 229-30）

他們以一種完全不同於個人的方式相互聯繫，對德勒茲來說，「生命一詞所指的是**欲望本身的內在性**」，孩童對生活不同的表達形式總是保持著開放的態度（232；原文強調）。據此，奧弗伯申論

他的痙攣來自其裸命的內在欲望，它創造了一種純粹生命（沒有意志）的內在性，一個既非「能」亦非「失能」的奇點與「生命的純粹內在性」，肯定了失能者獨特的生活表達及生命力，並創造了一種迄今為止尚未被承認的生命表達（229）。他親證了腦麻生活有健全人或非失能者無法理解的「一種無限生命和奇點」（230），是無可限量的可立主體，失能者通過他們獨特的「生命表達」，凸顯出一直被認定為「例外狀態」的裸命其實充滿了生命的活力與潛力，並能有力地反照與質問主流政治生命治理的制式、非理性箝制，這當中最具爭議的就是優生概念，它不應依賴科學、醫療之名，界定某些形式的生命為「例外狀態」，相反地，所有形式的「生命的表達」皆應被接納與肯定（232）。

　　本書處理的失能議題，看似屬於小眾或特定族群經歷的生命樣態，但失能其實是全人類的普世經驗，它不局限於特殊的少數人。人只要活得夠長，終究會經歷、面對它，它呈現的形式、樣態可以是漸進式的，也可以是斷崖式的，發生的時間或經歷期的長短，或許各不相同，但鮮少人會不經歷它。本書共分為五大部分，十個篇章，所探究的內容皆為環繞著失能者生活中最核心的議題，重要卻常被忽略的問題；首先是失能的成因，失能者經常承受著諸多來自於大眾的負面觀感與投射，然而卻忽略了他們的失能有大部分來自於社會諸多的不當舉措所致，例如醫療疏失、衛生環境的控管、公安意外、食品汙染、環境破壞或化學毒害等因素，書中第一部分疏理失能與外在環境因素的因果關係。第二部分勾勒失能者生命故事的紀錄與訪談，文中選擇的生命故事內容來自於筆者熟知的對象，基於與他們近距離的相處，了解他們可貴卻不為人知的生命資產，因而記錄並共勉，內容不著重謳歌個人成就，而側重在當事人克服與超越苦難的生命韌性。第三部分則析論失能藝術與美學，在一般

文化藝術簡介中，鮮少有人會關注失能藝術，而失能藝術對於現代與後現代藝術卻有著關鍵性的影響，因此特闢專章引介。第四部分則探討常被稱為失能者第二身體的輔具或假體裝置，呈現其與身體共構的藝術與人生。第五部分則聚焦在近年來國外失能研究的典範移轉、後人類時代的失能主體，以及失能與老年的對話。每一部分皆包含兩個篇章，分別探討歐美與台灣的失能研究，藉以進行互文對話。文章有不少篇幅聚焦在後人類的背景，在後人類世中，科技輔具的發展和失能者存在複雜且多元的體現有緊密的關聯性，這也必然影響且改變失能者的身分政治與認同。本書嘗試探討並勾勒、想像科技輔具及人工智慧等人工假體介入人體所形成的生存樣態，其影響深遠且難測，藉此開啟創造性和批判性聲音。

值得一提的，是本書同步針對失能最親近的盟友老年及死亡進行對話，提供失能者內控的自在主體，並建構失能研究與老年研究的跨域合作，抗拒高齡主義（ageism）和能者意識形態的壓迫。失能如同死亡一樣，是人類永遠揮之不去的夢魘，隨著壽命的延長，失能的痛苦甚至可能凌駕死亡。在新自由主義觀念主導下的生命治理，充滿了各種似是而非的說法與觀念；基因工程及醫療科技一方面訴求修復衰老失能的老弱病體，但另一面則是更深入介入及界定生命的基準。新自由主義的生命治理強調年輕、健康及能力，以市場經濟及自由競爭之名，執行淘汰不圓滿生命之實。因此在以新自由主義為主導的生命治理揀擇及篩選機制中，失能及老年必然成為邊緣化的生命個體。儘管生命本質是平等的，但生命政治向來皆是有所揀擇的，不同的時空國情，有不同的管理生命準則，而無論在東西文化的歷史傳承中，身體的異形或衰老鮮少不成為被排斥或歧視的對象。在失能議題之外，老年或老人在現今全球化脈絡下，往往是被主流社會貶抑及拒斥的對象，使得他們具體地成為資本化社

會中被貶抑的龐大弱勢群體。無論是失能研究或是高齡研究，在推動各種福利或權益倡議的同時，更需關注內在的心理素質，實質的典範移轉掌握在個人的內在資產。托妮・莫里森（Toni Morrison）在康乃狄克論壇（"The Connecticut Forum"）上，曾針對人們如何存活並走出創傷提出富有洞察力的見解，她強調人們「有時無法完整地生存，只能部分地生存，然而生命可貴之處就在於各種嘗試（attempt）」，而最關鍵的在於，學習「能在完全不可能的情況下，盡可能無所畏懼，盡可能表現得漂亮」（Morrison 2001）。她強調邪惡是愚蠢的，它或許令人害怕，卻無法令人信服。相反地，「生存、綻放、耐力」，這些能力更引人注目、令人著迷；出生，然後死去，是生命的路徑，在生死之間，人們「必須做一些讓自己肅然起敬的有趣事情」（Morrison 2001）。莫里森的這段話總結了無論是失能或老年的生命態度。

　　本書針對失能的種種文化、社會現象嘗試從多元角度勾勒其圖像，其現象如此，但生命的真相又如何呢？而對於如何看待失能，本書於總結章節提出徹底轉向的思維模式。失能不僅是一個生理問題，它更是一個生命認知與態度的問題，因此必須透過心理層面的教育來改變固有的認知，才能解決這些問題。我們常常陷入二元思維的困境，將事物硬性劃分為是或否、好或壞、黑白、美醜等，其局限性在於它無法準確地描述事物的本質，事物之間的界限很多時候是相互依存、難以區分的，因此任何試圖區分事物的做法都是失敗的，例如失能與非失能、正常與非正常，因為它們本質上是一體的。二元思維過於簡單化和武斷，是一種粗糙和粗暴的做法，將事物硬性地劃分為二元，往往會造成爭議和侵權行為。在二分法的運作下，我們也習慣性地認為「擁有」等於快樂，「沒有」等於痛苦，殊不知是這樣的思維才是痛苦的根源，而不是「有」或「沒有」的

問題。「有」未必一定快樂,「沒有」也未必一定不快樂。「有」也僅是「有」,「沒有」也僅是「沒有」。這種能突破條件性制約的思維模式才是我們應該追求的能力。失能如此,其他事情又何嘗不是如此。自由與自主如果是建立在條件上的話,我們則永遠不可能自由自在。認知具有可塑性,其可塑性的程度超越我們的想像,過往所承襲的觀念可能是造成我們痛苦的成因。

　　失能不是無解的,做為失能或非失能者,必須重新打造正確的思維與認知,這也才是教育的重要,以及再教育的必要。我們需要擺脫非黑即白的思維模式,一元論的觀點更能夠貼近事物的本質,能以更加細膩和全面的視角去認知世界,以更開放、包容的態度看待世人,如此我們才不會受固有觀念蒙蔽,如實地洞見事物的本來面目。真正的正常就是沒有心理上的問題,身體障礙不是重點,心理障礙才是它作用的結果,身體所有的生理狀態最後作用到的是心理。身障不是問題,出問題的是錯誤的認知,此一心理障礙就是邏輯或思考上的問題。解讀失能的正確觀點,不是身體讓你不快樂,而是你的心理讓你不快樂,因此心理上的復健遠遠重於生理上的復健,心理復健就是認清問題的本質,摒棄先入為主的概念,強化心理素質,接受生命的運作。本書針對失能、老年及死亡的歷程,設法提出一個行得通的解方,一個可以針對問題的解決方法,所著重的不僅是西方的理論,更強調東方的實踐。這不是一廂情願的希望,而是一個邏輯思維的結果,讓生命不論在任何情況下都可以充滿希望。我們若能成功地從認識生命和自我教育中找到解決問題的方法,失能及老年其實是一種不同形式之生命資產與試金石。

壹

失能與生態

【第一章】

失能與生態中之慢性與結構性暴力

　　失能與環境的關係相互影響,後人類世與後人類的轉變也間接或直接影響失能的概念,後人類世地球暖化的侵襲、地震、水火災及病毒,多少皆成為失能的成因。在過去四十年裡,關於身體損傷或失能的原因經歷幾次深刻的變化。早年的醫療模式將病理和失能互換看待,並排除對環境的考慮,二十世紀末美國國家科學院、工程院和醫學院的研究報告《賦能美國:評估康復科學與工程的作用》(*Enabling America: Assessing the Role of Rehabilitation Science and Engineering*),修訂了病理與失能的固定關聯性,提出生態環境因素具有使身體損傷或失能的潛在因素,是個人的生活情境及其環境相互作用的結果,環境對導致疾病發生有著無比重大的影響力。該研究描述了文化常模概念如何影響個人的物理和社會環境的構成方式,並且重點梳理了環境元素如何造成身體損傷或失能。此處所指的環境因素包括自然環境、建築環境、文化、經濟制度、政治制度和心理因素。研究報告所要傳達的重點概念是,失能的程度不單是由「病理、損傷或功能限制」等條件決定,而是由各種環境因素決定,因此失能不僅是個人的身體因素所形成,社會因素才最為關鍵(Brandt 1997)。自然環境及其中相關的生態失衡、廢棄物、輻射物與病毒汙染、化學武器、化學農藥、基改作物、暖化、

洪水、乾旱及各種過敏原等因素，導致身體損傷、失能的說法，也正式地浮上檯面。近期影響全球的新冠病毒即為活生生的例證，世界衛生組織（World Heath Organiztion, WHO）針對 2020 年 1 月 1 日至 2021 年 12 月 31 日，估計與新冠大流行直接或間接相關的全部死亡人數約為 1,490 萬，造成各種形式與不同程度的失能則難以統計（World Health Organization, "14.9 Million Excess Deaths Associated with the COVID-19 Pandemic in 2020 and 2021", 2022）。

　　過往學者甚少將生態與失能這兩個領域融合在一起對話；事實上，此二學門過去以對立的角度看待彼此，例如環境人文學科以激進的環保主義名義強烈排斥或詆毀失能者，而失能研究反過來也以敵意和懷疑看待環保主義。莎拉・賈奎特・雷（Sarah Jaquette Ray）與傑伊・西伯樂（Jay Sibara）兩人合編的《失能研究與環境人文學科：邁向生態失能理論》（*Disability Studies and the Environmental Humanities: Toward an Eco-crip Theory*），率先為長期以來相互矛盾的失能與環境生態建立對話機制。書中收錄了失能研究和環境人文跨領域的早期文章和近期出版論文，凸顯身體的物質化與生態關係，以及長期以來在這兩個研究領域被邊緣化的現象，進而建立批判性的對話。在這些文章中，雷揭示了環保主義中固有的健全與能者意識形態。史黛西・阿萊莫（Stacy Alaimo）在該書前言也強烈地主張，學者應建立失能研究與環境人文學科的跨領域研究及聯盟，而此一對話機制是一「大膽的嘗試」，期能促使雙方拋棄既有的偏見。本書將失能與生態之跨領域研究放在篇首，即呼應二者原本的親近關係，必須緊密地對話，尤其生態問題往往也與失能的形成有著緊密的關聯性。如同雷與西伯樂在該書所強調的，失能不是個人的失敗或問題，傳統習慣將身體與生態、工作環境分開，但身體和環境其實密不可分，生態本身或相關的政經、環保因素，皆

有可能導致身體毀損；身體和環境皆是脆弱且容易被破壞攻擊的，該書從「關係」（relational）的角度再思身體的延伸關係。至為重要的是，「人類和非人類（或超人類）物種（植物、動物和其他生物群）彼此之間原本就有著密切的關係」（Anderson 2018）。大衛・安德森（David R. Anderson）在該書書評中也特別指出，該書在建構生態與失能對話的同時，也同時重啟了關於失能和種族的對話。生態環境研究過往最受批評之處，在於以白人固有的特權為中心，所設定的身體都是男性及年輕的身體，有意或無意地邊緣化其他種族的身體和經歷。雷和西伯樂因此結合地理和政治界限的歷史框架，調查了上個世紀的許多重要問題，並提供不少案例，以便重新思考、想像並再啟種族、性別及跨國企業與環境及失能之相關性。以瓦萊麗・詹森（Valerie Ann Johnson）為例，她以自身做為熱愛環境和關愛失能女兒的母親視角切入，將母性對孩子的關注與性別和失能問題並置討論，她敘說的故事著重在環境汙染如何造成失能，以及環保主義者如何對待一位年輕的失能婦女。此外，陳梅爾（Mel Y. Chen）的〈鉛的種族問題〉（"Lead's Racial Matters"），將種族、失能和有毒鉛的物質性，做為一種政治重新想像的致命實體。早年中國製造的含鉛玩具被運往北美富裕的白人中產階級郊區，被無辜的大眾毫無戒備地消費。美國公共衛生局將鉛定義為一種汙染物，會滲入並損害國家公民的身體和心靈，然而那些為西方生產廉價和負擔得起玩具的人卻往往忽視鉛之危害性。陳梅爾提出的省思是，當全球資本主義、種族、階級和國家利益相互重疊並發生衝突時，在環境汙染和失能的話語中，哪個更為重要？

　　針對生態環境與失能的互聯性，伊萊・克萊爾（Eli Clare）的〈自然世界、失能身體和治療政治筆記〉（"Notes on Natural Worlds, Disabled Bodies, and a Politics of Cure"），以獨特的生態視角，指

出生態環境與失能身體兩者間類似的關係，例如自然及正常如何定義？由誰決定此定義？被汙染損害的生態可以恢復、還原到自然的原點？失能的身體透過療癒所呈現的健康，以及大自然生態透過復育所呈現的美麗景觀，是否誘人但卻不自然？單一種植的植物或生物對生態有不良影響，人們強調生態的多樣性，為何主流文化卻要求身體的單一性？

　　他以一片占地三十英畝的草原為題，開始進行各種提問，文章中他描繪了大草原所經歷的歷史變遷、遭受的迫害、生態復育，以及操縱生態背後的強權與利益，此一環環相扣的連結，值得大眾反思。草原的前身是一大片玉米田，地上長出許多樺樹和金絲楠木，但專家認為生長的數量過多，地上生長的薊也不應該出現在那裡。在自然資源部的幫助下，草原被重複燃燒、種植，拔除薊花和花椒，栽種種子，然後再次燃燒。歷經十五年，這片土地才被修復。過去兩個世紀以來，犁田、殺蟲劑、單一栽培及火災抑制導致的植被變化與土壤侵蝕等因素，對這片草原造成嚴重的破壞。這片看似自然的草原，卻也銘刻了種族滅絕、野牛大屠殺的歷史記憶。事實上，草原在過去八千年歷史中，有其自然的生態保護，根莖所形成的巨大網絡有助於泥土的固定，草原上的野牛自然地翻動、施肥土壤，而閃電帶來的火焰燃燒且換新了土地。經年累月的雨水把表土從田野沖入小溪、河流和海洋，草原修復逆轉了土壤流失的危機，這些來自大自然的生態現象自然地啟動了草原的復育（Clare 243）。值得省思的是，克萊爾在感慨草原歷經滄海桑田之餘亦不忘指出，當大家努力挽救流失土地的同時，不要忘了「這塊土地不是你的，也不是路邊酪農的，它是一個半世紀前你們（此處所指為美國人）從達科他人（Dakota people）那裡偷來的」（243）。

　　克萊爾以草原反思，這片草原該是什麼樣態才算自然或正常？

正常與自然有著同樣的內涵,過去什麼是被認為正常的?而今人們又如何看待正常?「正常的和自然的總是共同起舞」,而不自然的和不正常的卻被邊緣化。不自然和不正常的詞彙最常用於形容失能者,代表身體上的瑕疵或破碎,克萊爾以瑕疵品的概念說明失能者的下場,例如無法播放 CD 的音響、無法有效啟動的汽車,或出生時僅有三條腿的小牛,他們最終的落腳處是壁櫥後面、垃圾堆、廢料場或屠宰場。換言之,「缺陷是可拋棄和不正常的」,因此有瑕疵的身體必須徹底根除(244)。他同時以童年被霸凌的經驗說明,人們在使用正常或自然的詞彙時定義總是不精準,甚至是矛盾的。年幼時,無知的孩童經常口無遮攔地用各種難聽的字眼辱罵他,「猴子」是他經常聽到的詞彙,他自嘲地說,「猴子這個詞將我與非人類**自然**世界連結起來,但這使我變得極其**不自然**」(244;引者強調)。自然或正常的概念其實沒有想像中的單純或容易定義,克萊爾細數其曖昧處,例如我們脆弱的身體隨時都可能在瞬間喪失能力,這是否自然?不當飲食導致慢性病上身,這是否自然?當身體遭受嚴重撞擊後喪失功能,這是否自然?當我們接觸到鉛、汞、殺蟲劑、鈾尾礦之後,身體出現各種形體及功能的變異,這是否自然?失能與慢性病的不自然,是否與戰爭、有毒垃圾、掩埋場和貧窮的不自然一樣?他質問:「是誰決定了自然及不自然?」(249)。克萊爾在文中交替地指出自然和正常的辯證關係,他問:「誰決定我顫抖的手是不正常的?這些改變生活的決定又是如何做出的?」(251)。

　　什麼是自然?克萊爾特別以三張照片說明生態環境的發展歷史,他指出發展過程中,草原面臨的最大破壞是來自機械化生產,以及謀利者掠奪生態的各種資源;例如,白人獵人為了出售野牛的舌頭和皮而射殺野牛,致使腐爛的野牛屍體四散各處,造成野牛幾

近瀕臨滅絕,之後自耕農又收集了這些骨頭,碾碎當成肥料。在一張 1870 年的照片中,就有一名男子站在一大片等待被碾碎做肥料的野牛頭骨上(254)。另外,在一張十九世紀後期的照片中,一群男子或站或坐地在被砍伐的紅杉樹群中,依稀可見在更久遠以前的年代,草原曾是一片森林。此外,除了野牛的舌頭和皮,人們也挖取煤炭謀利。克萊爾指出在阿帕拉契山脈(Appalachian Mountains)處,山頂被爆破,之後礦工們進行清理、挖掘,一層又一層地挖取煤炭,形成山脈巨大的裂縫。在一張 2003 年的照片中,山頂被夷為平地,規模大到無法形容,這些照片都是生態系統遭到破壞的鐵證。令人更為遺憾的是,這些破壞不僅止於動物、草、樹、土或山,人也是其中的受害者。克萊爾指出,「大規模的屠殺野牛與無分別地滅絕土著種族的惡行,其實是交織在一起的」(255)。開闊的草原,草原上毛茸茸的野牛及其他動物,皆是土著原住民們賴以維生的物質資源。許多原住民被迫去伐木,開墾樹林,他們在做這些砍伐巨樹的粗重工作時經常不慎受傷,或摔斷了脊椎、失去了四肢,或損壞了聽力,造成不同形式、不同程度的失能。推土機將原住民和窮人從他們的家園中趕走,「將人和山都變成瓦礫,推向邊緣」(255),他們延續了數代的生活模式與文化也隨之走入歷史。

　　草原絕非單純浪漫的大自然,它的歷史不斷映照且記錄了人們走過所留下的痕跡,也提供人們深度反思的空間。這片草原銘刻了「人類**自然**的痕跡與**非自然**、**正常**與**不正常**的不合邏輯的現象」(259;原文強調)。生態的破壞與身體受損傷十分類似,它們是人類和非人類共同面臨的困境。生態環境需要復育,失能損傷的身體需要療癒,兩者都想重返到一個不可能回復的過去,生態復育要回復到歷史中的哪一個時間點?大自然的生態有其看似自然、美麗的

【第一章】 失能與生態中之慢性與結構性暴力 33

樣態,其實是假象。克萊爾以玉米田為例,回憶在某個初秋,他在一片褐色的玉米田裡散步,玉米田鬱鬱蔥蔥,莖稈高大而結實,穗子如絲,呈蜂蜜色,沒有什麼東西比剛從田裡摘下的甜玉米穗更好吃的了,但玉米田表面上的美麗並非事實,因為玉米田裡「聽不見鷺鳥、雀鳥、麻雀的叫聲;看不到松雞、野雞、狐狸的蹤跡。土地上撒滿的是石油基肥料,空氣中充滿的是殺蟲劑的殘留物……沒有任何動物在田中嘰嘰喳喳、嗡嗡作響」,克萊爾指出「這種美是騙人的」,玉米田的單一種植所帶來的後果就是土壤的破壞(256)。

　　生態復育與身體療癒兩者間有著類似關係,玉米田必須復育成為草原,否則就會破壞生態,而失能就好比玉米田,對於身體與人類文化似乎也是一種破壞,必須接受治療,治癒之意為恢復健康,但失能者的療癒又要恢復到什麼程度的健康?健康的定義為何?又是誰來決定?克萊爾無奈地指出,治癒的意識形態「騎在正常和自然的背上,滲透到西方思想和文化的每一個角落」。每回陌生人看見他時,總認為他的身體「不自然」,想讓他變得「正常」,認為治癒是必要且理所當然的。許多熱心的基督徒看到他總是主動上前為他覆手祈禱,他知道沒有用,且不需要,但他卻始終不知道該如何拒絕他們的憐憫,甚至也難以向他們表達自己沒有問題,他很清楚「特有的顫抖、含糊、緊張的身體就是他」,如果沒有這些特徵,他說,「我不知道自己是誰」。他感嘆,「『不自然』和『不正常』的詞彙,每天都在鞭笞我」(245)。克萊爾的切身經歷也反映出醫療模式處理與治療失能的武斷方式。基本上,大眾對健康的理解與定義各不相同,但他在意的卻是,關於「治癒的政治如何從其內部,呈現出健康多重含義中的強烈矛盾」,例如在健康概念推動下,優質健康食品被廣泛地銷售,名義上是為了健康,但卻又積極地向身體矮小的兒童推銷合成生長激素。事實上,孩童沒有其他

問題，就只是矮小而已（246）。

　　許多失能活動倡議者宣稱，「失能的身體和思想沒有任何問題，即便他們看起來與正常不同」（249）。克萊爾也同樣認為，修復本身未必具有意義，因為完全沒有損傷的身體根本就不存在。每個身體有其各自的生長與健康歷史，但每個人對於身體應該是什麼樣子的想像卻不盡相同。人們對自己的身體記憶總停留在已逝的過去，回到數十年前仍是健步如飛，能在舞池中旋轉；回到罹患憂鬱症之前的歲月；回到中風前或沒有生病的狀況。人們未必在意自己的實際健康狀況，但總是不自覺地被外在圖像束縛，喜歡「將自己的身體與鄰居、朋友、戀人、《魅力》和《男性健康》雜誌上的模特兒比較，結果發現自己的身體不夠好，因此產生羞恥或嫉妒的情緒」（252-53）。克萊爾十分肯定地強調，「我不想要一個治癒政治來決定誰的體驗正常或不正常、自然或不自然」（251）。

　　生態需要多樣化，人類又何嘗不是。失能本是人類多樣化的一面，消滅失能，就如同生態根除其多樣性一樣，兩者的單一化，無益於生態或人類文化的延續與發展。沒有失能的人類，如同生態上單一種植的玉米田，少了基本的生物多樣性，玉米田的單一性只會帶來土壤的消耗和侵蝕。倘若環保主義者將生物多樣性視為恢復生態系統的核心價值，他們就沒有理由忽略人類文化多樣性的重要。倘若玉米田需要回到自然的、相互依存的生態平衡，失能者亦然。人們應尊重、接納那些因外在環境汙染而造成身體損傷的人，而非「將他們視為異常的身體，進行隔離、恐懼、仇恨的處置」（Clare 255）。極為重要的是，我們永遠不會生活在一個沒有失能存在的世界中。在西方主流文化中，剷除失能向來是根深柢固的目標。在過去一百五十年裡，終結失能也一直被環保主義倡議者視為是有價值的目標。令人遺憾的是，剷除不自然的生態環境和反常的身體，向

來不只局限在特定族群。父權制度、白人至上和資本主義等合謀，不斷變化的組合交織在一起，透過各種不同形式的滅絕手段，不遺餘力地根除一切**不自然**與**異常**（Clare 258；原文強調）。

延續克萊爾的論述，本章將進一步探討失能與生態互為因果的現象，同時也針對生態論述中的能者意識型態、生態及失能領域的族群意識，以及南半球地區因為生態及政治經濟而形成的失能、弱勢議題進行析論。生態向來是滋養各種動植物及人類生命的環境，但在人為惡意的破壞下，卻也成為傷害人體健康，甚至造成失能的因素之一。根據統計，先天失能者僅占失能人口的 15%，其餘皆來自於後天疾病、意外事件及生態傷害。人類製造的有毒汙染罄竹難書，從核廢料、工業汙染、化學農藥，到氣候變化、北極圈解凍、有毒物質漂移、毒物放大作用、森林砍伐、戰爭的放射性後果、海洋酸化，以及其他一系列緩慢展開的環境災難，都是典型的汙染；塑化劑汙染、內分泌干擾物、抗菌素耐藥性以及無數其他危害健康的毒素，充斥在日常生活中。此外，公安事件所引起的生態破壞情事更是層出不窮。在筆者撰寫本文時，美國俄亥俄州小鎮東巴勒斯坦（East Palestine）的一列載運有毒化學品（氯乙烯）的火車發生脫軌，為免其爆炸，處理善後的人員將其燃除，宛如世界末日般的有毒煙柱即刻出現在城鎮上空，所造成的立即影響很多，包括：溪流中出現成千上萬條死魚、雞隻暴斃、狐狸恐慌、寵物染疾；居民則出現頭痛、眼睛灼痛和喉嚨痛等不適症狀。氯乙烯也是一種致癌物，長期接觸會導致肝損傷和一種罕見的肝癌，不僅會造成身體損傷、失能，也可能致命（Epstein & Yousif, 2023）。當地居民形容此次事故如同美國版的車諾比核災。

重大事件容易引起大眾與媒體的關注，但日常的隱性、慢性汙染更是禍患無窮。英國廣播公司（BBC）記者安娜・特恩斯（Anna

Turns）於 2022 年 3 月報導了人體因為汙染而殘存有機汙染物的普遍性。報導中指出，科學家在人類血液中發現微塑料，而且微塑料無處不在；化學汙染已在全球蔓延開，威脅著環境系統。來自世界各國的科學家，不斷強調減少汙染的緊迫性，許多有毒化學物質不容易降解，例如具有持久性的有機汙染物（POPs），它們存在於自然界和人體內，時間可長達二、三十年，甚至五十年。挪威的環境化學教授伯特・范・巴維爾（Bert Van Bavel）設計了一種檢測「身體負擔」的測試方式，測量在體內積累的化學汙染物數量，這些有機汙染物與癌症、心臟病和糖尿病等疾病有緊密的關聯性。特恩斯個人也親自接受測試，發現她體內大約有一百種持久性有機汙染物，包括已受監管或已在市面上消失的汙染物。其中最令特恩斯訝異的，是一種叫作氧化氯丹（oxychlordane）的化學物質，這種物質比 DDT 還罕見，一旦進入人體就很難徹底清除。特恩斯出生一年後，英國即已禁止使用它，她推測此化學物質可能是經由她的母親傳給她，她也可能已經把這種有毒物質傳給她的兩個孩子。毒物的影響已歷經了三代，它可以殺死昆蟲、魚類及鳥類，進入人體後會破壞肝功能、大腦發育和免疫系統，也是一種致癌物。此外，目前日常生活常用於防垢及不沾鍋炊具的含氟表面活性劑（PFAS），也是巴維爾提醒大眾小心的化學物質（Turns 2022）。

不少生態學者認為，這些緩慢、有毒的汙染其實也是一種暴力，稱其為「慢性暴力」，羅伯・尼克森（Rob Nixon）在 2011 年出版的專書《慢性暴力與窮人的環保主義》（*Slow Violence and the Environmentalism of the Poor*）〈導論〉中，呼籲大眾重視這種暴力。他強調慢性暴力是「一種逐漸發生的、看不見的暴力，一種分散在時間和空間中遲緩且具損耗性的暴力。一般所謂的暴力通常是來自於特定的事件或行動，在時間上是即時的，在空間上是爆炸性

的、壯觀的，並在瞬間爆發出轟動的能見度，但慢性暴力通常不被視為暴力，但卻具有損耗性的後座力」（2）。尼克森呼籲人們注意那種既不壯觀也不即時的暴力，它會阻礙我們積極動員和果斷的行動力。看不見的暴力以漸進的方式累積傷害，時間久了，終究會呈現災難性的影響。令人遺憾的是，毒害後遺症或氣候變化造成的人類和生態的傷亡，在人類記憶中鮮少得到充分的關注與表達（3）。人們對緩慢而持久的災難漠不關心，漠視正提供了慢性暴力運作的機會。尼克森指出，「在一個崇尚即時奇觀的時代，慢性暴力缺乏電影和提高收視率的可識別特效」，從敘事的角度來看，慢性暴力「無形的、誘變的戲劇節奏緩慢，結局開放，避開了由勝利和失敗的視覺正統觀念所強加的固定結局和封閉性」（6）。

　　尼克森在書中特別以越戰使用的橙劑（Agent Orange）為例，說明慢性暴力的影響力。越戰結束已數十載，而橙劑對人類和自然生態所帶來的傷害仍緩慢而持續地進行著（13-4）。事實上，戰後殘留的毒生態所帶來的傷害並不比戰場的殺戮或彈傷輕微（211）。美國於 1961 至 1971 年越戰期間，廣泛地使用有劇毒的化學橙劑做為除草劑，其含有大量的 2,3,7,8- 四氯雙苯環戴奧辛（TCDD）成分，他們稱此除草作戰計畫為「牧場手行動」（Operation Ranch Hand）的一部分。美軍恣意噴灑含有毒性的橙劑，一方面用其清除覆蓋、隱藏越共的各種植物，另一方面破壞敵軍可能賴以為食的農作物；除了橙劑，美軍還用了各式除草劑，例如白劑、紫劑、藍劑和綠劑等。基本上，植物接觸到含有劇毒的戴奧辛除草劑會在兩天內枯萎，研究顯示當時「至少有 366 公斤的 TCDD 噴灑在南越」（S. Stellman and J. Stellman 726）。橙劑對人體健康的傷害，除了包括生殖方面的損害，還會造成新生兒的畸形、缺陷與早夭。其時無數的美軍及當地民眾都遭受到嚴重的影響。這些帶有毒性的化學農

藥，滲入大環境的土壤與河流，根據大衛・富蘭德（David Friend）的研究，美國退役軍人在越戰結束的四十多年後，證實有「超過八十五萬名軍人」仍需面對戰爭所帶來的身心創傷，以及各種橙劑帶來的相關疾病（Friend 48）。根據後來的研究報導，當時有「超過五十種疾病是與暴露於橙劑相關」（Carter 3）。[4] 失能與生態失衡有密切的關係，而生態失衡又往往與殖民、戰爭無法切割。眾所周知的越戰，即為再明顯不過的實例。就算越戰已結束數十載，但橙劑對人類和自然生態的傷害仍未終止。

　　戰爭與軍事行為對於人們所造成的顯性及隱形傷害往往是無法計數的。除了戰場上殺戮行為所造成的立即傷害、失能與死亡，它對於生態及人體所造的慢性傷害往往來得既深且廣，但在當下卻又難以覺察。克萊爾在文中也曾提到，一位婦女在童年時期被軍事廢料污染而導致身體嚴重的傷害。軍事廢料造成的污染殘留在地下水中，懷孕婦女長期飲用此水後，毒素毀損了子宮羊水中胎兒的神經元和肌肉，也間接地傷害了胎兒，造成孩子出生後不可逆的身體失能。日後當人們談論「軍隊傾倒三氯乙烯及其與失能孩童的關係時，人們僅能以憐憫的眼光看待這身體」（A. Taylor and S. Taylor 2006; Clare 251）。失能婦女在萬般無奈中，僅能回應說，「我恨軍隊，但我愛我的身體」，這句話傳達了有苦難言的複雜意涵。她想表達對軍事傾倒的仇恨，但政府不願承認她的失能與被軍事廢料污染的廢水有關，而一般人除了給予同情、憐憫外，只能沉默無語。阿斯特拉・泰勒（Astra Taylor）及桑娜拉・泰勒（Sunaura Taylor）在其共同撰寫的〈飲用水中的軍事廢料〉（"Military Waste in Our

---

[4] 關於橙劑對美軍及越南人民帶來的傷害與失能，逐漸傷害人類於無形，廖培真在〈當叢林變成了敵人：越戰／美戰文學、生態疾病與慢性暴力〉一文有詳細申論，本文不再贅述。

Drinking Water") 一文中,也分享了發生在他們家庭中的類似不幸。桑娜拉於 1982 年在亞利桑那州圖森市(Tucson)出生時就有先天性缺陷,她的關節攣縮,阻礙肌肉生長,同時間,他們家附近也有婦女生下身體損傷的嬰兒,除了孩童外,也有多位鄰居死於癌症。隨著時間推移,他們終於找到了原因,亦即來自地下水的汙染讓當地人或罹癌或失能。毒害他們的主要是三氯乙烯(trichloroethylene [TCE]),它是比砷更危險的致癌物;三氯乙烯與腎臟癌、生殖和發育損傷、神經功能損傷、自體免疫性疾病有緊密的關聯。當時的布希總統不以為然,要求國家科學院進行調查,結果顯示三氯乙烯之致癌性比之前認定的毒害標準還高出 2 到 40 倍(A. Taylor and S. Taylor 2006)。最為反諷的是,他們清楚美國對外的戰爭破壞了國外的環境並傷害了當地人,但不敢置信的是,美國軍隊也在本土進行生態上的破壞。911 事件發生時,美國政府警告人民恐怖份子可能會用砷汙染公共資源,結果不是恐怖份子在他們的杯子和浴缸裡放了毒藥,而是空軍雇用的私人承包商毒害了他們。人們遺憾地表達,「政府為了國家安全,寧願讓軍方汙染空氣和水,卻不顧他本應保護的公民」(A. Taylor and S. Taylor 2006)。其時有多達兩萬人死亡、生病或出生時即帶有先天缺陷,但官員們並不承認三氯乙烯與當地健康問題有關,反而指責當地居民的吸菸和飲食習慣,並說他們的癌症乃因「食用太多辣椒」,至於桑娜拉的先天缺陷則可能是攝取過多花生醬所致。泰勒強調,美國境內多達三分之一以上的有毒廢料是美國軍方傾倒的,軍方每年產生的危險廢棄物,比五家最大的國際化學公司加起來還多;武器在國外殺人,在國內也殺人,這是一個「醜陋的事實」。更為可悲的是,納稅公民除了用錢,也用他們的健康甚至生命,支付軍事預算(A. Taylor and S. Taylor 2006)。

「我恨軍隊,但我愛我的身體」其實代表了無數有類似遭遇者的心聲,美國在越戰噴灑的橙劑讓將近十五萬名兒童有先天缺陷,波斯灣戰爭留下的鈾讓伊拉克人民癌症發病率飆升。強權侵略的極端暴力加上生態破壞的慢性暴力,讓無辜的百姓有口難言。

毒生態所帶來的慢性暴力,往往是透過時間的沉澱,人們才會開始留意到,一般因慢性暴力生態形成的疾病,通常在接觸毒物十年或二、三十年後,才會找到連結關係。毒害所帶來的傷害或傷亡持久不退,但居民難以取得補償,甚至永遠也得不到補償,而復育或清除毒物的工作,多半也得歷經數十年才能完成。

在生態上的慢性暴力層面,尼克森還提出了另外一個重要的議題,那就是窮人及弱勢者結構性的受環境毒害議題,這些缺乏資源的窮人,往往也是慢性暴力最大的受害者。貧窮使得他們無力表達或抗拒滲透在其生活中的慢性暴力,使得他們無奈地成為「可被拋棄的人」(disposable people)(Nixon 4)。媒體對於這類議題往往也缺少足夠的關注,而新自由主義時代企業以利益掛帥,無形中加劇了資源的掠奪,同時加深了貧窮階層的健康危機。事實上,貧窮及弱勢身分成為慢性暴力中另一種具關聯性的結構性暴力。湯姆・戴維斯(Thom Davies)呼應尼克森所提的慢性暴力的概念,帶入約翰・加爾通(Johan Galtung)所提的「結構性暴力」,強調結構性暴力其實與慢性暴力相互呼應,形成牢不可破的網絡式傷害。加爾通以美國路易斯安那州弗里敦(Freetown)社區的居民為例,揭露形成汙染地理的權力結構和政治如何轉變為生態上的慢性暴力。換言之,在種族主義的結構性不平等與環境汙染的兩種暴力共同衝擊下,形成結構性的慢性暴力。弗里敦位於密西西比河西岸,在巴頓魯治(Baton Rouge)和紐奧良(New Orleans)之間,住在這兩個河流城市之間的居民罹癌者多,該地居民稱其為「癌症巷」。眼

前這個表面上看起來連綿的甘蔗田田園風光，掩蓋了它昔日做為工業生產區的過去。該地曾為西半球最密集的化工工廠區，提供美國石油與天然氣，在八十五公里的河岸範圍內，「至少有 136 家石化廠和 7 家煉油廠」，也因此在弗里敦有將近一成半的勞工投入石化生產的行列（Davies 414-15）。當地居民黛西（Daisy）定居弗里敦長達七十年，目睹了工廠的汙染如何以緩慢、積累性的方式影響當地住戶，例如癌症發病率升高、植被枯萎。她說，「空氣中充滿了氣體，你幾乎無法呼吸」，她只能選擇離開（Davies 415）。戴維斯指出弗里敦社區面臨的汙染就是一種慢性暴力。事實上，「環境風險通常位於阻力最小的路徑上，或政治、經濟和社會資本儲備最少的社區」，而路易斯安那州有其獨特的被殖民歷史，過往的奴隸制和系統性「非白人廉價身體」的概念，仍留存在這個黑人貧困社區裡。黛西的祖父母輩即是戰後擁有土地的獲釋奴隸之一，他們被定義為「不值得保護的生命」。

儘管學者和環保倡議團體一再地呼籲、見證，毒性地理與少數民族和低收入社區的位置有著密切相關性，但企業家在世界各地仍不斷地複製相同的剝削模式。戴維斯引述蜜雪兒·墨菲（Michelle Murphy）的觀點，反諷「社會的建立似乎僅是為了保護特權階層免受有毒事件的影響」，在弗里敦，「汙染『事件』沒有自然終點。相反地，這種長期暴露於暴力的情況在『歷史上』處處可見」，而汙染也必然「將其暴力滲透到未來」（Murphy 266; Davies 416）。弗里敦及其附近社區居民「約有 95% 是非裔美國人」，印證了所謂環境種族主義的描述（417）。戴維斯在當地進行訪談時，居民描述白人居民被鄰近的石化公司「買斷」後離開，而黑人居民則留在原地，這種由環境種族主義造成的歧視性汙染，即典型的結構性暴力，此種來自於不平等對待生命的方式，是一種環境上的不公義，

顯示某些生命似乎比其他生命更有價值、更應保護，沒有價值的生命似乎連呼吸新鮮的空氣都有困難（417）。

　　總而言之，結構性暴力和慢性暴力有著千絲萬縷的關聯性。根據加爾通的觀點，「制度化的種族主義、性別歧視、階級歧視等形式不僅限制了生活品質，所形成的後果其實也是暴力的」，而尼克森借鑑加爾通的論述，同樣指出慢性暴力的內涵也是結構性的（Davies 413）。兩者的相似性在於，受苦者難以找到加害者，畢竟一般人不易立即覺察出緩慢節奏所帶來的衝擊及制度下的影響。如同加爾通所言，「結構性暴力是無聲的……與我們周圍的空氣一樣自然」（Galtung 173; Davies 413）。結構性暴力在社會上完全被隱藏，根深柢固且已制度化，以致面目全非（Galtung 171）。

　　歐美國家經濟上的強勢，對於未開發地區原住民與土地造成強大的威脅與破壞，蘿拉・賈菲（Laura Jaffee）和凱爾西・約翰（Kelsey John）亦曾共同撰文，梳理歐洲中心／定居者殖民主義（settler colonialism）對原住民及土地所進行的多種形式經濟利益剝削，例如土地占用、資源開採、語言上的種族滅絕、強迫搬遷和破壞，這些舉措對原住民的土地、精神、牲畜和遺址皆造成無比的傷害，甚至造成在地的人們身心毀損或失能（1407）。剷除原住民及失能者的邏輯都源自於資本主義的政治經濟、生產及物質需求概念，畢竟原住民的存在威脅到殖民定居者的土地要求，消滅原住民則可證明後來的殖民定居者掠奪的土地徵用是合理的；至於失能者則被認為是「不適合」資本社會關係下的工人或「無用的食客」（1415）。資本主義如此占據與破壞，期間持續了數個世紀，賈菲與約翰撰文反抗資本主義帶來的剝削與破壞，也同時質疑北半球失能研究中的種族中心概念。他們也因此提出原住民本體論（indigenous ontology）的概念，一方面保護在地的住民、地球母親及其

神聖資源,另一方面亦指正歐洲人將環境與人類視為分立的二元謬誤。他們預測,資本主義國家規劃的未來藍圖中會將失能者與原住民排除在外,因此失能者的自覺和原住民的國家和身體自決,至關重要(1407)。

關於結構性暴力的概念,尼克森也提出了類似的例證,他指出新自由主義在全球化時代加劇經濟發展不平衡,同時產生了一種「致命的偏執」,它將風險轉移到幾乎看不見的貧窮落後地區。貧窮的社區在面對商業發展過程中,經常受到脅迫,當槍炮、推土機和商人到來時,如何協商其自身的貧困和長期財富的競爭關係,考驗著這群弱勢者,他們體驗到的環境威脅並非一個抽象概念,而是實實在在的日常傷害。尼克森在篇首以兩段引文,揭露全球化時代所產生的結構性與慢性暴力,第一段引文來自阿蘭達蒂・羅伊(Arundhati Roy):

> 我認為全球化就像一盞燈,在少數人身上越照越亮,其餘的人都在黑暗中被消滅了。他們根本無法被看到。一旦你習慣於看不到某樣東西,那麼,慢慢地,就不可能再看到它了。(Nixon, *Slow Violence* 1)

第二段則來自於勞倫斯・薩默斯(Lawrence Summers)於1991年12月12日《世界銀行備忘錄》中的記錄:

> 我認為在最低工資國家傾倒大量有毒廢棄物,背後的經濟邏輯是無可挑剔的,我們應該正視這一點。……我一直認為,非洲國家的汙染程度低;與洛杉磯相比,他們的空氣品質可能是極度低效率。……就在你我之間,世界銀行是不是應該鼓勵更多的骯髒行業遷移到最不發達的國家?(Nixon, *Slow Violence* 1)

當時任職於世界銀行的薩默斯主張銀行制訂一項計畫,將開發國家的垃圾、有毒廢棄物和嚴重汙染的工業出口到非洲,一方面

可以避開環保團體反對垃圾場和工業廢水排放的監督，但最為重要的，在於將富國的毒素轉嫁給世界上最貧窮的地區，可使美國和歐洲在經濟上受益（Nixon, *Slow Violence* 1-2）。薩默斯此舉正完全符合尼克森定義的慢性暴力與戴維斯所體驗的結構性暴力。

生態上的慢性暴力以看不見的方式傷害身體，而不易覺察的化學物質被證明是更致命的，隱藏在身體裡的毒素導致癌症和其他莫名的病症，也造成了疾病與失能。遺憾的是，造成他們傷害或失能的罪魁禍首永遠不會被揭露或證實，畢竟剝削者占有政治、經濟及法律上的優勢，總有逃脫或隱匿其行徑的方式。慢性暴力與結構性暴力呈現了弱勢身分上的多元性與複雜性，失能不是單一的認同（identity），其與族裔、生態、經濟等因素共同造成了不同的失能形式。尼克森指出大眾總是「看不見」（out of sight）慢性暴力，而戴維斯則修正這個問題為「誰看不見」這種慢性暴力？

無論是慢性暴力或結構性暴力都不容易為大眾覺察，若要讓大眾感知或覺察到那些長期緩慢運作且無人關注的災難，尼克森強調，必須將這些隱形暴力轉化為「圖像和敘事」，如此方足以喚起大眾關注，引發必要的行動或政治介入（3）。瑞秋·卡森（Rachel Carson）發表的《寂靜的春天》（*Silent Spring*）即有如是效果，卡森的深入報導，讓廣大的國際大眾意識到二氯二苯三氯乙烷（DDT）所造成的「長期的、隱匿的、無差別的傷亡」（Nixon, *Slow Violence* 6）。文學、電影、視覺藝術可以體現和激發專家及普通公民的科學和哲學思考，提供理解框架和不斷追尋的問題，而人文學科、文學和文化創作以及研究的最終作用，就是透過各種表達方式及想像力，提高大眾的覺知能力，其影響力絕不亞於科學。阿萊莫因此鼓勵大眾以「物質回憶錄」的書寫方式，記錄環境正義、生態破壞及工業毒素的暴露與汙染等議題。她特別以安娜·卡斯蒂

略（Ana Castillo）撰寫的小說《遠離上帝》(*So Far From God*) 為例，小說內容描述工廠排放的有毒廢物和農業中使用的化學物質如何汙染水源和土壤，導致社區居民患上各種疾病。書中角色費（Fe）在一家「艾克美國際公司」（Acme International）工作，這家公司使用大量有害化學物質，不僅對環境造成汙染，還對工人的健康構成威脅，費負責管理化學物質，某天她警覺自己在工作中可能吸入了很多毒素，後來管理階層的人員告訴她，多餘的化學物質已倒入供水系統，她才意識到她不僅傷害了自己（最後死於癌症），也毒害了鄰居（Alaimo 140）。書中情節反映了環境汙染對社區的深遠影響，特別是對弱勢群體的影響。

除了化學物質外，化學肥料也是毒害人體的惡源之一。在農業機械化下強調產值的同時，企業體在農作物生產過程中往往會施加大量化學肥料，抑制雜草或蟲害。在盲目追求實效的目標下，必然扼殺了自然耕作的法則。大自然有其既定的秩序與循環的律則，土壤、植物、動物三者自然達成平衡。如今在全球農業工業化後，人類不自覺地破壞自然生態，持續地進行各式侵略自然土地的手法。儘管環保意識逐日高漲，環保團體也不斷地揭發人類對環境的迫害，但並未真能有效遏止人類對自然的掠奪與破壞。工傷或罹癌事件屢見不鮮，無數的農工成為使用化學肥料的受害者。在美國，拉丁裔或墨西哥移民多半務農，因為農藥致癌的例子更是時有所聞，朱莉・艾薇兒・米尼希（Julie Avril Minich）在〈綠化白人救世主：癌症集群、非凡失能者《美國麥克法蘭》〉("Greenwashing the White Savior: Cancer Clusters, Supercrips, and *McFarland, USA*") 一文中，深入探討環境不正義所形成的慢性暴力，以及其中涉及種族歧視、官商壓制與媒體假敘事等錯綜複雜的關係。她指出環境問題並非價值中立，不同族裔及階級有截然不同的經歷，她以麥克法蘭

（McFarland）的拉丁裔移民為例，說明為拉丁裔美國人的環境做敘事表述的重要性，她撰文重新審視環境思維，並挑戰美國至上的環境論述。

麥克法蘭社區大約有八千人是拉丁裔，米尼希根據 2015 年迪士尼拍攝的《美國麥克法蘭》（*McFarland, USA*）電影的背景，探討一個有據可查的癌症聚落。麥克法蘭的罹癌人數，取決於報導的時間點而有所不同；根據米尼希自己查閱的資料顯示，麥克法蘭兒童罹癌的發生率高出全國平均的三到四倍（49）。癌症人數超高證明麥克法蘭因農藥汙染而導致許多人失能，而此一事實不僅揭露了一段無法識別的環境不正義，也凸顯了結構性隱形暴力的建構過程。與該事件最為相關的報導是羅蕾娜・帕里（Lorena Parlee）和蘭尼・布蘭（Lenny Bourin）於 1986 年所拍攝的十五分鐘記錄片《葡萄之怒》（*The Wrath of Grapes*）。他們調查當時在聖華金谷（San Joaquin Valley）的小鎮，至少有十三名兒童得了癌症，他們合理地懷疑罹癌與農業或殺蟲劑有關，因此該報導探討了葡萄園使用殺蟲劑及其對農場工人和消費者健康所造成的危險與影響。當時相關當局無法確切找出造成麥克法蘭健康危機的原因，事件也隨之落幕，存在於麥克法蘭的健康問題終究未引發大眾的關切。

2015 年，麥克法蘭再度出現在電影《美國麥克法蘭》中，該片掩蓋了拉丁裔居民被剝削的情況，劇情則環繞在「白人救世主」的意識形態。片中主角吉姆・懷特（Jim White）教練被原任教學校解雇後，來到位於加州邊陲窮困落後的麥克法蘭小鎮。這裡的人民務農維生，學生們在課餘時間必須投入工作，添補家用。電影聚焦在懷特如何訓練七名高中生成為田徑賽跑健將，給小鎮帶來希望。電影上映後，引發拉丁裔批評家多明妮・芮妮・佩雷斯（Domino Renee Perez）的關注，指出麥克法蘭的冠軍選手其實是美國男孩，

只是他們的家人來自墨西哥（Perez 2015）。這部電影以 1980 年代為背景，時間距離拉開了 1980 年代和 2015 年之種族政治議題的差異。電影中的拉丁裔美國人形象正面，很勵志，與白人教練和睦相處；事實上，同時間同樣以 80 年代拉丁裔為題的《夢想啟動》（*Spare Parts*），對拉丁裔移民則有完全相反的呈現。該部電影改編自真人真事，片中四位高中生是一群沒有身分的「非法移民」，劇情則聚焦在他們害怕被驅逐出境的恐懼。《美國麥克法蘭》上映時，佩雷斯期待這部迪士尼製作的電影能讓大眾理解，拉丁裔移民不是美國生活結構中的「威脅」，而應視為其中的一份子，顯然電影的情節刻劃未能如願（Perez 2015）。

　　米尼希接續佩雷斯的質疑，剖析《美國麥克法蘭》的電影敘事其實是暗示「白人救世主」的主題。懷特教練雖然因為職場失意來到麥克法蘭，但他在那裡成功地訓練了該地的田徑選手，贏得冠軍獎盃。對這群孩童而言，他象徵著白人救世主，給麥克法蘭帶來了救贖，也穩固了白人統治。此外，懷特在此地不僅重拾職業榮耀，也恢復了在家中男主人的地位。他先前罹患的憂鬱症，在女兒邀請他參加成年禮（quinceañera）後獲得療癒，失和的家庭被修復了，他重回一家之主的父權位置（43）。電影敘述深刻地強化象徵白人及父權的懷特，但完全忽略處於同一時空下異常罹癌的兒童。當地真實的情況是，多數常年生活在貧困破舊社區的人們只求生存，難言希望（Minich 35）。米尼希嘗試補正電影情節的偏頗，聚焦該地環境汙染造成的失能問題，公開地討論電影略過不表的環境不正義。她以批判性角度揭露了這部電影呈現的假象：電影以麥克法蘭賽跑健將強壯的身體，取代了失能罹癌的孩童，懷特教練看似帶領觀眾關心墨西哥人，卻掩飾了環境種族主義帶來的不公與不義，忽略持續被剝削的農工。麥克法蘭曾經是農業的心臟，但這小鎮實則

為農藥汙染的象徵。

　　米尼希試圖在文章中還原當時有關環境種族主義的實境，她借鑑失能研究的非凡失能者概念，分析麥克法蘭的強壯選手如何取代因癌症致殘的兒童，失能研究最忌憚的是，選定某些超級失能者「殘而不廢」的成功案例做為大眾的啟示，而此舉往往掩蓋了多數失能者真實的生活困境。米尼希將麥克法蘭的田徑健將類比為失能群體中的非凡失能者，這些僅有的少數具有鼓舞、勵志的功能，而如同非凡失能者的成功掩蓋了多數失能者的艱困，這些以選手為焦點的敘事，忽略社區所面臨的環境、健康災難。米尼希強調《美國麥克法蘭》電影隱匿了種族化的健康危機，而迪士尼更不該忽視癌症集群的不幸。非凡失能者不僅只是失能倡議者所捐棄的概念，最為人詬病的是其做為敘事策略的工具性，試圖掩蓋存在於文化社會面向的負面情境，環境不正義即為其一。《美國麥克法蘭》描繪了一個胖男孩變成明星的鼓舞人心故事，但卻忽略了解決癌症集群的問題。米尼希深入揭露電影中隱藏的環境種族主義敘事，並闡明不公正社會關係的敘事技巧及話語模式。她沒有讓尼克森所說的慢性暴力繼續隱形，而是採取相反的對策，揭露隱藏慢性暴力的敘事策略，例如在參加地區田徑運動會的孩子的住處，同時住了許多患有白血病和霍奇金淋巴瘤的孩子，這些孩子「住在同一個地區，就讀於同一所學校」，但緩步罹癌的孩子從未出現在電影情節中（38）。最為遺憾的是，政府當局、各階層主管和社區成員在講述關於健康危機的問題時，各自有不同的敘事方式與不同動機，而這些故事皆會導致不同的解決方案。1988年當癌症集群的新聞報導越演越烈時，美國國家農業化學品協會主席傑克・爾利（Jack Early）編了一個故事，設法為自己脫罪。他去信給《華盛頓郵報》（The Washington Post）的編輯，大力澄清麥克法蘭的癌症發病率升高與周邊農田使

用殺蟲劑無關,他甚至以科學家亦不認同此關聯性的說法搪塞。此種為維護企業利益的敘事策略,或為鞏固政權而出的搪塞與謊言,在其時屢見不鮮。

電影《美國麥克法蘭》的情節確保了中產階級的就業（Minich 41）。電影謳歌英雄人物,卻未能對 1980 年代後期麥克法蘭農夫辛苦的生活加以描繪,此一選擇性的敘事策略無形中讓被壓制的農民活得更為艱困。電影「引人入勝的故事情節元素,是加強了跑步健將的英雄色彩,而這個焦點正是使麥克法蘭生活的慢性暴力變得隱形的方式」（此處原文用的是 "supercrip"）（Minich 42）。麥克法蘭田徑健將的非凡奉獻,予人似無害、感覺良好的麥克法蘭電影,讓觀眾忽略社會環境的不正義,無法識別或追究那些壓迫他人的從中受益者。《美國麥克法蘭》的敘事模式,無形中讓拉丁裔社區中之監獄、被剝削、壓榨的農業情境去政治化或自然化；甚至刻意塑造跑步者才華橫溢,是因為農人日常勤奮勞動的結果。當地學生在上學前、放學後都必須幫忙家中的農事,這其實是一種似是而非的說法。米尼希指出:「根據醫學人類學家塞思‧霍姆斯（Seth Holmes）的說法,農場勞動力對勞工的傷害、死亡率是非農業勞工所經歷的五倍,農事會產生更高的『非致命性傷害、肌肉骨骼疼痛、心臟病和許多類型的癌症』」（Holmes 101; Minich 39）。農場勞動不僅被證明是令人筋疲力盡的,而且是有害又危險的,但這部電影卻掩蓋了它導致失能的負面效應,甚至將癌症的成因歸咎於傳統墨西哥飲食,以及個人健康選擇的問題（39）。喬納森‧梅茨爾（Jonathan M. Metzl）和多蘿西‧羅伯茨（Dorothy E. Roberts）強調,「以『個人選擇』和『個人責任』為中心的意識形態訴求,經常使得改善衛生基礎設施,以及平衡健康／種族／財富不平等的嘗試,變得更加困難」（683; Minich 50）。

當公眾問題轉為個人問題時，政府或社會則無須做任何變革，或改善汙染的環境，有如失能是個人的損傷問題，社會合理化地無須提供無障礙設施，個人僅需加強意志力、自我控制及紀律的個人責任，這種轉移焦點的方式也從而淡化社會變革的迫切性。電影中的肥胖男孩丹尼・迪亞茲（Danny Díaz）被要求管控他的體重即為一例。教練將健康與個人責任聯繫起來，成功地轉移了環境因素影響健康的注意力。肥胖目前也被認定為一種失能，一般人認為肥胖為個人紀律與節制力差的結果，攝入過多熱量，缺乏運動，電影的敘事試圖將社區的公共衛生問題呈現為個人選擇或個人行為；但朱莉・古斯曼（Julie Guthman）指出，環境因素，例如阻礙運動的環境，或影響新陳代謝的環境汙染物，通常才是造成肥胖的主因（Guthman 23; Minich 46）。此外，肥胖問題也跟族裔的差異相連結，肥胖問題往往出現在黑人和拉丁裔族群中，因此將汙名歸咎於胖子，就如同將汙名歸咎給少數族裔一樣。根據聯合國糧食及農業組織的統計，墨西哥的肥胖率已超過美國，而這部電影也強化了這種刻板印象（46）。1998年，《舊金山紀事報》（*San Fransico Chronicle*）開始關注美國人日益增長的體重，其時，麥克法蘭市市政官員蓋瑞・強生（Gary M. Johnson）批判媒體對麥克法蘭的負面報導，堅決否認殺蟲劑是健康危機的罪魁禍首；相反地，他指出家庭食物的影響才大，「飲食偏好才是問題的一部分」，他說：「我們的人口有94%是西班牙裔，多數來自墨西哥。他們都保持著食用含有大量豬油的飲食習慣」（Martin 1998）。官員認為，動物脂肪高的飲食會給健康帶來巨大的風險，包括癌症（1998）。不過，他的說明成功地將當地環境汙染導致兒童罹癌的問題轉移至傳統墨西哥飲食。強生話術高明地暗示「那些首當其衝受到環境汙染影響的人，要為自己的健康狀況問題負責」（Minich 48）。他的說法正如

朱莉・施（Julie Sze）所指出的，官方對於癌症集群很少提供正確的診斷與解釋，其原因並非缺乏證據，而是調查者刻意以偏頗的觀點誤導社區居民（Sze 182; Minich 37）。

　　生態環境與人體有許多類似之處及複雜的關聯性，各有脆弱的一面，容易被傷害與汙染；生態受毀損後，有時歷經數千年也難以修復，而人體受到傷害或失能後，毀損往往是不可逆的，連復原的機會都沒有。極為遺憾的是，受創後的環境及身體多半無法替自己發聲，而生態環境經常為殖民者、牟利者壓搾、利用，雖然無心，卻狠狠地傷害了無辜的生命，使其致傷或完全失能。屬於生態的環境正義與屬於失能者的生存正義，往往投訴無門，雖然受害程度嚴重，卻又經常找不到加害者，加害者往往因為位高權重，利用媒體及受害者的弱勢規避各種責任。慢性暴力的持續存在，並非無人發現或關注汙染的現象，多半是因為無法立即提出證據，或是受害者所提出的例證或說法不被採信，從而使得這群人和地理區域輕易地被犧牲，歷史上發生的車諾比、廣島、長崎和博帕爾等汙染事件歷歷在目，阿德里安娜・派翠娜（Adriana Petryna）在回顧這些災難時不免哀嘆，許多在這些大規模災難中倖存下來的人，都陷入了一個「長期的惡性官僚循環」，在缺乏援助及立即證據的狀況下，他們必須承受自己身體受損的事實，而面對法律、福利和醫療機構要求舉證時，又必須獨自承擔被剝奪的風險（引自 Nixon, "Slow Violence" 65）。

　　同樣地，美軍在越戰時大量噴灑橙劑，嚴重破壞了越南的生態環境，也傷害了人民身體，而受害的人民要證明畸形兒或身體染疾等問題是因橙劑所造成的，依舊困難重重；且即便發生在美國本土的汙染病變，也是舉證困難。美國政府總以戰爭為正當理由，不接受求償，而為美軍生產橙劑的孟山都、陶氏化學等跨國化學公

司，也都在越戰期間賺取了暴利。政府優先考量的總是政治及經濟利益，生態和民眾健康則居次要。根據《德國之聲》（*Deutsche Welle*）的報導，一名七十八歲的越南裔法國人陳素娥，向法國巴黎郊區埃夫里市（Evry）法院控告十四家跨國化學公司，其中包括美國農用化學品公司孟山都，因其在越戰期間生產並向美國銷售橙劑施用於越南，造成人民身體健康受到嚴重影響。2021 年 5 月法院做出「不予受理」的裁決，理由是「沒有管轄權來審判涉及美國政府戰時行動的案件」，在她提起訴訟前，美國、澳大利亞和韓國的退伍軍人都曾因遭受橙劑後遺症的傷害而獲得賠償，但司法卻從未做出有利於越南平民受害者的裁決。被指控的跨國化學公司均自保式地反駁，指出美國軍方應負起全部責任，孟山都公司的一名企業律師甚至表示，美軍使用橙劑是為了捍衛「國防」利益，因此「戰爭期間的供應商」不應承擔責任。報導更指出，橙劑中含有強烈致癌物質，至少需要九年時間才能分解掉 50% 的毒素，一旦進入人體後，至少需要十四年才能全部排出，毒素透過食物鏈還能在自然界繼續循環，所造成的傷害既廣且深，慘絕人寰（Bahgat 2021）。在這場官司之前，大約有四百萬越南人民於 2005 年向美國提出歷史性的集體索賠，而美國聯邦法院法官以於法無據為由，駁回他們的告訴。越南外交部發言人黎勇立即嚴正指出：「真相不容扭曲，美軍噴灑的橙劑及戴奧辛對越南人民與環境造成極度嚴重的後果，美國的製造商不僅必須對美國老兵負責，同樣地，也應對越南的受害人負起法律上的責任」（魏國金 2005）。

　　生態看似自然，背後卻有著複雜的國際政治關係；失能看似單純，背後也有一套複雜的生命政治。資本主義基於生產體系需要更高的消費，不斷地將自然環境視為擴張和開發的空間，以確保經濟利益增長，因此環保主義和環境正義運動理當反對資本主義不當

地破壞大自然生態,及其以非自然方式入侵自然生態環境或傷害人體,造成無數難以彌補的疾病和生態失能。新自由主義的全球化加劇了經濟發展的不平衡,全球政治其實是「一場爭奪物質支配地位的鬥爭」;生態學者強調,「我們目睹的是一種致命性的偏執,它透過時間與空間的挪移,將風險轉移到媒體幾乎看不到的『落後』社區」,目前有越來越多的開發中國家深入地參與這場鬥爭(McClintock 63;引自 Nixon, "Slow Violence" 66)。慢性暴力與強弱之間的結構性暴力共振,所造成的傷亡往往無從計數,更難以追溯。在台灣,類似生態汙染致傷的案例亦是不勝枚舉,此部分留待下章探討。

　　雷與西伯樂提綱挈領地強調,失能研究與環境人文的關係總是矛盾甚至是敵對的。從歷史上看,環境人文科學總是被能者或健全意識形態掌控,並以激進環保主義的名義排斥、詆毀失能者,他們習慣根據非失能者的能力和經驗建構理論,忽略失能者的觀點與需求。兩個領域分隔,缺少連結及合作機制,如同阿萊莫所言,兩者處於「雜亂無章、相互矛盾的地帶」(Ray and Sibara ix)。前文探討的案例在在顯示出失能的成因與生態汙染息息相關,環境人文學者應該從環境的慢性及結構性暴力的角度,看到彼此可建構跨域對話的焦點,開啟合作機制,攜手保護大自然與脆弱的人體,使其免受無妄之災。

【第二章】

台灣生態汙染、環境病與失能

　　失能看似屬於個人的問題，然而細究失能者致病的成因後，多半與隱藏在周遭環境的汙染、毒害與傳染病有關。以近期眾所周知的新型冠狀病毒肺炎（coronavirus disease 2019，簡稱：COVID-19）為例，2019年年末某種外表類似皇冠的冠狀病毒（SARS-CoV-2）出現，它在人體上產生急性嚴重的呼吸道症狀。病毒從武漢開始，迅速擴散至世界多國，造成前所未有的全球性破壞，並且改變了人類的生存方式。大流行病毒帶來的破壞為人類提供了新的省思視角，尤其是來自於外在生態環境因素帶來的疾病與失能問題。新冠疫情讓人們經歷了病毒所呈現的無常以及人類的脆弱性，而無常更讓大家體會到疾病及失能與我們是零距離的，脆弱性則凸顯人類免疫力的蒼白無力以及病毒的強悍與強制性。在預防疫苗未問世前，人們幾乎無法招架病毒的肆虐。在危難之際，政治力也介入篩選誰可以快速取得疫苗，有資源者與無資源者、開發與未開發國家彼此間呈現著命命不等值。直言之，疫情顯現出人類在根本上的脆弱，讓我們以最快的速度看到構成自身安危的各種外在糾纏與角力，死亡甚至也臨近我們的日常。

　　歷史上類似的大流行病也不少，十四世紀起，黑死病席捲歐洲，帶走數千萬人命，歐洲人口銳減三分之一。十五世紀末，歐洲

強權至世界各國建立殖民地，加速了疾病傳播，歐洲殖民者將各種疾病如天花、麻疹、流感、瘧疾、鼠疫、白喉、霍亂等傳至美洲。研究指出，當時美洲人口從六千萬減少到五至六百萬（〈新冠疫情〉2021）。十七世紀，中國北方瘟疫流行，部分地區人口減少了20%～40%（〈新冠疫情〉2021）；十七世紀末，明朝京都有超過一半的人民死於鼠疫，屍橫遍野（〈新冠疫情〉2021）。十八世紀海地發生黃熱病，殖民的法軍、官員、醫生和水手有五萬人死於這種傳染病，其時僅有三千倖存者。十九世紀非洲爆發牛瘟，牛隻大量死亡導致饑荒，人民因疫情痛苦不堪，流離失所（〈新冠疫情〉2021）。

1789 年，工業革命後，城市化的發展助燃了脊髓灰質炎的流行。英國醫師麥可・安德伍德（Michael Underwood）開始對這種疾病進行臨床研究，1840 年雅各布・海涅（Jakob Heine）確認其為一種傳染疾病（〈小兒麻痺症〉2022）。1916 年，美國紐約首次爆發小兒麻痺症大流行，感染病例超過九千例，死亡 2,343 人，而美國全國的感染病例則多達 2.7 萬例，死亡人數為 6,000 人。1928 年，菲利普・德林克（Philip Drinker）和路易・肖（Louie Shaw）發明了「鐵肺」，挽救因染病而癱瘓且無法呼吸的患者生命，多數患者會在這套設備中度過大約兩週時間，但那些永久癱瘓的患者則面臨終生「禁錮」（〈新冠疫情〉2021）。後來，疫苗和現代呼吸器逐漸取代了「鐵肺」。不幸的是，1952 年美國再創染病最高記錄，共計 57,628 例，同年，喬納斯・索爾克（Jonas Salk）取得重大突破，研製出有效的脊髓灰質炎疫苗；1961 年，阿爾伯特・沙賓（Albert Sabin）繼續推出更容易接種的脊髓灰質炎口服疫苗。

現今醫療科技發達，人類有能力治癒許多複雜的疾病，但傳染病卻從未離開過人類的生活，反倒因為交通便利而促進全球性旅

遊或洽商、人類生活型態改變以及生態環境系統變化，促使傳染病的快速流動、散播，更頑強的病毒隨之出現（黃紹宗 2009）。新冠疫情的衝擊在地球村全球化的情境裡使得人人自危，無法置身事外。時序邁入二十一世紀，醫療發達，但人類仍深受大規模傳染病之害，疫情遍布世界各地，奪去數千、數萬，乃至數百萬條人命。近二十年來，新出現在人類身上的新興傳染病（emerging infectious diseases）發生率增加，擴散範圍也越加廣大，甚至出現新的抗藥性機制，遏制病毒擴散的工作更加困難（黃紹宗 2009）。2003 年，嚴重急性呼吸道症候群（severe acute respiratory syndrome，簡稱：SARS）嚴重威脅中國及東南亞乃至全球各國的人民（Huang and Tang 2021）。2012 年，中東地區出現呼吸症候群冠狀病毒感染症（Middle East respiratory syndrome coronavirus，簡稱：MERS），病毒來源於駱駝，透過環境接觸、動物或確診病患傳染，其傳染力雖低但致死率較高。2013 年至 2016 年伊波拉病毒病（Ebola virus disease）肆虐非洲地區，造成 11,300 人死亡，倖存者出現的後遺症包括記憶力減退、關節疼痛、肌肉痠痛和眼睛病變，涵蓋畏光、溢淚、葡萄膜炎、脈絡膜視網膜炎，甚至失明（WHO, "Ebola virus disease" 2023）。此外，其他病毒如馬堡病毒（Marburg virus）、屈公病（Chikungunya）、茲卡病毒（Zika virus infection）接踵而來，隨後迅速傳至非洲、美洲及世界各國。茲卡病毒對於懷孕婦女造成的傷害甚大，可能會導致早產、流產，而胎兒會患有小頭畸形（Microcephaly）和其他先天性腦異常（WHO, "Zika Virus" 2022）。

每場疫病除了奪走無數生命外，同時在國與國之間、族裔、文化文明方面產生多層面的附帶影響。十四世紀的瘟疫使得勞動力供不應求，人工昂貴，進而推動了工具改良和技術創新。部分史學

家認為「西歐航海、探險和帝國主義的興起也部分歸因於這場鼠疫」，而社會經濟現代化、投資技術、鼓勵海外擴張，這些因素反倒促成西歐快速崛起（〈新冠疫情〉2021）。十五世紀的天花讓美洲人口減少到五、六百萬，而歐洲大幅度地在美洲進行殖民，歷經一個世紀後，除了讓被殖民者人口大量遞減外，農耕減少使得大量農田回歸荒地或森林草原等自然生態，導致大氣中二氧化碳減少，使得世界上不少地區氣溫下降，推動地球「進入了一個『小冰川紀』」，而農作物嚴重減產也造成嚴重的饑荒（〈新冠疫情〉2021）。海地的黃熱病則間接地把法國殖民勢力趕出北美，法國政府把北美殖民地賣給美國，美國也從此壯大（〈新冠疫情〉2021）。十九世紀非洲牛瘟疫情導致饑荒，使得社會秩序崩潰、民眾流離失所，但卻讓歐洲在非洲快速地擴大殖民統治。而近年的新冠疫情則造成西方歐美人士對東方，尤其是黃皮膚的華人產生重大的排斥與凌辱，又因疫情從中國大陸武漢爆發，部分西方媒體稱其為黃禍。伴隨疫情而來的不只是身體上的傷害，相關地區的族群歧視問題也隨之浮上檯面。在疫情發生初期，無數華人在世界各地遭受欺凌，相關衝突事件幾乎每天都出現在各種媒體報導中。

流行病的發生多半也是有害環境及不當接觸所造成的，歷史上在世界及台灣都有不同的流行傳染病，影響及破壞程度或有不同，但其造成的傷害皆難以招架，尤其是各種身心失能的後遺症。此外，環境汙染及公衛／安事件雖然未必會造成所謂的流行病，但對當地人的影響與傷害不能等閒視之，例如越南所經歷的橙劑汙染問題。本文僅針對台灣近六、七十年來環境汙染事件所造成的傷害與失能後遺症問題進行探討；至於流行病，台灣歷經幾波重大的傳染病，都造成不少失能與死亡現象，例如霍亂、天花、狂犬症、小兒麻痺症、SARS、登革熱等重大流行病。

台灣潮濕多雨，歷史上所記載的台灣多瘴癘，容易引起傳染病外，也易傳播瘧疾。不管是從台南登陸的荷蘭人、明朝的鄭成功、清朝的施琅，這些島嶼外來者都曾飽受瘧疾之苦（呂培苓 2020）。霍亂傳入中國約在清朝嘉慶二十五年（約為西元 1820 年左右），其時稱作「痧症」（呂培苓 2020）。霍亂主要症狀是嘔吐與腹瀉，傳染速度猛烈，當時沒有疫苗及藥物治療，僅能施打鹽水針減緩不適症狀（呂培苓 2020）。自十九世紀以來，霍亂共發生七次大流行，流行範圍廣大，造成死亡人數攀升，人們大為恐慌。民國以後共發生四次霍亂大流行，分別於 1912、1919～1920、1946、1962 年，前三次患者人數共 10,648 人，死亡 6,834 人，死亡率為 64.0%，其中第三次流行時，全台灣死亡兩千多人，第四次流行則有 24 人死亡，死亡率約 6.0%（劉嘉玲 2008）。

此外，流感、SARS，還有新冠肺炎，這些專門攻擊呼吸道的病毒也持續威脅著人們。台灣兒童從出生到小學入學前必須接種十幾種疫苗，而每種疫苗都是針對特定的一種「瘟神的戰爭」而研發製成（呂培苓 2020）。此刻的台灣除了新冠疫情尚未退去外，每年定期出現的腸病毒及登革熱都是不定時的威脅。在諸多流行病中，小兒麻痺症造成嚴重傷害，此議題將在第四章爬梳析論，不在此贅述。下文僅針對生態汙染造成食安與失能的問題加以梳理，一方面呈現生態汙染危害身體的情況，另一方面也分享小市民的自力救濟與護生之道。

在台灣，從都市到鄉間，民眾莫不承受汙染、破壞所造成的身心之苦。近六十年來嚴重的環境汙染事件難以計數，而來自於環境汙染所造成的疾病與失能案例更為繁多。環境品質與健康有直接關係，而汙染與癌症的關係更為密切。早期台灣經濟起飛的同時，也開啟了各種工業上的汙染，石化工廠有毒廢氣的排放或外洩事件屢

見不鮮，從空氣、飲水、食物、土壤等汙染，到公共安全的意外事件，時時刻刻威脅著台灣人的健康。單是空氣汙染就已造成為數不少的人罹患肺腺癌。馬路上的車子不停地排放含鉛廢氣，不僅造成各種呼吸道、氣喘及過敏問題，它也同時附著在路旁農作物上，食物中難免不含有毒的鉛。由於化學、金屬種類甚多，工業開發造成的環境汙染與疾病不勝枚舉。過程中，各種抗爭及自力救濟運動也不斷地對應這些環境議題，從最早期急水溪汙染抗爭事件、反杜邦運動，到反五輕、林園與潮寮事件，民眾主動圍堵工廠，或走上街頭，與警方對峙，一波一波的抗爭無非是期待企業重視汙染防治工作，政府能建立相關管理法規與處理公害糾紛的制度。

台灣過去幾十年的嚴重環境汙染因素，或源於自然或意外災難（例如莫拉克八八風災、沙塵暴事件、阿瑪斯號貨輪油汙染事件、「德翔台北」貨輪擱淺油汙外洩事件）、人為災難（例如多氯聯苯中毒事件、鎘汙染事件、中石化安順廠汙染事件、戴奧辛汙染事件、台塑汞汙泥事件）、汙染事件（例如急水溪汙染事件、二仁溪汙染事件、淡水河汙染整治事件、RCA 地下水汙染事件、高屏溪昇利化工事件）、公害糾紛（例如林園公害糾紛事件、潮寮空汙糾紛事件、垃圾大戰事件、反焚化爐事件、台南中石化〔台鹼〕安順廠汙染案）、開發爭議（例如反杜邦事件、反核四事件、反六輕事件、反五輕事件、反國光石化事件、蘇花高興建事件）等不同因素（環保署 2011）。環境之外，食品安全事件也對健康造成不小威脅，自 2010 年 1 月至 2019 年 2 月至少有 111 件食安事件發生，平均每月有一件，其中較受大眾及媒體關注者，有 2011 年塑化劑事件、2012 年牲畜奶粉事件、2013 年毒澱粉事件、2014 年餿水油、回鍋油、飼料油混充食用油事件、2015 年手搖飲農藥超標事件、2016 年湯圓添加工業用染劑事件、2017 年戴奧辛毒雞蛋事件、2018 年

馬卡龍含非法色素事件,以及 2019 年雞蛋檢出芬普尼事件等(沈寧衛 2011)。

　　自然界帶來的災難多半無法抗拒,但人為疏失或惡意造成的傷害則令人扼腕。早在 1945 年至 1955 年間,八掌溪下游地下水就曾因汙染造成嚴重的烏腳病(blackfoot disease),學名是壞疽或脫疽(gangrene)。該病並非傳染疾病,而屬於血管疾病,患者因末梢動脈血管硬化,造成雙足或手指發黑,台灣人遂將此疾病稱作「烏乾蛇」或「烏焦蛇」。烏腳病在當時是台灣社會的一個嚴重公共衛生問題,可歸類為地區流行血管疾病,患者會出現不同症狀,有的如閃電般短時間發病,有的則為經年累月病況漸漸加重。發病初期由於末梢血管血液不流通,四肢無法獲得足夠的營養及氧氣,患者的腳趾或手指呈現蒼白或紫紅色,伴隨發癢、刺痛、麻痺、寒冷、熱感、疲勞及間歇性跛行等症狀。進入疼痛期後,病情因組織缺血,營養不良,患者會感到劇烈疼痛,導致食欲不振、失眠、憂鬱、精神失常等衍生問題。隨著病情惡化到壞疽期,有乾性和濕性之別,其時有許多人因為神經系統損傷而導致失能(〈認識烏腳病〉n.d.)。

　　1979 年,台中地區發生多氯聯苯中毒事件(polychlorinated biphenyls, PCB,又稱「台灣油症事件」或「米糠油事件」),是「台灣環境公害史上最嚴重的悲劇」(崔愫欣 2008)。1960 年代日本發生了舉世震驚的多氯聯苯中毒事件,時隔二十年左右,台灣重蹈日本覆轍。1979 年,多位台中市私立惠明盲校的師生出現急性中毒現象,皮膚癢痛、乾燥、變黑,長出像癩蛤蟆般的疙瘩,會排出惡臭的油性分泌物,既癢又痛,是一種氯痤瘡。原來,校方因經濟考量,決定採購較為便宜的米糠油用於師生團膳中,當時共有兩千多名師生受害,受害者面部、皮膚皆留下毒害後的疤痕和色素沉澱。隨後,學校及附近工廠的中毒案例頻傳,患病人數短時間內增加,

後經追查發現學校和工廠皆使用相同油品。當地衛生局開始立案深入調查，同年10月份檢測報告出來，證實米糠油內含有多氯聯苯，為造成民眾中毒之主因。

多氯聯苯屬於致癌物質，呼吸受汙染空氣、食用被汙染食物或碰觸老舊電力設備，皆有可能接觸到多氯聯苯。多氯聯苯大多積累於脂肪組織，誘發人類腦部、皮膚及內臟疾病，也可能造成免疫系統、生殖系統、神經系統、內分泌系統等症狀發生。此外，多氯聯苯亦能存在母奶脂肪中，母親透過哺乳傳遞給嬰孩，或是毒素經由母體胎盤傳給胎兒，部分受害者的第二代就是經由此途徑中毒或死亡，中毒孕婦的胎兒死產比例高，即便順利出生，牙齒及指甲也會出現異常現象，長大後有的孩子還會出現智力與身體發展遲緩、注意力不集中、攻擊性行為等後遺症（陳國熏 2014）。多氯聯苯出現在人體的病變至少有數十種以上，不僅對當事人影響大，還經常禍延第二代，其時受到毒害的楊玉美，就曾產下一個全身漆黑的嬰兒（陳昭如 245）。油汙染事件發生時，由於受害者大都屬於弱勢，當下向地方衛生單位通報未即刻受到重視（陳昭如 41-2）。無論是醫師或衛生局，都無法在第一時間找到病因與汙染源，直到惠明學校校長陳淑靜的老友張醫師憶起在日本義診時，看到油中毒者的症狀與惠明學生的症狀十分類似，自此相關人士才確定米糠油是導致中毒的主要因素。油症事件讓社會震撼，媒體稱其為「世紀之毒」。肇禍的彰化油脂公司在事件爆發之初矢口否認，但其工廠員工與附近土壤經檢驗後均呈現陽性反應，證據確鑿，製造商及涉案者也因此被判處十年有期徒刑，負責相關業務的官員也被懲處（陳昭如 54、62）。

事件落幕了，但被害者看不到盡頭的苦難才開始。在惠明學校的校園裡，膿瘡的惡臭瀰漫開來，學生臉上布滿氯痤瘡，膚色變得

暗沉，身體被不同的暗黑籠罩，陪伴他們的是不中斷的疼痛（陳昭如 65）。老師晚上的工作就是花數小時幫學生擠膿包，以免皮膚持續發炎潰爛，師生共同陷入苦海，並不斷地找尋各種解方，期間對於各種偏方也都照單全收地嘗試，只差沒喝香灰符水（66-8）。針對此一中毒事件，蔡崇隆與陳昭如不遺餘力地報導，為受害者尋求公義，蔡崇隆的《油症：與毒共存》記錄片以及陳昭如的《被遺忘的 1979：台灣油症事件三十年》，分別用鏡頭和文字，報導這群人生已被改變的受害消費者，讓台灣油症事件爆發三十餘年後，人們仍有機會理解米糠油事件的後座力（蔡崇隆 2008）。

　　台灣後來禁止多氯聯苯進口，不允許將其用於食品加工設備中，但受害者所承受的不僅僅只是身體上的失能，被汙名化的恐懼更是如影隨形。多氯聯苯毒害患者之後在工作或婚姻上都遭受重大的歧視，他們不僅對醫療喪失信心，甚至「轉而求神問卜，以取得精神上的慰藉。對於生命，除了畏懼與惶恐外，他們早已被扭曲成宿命或是虛無了」（引自蔡牧融 27）。此外，各式各樣的歧視也讓他們被迫減少生活中的各種機會，例如工作和婚姻，部分女性還因「外貌要求及傳宗接代義務，遭受更為嚴厲的歧視」（蔡牧融 27）。受害者花許引也分享，她原本有著漂亮的外形，中毒後她的皮膚變得像黑人一樣，有一次去市場買鞋子，市場的人看到她便驚叫，四周圍的人群都圍過來看她，讓她顧不得買鞋子，只能掩著臉落荒而逃。自那以後，她再也不敢離開村子，更不願出門上街（嚴正 46）。當時中毒較嚴重的是梁火炎一家人，家中十七人有十三人中毒，中毒後身體發生諸多改變，有的皮膚變黑，有的長黑瘡，有的後腦袋整片流膿，有的掉牙齒、發高燒，他的二媳婦甚至產下一名黑嬰兒，兩小時後便夭折（陳昭如 69）。梁火炎本人則因中毒太深，莫名其妙地口吐黃水後斷氣身亡，他的妻子梁許陣一年後也因

中毒過世（70）。過程中，患者的家人也跟著受害，梁許陣的兒子雖然沒受到毒害，身體各方面都很健康，但他每次「提親都被婉拒」（70）。類似的悲劇也在其他家庭中發生，家人若不是生下黑嬰、早夭，就是突然暴斃（71-2）。

中毒後，生活上必然產生各種挑戰，「有些人中毒，連下體也潰爛。未婚的女工害怕嫁到男友家後，會受到公婆的歧視。不能生育（不敢懷孕，因為怕生下先天中毒的嬰兒），傳統『不孝有三，無後為大』的觀念，將壓得她們在夫家抬不起頭。於是，有很多原來已很要好的戀人，不得不分手、退婚」（曾心儀 191）。中毒女性產下的小孩被稱為油症兒或「可樂兒」，他們共同的症狀是「全身黏膜有黑色素沉澱、體重過輕、身高過矮、易產生畸形、呼吸系統疾病較多」；此外，胎兒神經系統在胚胎時期因受胎盤功能不良影響，也會出現發展障礙（陳昭如 77）。遺憾的是，嬰兒的誕生未能帶來喜訊，不斷出現的「黑嬰兒」或早產或早夭，帶給家庭的是難以承受的折磨，以及如同遭天譴般的無奈與無助。隨之而來的汙名更是揮之不去的陰影，不敢成家、不敢生子、不敢求醫，受害者多半選擇足不出戶，隱瞞身分，主動成為「永遠失聯的人」（84）。《人間》雜誌於 1989 年製作專輯為這群村民發聲，油症發生十年後，村民不再對政府抱任何希望，對於未來深感悲觀，雜誌將此事件形容為公害的「猩紅字」（105）。

這群油症受害者從中毒那一刻起，即被多氯聯苯的毒素囚禁終生，苦痛也波及到下一代。多氯聯苯米糠油受害者在求醫的過程中，一而再、再而三地受創，三十年來求償無門，獨自承受醫療協助匱乏的困境。當年販售毒油的彰化油脂公司負責人，入獄服刑前即已脫產，後來病死獄中。1980 年 7 月實施的《國家賠償法》，明訂不溯及既往，使得受害者三十年來始終未得到合理的賠償，只

能在病痛、窘困拮据中掙扎求生（莫聞 2009）。蔡崇隆拍攝的《油症：與毒共存》記錄片，放映後引起社會關注，來自醫學、公衛、法律、身障者權益、消費者權益與環保等領域的關心者決定組織起來，於 2009 年 10 月 17 日正式成立「油症受害者支持協會」，協助這群被社會遺忘的受害者獲得專業協助。由於他們怕被歧視，過程中不僅不敢就醫，也不願採取訴訟救濟途徑，以免繼續承受汙名化之苦。

三十年後，這些受害者仍承受著失能的後遺症痛楚，惠明校友鄭學華，在小學二年級時受到米糠油毒害，高中畢業後就長期待在家裡。2006 年，他又確診罹患骨癌，歷經復發、截肢及癌細胞轉移，而照顧他的只有重度小兒麻痺的哥哥與年邁的母親。他的哥哥表示，「醫師懷疑弟弟的骨癌可能與多氯聯苯中毒有關，但苦於找不到證據」（蘇上雅 6）。此外，這些視障受害者也因為全身上下長出的膿包，擠破後變成瘡疤，對按摩工作造成極大干擾，惠明學校校長陳淑靜轉述，曾有一位從事盲人按摩的男孩，因為受不了客人嫌他「皮膚病」、「流膿」，最終憤而自殺（蘇上雅 6）。他們所承受的難堪實在不足為外人道，即便再多補償也難以彌補。他們懷疑身體上所產生的各種病痛可能都與多氯聯苯有關，而來自政府的補助及醫療支援皆是杯水車薪。食品安全把關上的一時疏忽，帶給受害者及其家人的傷與痛卻是一輩子的折磨。當年受害者有不少是視障人士，而如是的毒傷在他們原本就極為艱辛的生活中，無異是雪上加霜，苦上添苦。在事件發生後的生活中，留下的不僅只是難以結痂的瘡疤，還有後續發生卻無法被證實有關的後遺症，這些傷痛除了當事者及其家庭必須獨自面對外，早已被政府與社會淡忘、遺忘。

除了多氯聯苯中毒事件外，在日本及台灣都發生過的還有鎘汙

染事件。1960 年代，日本富山與新潟兩地因鎘米汙染而造成痛痛病事件，1970 年代於台灣也出現相同汙染事件，危害長達二十年。一連串的多氯聯苯、戴奧辛、鎘汙染等人為災難的發生，讓社會開始警覺環境問題的嚴重性。台灣在經濟剛起飛的年代，一切以發展為重心，石化工業對於經濟發展上有其貢獻，但它造成的人體損傷則難以估計。1942 年台鹼安順廠設廠，以及 1970 年代末台塑石化等具汙染性工廠，長期排放汞及戴奧辛等有毒汙染物質，日積月累，造成嚴重的中石化與台塑汞汙泥汙染事件。石化工業所形成的空氣汙染物可造成呼吸道疾病、致癌性風險增加、出生嬰兒體重偏低等問題，被汙染過的地下水則可能導致人體肝腎功能受損或增加罹癌風險（陳暉明 2014）。此外，六輕輕油煉解廠排放的揮發性氣體，更是高汙染的產物。在輕油裂解的製程中，除了需要大量的水來冷卻，排出的冷卻水也含有許多化學物質，包括「劇毒的酚，和硫化物、氟化物等無機物質」，在製造過程中，同時也會產生「固體廢棄物」，以及各種有損聽力的機器噪音（林宜平 2009）。

　　台大工業衛生研究所教授詹長權於 2008 年首次接受雲林縣環保局委託，調閱該地監測站設站後連續十三個月的監測資料，發現該地空氣中有各種揮發性有機碳氫化合物，其中「烷類（alkanes）最多，占總有機性揮發物六成，其次為芳香族（aromatics）及烯類（alkenes），而讓人聞之色變的苯（benzene）也在其中」，苯進入身體後會影響細胞的功能以及中樞神經系統，導致癌症，常見的為血癌。詹長權的研究報告〈空氣汙染對沿海地區環境及居民健康影響風險評估〉顯示，自 1999 年六輕開始排放揮發性有機物（VOCs）之後，導致台西鄉的肝癌和全癌症發生率分別成長了三成和八成（詹長權 2009；引自林宜平 2009）。詹長權於 2014 年至 2016 年繼續接受三年委託計畫，在彰化縣大城鄉和竹塘鄉檢測六輕的汙

染,他選取約一千名長期世代居住當地的居民,檢測他們的尿液,結果顯示六輕十公里範圍內的居民,尿液中重金屬等汙染物的濃度都高於遠離六輕工業區的居民,確認六輕排放出的有害物質對當地居民有一定的健康傷害(邱意媗 2023)。近年來六輕努力在環保層面改進,對當地帶來不少益處,並且帶動中下游產業、提升 GDP、增加工作機會等,貢獻雲林縣逾「四成二之生產總值」,但六輕對當地居民,尤其是罹癌者,所造成的負面影響卻難以彌補(邱意媗 2023)。

政府為解決環境汙染及垃圾問題,決定大量興建焚化爐,於是焚化爐所產生的戴奧辛(dioxins)又成為另一個環境災難事件。各種戴奧辛鴨蛋、戴奧辛羊及戴奧辛鴨事件,都成為媒體關切的焦點。戴奧辛又稱為「世紀之毒」,是一種無色、無味、耐酸鹼、抗熱的化學物質,因為是脂溶性,易累積在生物體的脂肪組織中,人體中的戴奧辛多半來自禽畜肉類、魚類、乳製品等含脂食品,一旦透過生物鏈進入人體,就會不斷累積且難以排除。同樣地,它也會造成氯痤瘡,損害肝臟、免疫系統、神經系統和生殖系統,在自然環境中幾乎無法分解。戴奧辛目前已被國際癌症研究中心(International Agency for Research on Cancer,簡稱 IARC)列為人類確定致癌物,也是聯合國公告的持久性有機汙染物之一。

生態環境一旦被汙染、毒害,其對人體的傷害往往是不可逆的。世界衛生組織於 2012 年呼籲,癌症劇增與環境生活汙染息息相關,各國政府、企業及人民必須有所因應,找出環境與疾病間的致病因素。美國約翰霍普金斯大學經過多年研究,發現罹癌原因屬於天生遺傳的僅占少部分,主要多與環境生活汙染有關(彭瓊芳 2020)。上文所梳理之案例充分凸顯出環境保護和防止汙染的重要性。台灣近年來在環保上做了很多努力,但新的汙染卻從未停止,

舉凡來自石化或燃煤的空汙問題、生態破壞、環境汙染，人為的疏失造成健康的危機，從未間斷過，因此有人感慨甚或氣憤地說，「台灣的人正在集體慢性自殺」（楊瑪利 1993）。光復初期，台灣全民平均壽命不到五十歲，除了因經濟狀況不佳，人民都窮，吃不飽、穿不暖，加上流行病奪走許多生命。如今，台灣男、女的平均壽命都比光復初期增加三十歲左右，傳染病多半能被控制住，但壽命延長、生活富裕後，源自於環境中的各種汙染問題卻接踵而來（楊瑪利 1993）。惡劣的空氣品質讓戴口罩成為日常出門的必備品，各種過濾水質的濾水器成為檢測家庭水質不可或缺的必需品。毒物及化學物質危害環境生態及人體健康之風險難以降低，1982 年台南中石化（台鹼）安順廠汙染案，工廠露天存放的五氯酚鈉，容易產生戴奧辛等副產品，經長期雨水沖淋後，土壤及地下水遭受不同程度「五氯酚」、「戴奧辛」及「汞」的汙染，居民血液中戴奧辛偏高，石化使得環境生態及人體健康受損（沈寧衛 2012）。

已故的長庚醫院臨床毒物科主任林杰樑教授，曾針對台灣常見環境病（林杰樑、譚敦慈 2021）做了八大類摘要，包括空氣汙染、水汙染、戴奧辛、重金屬、噪音、游離輻射、電磁波（非游離輻射）及異常溫度與壓力等危害人體健康的環境因素。他所籌組的「綠十字健康服務協會」，每年到台灣各個可能受工業汙染的地區調查附近居民的健康狀況，結果發現高雄中油煉油總廠附近的後勁居民，有慢性肺部疾病的症狀明顯高於其他地區；而高雄縣大寮鄉廢電池工廠旁的居民，尿中鉛濃度為一般人正常值的四倍（楊瑪利 1993；王昶閔 61、67）。他組織的團隊也發現化工廠排放廢水的汙染引起鎘中毒的病例，此外，來自工廠、電鍍廠的廢水汙染，已使台灣不少土壤含有過量重金屬，重金屬中的鎘、汞被農作物吸收後，最後進入人體，日積月累，各種疼痛疾病逐漸產生。台灣近

六十年來因環境汙染導致的一些主要疾病：空氣汙染造成氣喘、心臟疾病、肺癌，水源和土壤等環境汙染增加腸胃疾病的風險，空氣汙染和水汙染等因素被認為是中風的風險因素之一，而有毒汙染物質會增加神經系統疾病的風險。在台灣，惡性腫瘤（癌症）與心血管疾病始終高居國人十大死因排行之首。

　　社會發展工商業發達後，人民享受經濟果實的同時，往往也不得不承受來自生態破壞、汙染所帶來的傷害與副作用，1970年間發生於桃園的台灣美國無線電公司（RCA Taiwan Limited）的汙染事件即是最典型的案例。RCA當時在台灣生產電視、電子零件及電腦晶體等產品，在生產過程中，公司使用氟利昂、四氯乙烯、三氯乙烯等化學物質做為去脂溶劑，由於生產過程管理不慎，廢棄物排放到土壤及地下水，造成嚴重汙染。一段時日過後，員工身體出現不同程度的健康問題，他們發現病痛的主因應與長期飲用有毒的地下水與吸入廢氣有關。事件爆發後，公司也被舉發長期挖井傾倒有機溶劑等有毒廢料，包括二氯乙烷、二氯乙烯、四氯乙烯、三氯乙烷、三氯乙烯等當時電子業常使用的揮發性含氯有機化合物，土壤及地下水都被檢出有這些毒廢料，對當地居民的健康造成極大威脅，並產生長期的負面影響。最明顯的威脅是當地居民罹癌人數突然增加，其中罹患肝癌和膀胱癌的比率最高。根據2001年統計，在RCA工作之員工，「至少已有1,375人罹患癌症，包括乳癌、子宮頸癌、肝癌、大腸癌、鼻咽癌等各式惡性腫瘤，其中216人已過世」（沈寧衛2012）。此外，汙染的地下水使得當地居民的免疫系統遭到損害，導致不同的自體免疫疾病和過敏性疾病發生，而孕婦受到這些汙染物質的影響，腹中胎兒出現先天畸形的問題，例如心臟缺陷、唇裂等。再者，部分當地居民也出現精神疾病的症狀，例如抑鬱症、焦慮症等。至少有數百人受到嚴重的影響，其中一些人

還因病情惡化而死亡。

　　RCA 在台二十餘年，留下嚴重汙染的土地、水源，造成員工罹癌、死亡。當年在全球化的趨勢下，跨國企業的工業汙染和廢棄物等問題也同時跨國輸出，而毒害對人們健康所帶來的傷害，外加被掠奪的資源，往往成為後人難以承受的負擔與苦難。後來雖因此遭到罰款和輿論撻伐，但對於承受毒害之苦的當地居民而言，再多的金錢也換不回可貴的健康。針對此一不幸事件，陳昭如於 2013 年撰寫了《拒絕被遺忘的聲音：RCA 工殤口述史》，記載了十二位受害者的血淚史，該書描繪了他們長期遭受汙染所帶來的種種困境和痛苦，也記錄了這些員工與公司打官司的艱辛歷程。這本口述歷史以捲動式的增補方式，由「工作傷害受害人協會」及原「台灣美國無線電公司員工關懷協會」共同完成，寫實地記錄七〇年代勞工運動的歷史及受害者的血淚史。「工作傷害受害人協會」祕書長黃小陵稱這本口述歷史不僅是「勞動口述史」，更是一部「台灣經濟內戰史」。台灣的經濟奇蹟累積了企業家的資本，但卻造成許多年輕勞工犧牲了健康與生命（工作傷害受害人協會、原台灣美國無線電公司員工關懷協會 32）。失能絕非單純個人的不幸遭遇，外在生態環境與各種不安全的公共管理都可能導致無辜的生命受傷、失能。

　　出現在《拒絕被遺忘的聲音》書中的勞工，他們細數著在工作從夢想到噩夢的歷程。年輕時帶著夢想進入人人稱羨的美商公司工作，期待能就此改善家境、建立美滿家庭，這是他們共同的期待，然而無法預料的是，他們對於工廠釋出的大量有機溶劑渾然不覺，不自覺中他們每天呼吸汙染的空氣，飲用刺鼻難聞的水。毒物不僅存在空氣中，也從水裡夾擊，廠區傾倒有毒廢料，汙染土地，禍及地下水。毒水即便是煮沸了還是毒水，更何況工人喝下肚的常是生水，所謂的模範工廠其實是殺人的工作場所。1960 年代的美國對環

保要求提高，RCA 因此來台設廠，為了節省成本，完全未規劃有機溶劑的回收機制，任憑無知的勞工傾倒，當時為了節省工廠空調用電，亦未安排排放汙染空氣的方式。1992 年 RCA 在台灣關廠後，又到當時環保標準較寬、勞動條件較低的中國設廠，他們在創造利潤的同時也禍害了無數勞工（工作傷害受害人協會、原台灣美國無線電公司員工關懷協會 40）。書中記錄的受害者中有十位是女性，她們原本都有姣好的外形，中毒後，除了罹患婦科相關癌症外，有人還莫名其妙地流產或生下死胎，連帶影響了尚未出生的受害者。有人也因受到毒害，不適合結婚、懷孕，不得已與男友分手。跟每位勞工的名字後頭連接的是數種病名。當事者的傷痛故事都不是個人的不幸事件，其中牽涉到更多的家庭成員。罹病員工長期承受病痛與治療過程的不適，他們的生活、工作、經濟，乃至於婚姻家庭、生兒育女等人生規劃，都受到嚴重影響。除了可見的傷害外，「最難的痛，是每位受害勞工及家人多年的精神折磨」，已確認罹病者必須長期與疾病對抗，而未罹病者也因暴露在有毒環境中，「隨時憂慮、恐懼，擔心身體健康可能瞬間被剝奪，因此承受著難以言喻的身心壓力」（299）。

近年來，RCA 所使用的三氯乙烯及四氯乙烯已證實為第一類致癌物，除了對人體有明確致癌性外，更有研究證實，這些物質會造成人體器官如免疫系統、生殖系統等的危害，在受雇的十萬名員工中，受害者不計其數（298-99）。事過境遷後，受害勞工要舉證自己曾經受害卻非常困難，在勞資不對等的狀況下，訴訟進度緩慢，難度也特別高。此外，工廠對於當地土地與水所受到的汙染傷害，更是難以彌補。1997 年起，RCA 開始針對土壤與地下水進行復育計畫。土壤部分「以灌氣方法，將汙染地挖起、洗滌、曝曬，使有機物揮發，待土壤合乎標準後回填」，歷時「一年八個月」，遺憾

的是，2012年環保署再度證實土地汙染已蔓延至廠外，而地下水部分則因「汙染分布難以掌控」，宣告整治失敗（309-10）。這場馬拉松式的抗爭寫下台灣工殤案最高額的23億300萬元賠償金，然而受害勞工要能領到來自雇主的賠償，尚有漫長的路要走，部分已離世的勞工也永遠無法獲得應得的補償。

RCA勞工抗爭長達十五年，靠著他們的堅持，過程中的勞動史料得以留存。如同主編顧玉玲所總結，書中記載的生命故事不僅僅是集結當事者的個別傷病經驗，更為重要的是，他們的工殤史所淬煉的公共意義，這本書為「資本主義掠奪競利的生產關係中，被犧牲的工人性命與自然環境，留下殺戮現場的第一手證詞」（350）。

除了企業發展遺留的環境傷害外，在日常環境中亦存有不易察覺的各種汙染源，持續出現在食品及生活用品中，例如環境荷爾蒙（又稱為「內分泌干擾素」[endocrine disrupter substance, EDS]）。它是一系列有害人體的化學物質，會模擬人體內的天然荷爾蒙，進而影響生理調節機能，且可能導致癌症、內分泌系統失調、生殖系統受損、不孕症、胎兒發展不全、兒童發育遲緩、皮膚病變等健康問題。多氯聯苯其實也是一種環境荷爾蒙，荷爾蒙干擾物質來自不當使用危害環境的農藥、汙水、不當加熱的塑膠製品等，導致有害人體的物質進入空氣、土壤、溪水、湖水、海洋等環境中。日常生活中所使用的各式清潔劑，洗衣粉、洗碗精、漂白劑、強力除汙劑等清潔用品，皆有可能暗藏環境荷爾蒙，在在影響我們的呼吸道和皮膚，以及環境接受化學汙染的容忍度。不少家用清潔劑含有壬基苯酚（nonyl pheonl）或壬基酚聚乙氧基醇非離子型界面活性劑物質，有研究證實它們除了危害人體，也會造成雄魚雌性化。研究環境荷爾蒙的丹麥先驅學者尼爾斯・艾瑞克・斯卡克貝克（Niels Erik Skakkebaek）在接受採訪時指出，環境荷爾蒙不僅影響男性生殖

力，同時也增加罹患與生殖相關的癌症之比率（紀思道 2017）。比起一般看得見的環境毒物，環境荷爾蒙因為微量、作用時間長、無聲無息，影響子代更深。極微量環境荷爾蒙進入體內後，悄悄地開啟不需要運作的功能，或刻意製造內分泌混亂，這些化學合成物質在環境中十至二十年不消失，並且持續累積，不但使受汙染者喪失健康，更可能經由胎盤和母乳將毒傳給下一代。不少研究顯示，許多無藥可治的免疫系統疾病或不孕症，可能都跟「環境荷爾蒙」這個看不見的殺手有關。除了生殖系統變異，如性器官改變、性行為異常等性變異，各種免疫系統病變，如肝腎功能損害、代謝系統、腦部發展等都有可能連帶受到影響，嚴重者尚有致癌的危險（刁曼蓬、李宜蓁 2003）。環境荷爾蒙影響人們的內分泌腺體，引發多種癌症，而慢性病也有年輕化的趨勢，尤其是心臟動脈硬化（彭瓊芳 2020）。人體中 90% 以上的戴奧辛來自食物，而戴奧辛又多儲存於動物脂肪組織內，其中以深海魚肉最多，專家建議盡量減少攝取動物脂肪，以減少環境荷爾蒙進入人體的可能，然而營養師卻又鼓勵多攝取深海魚肉中富含的 omega-3，這些相互矛盾的資訊挑戰消費者的智慧（李宜蓁 2003）。人們往往不知不覺吃下有害物質，造成無法挽回的後果。

重金屬汙染、PM 2.5 懸浮微粒進入肺部，是另外經常出現在生活日常中卻不易被覺察的汙染源。這些環保生態及食品汙染是近年來造成人體失能的主因。由於影響已被證實，世界衛生組織下設的國際癌症研究署（International Agency for Research on Cancer, IARC），於 2013 年 10 月將戶外空氣汙染包含戶外懸浮微粒（particulate matter, PM）列為第一級致癌物。這裡所指的 PM 則包含常見的 PM 10 及 PM 2.5。PM 2.5 是直徑小於或等於 2.5 微米（micrometer, μm）的懸浮微粒。PM 2.5 空汙主要來自於汽機車排放廢

氣及工業等汙染物、天然或人為的揚塵、香菸、多環芳香烴碳氫化合物（polycyclic aromatic hydrocarbons, PAHs）、重金屬、細菌及黴菌、花粉、海鹽飛沫等有機物及無機物。PM 2.5 不僅只是致癌物，也因為細小可穿透肺泡進入微血管，經由血液循環影響身體健康，引起下呼吸道發炎，影響肺功能，引發氣喘惡化及形成慢性阻塞性肺病，增加呼吸道疾病惡化及死亡率，甚至引發肺癌或肺腺癌（林裕清 2018）。

近年全球性的傳染病新冠疫情改變了人類的各種活動，2020 年是人類歷史的轉捩點，疫情發生時，在美國單日平均死亡人數超過兩千六百人，平均每三十三秒就有一人死亡。歐洲許多國家也一再地進入封鎖狀態，在英國倫敦等多個地區曾因病毒變異進入疫情警報第四級；在亞洲，韓國曾連續五日單日新增確診病例突破千人，而位於首爾的一座監獄爆發一百八十五例群聚感染，類似的案例層出不窮（吳凱琳 2020）。新冠肺炎是台灣近百年來經歷最嚴重的傳染病，截止 2024 年 1 月為止，台灣有超過一千萬人感染過新冠，逾萬人因新冠疫情死亡，染疫高峰期的 2022 年，當年全台死於心臟病者平均數為每天五十八人，而新冠疫情期間，死亡人數則新增五十至七十多人，堪稱是「新冠災難年」。染疫的後遺症「長新冠」（Long Covid）更是難以名狀及細數，成為未來影響台灣人健康最重要的致命因子之一，潛在「長新冠」人數超過一百五十萬例，而數字後面所代表的苦難，其中的治療、照護需求，對於國家、家庭及個人都將造成重大的負擔（邱宜君 2022）。根據國外研究資料指出，發生長新冠的機率介於 31%～69% 不等，將近一半的人在染疫後四個月仍有長新冠現象，偏頭痛、腦霧、噁心、嘔吐等為長新冠的主要症狀之一，若以台灣確診人數統計，台灣可能已有數百萬人為長新冠族群。台灣頭痛學會指出，偏頭痛為長新冠的主要症狀

之一，根據台北榮總神經內科頭痛門診所做的統計，民眾因疼痛求診的主因為偏頭痛，人數占比高達六成以上，若未及時診治，可能引發腦霧（陳人齊 2022）。流行病的無常對於生命的威脅既凶且猛，一百年前的西班牙流感當時造成至少五億人感染，約占世界人口四分之一，死亡人數將近五千萬人，在那個陸海空交通極為不便的年代，病毒還能傳遍全世界。在它之後，新冠肺炎出現，再度襲擊全人類，在全球化世代下的地球村，它所形成的威力更加威猛，是目前人類史上感染者最多的疫情，截至 2023 年 9 月為止，染疫人數高達七億七千萬以上，死亡人數高達六百九十六萬。

　　大眾的關注焦點多在病毒肆虐的當時當刻，病毒退去後所遺留的後遺症或失能問題則鮮少受到重視，甚至被淡忘。歷史上的流行病所帶來的破壞與死亡，或許因時空距離讓人遺忘或無感，但近期發生的新冠疫情卻讓全球各地不分年齡、族群都切身經歷其恐怖的肆虐，疫後接續的恢復問題與身體所承受的後遺症，其嚴重性不容小覷。疫情期間的封城，使得人們在健康、經濟、教育、社交和日常生活等層面受到無數限制及難以忍受的困境，讓人們在短時間內深刻體驗了失能的情境。部分染疫後的人，雖幸運逃過死亡，身體卻留下不可逆的後遺症。新冠肺炎是否會有持續性的後遺症，儘管目前無法確認，但相關研究在訪談大約八千五百名新冠肺炎康復者後，發現康復者出現疲勞、虛弱、失眠、抑鬱、焦慮、呼吸困難、關節肌肉痛、記憶力減退和注意力不集中等問題（Han 269）。

　　2023 年起，新冠疫情雖然降溫，但更多的水災、火災、地震及天災頻繁出現，問題的成因除了是大自然的反撲，更多是來自於人為的疏失。日本福島核汙水的問題更是近期內東亞人們的隱憂，輻射對人體健康的長期影響更為嚴重，易引發癌症。放射性物質經由呼吸吸入，出現的症狀有疲勞、頭昏、失眠、皮膚發紅、潰瘍、出

血、脫髮、白血病、嘔吐、腹瀉等，放射病症狀越嚴重，致癌、致畸風險越大（十八子金名 2017）。眾所皆知，2011 年日本福島第一核電廠發生爆炸事故，十二年後，日本政府決議從 2023 年 8 月 24 日開始排放核廢水，造成各國民眾人心惶惶，擔心將掀起食安汙染風波。核汙染水含有兩種放射性物質，一者是氚（tritium），另一為碳 14（carbon-14），它們分別是氫和碳的放射性同位素，兩者均難以從水中分離，含有氚的水可稱為氚水（tritiated water）（葉靖斯 2023）。儘管核電廠表示廢水稀釋後的氚濃度「每公升含量僅 63 貝克」，低於日本政府「每公升 1,500 貝克」的標準，但氚其實是一種輻射物質，在環境中的半衰期為 12.3 年，經過海鮮攝入人體後仍有致癌風險（鄒尚謙 2023）。

長久以來，從政府、企業到個人皆過於重視經濟發展，忽略環境永續和人民的生活品質維護。長期破壞大自然環境，不僅使得人民的健康頻頻亮紅燈，連帶也讓地球生病受傷了。環境與氣候風險已是全球最擔憂的議題，地球的崩壞持續進行中。這樣的警語並非無的放矢，自 2019 年開始，節節上升的高溫讓全球拉警報，澳洲、亞馬遜雨林、西伯利亞、美國加州、希臘、夏威夷等地，均遭野火肆虐。極端氣候帶來各種前所未聞的傳染病，例如埃及斑蚊傳播的茲卡病毒也肆虐全球，造成全球逾十七萬人確診。漁民過度捕撈也讓沿海漁業枯竭，人類活動不斷地改變地球生態，地球只能透過鋪天蓋地的傳染病呼籲人們停下腳步，開始與自然對話。新冠疫情讓城市封鎖、工廠停工，經濟出現衰退，但有些事卻悄悄改善，例如空氣變乾淨了，北京居民可以享受藍天，印度人可以肉眼看見喜馬拉雅山，世界突然變得如此乾淨。在台灣，由於人們對經濟成長無止境的追求，環境破壞的情況也隨之日益嚴重，1995 年，《天下雜誌》推出「環境台灣」專題，該報導指出，台灣為了經濟與工業發

【第二章】　台灣生態汙染、環境病與失能　77

展,嚴重地犧牲生態環境,「台灣森林百年來消失三分之一,五十條河川七成遭汙染,環境超載」,而曾經擁有壯闊山林與蔚藍海洋的寶島,在已故攝影師齊柏林拍攝的《看見台灣》影片中,清楚地呈現「海岸線崩毀、光禿禿的水泥礦場,與南投清境山坡地超限利用,無所遁形」(劉光瑩 2020)。曾幾何時,在台灣能呼吸新鮮空氣、飲用乾淨水,如今逐漸成了一件難事,而爆熱、缺水、缺電卻逐漸成為日常。

新冠病毒來襲敲響了警鐘,人類已付出慘痛代價。聯合國跨政府生物多樣性與生態系統服務科學政策平台(The Intergovernmental Science-Policy Platform on Biodiversity and Ecosystem Services)的科學家強烈指出,「流行病是人類活動的直接後果」,全球不計後果地鼓勵經濟成長,而忽略生態的永續發展,一旦生態平衡被破壞後,帶有病毒的野生動物便將疾病從野外往人類世界傳播,SARS及新冠肺炎都是親證實例。要拯救這些問題,必須各層面都努力想出對策,落實執行才能解決。

針對上述生態危機所造成的環境汙染、流行病及癌症後遺症,台灣早在 1980 年代即有不少有心人士開始轉換生涯跑道,投身生態教育,進行有機耕作,除了期待遏制疾病侵襲,更希望能還給大自然原本的面目。台灣的五、六年級生依稀都還記得童年時光,「手摸泥土芳香,腳踩溪流沁涼,夜晚有星空與微風作伴」,而「家旁就是水田,路上到處可見到白粉蝶、黃蝴蝶、瓢蟲」,是大家的共同記憶(劉光瑩 2020)。如今的台灣,養蜂人只見空玻璃瓶,沒有蜂蜜,蜂蜜產量只有往年的一成,蜜蜂與蝴蝶都是環境指標物種,若環境被汙染就活不下去,這些都是生態危機的現象,甚至有學者擔心「十年後,台灣可能沒有冬天」。為了餐桌上能吃到無毒沒有農藥的食品,許多有心人士在生活中落實生態環境永續,開始

有機耕作。筆者曾在 1980 年代參與有機耕作的推廣，訪談過多位有機耕作農夫，也親自做了許多宣導。其中數位農夫分享其投入有機耕作的緣由，他們共同的經驗皆指出耕作過程中長期噴灑農藥，日久便罹癌，病癒後他們毅然放棄使用讓農產品快速生長、結實的化肥、農藥與除草劑。他們與媒體報導的有機果農經驗雷同，報導中曾訪談一位在花蓮栽種柚子的果農，他一年要噴十幾次藥，「噴到會怕」是他的經驗，後來也因此罹患罕見的唾液腺癌，他憂心再噴下去身體會受不了，決定轉做有機農業（花孟璟 2019）。有機耕作能夠順應大自然的節奏，讓農作物慢慢生長，既能養家活口，也留給後代永續發展的機會，否則土地一經農藥化肥的汙染，日後起碼要經過幾十年的歲月才能修復。

維持生態的永續存在與發展其實也是後人類主義的核心訴求，布雷朵蒂特別強調，目前全球經濟已屬反常的後人類中心主義，因為「它最終將所有物種統一在市場的要求之下，而其過度行為威脅著我們整個星球的永續性」（*The Posthuman* 63）。換言之，先進的資本主義價值觀透過人們的集體脆弱性創造了一種泛人類性，對產品的高度需求讓生命本身變得商品化，而產品的高消耗與消費卻又造成日益嚴重的氣候危機。至關重要的是，先進資本主義的後人類中心主義並非後人文主義，因為它仍然強調個人主義，鼓勵消費者持續追求並滿足自己的欲望，也因此忽視其消費可能對環境或地球造成的負面影響。布雷朵蒂強調，真正的後人類主義是以保護「生態」為宗旨。為此，布雷朵蒂在《後人類》一書中強調了四個重點論述：「成為動物」、「成為大地」、「成為機器」及「人文關懷」，其中「成為大地」將環境和社會永續性的問題提到前沿，特別重視生態和氣候變化的問題，其所關注的便是與自然相互關聯、互為主客的一體性（66）。布雷朵蒂強調生命和自然是「一種動態

和生成的力量」，是宇宙的生命力，因此必須維持地球做為所有生命宜居、生存的環境（86）。她不斷強調生態倫理價值的觀念，指出「生命」不僅是生命科學的核心，也是二十一世紀人文學科的核心（67）。在後人類世代裡，生命是一種複雜的、多樣的、連續的和不斷變化的過程，而不是一個固定的、單一的、分離的和穩定的實體，人們需要超越人類中心主義和人類優越感，重新認識我們與其他生命形式和非生命物質的關係，布雷朵蒂所提出的肯定性倫理學，就是強調與他者的連結、共存和共生，人們需對地球和生態系統中的其他生物和非生物實體抱持高度的關懷與維護。此一觀點並非否定或消滅人類的重要性，而是肯定人類多元的複雜性。生態系統中的所有元素，例如自然環境、氣候變化、生物多樣性等，皆具有同等的價值，所謂的生態正義即在追求一種更公平和可永續的生態系統，以確保不僅是人類可獲得合理的生存環境，其他的生物和生態系統也能得到相同的尊重。

　　身體健康與環境緊密地相互關聯，人們應該理解自身對環境的影響以及環境對人們的衝擊。前文所列種種案例都具體呈現了大自然生態鏈和諧共處的重要，環境生態一旦被破壞失衡後，人們將難以招架所受到的負面衝擊，再逆轉時已百年身。失能的成因很多，極少數人是先天失能，大多數的失能者皆因疾病、工安事故或環境汙染所造成，越南的橙劑汙染、台灣的多氯聯苯及 RCA 汙染等事件所造成的禍害與殃及的無辜者皆難以計數，所造成的遺憾與悲劇更是無從彌補。生態環境不是他者，也非客體，是與人類合一的一體。

貳

失能者之生命書寫

【第三章】

失能賽博格之生命書寫[1]

> 人類的定義不再單獨由生物結構決定，移入或植入身體內的所有科技產品可能更具決定性。　　——史泰拉克（Stelarc）

> 我認為科技已經發展到足以讓我們認真對待一個事實，那就是使用義肢的消費者與購買 iPod、眼鏡或沙發的消費者是一樣的，需有多樣的選擇。　　——艾米・穆琳斯（Aimee Mullins）

　　語言不僅僅是溝通的工具，也是文化的載體，透過語言，我們建立和維持社會關係；透過語言，我們表達個人的思想、情感和經歷；透過語言，我們學習和傳承文化價值觀、習俗和傳統，語言深刻地影響著我們的思維、行為和身分認同。在東西方文化中，與失能相關的比喻及隱喻屢見不鮮，但幾乎都是貶義詞。當人們感覺任何不對勁、糟糕的事或有厭惡、拒斥的想法時，這類負面詞彙往往脫口而出，例如「失能政府」、「跛腳總統」、「腦殘作風」、「智障行為」。癱瘓、跛腳、殘廢、神經病、病態、聾、啞、瞎、白

---

[1] 本文部分內容乃根據 2017 年於國際比較文學會議發表之論文 "Life Narratives of the High-tech Human Hybrids: An Interdisciplinary Perspective from Disability Studies and Post/humanism" 增修撰寫。

癡、低能、瘋子、智障、精神錯亂等貶義詞，更是經常使用，大家習以為常，缺乏警覺性或敏感度，更不以為意，使用它們時也鮮少會被糾正或受到批評。道格拉斯・貝恩頓（Douglas Baynton）也曾指出，在過去數十載西方經歷了幾次與族群、性別及性向等相關的重大人權運動。圍繞著這些運動的抗議和辯論中，「**失能**概念在法律上審定歧視性舉措時，經常發揮關鍵性作用」（33；原文強調）。

語言塑造、建構了我們是誰和成為什麼樣的身分，針對特定族群所產生的各種負面意涵的譬喻總是會對當事人造成莫大衝擊，如失能人權倡議者瑞秋・科恩—羅滕伯格（Rachel Cohen-Rottenberg）所言，若某種文化的語言使用充滿貶義的詞彙或隱喻來形容特定的一群人，那麼被指涉的群體自然而然地會受到排擠，被認為他們「不應也無法享有與他人相同的居住、就業、醫療、教育機會及合理的融合社會」（Cohen-Rottenberg 2018）。這樣的負面譬喻像是一種微侵害或微歧視（microaggression），存在於日常口語、行為或環境中，無論是有意或無意，都傳達了一種敵意或貶損的意涵，甚至也成為合理化優勝劣敗的人類淘汰機制。為此，羅滕伯格大聲疾呼，「我們也是人，不是服務人們說嘴、惡口的貶義詞」。失能的身體常用來辱罵或示警，這樣的功能或概念其實是能者意識形態的產物，代代相傳。

事實上，同樣的案例在文學作品中也比比皆是，失能角色多半只是被挪用為一種敘事假體，支撐或強化敘事所描述的主題或主角，失能者的生命經歷並非重點，他們是一種概念，做為「表徵」的輔助工具（Mitchell and Snyder, *Narrative Prosthesis* 49）。大衛・米契爾（David T. Mitchell）及莎朗・史奈德（Sharon L. Snyder）針對文學作品使用失能修辭的相關敘事策略做了深入探討，指出文學作品處處看到失能的斧鑿，其所以如此，乃因「失能，如同種族

議題般,是國家心靈中的一個強大衝突,但此衝突並未在文化上被深究」,而此衝突不斷地挑戰「有生命力之生命」(viable lives)的意涵,也持續在文學作品中被演繹(Mitchell and Snyder, *Narrative Prosthesis* 178)。所謂的「有生命力之生命」,指的是做為一個獨立存在的個體,能夠充分工作或發展,他的生活方式為社會所認可且公認為是值得追求和實現的。在此觀念影響下,失能者經常被邊緣化且被排除在「有生命力之生命」的範疇之外,他們的生活方式和經驗也因此被忽略或視為不值得關注。失能做為人事物的負面譬喻無形中也強化了障礙、失能的刻板印象,羅絲瑪麗‧嘉蘭-湯姆森(Rosemarie Garland-Thomson)也強調,將失能做為敘事假體的文學傾向,深刻地塑造、強化了人們的歧視性態度,其涵蓋面既深且廣,「從憐憫、屈辱到隔離、安樂死的公共政策」都包含其中("Narrative Prosthesis" 412)。在這樣的社會氛圍中,失能者本身的真實生活經歷往往被忽略,或認為不值得一提。瑪格麗特‧希爾德里克(Margrit Shildrick)也指出,儘管社會模式為失能研究的許多理論提供了令人振奮的動力,但其對失能者的生活經驗仍然缺乏關注。身體之所以重要,不僅只是因為我們藉以生活,而是因為「身體做為構成自我的體驗,總是被具身化的(embodied)」,而失能政治向來偏重理論論述層面,無形中造成思想和身體之間的隔閡與分裂,甚且限制了其連結的可能性(*Dangerous Discourse* 68)。當失能或障礙一詞被廣泛地當成一種表述負面概念的修辭時,失能者的完整性(integrity)更被忽略了,失能的雙腿、聽不見的耳朵或失明的眼睛完全取代了他們生命的整體性,部分取代整體,忽略他們也是個活生生的人。據此,本文特闢章節爬梳失能者的生命故事,凸顯其富有且多元的一面,有血有肉,而非僅是負面譬喻的代言者。湯瑪斯‧高塞(Thomas Couser)做為失能生命書

寫的領航者，鼓勵大家認識各種不同生命的體現模式及其獨特的日常，讓「某些人（some body）的回憶錄」持續蓬勃發展，藉以區別以往傳記慣於選擇具有英雄或偶像（somebody）特質的人物書寫，他強調的是，「多樣性的身體及其生命經驗值得開發探索」（Couser, "The Future of Life Writing" 381）。

身體會說話，而失能身體的故事內容最為跌宕起伏，斯拉瓦‧格林伯格（Slava Greenberg）在〈我們的身體講述的故事〉（"Stories Our Bodies Tell: The Phenomenology of Anecdotes, Comings Out, and Embodied Autoethnographies"）中也特別強調身體會說故事，與失能者相關的傳記內容多半從身體出發，梳理個人獨特的生命經驗，從邊緣視角描述社會環境，觸動讀者的感受，藉助個人事蹟與體驗來傳達各種複雜的資訊，喚起大眾的反思，進而修訂偏執的見解。事實上，失能研究領域有不少理論其實是出自當事者本人的獨特身體感受與生命經驗，托賓‧西伯斯（Tobin Siebers）、薇薇安‧索布查克（Vivian Sobchack）、嘉莉‧桑達爾（Carrie Sandahl）、嘉蘭-湯姆森等學者的重要著作，皆因個人身體帶給他們特殊的啟發而撰寫完成。西伯斯在其〈失能之偽裝〉（"Disability as Masquerade"）一文中，以個人在機場的經歷為出發點，說明失能如何被社會視為一種偽裝或掩飾，而此種偽裝不僅影響了失能者的自我認同，還加劇了社會對失能的偏見和歧視（1; Greenberg 3）。[2] 索布查克是一位著名的現象學家、電影理論家及文化評論家，她的研究經常涉及身體經驗的主題，她在著作中常以自己使用義肢的經驗探討它如何影響個人的身分和文化表現。她在《眼睛的地址》（*The Address of the Eye*）及〈我的手指知道〉（"What My Fingers Knew: The Cinesthetic

---

[2] 當時發生的事情是，1999 年 12 月他在舊金山機場與西北航空公司空服員發生口角，對方要求西伯斯必須使用輪椅才能提早登機，因為他不願意接受西伯斯是失能者的事實，並認定其障礙身分必須透過輪椅這種顯眼的輔具來證明。

Subject, or Vision in the Flesh"）的文章中，「將自己的身體刻入文本」，審視自己的身體對世界的意向性，並將其理論化，讓基本哲學的假設認知複雜化，例如在〈我的手指知道〉中，她分享自己幾乎失明，但她的手指知道在看什麼的經驗，她讓自己的手指、皮膚、鼻子、嘴唇、舌頭和肚子徹底反映生活的現象，「用一種幾乎難以察覺的關注和期待來抓住畫面」，她呈現了「我們的身體如何擁有超出我們認知或智力理解的知識」，藉以闡述存在於世界中的各種身體體驗（Greenberg 4）。她失去一條腿，並穿戴義肢，卻從中發現「身體的轉變和意向性的轉變，讓失能的身體更接近現象學哲學所欲實現的不斷更新的覺知」，而索布查克將具有多樣繁複感知的身體定義為「親密的實驗室」（intimate laboratories），這些覺知更具體挑戰了存在／不存在、真實／想像的二分法（9-10）。索布查克所建立的自我民族誌方法論（a methodology of embodied autoethnographies），就是一種體現自我的方法論，她以自身經歷為例，自從腿部截肢後，身體的意識與感知都出現明顯的改變，對空間與時間的感覺也與過去截然不同，尤其她特別感受到時間被壓縮了，這個經驗與艾倫・薩繆爾斯（Ellen Samuels）在《六種看待可立時間的方式》（*Six Ways of Looking at Crip Time*）所描繪的時間感知有非常類似的經驗，失能者感受的時間是斷續破碎的，身體和頭腦必須適應「新的節奏、新的思維和感覺模式」，認真地傾聽「身體的破碎語言、翻譯它們並尊重它們所傳遞的訊息」（Samuels 2017; Greenberg 10）。[3] 破碎不代表無法生存，不斷地調適凸顯出生命的潛能，新的感知也帶來可貴的生命視角。

---

[3] 薩繆爾斯提出了六種看待「可立時間」（crip time）的方式，展示了失能者如何重新定義時間，拒絕以能者意識形態為基礎的生產力和成就假設。她分析了「可立時間」帶來的正面和負面經驗，以及這種時間觀念如何影響個人的生活和社會互動。

桑達爾致力於失能藝術的研究和創作，在探討有關失能展演藝術時，她提到了童年時為醫學教科書拍照擺姿勢的記憶，當時她被要求拍的是裸體照，拍照時她謹記著腦海中母親的叮嚀，不要放下手臂去遮住裸體，要抗拒這樣的衝動，而攝影機後面站的卻是男性攝影師，拍照完成後，她因順從的表現而受到「好女孩」的讚賞。她也被告知，當照片出現在教科書上時，她的臉會被遮住，沒有人知道照片中的人是她。此一經驗讓她體會到，「我缺陷的身體可以和『我』分開，我的身體並不是真正的『我』」（Sandahl 11；Greenberg 3）。她觀察到自己的身體僅是一個可利用的物件，她面對異性觀看時的尷尬，在拍照完成後以一句「好女孩」輕輕帶過，而她卻帶著這樣的童年陰影長大。她也因此開展了自己在專業研究領域裡對性別議題有特別的著墨。同樣地，嘉蘭-湯姆森也以自己及其他人被兒童盯著看，並被問及肢體不完整的身體經驗，據此撰寫了《盯視：我們如何看》（*Staring: How We Look*）一書。這本書主要探討「盯視」此一行為，特別是針對身體差異的注視與其所引發的社會文化意涵。嘉蘭-湯姆森認為，盯視（staring）是一種社會互動行為，當人們面對與常態不同的身體時，視線的焦點和長時間的注視變得無可避免。這種行為反映出文化看待身體差異、畸形的態度與想像。被盯視的人通常具有明顯的身體特徵，這些特徵讓他們脫離常態，並被社會視為「異類」或「異樣」。她指出被盯視的經驗會讓人感到尷尬、不安、羞愧，甚至憤怒，而且這種反應多半來自社會對身體差異的汙名化有關。盯視涉及權力的動態，注視者通常占據主導地位，而被盯視者則處於被動位置，這是一種社會規範和權力的不平衡。她鼓勵人們反思日常生活中無意識的視覺行為及其背後的文化規範，並提出建立一種「倫理的盯視」，即學習如何在看與被看的自他互動間，以尊重和同理心來理解和面對身體差

異,而不是僅僅以好奇或驚訝的目光看待。

　　身體的故事成為了解世界上不同生命、不同身體、不同現象、不同存在的「指南針」(Greenberg 3)。身體為何物？它究竟該是什麼樣或如何存在？身體對失能者而言真的很重要，因此值得更深入地思考社會如何建構它及所給予的限制。對米歇爾·傅柯 (Michel Foucault) 而言，生物權決定了人類主體體驗其身體物質性的方式。朱蒂絲·巴特勒 (Judith Butler) 則指出，生物政治的建構與管理不足以完全理解物質實體，她傾向將痛苦中的身體與被厭惡的賤斥 (abject) 身體特別抽離出來，做為重新思考身體表徵的依據 (xi)。她認為卑劣的賤斥身體無法融入社會規範的身體，為了主流社會的利益，他們只能活在被劃定的可接受與不可接受的曖昧邊界之間。簡言之，失能者的身體是不受社會意識形態力量控制的現實中的一個「斑點」，如同「正常世界襯裙下嚴重扭傷的腳踝」(Siebers, "Disability in Theory" 174)。西伯斯則指出，「失能的觀念強烈地揭露了社會規範與準則對人體的限制」，在一個只有輪椅使用者的社會中，樓梯是不存在的，而在我們的社會中，樓梯無處不在，這似乎只能說明我們大部分的建築師都是身體健全的人，「他們不曾認真考慮過無障礙通道的問題」(174)。失能者自傳式民族誌的書寫則以個人敘事挑戰、翻轉大眾對失能者的定型觀念，這些敘事達到讓自我去病理化的目的，也可以稱是一種「反病理學」("anti-pathologies")，藉此在汙名和醫療話語之外，重新定義個人身體 (2)。在近期所出版有關失能研究理論的著作中，不少失能理論家所建構的理論或多或少都與個人獨特的身體與生命經驗有關，細究其基調，其實也是一種自傳式民族誌。自傳式民族誌的書寫特色在於對現有的研究和理論進行反思，做出修訂；接受脆弱性做為理解情感和改善社會的一種方式；打破沉默、禁忌，重拾失去的和被忽

視的聲音（5）。失能者的自傳式民族誌也開展了大眾看待人事物的視角，讓大眾重新認識身體在生活及工作中與世界互動的多元形式和形狀，舉凡簡單如講桌、椅子、講台、舞台或洗手間等物件，都不自覺地傳遞出一些訊息，也規範或限定了某些特定身軀的使用權，格林伯格指出失能者透過個人的身體故事與經驗分享、溝通，呼籲大眾在各種人事物的公共領域規劃時，要有更為全方位的構思，預留可及性空間給不同需求的身體使用，而失能者的身體故事恰恰可以提供相關的參考資料（Greenberg 13）。

質言之，自傳式民族誌為一種將自我置於社會背景下的自我敘事形式，書寫者將生活故事融入其社會背景中，探討自身與社會的相互關係。每個人的身體都承載著自己的故事與知識，而某些經驗是由感性和身體的多樣性所喚起，也有從自身與其他身體接觸的過程中所感知到，而所感知的知識往往超越語言，也超出我們日常的理解。失能的生命故事千百萬種，他們的人生路徑比較像詩人羅伯特・佛洛斯特（Robert Frost）在〈未行之路〉（"The Road Not Taken"）所言，是一條「少有人走的路」，但這條路讓其一生變得很不同（Frost 1061）。失能者並非主動選擇這條人跡罕至的路，然而其在路程中有著萬花筒般的變化，透過各種巧思，披荊斬棘，走出與眾不同的道路。值得一提的是，他們的故事往往呈現出連當事人都不曾覺察到的豐富，自己擁有如此豐盛的生命潛力，以及身體多麼地具有彈性及包容性；他們現身說法，失能並不值得恐懼，而是彌足珍貴的體驗與淬煉。

關於失能者的生命故事，筆者於 2014 年出版的《失能研究與生命書寫：失能女性之性／別、身體／政治、與詩／美學》一書中已初步爬梳整理過，在此則特別聚焦在失能賽博格做為探討對象，偏重其獨特的體現（embodiment）方式與日常體驗。一般人談人體

與機器合體的賽博格時，所指涉的對象多半為非失能者，本文則以失能者為主，呈現他們的身體如何結合不同的輔具、假體或義肢而體現其生活。[4] 鑑於假體輔具不斷地創新，失能者之生命故事也出現了微妙的敘事轉向，本書將分別在第三、七兩章探討人體與各種體外物件連結的生活模式與自我建構的多元面貌。本章先聚焦在大家熟知的傳統輔具與人體連結的身體故事；第七章則聚焦在近期創新的醫療及科技輔具，在人工智慧全面滲入大眾生活時，人體與這類輔具相結合，形成更為多元的人機組裝，因此另闢章節闡明不同身體體現如何重塑自我及身分認同。本文借鑑雅克・德希達（Jacques Derrida）的修補術（bricolage）去中心觀點及德勒茲和瓜達里的組裝概念（assemblage theory），呈現三類修復輔具／假體與人體所組裝的混身體，分別為一般性輔具（如拐杖和輪椅、身體和無機物的結合或合作）、義肢（身體和人工肢體的整合），以及身體器官移植（真正的有機體附加物），並進一步勾勒繁複多樣的「混身體間」（intercorporeal），呈現經常被排除在規範常模之人與未來的身、心樣態，凸顯身體邊界及主體位置的流動、變化性（Rice et al. 217）。

傳記一詞之英文為 biography，其中之詞幹 bio 代表生命、生物，是有機體，但對於那些依靠輔助器具或治療技術的生活者而言，bio 並非精準描述他們生活敘事的確切術語，因為某些「無機」物件，如輔具假體，可能是構成他們身體與生活方式的主要部分，從而定義了他們多元的主體面向。事實上，假體的普遍使用也相對應地挑戰常模身體的規範，因為假體的界面模糊了能與失能、肉體與機器之間的區別。輔具（prosthesis）一詞原本是語法上使用的術

---

[4] 賽博格這個概念，是由科學家、發明家和音樂家曼弗雷德・克萊恩斯（Manfred E. Clynes）與內森・克萊恩（Nathan S. Kline）提出的，他們在 1960 年代的文章〈賽博格與太空〉（"Cyborgs and Space"）中提出了賽博格一詞，並研究「賽博格動力學如何更有效地幫助理解和利用人類的自然能力」（Clynes and Kline 72-6）。

語，意指一個音、一個字母或一個音節，附加到一個字的字首；此名詞應用於人體，意指添加的輔助設備，正如戴維斯所指出的，假體「提供替代和補充人類概念的場景」（Davis, The End of Normal 70）。假體或輔具的功能如同修補匠（bricoleur），修補匠善於使用、變通手邊的材料，並依據現場需求，善巧地以現成的物件做為原件替代物。德希達在其論述中分別以修補匠與工程師譬喻去中心與中心的概念。工程師所表徵的是話語的「中心」概念及與之相應的權力核心系統，應用在身體則代表常模、能力的概念，而德希達則以修補匠的功能解構所有與「中心、主體、特權、核心、起源」等相關聯的神話概念（Derrida 286）。能者意識形態即是一種「中心」概念的近親，如同工程師一樣，在本質上是有如神話般的存在。失能賽博格的生命書寫則像修補匠的概念，它以一種新的方式來論述和思考由能者意識形態所部署的常模與能力系統。賽博格挑戰了自然身體的概念，而失能賽博格從能力及身體去自然化的層面切入，呈現人體混合各種其他元素組合的可能性。修補匠或修補術好比是系統中的「遊戲」（play），顯示「中心」不能被固定、測量和印證，並挑戰「中心」存在的必然與合理性，當系統沒有固定的中心，遊戲就會變得具有無限可能。德希達在論述解構概念時，提出了中心補充性（supplementarity）的概念，義肢和遊戲一樣，不斷地補充、替代自然身體，並解構由能者意識形態部署、建構和傳播的系統中心。

　　失能者的身體經常與各式各樣的外在元素組合，修復或填補不足的功能，其與各式不同的物件相互連結，共同形成新的存在樣態。混身體或組裝體與傳統哲學中定義的主體概念不同，強調的是一個不斷變化的過程，不斷發展和重組，而非靜態、恆常不變的實體。使用輔具的失能者在此一層面上有非常豐富的經驗，當輔具與

身體順利合作後,當事人不僅得到了身體上的支撐,甚至有可能增能、超能,但沒有輔具協助時則可能萬萬不能。他們的身分角色也因著不同輔具而流動、變換。西伯斯、西米‧林丹(Simi Linton)、索布查克等人在不同論文中分別提到其失能狀況以及所使用的輔具,他們的親身經驗也正好說明了輔具的變換是形成流動身分的關鍵因素。

西伯斯在不同論文中提到他與輔具的關係,親證輔具也賦予他的多元身分與意涵。首先是他童年穿鐵鞋肢架的經驗,當時鐵鞋不僅是表徵自己與其他孩童不同的標記,他回憶道:

> 在童年時期,我一直穿著鋼製的肢架鞋,在某個初夏傍晚,一個憤怒的鄰居男孩向我挑戰,要跟我打一架,但他有一個條件:他要我卸下鋼製肢架,因為他認為這樣會讓我占有不公平的優勢。他害怕我會踢他。我拒絕取下,不是因為我想要多一件武器,而是我連抬腿踢人的力量都沒有,更別說傷害他了。我拒絕取下肢架,因為我知道在打鬥中的某個時候,這個憤怒的男孩或其他人會從地上偷走我的肢架,然後帶著它跑掉,這樣我就會成為既無助又會被周遭孩子們嘲笑的對象。(Siebers, "Disability in Theory" 178)

失能的身體是如此地不尋常,一定代表著某種非凡的意義。每位失能者成長過程中皆有類似的經驗,身為失能賽博格,輔具所表徵的意涵是曖昧的,對於當事人而言,它們可能是一種補充無助或功能不足的替代品,但對於健全者,尤其是懵懂無知的孩童,它們可能被視為一種表徵優勢的物件。

西伯斯年長後,因為身體狀況的衰退及意外,借助輪椅、木頭拐杖及手杖等不同輔具協助他行走,輔具與他的關係則更為複雜。同樣的他,在使用不同輔具時也代表著不同的扮裝或偽裝與不同的形象及自我。成人時候的他,盡量不使用輪椅或拐杖等輔具行走,

在平日，他或許不易被辨識為失能者，但他發現搭乘飛機時，不使用輪椅則無法優先登機，因此需要搭機時，他總是故意在行走的動作上誇大肢體的不便，以協助空服員快速地辨識他為符合提前登機的對象。此外，拐杖對他更有著不同情感的投射，他分享道：

> 2001 年 1 月，我因踩到一小塊冰而滑倒，摔斷了膝蓋，受傷的右膝蓋正是我兩歲時因為小兒麻痺症而受傷的那條腿。接下來幾個月，我使用木製拐杖，這種拐杖裝置與前臂拐杖不同，通常代表暫時受傷，而非長期損傷。在我的一生中，曾有一段長時間拄著拐杖，而此次我重新拄上拐杖，喚起了一連串強烈的情緒。首先，這是我**出櫃**成為失能者後，第一次發現自己拄拐杖。對我而言，**拐杖向公眾世界投射了我內心生活以及我做為失能者身分的深刻象徵**。另一方面，它們也同時帶給我對未來的希望，因為我開始擔心，隨著年齡增長我將無法四處走動，但我也很快就欣慰地意識到，若能拄著拐杖，我仍然可以走得很好。我從小就被教導如何使用拐杖，所以當我把拐杖放在腋下時，我覺得好像先前身體失去的一部分又回來了。（Siebers, "Disability as Masquerade" 1-2，本文強調）

這段引文充分地說明拐杖與西伯斯身體連結過程中的各種複雜情緒，它們同時帶給他痛苦與希望。痛苦的是他必須依賴拐杖行走，增加行動的不便，而希望的是，即便日後受傷的膝蓋復原了，他也可能因為小兒麻痺後遺症而無法行走，屆時童年學會如何使用拐杖的經驗可以讓他立刻上手。有趣的是，西伯斯受傷後使用木製拐杖，當他面對街上人們詢問他：「你怎麼了？」他有了全新且簡單的答案，「我在冰上滑倒，弄傷了膝蓋」（Siebers, "Disability as Masquerade" 2），省去跟陌生人敘說難以簡化的身體故事。假體化的身體顯示出自然身體不斷地處於變化之中，處於無常之中，處於遊戲之中，它不僅擾亂了能與失能彼此的界限，也挑戰了失能做為

【第三章】 失能賽博格之生命書寫　95

一固定身分類別的合理性。

　　同樣地,林丹在其回憶錄《我的身體政治》(*My Body Politic*)中提到使用電動輪椅後的種種微妙改變,從自我感覺、行動的便捷(甚至比一般人走路還快)、女性儀容的感知到生活品質等面向,都產生了不同的影響。她第一次收到一部櫻桃紅的電動輪椅時,即將它命名為魯弗斯(Rufus),靈感來自於那些總在大廳前門看起來有點邋遢的狗,牠們見到主人就搖尾巴示意,等著主人帶牠出門。[5] 對林丹而言,這部輪椅不僅是個寵物,更代表了一種親密關係的連結。她在文中細膩入微地說明與輔具結合後的「她」有何改變,甚至比較了使用手動輪椅和電動輪椅之間的差異,不同的輪椅影響她與空間的互動、她的活動能力,甚至做為女性的著裝及自我意識等等。首先,這部全速前進的電動輪椅讓她更獨立,甚至有正常的社交生活;她說,「有了魯弗斯,我變得更俐落、乾淨及獨立,儘管我聽起來有點吵。我在外面待到很晚,甚至晚餐時喝了幾杯,都不用擔心開車回家的問題。我還可以承載更多的重量,做更多的差事」(7)。她進一步闡述,身為女性在使用電動輪椅時所表現出的不同特質:

> 我的生活中有一些新的習慣,外人幾乎看不到。他們不太可能注意到我的改變,或者也不認為我衣櫃裡的變化有多重要。我已經習慣戴漂亮的手套,但是推手動輪椅會讓我的手套變得很亂,且很快就磨損。有了魯弗斯後,我的手遠高過胖乎乎的小輪子,我現在可以戴著珍珠灰、亮橙色及深綠色的手套,這些手套是在我最喜歡的哥倫布大道跳蚤市場購買的。我可以穿大袖子和淺色的衣服,這些東西在手動輪椅上很容易弄髒。現在我只需要用右手操作電動輪椅,晚上出門時就帶著我母親以前看歌劇時帶的小絲包。我現在也可以使用雨傘了。(184)

---

[5] 關於林丹的生命故事,請參考拙作《失能研究與生命書寫》中之第五、六章。

失能者經常依靠人工物件來輔助日常生活運作，義肢或輔具也一向公認為是識別失能者的主要標誌，而若從醫療角度看待輔具的功能性，往往會忽略了輔具與當事人的各種微妙連結與互動。做為輔具的電動輪椅在林丹的生活中就扮演了極為重要且微妙的角色，不僅幫助她完成日常活動，還影響和建構新的身分認同和主體。

林丹在使用電動輪椅的過程中形成一種新的身體感受，新的服飾及配件幫助她重新構建自己的身體形象，輪椅就是她身體的一部分，形塑出不同的身分認同。輔具做為失能者的身分象徵，但卻傳遞出與失能者身分相關的多面向價值觀念和文化意義。對失能者而言，輪椅是「被珍視的文化物品，可以賦予一種魅力」，它不僅影響到身體，也被身體所影響，它「充滿了重量、質地和感受」（Kuppers, *Studying Disability Arts and Culture* 141）。在身體與輔具連結的過程中，最微妙的莫過於身體的感受與情動（affect），除了物質外，這種感受僅有當事人能夠體會，身體與輔具的相互影響，兩者接觸點所產生的感受與感想，既抽象卻又實在，既外顯卻又極為私密。

西伯斯將失能者在生活中面對的不為人知的不便、尷尬、不得不的妥協等辛苦卻被隱藏、遮蔽的真實、寫實情境稱為新寫實（new reality）。以新寫實主義為基調的生命書寫旨在協助失能者面對、接受這些不足為外人道的現實，進而為各自獨特的生命經驗發聲（give a voice）。失能者難免傾向偽裝或假扮自己為非失能者，此種扮演代表失能者難以接受個人的真實情境。新寫實主義的書寫鼓勵失能者與非失能者如實地接納不想碰觸、不願看見的生活及生命議題，勇敢、直接地貼近失能生活最真實的部分，突破表象的失能或異樣，揭露赤裸的真實（737-54）。針對新寫實主義的寫實範例，西伯斯引用謝麗爾・瑪麗・韋德（Cheryl Marie Wade）描述其生活

的實例做為說明：

> 由於這個需求是直接的，因此我坦率地說：我們拉屎拉尿之後必須清理私處。我們或者需要其他人的手指插入我們的直腸，或者需要在尿道插入塑膠管來協助解決我們的小便。或者我們已經重新布置大小便的位置，把它們全部放進我們身體附加的袋子裡。是的，這些生硬的、粗鄙的現實組成了我們的日常生活⋯⋯我們很少談論這些事情，但當我們必須談論時，通常是以通用語言或屬於失能者慣有的幽默來偽裝。我們必須坦誠面對的現實是：對於這種需求與協助我們感到非常羞愧，因為這類需求只有嬰兒和「破碎」的身體才有⋯⋯是的，這是我們與你們這些擁有身體隱私之人的不同處。如果我們想要自在地跟世界及自己和諧共處，那麼就必須大聲說出這些實情。我們必須用真實的語言說出自身的現實。（Wade 88-89）

韋德所凸顯的實境非一般人所能體會，而其中所涵藏的尷尬與痛苦，更非一般從性別及族裔著眼的身體理論所能觸及，呈現如是的現實不僅需要極大的勇氣，可能還得承受失去個人尊嚴及獨立的批評與羞辱，然而這就是失能者的生活寫實及生命實境，西伯斯指出這樣的訴說或書寫，唯有當非失能者日後也需要照護時才能同理。韋德所書寫的現實是生命中最沉重的一面，卻也是最真實存在於失能者日常生活的時時刻刻中。一般失能者對於來自社會大眾的各種盯視或歧視特別敏感，無形中常受到創傷，或自覺被矮化成為一個物件而非人。新寫實主義式的生命敘事通常出於克服外在盯視或歧視的自信書寫，在經歷過抗拒、掙扎、反觀及自我調適、成長後，累積足夠的勇氣與正能量，開始書寫個人的失能經驗，藉此產生改革與抗爭的能動力，並建構自我尊嚴與價值。他們的生命故事其實也是一面明鏡，反照且凸顯了社會對於失能者的壓制與剝奪的無形暴力。

新寫實主義式生命故事的敘事角度是一種來自側背（dorsality）的視角。大衛・威爾斯（David Wills）在其《背向性：透過科技和政治進行反思》一書中提出的「背向性」概念，即以45度翻轉的視角往背向面觀看、思維，細究那些發生在我們身上卻覺知不到的各種現象。威爾斯指出，背部是一個隱藏而重要的部位，做為譬喻，它不僅連接了人類的前後、內外、自然與人工，也反映了人類的歷史和未來，現代科技文化強調的是前向性（proximity）和正向性（positivity），反而忽略了代表（後背）的過去經驗和記憶對於當下和未來的影響。威爾斯所提的背向性觀念，乃以改變視角的方式說明科技對人類造成的影響及人類的前向視野，並呼籲人們關注未覺知到的政治和倫理困境，而其所提的背向性視角特別適合應用在理解、詮釋及書寫失能者的生命故事。以背部為主的敘事可以幫助我們超越傳統固定的視角，透過與背部的連結和互動，再現未知和無法想像、預見的情境，從而開啟一種後人類主義視野。

同樣地，陳文茜曾在《樹，不在了》的序文中說道：「生命必須有裂縫，陽光才能照進來。生命必須躺得夠低，才明白世間的美」（259）。這段話是她給年輕人的勉勵，但「生命必須有裂縫」這段話用來形容失能、受挫者的生命故事則更為貼切，而更為重要的是，調整看待世界的角度，躺得夠低，才能明白世間的美。人們習慣站立、爬高，難以體會躺低後的虛懷若谷態度及登高必自卑的踏實。視角、姿勢與態度才是展現生命智慧及圓融的關鍵。一般人對於生命的認識與理解多半聚焦在健康、健美、成功或典範的案例，忽略或漠視生命的背向面，疾病、失能、意外、貧窮或失敗也是生命的眾生相之一，而病苦在身體上所形成的各種衝擊，以及人們如何與疾病對話、共生，則多在一般大眾視野之外。以背向、低躺的角度詮釋有裂縫的失能賽博格的故事則更為貼切，背向性關注

的是身體隱性及不為人知的一面。

　　以側背或低躺的角度看待失能與輔具連結的生命故事，可以幫助我們重新認識失能主體的連結性、變異性及流動性。西伯斯及林丹使用輔具的經驗分別印證了失能賽博格在能與失能的斜槓上不斷地移動、流動。以林丹為例，電動輪椅看似一尋常輔具，但有了它，她出門時可以配戴手套、小絲包及陽傘，這些看似尋常的裝飾，但對她所形成的自我感覺及情動必然有種不足為外人道或難以被理解的自我滿足，她覺得自己成為她喜歡或想要的女人模樣。一般人常局限在固定及習慣性的視野觀看、理解外在的人事物，難以掌握人類及生命的全貌，因此視野轉向，翻轉前向性和正向性的思維方式在詮釋失能者的生命意涵時顯得尤其重要。失能者在使用輔具時會帶來的各種不同情動與感知，其內容取決於失能者使用輔具的體驗和感受，這些情動可以是積極的，例如自豪感、感激和滿足感，也可以是消極的，例如使用困難或不適時的憤怒和挫敗感、擔心輔具的可靠性和安全性時所產生的焦慮和不安感，甚或是被別人視為異常的社交排斥感、羞恥感或自卑感。林丹從「失能者」轉變為「輪椅使用者」，其實是一回事，但這種身分的轉換為她帶來更多自尊和自信。

　　失能者在遭受身體損傷後，往往會感到自己的能力被削弱，輔具做為一種身體延伸，不僅幫助他們在日常生活獲得便捷的協助，最重要的是重新與外界連結，建立起身分正向的自我感受和主體性。輪椅做為高端輔具協助失能者延伸能力的具體代表，應屬史蒂芬・威廉・霍金（Stephen William Hawking）使用的輪椅。霍金博士是一位享譽全球的物理學家，他在二十一歲時罹患漸凍症，肌肉隨著時間日益萎縮，無法隨心所欲使用身體肌肉。這種疾病會讓肌肉失去力量，進而影響呼吸和吞嚥相關肌群，患者有很高的機率因

呼吸衰竭而死（時金對話 2018）。漸凍人平均存活時間為三至五年（陳志昊 2018），而霍金被診斷為漸凍症後活了五十五年，於 2018 年離世，破除漸凍症患者無法活動自如、生命時長受限的緊箍咒。霍金堅毅的性格及家人的支持是他存活的重要資源，但他那台號稱「高科技」的輪椅更是提供了一般輪椅沒有的功能，讓霍金可以持續創作、發表作品、參加演講，分享他對科學和生命的熱情。

霍金的輪椅不僅是根據他的健康狀況量身訂做，更是一部高科技技術的組裝體，每一個設備都是針對他不能或失能的身體部位做補位設計。霍金早期還能控制部分手指和臉部肌肉來操作輪椅和電腦，後來隨著肌肉萎縮，操作上的難度增加，新的設計與改進方案也隨之跟進。1986 年，Word Plus 執行長華特・沃特斯（Walter Woltosz）為霍金的輪椅安裝語音合成軟體「平等器」（Equalizer），搭配桌上型電腦 Apple II。平等器的資料庫大約有三千個單字和短語，霍金可從中挑選字彙或選取字母來拼寫不包含在資料庫中的詞（Garcia 2018）。其後，這款設備經電腦工程師大衛・梅森（David Mason）改裝成可攜式系統，安裝於霍金的輪椅上，便於操作，也讓霍金每分鐘可表達十五個字（Garcia 2018）。此外，霍金於 1985 年染上肺炎，聲音因氣切手術而喪失。為了讓霍金再次發聲，Speech Plus 的工程師艾瑞克・多西（Eric Dorsey）和語音專家團隊設計了語音合成器 "CallText 5010"，堪稱當時最好的文字轉語音處理器（廣州日報 2018）。爾後，霍金運用這套系統與人溝通、發表新書和開玩笑，直到 2014 年系統因太老舊不得不淘汰。

不同的科技公司與設計團隊隨時更新輪椅的軟硬體設備，霍金的身體與輪椅是最具代表性的組裝體。英特爾公司（Intel Corporation）於 1997 年起負責霍金輪椅的軟硬體設計和更新，創辦人高登・厄爾・摩爾（Gordon Earle Moore）與技術團隊重新設計輪椅以

輔助身體每況愈下的霍金。2008 年，霍金只能運用右臉上的一小塊肌肉，當時的研究助理設計了一款特殊裝置「面頰開關」（"Cheek Switch"），在霍金的眼鏡附上紅外線發射器，結合肌肉活動探測器感測霍金面部的肌肉收縮，當探測器接收到面部任何肌肉抽動的訊號，就會回傳至電腦來選取字詞。整個過程耗時費力，也降低了霍金的表達速度，每分鐘只能打出五至六個單詞（廣州日報 2018）。然而，霍金的臉部肌肉逐漸僵硬，失去功能，當時霍金花費二十分鐘也只能說出三十個字詞。研究團隊決定運用微軟（Microsoft）開發的智能文字預測軟體快速鍵（SwiftKey），分析霍金歷年論文、書籍和常用字彙來設計專屬輸入法。霍金僅需輸入部分字母，軟體即可預測剩下的內容。每輸入一個單字，軟體會預測下一個可能的搭配字詞。使用升級後的軟體讓霍金提高輸入速度，每分鐘可以說出三至四個字，這是當時霍金能達到的最快速度（廣州日報 2018）。

　　除了上述的語音和書寫系統，英特爾公司將電腦和輪椅結合，使霍金得以上網、寫作和收發電子郵件。輪椅上的平板電腦使用 Core i7 處理器，可控制輪椅上的所有電子設備，而 12 吋螢幕讓霍金在陽光下仍能閱讀、使用 Skype 傳訊息。輪椅上配有裝設 USB 插孔的外接盒用以連接音響或其他電子設備，另外配有萬用遙控器，可以操作辦公室和霍金家裡的電視、音響、燈和門（How It Works Team 2016）。設計團隊對於輪椅的改造並非只有升級辦公設備，他們也提升了輪椅的舒適度，藉由建造穩固的底盤和裝設備用電源來增加安全性。樣樣俱全的輪椅不僅幫助霍金完成多本著作，使其在各種場合都能順利表達想法，也讓患病後的霍金仍能照顧自己的生活，不用旁人時時刻刻地翻譯、處理信件和開關門。

　　2014 年，英特爾公司為了協助霍金提升語音輸入速度，再次升

級輪椅上的語音合成軟體,開發了情境感知工具包(Assistive Context Aware Toolkit, ACAT),透過眨眼就能將訊息傳至電腦。這項系統在 2015 年開放給軟體工程師和研發人員,英特爾公司期許各地傑出的開發人員站在巨人的肩膀上,將 ACAT 不斷升級,造福患有運動元神經疾病的病人,能夠透過日新月異的科技再次發聲,表達想法。英特爾公司盡力維持霍金的溝通能力,同時,他們也在輪椅加裝健康檢測和生命維持器,隨時注意霍金的健康狀況。2018 年霍金逝世,多家科技公司競爭這把造價約 1.2 億美元的輪椅,最後,霍金的輪椅存放於大英博物館,供世人參觀。霍金的高科技輪椅不僅說明了輔具如何為人體增能,更顯現了人體與人工組件相互間的流動性,它將霍金在科學上的專業能力記錄、轉移、傳遞給世人。輪椅不僅能協助行動,搭配其他的軟硬體設施,還有溝通、書寫、檢測健康、維繫生命等功能。文獻資料中鮮少記錄霍金與這些外在輔助物件的媒合方式及細節,但可以確定的是,過程中這些輔具必須巧妙地補充、銜接缺乏功能的部位。

霍金的身體故事呈現了失能似乎不再不能,輔具提供了側背、翻轉(flip)及倒置(upside down)的角度,再現失能賽博格使用、適應、駕馭輔具的多元面貌。失能者與輔具之間不是簡單的機械關係,而是一種相互作用和共生的關係。他們和輔具共同組成了一個動態的實體,這個實體的性質和能力超過了他／它們各自的局限性。值得一提的是,輔具、假體最能彰顯人體對於輔具的依賴,凸顯人體不斷地變化生成(becoming)的過程。除了一般輔具外,具體取代或補充缺失四肢的假體或義肢亦為常見的身體外加物,其與身體的連結性不僅再現了人體的多樣性,人體在現實與虛幻間遊走,身分認同及主體位置則更顯得流動與不確定。義肢及輔具如同斜槓,鬆動失能者的固定身分(fixed identity),顯現能與失能在主

體位置上是流動的。義肢之「物」與人之「肉身」，兩者間在主體建構上所產生的辯證關係，可從穆琳斯及索布查克的身體故事看出更為細膩的生成變化。選擇她們兩位穿戴義肢的經驗，主要是為了呈現人體的組裝所呈現的萬花筒景象。

　　穆琳斯是一位美國運動員、演員和模特兒，生於美國喬治亞州，出生時患有罕見的遺傳性疾病，導致她雙膝以下截肢，但她在童年時期就表現出強烈的運動興趣，並積極參與學校的運動校隊，中學時期開始參與跑步比賽，進入大學後加入喬治城大學田徑隊，迅速成為一名出色的運動員，在1996年的帕運會上代表美國參加田徑比賽，並在不同項目中獲得多項獎牌。她也是位傑出的演員和模特兒，在許多電影和電視劇中擔任重要角色，並且以她的美麗外貌和自信個性聞名。她還是時尚界的偶像，曾多次成為設計師和品牌的代言人，並在時尚秀上走秀，應該算是千禧年後最具影響力的失能者，尤其她以義肢引領了美學革命。她有各種類型的義肢，例如豹型腿（cheetah legs）、芭比娃娃腿和玻璃腿，每雙義肢都有特定的象徵意義，代表她人生的不同階段。

　　她在〈我有十二雙義肢〉一文中分享了自己如何成為建構各種身分認同的工程師。她的生命故事非常有趣地呈現了身分認同的流動性或是固定身分的虛假性。在她的十二雙義肢當中，有三雙義肢特別具有代表性。第一雙是豹型腿，這雙義肢是她參加帕運會時所用的義肢輔具。她很幸運地遇到了范·菲利普斯（Van Phillips），他曾是一名運動員，在一次滑水事故中失去了一條腳，他幫她設計了一種新型碳纖維短跑腿，模仿獵豹（跑得最快的動物）的後腿。現在，百分之九十的帕運會運動員都使用這款靈活的豹型腿。令人驚奇的是，豹型腿實現了超人的夢想，並成為「超級能力」的隱喻。

　　穆琳斯在成功拿下帕運會獎牌後，開始做一名勵志講師。在

這個階段，穆琳斯的生命故事或身分如同一般在失能的生命故事中所看到的，主要是宣導她如何克服障礙，如何成為一個發人深省的講師以及生命勵志的典範。在許多演講場合，觀眾通常會給她這樣的回應，「艾米，妳知道嗎？妳很有魅力，看起來一點也不像失能者」（Mullins, "My 12 Pairs of Legs" 2009）。聽眾的評論喚起穆琳斯對「美」這個話題的關注，她自問：「漂亮女人長什麼樣？什麼是性感的身體？有趣的是，從身分認同的角度審視，身體障礙或失能意謂著什麼？帕梅拉・安德森（Pamela Anderson）身上的義肢比我多，但沒有人認為她是失能者」（Mullins, "My 12 Pairs of Legs" 2009）。她的問題其實凸顯失能的身分問題以及失能定義或分類的繁複或矛盾性。

西元 2000 年之後，穆琳斯走入生命中的另一重大轉折階段，她離開體壇，開始成為走秀模特兒，最著名的是與亞歷山大・麥昆（Alexander McQueen）在時尚界的合作。針對穆琳斯的義肢造型，艾米・戈德瓦瑟（Amy Goldwasser）曾在《國際設計雜誌》（*I.D. The International Design Magazine*）的一篇報導穆琳斯的文章中寫道：「**在她『漂亮的腿』上，她是該國唯一一位穿著迷你裙和繫帶涼鞋，看起來像雜誌模特兒的截肢者。如果設計被視為對人類解決方案的展現，那麼創造一雙腿來滿足穆琳斯的生物力學美之需求，對於工程師和藝術家來說，都是不可抗拒的挑戰**」（Sobchack, "A Leg to Stand On" 34；原文強調）。代表穆琳斯這個階段的義肢就是芭比娃娃腿，這雙腿正如索布查克所言，「它們不僅僅是使她能夠移動，那既是男性和女性性別幻想的產物，也是人類欲望的真實物化」（34）。在美國的性別論述中，芭比娃娃的腿代表典型的女性表徵（femininity），不僅滿足了女性對完美身材的渴望，更是男性對美與性的幻想投射。幫穆琳斯設計這雙腿的輔具師也認為這雙腿修

長美麗,連他自己對它都愛不釋手。因此在這個階段,穆琳斯超越了失能身分而轉換成為一個美的表徵。值得一提的是,在這個階段穆琳斯開始展現身分上的多元、未知和流動,她不再避諱讓大眾看到她的義肢,所以某種程度上,她不需要偽裝成為非失能者(non-disabled),她的模特兒身分也慢慢凸顯其女性特質。嘉蘭-湯姆森指出,這個階段的穆琳斯雖然並未打算忽略自己的失能角色,但其所凸顯的流動身分主要是在性別上而非失能上,她確實表現了斜槓的流動性,推翻單一、固定之身分認同。穆琳斯這樣的變化不僅翻轉了一般大眾對失能者的認識,也親自呈現了身體在與不同物件連結時的生成變化與身分轉換。

代表穆琳斯生命故事的第三個階段是她成為馬修・巴尼(Matthew Barney)《懸絲3》(Cremaster 3)的女主角,她分飾六個不同角色,在該片中,令人眼花撩亂的義肢變化涵蓋不同的角色,不僅展現了服裝審美的變化,也呈現了身分的轉變,猶如移動的斜槓身分。每雙義肢標誌著不同身分,同時還決定了她的體態,因為她的身高和動作會隨著不同義肢的變化而改變。做為雲端俱樂部的馬鈴薯女人,穆琳斯絕望地用她的義肢腳底切開和丟棄馬鈴薯。扮演奧納・麥庫爾(Oonagh MacCumhail)時,她坐著編織,腿的部分是機械組成,藉以詮釋工業時代靜止不動的母親與家庭主婦。她在扮演見習生時佩戴的義肢最引人注目,聚氨酯製成的「玻璃腿」使原本優雅的穆琳斯變得沉重,讓她的表演具有機械人的精確性,這也完美地轉化她做為巴尼學徒的性對象的角色。然後她變成了獵豹、雌性混血兒,恢復敏捷和貓科動物的挑釁性,誘人地從學徒身邊跳開。這些義肢不僅為穆琳斯提供角色的改變,也擴展了她的角色形象,有時還成為銀幕上的一個額外演員。在某個鏡頭中,穆琳斯斜靠在高處棲息,心滿意足地來回擺動她的假尾巴,把自己打扮

得漂漂亮亮，獵豹般的四肢完整地展露在鏡頭前。在那一刻，穆琳斯成為次要演員，主要的表演則由義肢本體投射；它們的一舉一動都在邀請觀眾觀看、凝視和思考義肢美學代表的所有可能性和主體位置。針對這個階段的穆琳斯，也有人批評她成為機械化的物化商品。馬夸德‧史密斯（Marquard Smith）從性別概念觀點指出，穆琳斯已被「性別化且形塑為健全女性」，因此她的形象已成為「失能情色的明顯例證」（58）。事實上，正如史密斯所指出的一樣，穆琳斯在媒體上變得如此受歡迎，以致於大眾已自動放棄她是「截肢者或失能者」的事實（58）。

此外，值得一提的是，穆琳斯的腿不僅模糊了（超級）能力和失能的分類，而且混淆了人類和動物的分界，以及有生命和無生命的邊界。在《懸絲 3》這部電影當中，穆琳斯穿戴了許多不同的義肢，展現了人與動物、人與輔具等多樣變裝的身分組合。這個階段的穆琳斯直接成為電影演員，透過電影的呈現方式，使得她的身分經常被指向跟後人類有連接關係。史密斯在〈脆弱的發聲〉（"The Vulnerable Articulate"）一文中強調，義肢裝置已經將穆琳斯變成了「後人類進步的另一個完美典範」，她的雙腿不僅掩飾了她的身分，還使她變成「賽博格」和「超色情幻想的假體」（58）。在史密斯看來，穆琳斯與其說是截肢者，倒不如說是一隻「賽博格性感小貓」，或如愛麗絲‧海斯曼（Alice Haisman）所說，「她是後人類主義的典型代表，而非義肢使用者」（M. Smith 47; Haisman 164-65）。第三階段的穆琳斯透過不同義肢的置換帶出身分角色的流動，不僅人體的邊界不斷地移動，人與非人的後人類組合也同步出現。

人工義肢在許多層面都比人腿占有優勢，義肢具有改造與增能的力量，並能將一些受損的身體置於新的生命和生活形式的中心。

順道一提,知名的南非「刀鋒戰士」奧斯卡・皮斯托利斯(Oscar Pistorius)是一位使用義肢的短跑選手,他是世界帕運會一百米、兩百米與四百米的記錄保持人,他在運動場上的成果曾經引發不小爭議,其他參賽者認為競賽不公平,因為他的碳纖維義肢提升了跑速與競爭力。[6] 當輔具被看作是一種普通而非特殊的工具時,可以減少失能者因使用輔具而受到的歧視和排斥,從而提高他們在社會中的地位和認同感。為此,大衛・瑟林(David Serlin)也特別撰文指出,義肢除了修復受損的身體或增能外,還可能提高男性截肢者的自信。他以二戰中被截肢的後備軍人為例,說明義肢如何挽救他們自我價值的貶抑之感,尤其是在恢復男性氣概的層面(Serlin 54, 62)。[7]

索布查克的情況與穆琳斯不同,她是穿戴單腿義肢,表面上她的情況應該是相對單純,但她開始穿戴時已屆中年,適應上就格外地辛苦,身體反應與心理感受也都特別強烈,因此她在描述外物與人體的連結、建構自己成為賽博格的細節也特別精準,是一個來自背向角度的身體故事。她的身體故事涵蓋使用義肢的機械實務面、現象上變動的時空感知以及心理層面等面向。在實務層面,她詳述了學走路、義肢與腿的媒合及替代方式。索布查克因左大腿軟組織癌症復發,動了三次手術,截肢手術的部位都在膝蓋以上的高處。術後的六個月,在傷口癒合的過程中,她同時進行艱苦的復健、學走路,先是練習拄著拐杖走路,接著開始進行安裝義肢的艱辛適應

---

[6] 關於奧斯卡・皮斯托利斯的相關討論,請參考拙作 "Prosthetic Configurations and Imagination: Dis/ability, Body, and Technology." *Concentric: Literary and Cultural Studies*, 44.1 (2018): 13-39.

[7] 關於義肢如何彰顯男性氣概,請參考拙作 "Prosthetic Configurations and Imagination: Dis/ability, Body, and Technology." *Concentric: Literary and Cultural Studies*, 44.1 (2018): 13-39.

歷程。人體與義肢的連結方式涉及動態機械和物理過程，過程中，先以石膏鑄造義肢的外形，再進行玻璃纖維製模和鑲嵌；完成後，開始學走路。她除了依序學著做各種強化體能的運動，還要密集地學習機械調整，最難的是，她必須學會連續快速地同時做各種身體動作，邁步走路時，她必須先「將義肢向前踢以使腳跟著地，收緊臀部，將截肢拉回承筒內，加重義肢力量以鎖住膝蓋，再用『自己的』腿邁出一步，並在此過程中設法減輕義肢的重量，收緊腹部、挺直身體再將義肢向前踢，然後重新開始接下去的每一步」（Sobchack, "A Leg to Stand on: Prosthetics, Metaphor, and Materiality" 29）。歷經一個多月的時間，她終於學會走路了。

　　針對義肢的構造、如何穿戴、提供的支撐能力，以及它們的各種材質、價值，她都有十分細膩的描述，這也是鮮為人知的身體「生存」過程。義肢的組合涉及多個重要環節，包括承筒、關節、連接管及末端裝置等配件，這些配件必須協調地連動，才能確保其功能性、舒適性和耐用性。[8] 索布查克做為一名膝上截肢者，針對她所使用的義肢相關配件提供了詳盡的細節。首先，與截肢部位最接近的就是承筒，她用的承筒是以玻璃纖維和「熱塑性」塑膠製成，「透過懸吊帶和多層不同厚度的棉『襪子』組合固定在身上，這些襪子的厚度則根據個人體液滯留、天氣和體質變化的狀況進行增減」，使用的方式是，透過「拉襪」將截肢部位拉進承筒，然後「將一個閥門擰進嵌入玻璃纖維中的螺紋塑膠孔中，再按下它排出所有空氣」，如此她自己的腿和承筒就能緊密貼合（Sobchack, "A Leg to

---

[8] 義肢的組合配件包括承筒、連接承筒和義肢末端的連接管及末端裝置。承筒用來接合義肢與截肢，必須精確地貼合截肢的形狀，以提供支撐性和穩定性，其次是模擬自然運動的關節，提供靈活性和穩定性。而連接承筒和義肢末端的連接管，通常由輕量且堅固的材料製成，以確保整體結構的穩定性；至於末端裝置如腳掌、手掌或其他末端部件，則具有良好的抓地力和靈活性。

Stand on: Prosthetics, Metaphor, and Materiality" 29）。至於義肢關節部分的材質則多由鋁和鈦製成，這個裝置會被連接到承筒上的小木塊上。她使用過三個不同的金屬關節膝蓋：「第一種是帶有內部安全『剎車』的機械膝關節，可以設定在某個固定角度，在『中途跌倒』時有穩定作用；第二種是雙軸液壓膝關節，功能有限，因為當使用者的動作越來越熟練和流暢時，它的反應時間多半跟不上；第三種是單軸液壓膝關節，其伸展和轉動多半能與身體節奏同步動作」（29-30）。取代她原來脛骨和腓骨部位的則是輕質金屬腿杆，從膝關節部位一直延伸到腳部。她曾使用過兩種腿杆，一種是暗銀色的鋁，類似於一般拐杖的材料；另一種是發光的黃綠色鈦，非常漂亮，她自覺把它藏起來有點可惜，有一個十一歲的男孩看到時還特別走過來欣賞它，並驚呼「酷～終結者！」（30）。他們都覺得這根金屬腿杆酷炫，但角度還是不同的，孩子看到的就是一個漂亮的東西，大人看到的還是義肢，不過材質好些。義肢修復師將腿杆雕刻、塑造成與肉腿相配，由於義肢大腿沒有彈性，尺寸必須比真的大腿稍微瘦些，這樣穿褲子才方便。有趣的是，義肢也有名稱，依地方命名，索布查克穿的是「西雅圖腳」（30）。義肢並非索布查克唯一依賴的輔具，有時為了簡便，在早晨洗澡前或深夜醒來喝水或上廁所時，她也使用拐杖代步，為此她同樣備置了大約六、七根金屬、塑膠和木製的拐杖（30）。穿戴義肢後，索布查克的衣櫥及汽車後車廂裝的東西大大地不同於以往，現在多了義肢配件及整個備用腿。

　　索布查克藉著描述義肢的種種相關細節呈現了截肢後身體「生成」或「成為」的樣態，真身與假體在她行走時努力地協調共舞。她身體的複雜元素正如同德勒茲所描述的組裝概念，手杖、義肢或其他人的肩膀，在身體上的意義都是一種延伸身體的方式，但肉體

和假體，真或假、實或幻是當事者時時刻刻面對的變化。截肢後，身體的意識與感知都出現明顯的改變，即便截掉的肢體已不存在，但當事人仍然有一種幻覺，覺得它還在，疼痛、癢、熱、冷等多種感覺並未消失。在身體變化的各種感知中，幻肢的感知是最複雜的，身體有明顯的感知，但究竟是真實？還是幻覺？真真假假穿插的感覺十分複雜，有時也擾人。除了幻肢的感知外，索布查克也分享她對現象界的時、空感轉變了，在意識層面，對於無障礙設計及公共空間變得格外地在意。她外出時總是高度關注「無障礙通道及停車位的可用性」，在城市街道的行走感受也變了，儘管街道與過往無異，但她所感知的空間好似擴展了，時間卻收縮了，因此過馬路時會產生一種截肢前從未感受到的「高度危險感和焦慮感」（Sobchack, "A Leg to Stand on: Prosthetics, Metaphor, and Materiality" 32）。除此之外，使用義肢後，她對自己的身體也有不同的認識，覺知到過去不曾覺察到的面向，例如她開始了解身體的使力方式，知道她的肌肉在哪裡，穿戴義肢行走時重心的改變，也連帶地改變了她的姿態。同樣地，她的人際關係也因而有些轉變，所結交的朋友跟以往大不相同，除了那群穿戴義肢的朋友外，她發現最親近了解她身體的朋友是義肢修復師，因為「他可能比她生命中的任何一個男人都更親近，也更了解她的身體之衰老狀況以及她堅韌的意志力」（33）。

　　現象上，義肢不僅改變了索布查克對許多事物的感受，在心理層面上，她與義肢的關係是曖昧、複雜的，義肢給她的身體帶來不少折磨、挫敗，也給了她自豪與成就感。義肢就像語言在使用中的轉折一樣，她所經驗與感受到的「不僅是動態與情境的，也是模糊與分等級的」（not only dynamic and situated but also ambiguous and graded）（27）。義肢做為隱喻或白話的意義，也取決於不同的情境、

情緒、與人交往的性質。她指出：

> 義肢做為隱喻（metaphor），若不是不準確的話，就是含糊的，因為隱喻的目的是突出它的結構和功能與其他各種思想和制度實踐的相似性。其次，具有一種物化且常常令人感到僵化的傾向，傾向於凸顯身體與義肢之間的對立關係，並將此關係實質化或特權化，從而忽視或否定身體與義肢彼此間在世界導向的任務中有合作與連結的同步關係（synecdochic relations），它也忽視了這些存在（existential）關係和修辭（tropological）關係中的複雜性與動態模糊性（dynamic ambiguity），因為它們是情境化和生活化的。("A Leg to Stand on: Prosthetics, Metaphor, and Materiality" 27)

義肢對於穿戴者而言有著曖昧的連結關係，它像是身體的不速之客或入侵者，身體總不歡迎它，即便不得已接納它，也希望它最好是隱形的，這樣他們依然能夠看起來像是健全的人。不過，穿戴者一旦成功地與義肢連結行動後，又難免不炫技，當他們行走時看起來沒有異樣，或義肢能夠以假亂真時，往往感到無比喜悅，甚至有炫耀它的欲望。索布查克本人也十分驚訝地發現，她竟然把應該對外隱藏的義肢鉅細靡遺地揭露與分享出來，彷彿這是一種奇蹟。她發現自己經常跟人「談論並展示義肢走路此一協調且令人驚嘆的過程」，平時人們不會想到也不會特別去注意這些細節，但義肢卻能夠為她和其他人「戲劇化地凸顯此一過程」（33）。義肢在使用功能上每個人有千變萬化的不同，穿戴者本人與義肢總維持在既互斥又相吸、既矛盾又具創造性的曖昧關係，義肢是身體的入侵者，是外加的負擔，但身體又離不開它，有時甚至享受它帶來的魅力及開啟了想像力，傳記書寫的側背視角則為當事人的親身經歷與感受提供了話語空間與平台。

截肢者的身體故事在在親證了身體最具彈性也最有包容力，透

過截肢者及使用各種輔具的失能者獲得驗證,每個人都有其能與不能、強與弱之處,無論支撐或加強身體功能的輔具有多麼便捷,心理上的調適依然是最困難的。索布查克坦承,無論義肢有多強的增能功能或創新的材質,她都沒有擁有的欲望,而她更渴望的是重獲失去的那半截腿,那條「能夠走路上班、逛商店,或許是在健身房跑步機上」的腿,「一條可以站立的腿,一條可以走動的肢體──這樣我就可以在我的世界裡盡量不需要義肢」(38)。這是她最真實的心聲。她的身體故事也說明了失能最後作用到的對象往往不是身體本身,而是心理層面。

輔具、義肢及科技對於失能者的認同及主體位置有著極大影響,它們的意涵不僅是身體的一個附件,也是身分設計師與主體想像的化妝師,輔具的創新與多元讓身分真正地流動起來。索布查克及穆琳斯的身體故事顯現了義肢如何顛覆失能定型化的身分及主體概念。穆琳斯針對失能身體的體現和主體位置的蛻變及轉換,再次定義了義肢的意涵,義肢的創新改變了她與社會的對話內容,不再強調克服障礙的重要性,而是關注身體如何增強、發揮潛力的對話。因此義肢不再只是填補或取代身體缺失的部位,而是「可以做為一個象徵,表明佩戴者有能力在這個空間裡,裝配並象徵任何他們想創造的東西。因此,社會曾經認為的失能者,現在他們可以成為自己身分的設計師,並且確實可以從賦權的角度設計自己的身體,繼續改變身分」(Mullins, "My 12 Pairs of Legs" 2009; Booher 131)。

針對此一觀點,唐娜・李馥(Donna Reeve)借鑑穆琳斯重新設計身體的概念,進一步提出新的失能主體論述「我是可立」("iCrip")一詞,採用前綴「我」("i")連結「可立」(Crip),代表「二十一世紀的失能賽博格」(Reeve 106)。羅伯特・麥克魯爾

（Robert McRuer）曾以 Crip 為代表與科技技術結合的失能主體，李馥則進一步採用 iCrip 一詞做為失能者與輔具混身的新身分，她說，「失能者將他們的輪椅、義肢和手杖納入其身體和心理的自我意識，藉此產生了新的存在模式，他們既是（非）失能的，又是（非）正常的，這就是 iCrip」（106）。在括號中的「非」如同斜槓的彈性一般，讓身分看起來更為流動、多樣且多變。在她看來，"iCrip" 的意涵是以技術輔具幫助受損的失能主體以「文化上可接受的方式」，在身體和心理上更佳地適應這個世界（106）。換言之，義肢及輔具為失能者提供了新的存在於世界的模式，幫助他們「從做為機械人的生活中走出來」，從而超越且挑戰了正常的概念（107）。解構固定統一的主體是後現代或後結構時代持續探討的議題，其所強調的主體經驗是流動的（fluid）或組合的（assemblages），而應用於失能者生命經驗的斜槓主體概念特別容易詮釋說明此生成變動性。值得省思的是，一般大眾可以透過高科技、科幻小說或是後人類理論論述去想像、思維、投射賽博格的生活樣態，在這些失能者生命體上卻已是真實存在的實境。無論賽博格理論家如何不在意失能者，失能研究都可「借鑑賽博格論述，以創新及富有成效的方式看待各種身體體現和主體性，正如 iCrip 一詞所揭示的那樣」（108）。在後人類當道的時代，穿戴義肢假體的失能者多半不會感受到自己是「後人類」，格林伯格強調這也反證了失能者的「假體輔具在現實世界和文化理論家的想像中，完全被隱藏拭去」（Greenberg 11）。

　　輔具對於人的生活功能、身體概念，乃至於自我認同都有不同程度、方式的影響，穿戴義肢者的身體敘事如同一個新的體現路標，顯示主體性是流動、短暫的。對於失能者而言，以背向性視角回顧、詮釋或書寫個人與輔具連結後所形成的新生活模式有其必要

性與重要性。這些不足為外人道或見的身體「背向性」視角幫助人們從中發掘被忽略的身體故事，不僅能重新關注失能者的身體和記憶，探索失能者的生命經驗、社交網絡及其與科技和政治的關係，同時，這種背向思維角度還可以幫助失能者重新認識自己的身體和生命價值。威爾斯強調，「背向性的核心概念，可以重新詮釋過去和記憶，避免個人的內在體驗和情感經驗被忽略」（Wills 23）。而背向或躺平的視角共同強調的都是轉向視角，乃至於同理的換位觀看。

義肢之外，另外一種混身體就是人體與其他器官或肢體的組裝體。移植手術在現代醫學中已不再罕見，器官移植更是稀鬆平常的事，較為爭議的應屬義大利神經科學家塞爾吉奧・卡納維羅（Sergio Canavero）進行的頭顱移植手術，他相信衰老是必須治療的疾病，因而研究頭顱移植以延長生命，此舉在 2017 年引發極大爭議，本文暫且不討論此極端案例，而是聚焦於面部和手部移植的兩個案例，分別是接受面部移植的派崔克・哈迪森（Patrick Hardison），以及接受手部移植的錫安・哈維（Zion Harvey）。

哈迪森於 2015 年接受面部移植手術，全世界自 2005 年起已完成了二十四位以上的面部移植手術，首例移植於 2005 年在法國進行。哈迪森曾是一名輪胎推銷員，在密西西比州的塞納托比亞（Senatobia）消防局服務了七年，2001 年 9 月 5 日，他接獲通知出任務，緊急處理房屋失火，他進入火場尋找一名女子，不幸屋頂倒塌，導致他頭部、頸部和上身三度燒傷。他在撤退的過程中，燃燒的天花板壓身，融化了他的防火面罩，使得他的臉部著火，當時他屏住呼吸、閉上眼睛，耳朵、鼻子、嘴唇和眼皮都被燒掉了，但保住了肺和視力。其時他二十七歲，已婚，是三個孩子的父親。傷後他在田納西州曼菲斯燒傷中心（Memphis Burn Center）住了約兩個

月。醫生用他腿上的皮膚覆蓋他受傷的頭部，但他已失去了耳朵、嘴唇、大部分鼻子和幾乎所有的眼瞼組織。他無法眨眼，醫生使用皮膚移植物來加固他剩下的眼瞼，並將它們幾乎縫合起來以保護他的眼睛。這讓他只有針孔視力，僅能看到一點點，幾乎等同失明（Fox News 2015）。他的妻子克莉希（Chrissi）事後回憶道：「哈迪森回到家後就變得沉默寡言，很長一段時間不曾照鏡子，變得很沮喪，對這個世界感到憤怒」（Fishman 2015）。

哈迪森術後的面部重建並未中斷，來自紐約大學蘭岡醫學中心（Langone Medical Center）團隊的愛德華多・羅德里格斯（Eduardo D. Rodriguez）醫師精心地為哈迪森設計了新面孔，有史以來他第一次進行人類面部、下巴、牙齒和舌頭的手術，最初他只計劃進行眼瞼移植，但後來提出面部移植的想法，手術評估程序獲得批准後，羅德里格斯直言不諱地指出手術可能帶來的後果，他跟哈迪森說：「你必須把舊的面孔去除，只剩下骨頭。你得明白：如果失敗了，就沒有其他的選擇。你很可能會死，這是一個不成功便成仁的手術。」對此，哈迪森的回答是：「孩童們看到我時尖叫著跑走，哭了起來。這是比死亡更糟糕的事情」（Fishman 2015）。哈迪森義無反顧地接受移植手術，他的孩子們卻感到害怕不安，怕失去父親，克莉希說，「孩子們不明白父親為什麼要冒險，他們愛他本來的樣子。對他們來說，他很正常。」孩子們的觀點與感受其實比大人們還成熟，父親就是父親，不會因外表的美醜而改變彼此的關係與愛。

哈迪森在臉部移植前的十二年間做了七十一次手術，全部費用超過一百萬美元，過程的手術包括從他的大腿取下皮膚補到頭上，用磁釘固定假耳朵，把他的嘴唇向外翻，使他看起來有嘴巴，在眼瞼的位置製作了一塊皮錐（a cone of skin）。他出門時必須戴帽子

和太陽眼鏡遮住臉，說話和吃飯時總是吃力痛苦。由於歷經多次手術，他對止痛藥上癮，導致失去思考判斷能力，做決策時常會失誤，致使他在 2007 年宣布破產，失去了房子，結束十年婚姻。克莉希是全職的家庭主婦，事故發生後，生活變得十分艱難，她感嘆事故發生的當天，「我先生一早出去工作，回到家時卻變成了陌生人」，她跟先生說，「這陌生的情境讓我必須把你當作死了一樣」。家庭的經濟問題變重了，之前哈迪森是位成功的業務員，收入不錯，二十六歲就購得夢想中的房子，有自己的地下游泳池和兩層樓的遊戲室。如今，哈迪森每月僅領到聯邦政府給失能者的一千兩百美元支票，為了活下去，他們不得不搬到克莉希的母親那裡，再也無力再購得夢寐以求的房子和汽車，看不見未來（Fishman 2015）。面對這麼重大的事故，哈迪森無奈地感嘆，「我是一個四十歲的人，卻在等待我母親開車帶我到處走；我還那麼年輕，卻已失去了一切」（Fishman 2015）。胡安‧巴雷特（Juan P. Barret）與維若妮卡‧托馬塞洛（Veronica Tomasello）指出，面部嚴重畸形是人類最具破壞性的失能情況之一，通常會連帶產生其他不同的伴隨症狀，例如焦慮、排斥、恐懼、憂鬱症、孤立、社會隔離或自殺傾向，他們害怕在大眾面前暴露自己的「醜陋」或面對「憤怒的目光」，表達「這樣的臉怎麼敢在街上走」或「你在嚇唬我的孩子」的反應（15）。失能的身體，除了是先天的失能，背後多半有一個無奈的故事，沒有料想到，沒有抗拒的機會，無常意外就把一切沒收了，從身體的功能到各種生存條件，人生資產不僅是歸零，而是變成負債。若能從逆境再次破繭而出，綻放的生命力則是加倍奉還。

哈迪森決定接受手術後，下一步就是需有合適的捐贈者，他幸運地等到來自俄亥俄州哥倫布市的捐贈者大衛‧羅德博（David Rodebaugh）。羅德博是一名狂熱的自行車愛好者及自行車技師，

2015 年 7 月 22 日,他在騎車回公寓時,撞上一位行人而被拋飛,頭部著地。在短暫恢復意識後,他陷入了昏迷,並於 8 月 12 日被宣布腦死。羅德博的母親同意讓哈迪森使用兒子的臉,因為她兒子一直想成為一名消防員。哈迪森與他比對成功,兩天後開始進行面部移植手術。手術團隊由大約一百人組成,都是羅德里格斯親自邀請來的,成員包括整形和重建外科醫師、心臟病專家、移植免疫學家、醫學倫理學家、臨床精神病學家、臨床心理學家、護理師、麻醉師、醫療技術人員和社工人員。羅德里格斯領導的團隊詳細介紹了哈迪森手術的每一個步驟,並以電腦斷層掃描規劃手術方法,創造出適合病人的儀器。羅德里格斯花了二十六個小時移除羅德博的臉部,特別注意眼瞼。哈迪森傷痕累累的面部組織被切掉了,醫生用螺絲釘將捐贈者的臉連接到顴骨、鼻子和下巴處,將感覺神經連接到哈迪森的嘴唇,過程中,哈迪森臉部出現紅潤顏色,表示血液循環恢復。三天後他可以眨眼,一週後可以在椅子上坐起來,他的面部毛髮也開始重新生長。混身、共生、再生同時存在,見證了德勒茲及瓜達里所言的組裝生成。

手術後,哈迪森換上了新眼皮,恢復自然眨眼的能力。羅德里格斯及其團隊給哈迪森一個新的面孔、頭皮、耳朵和耳道,以及下巴、臉頰和整個鼻子的部分骨骼,他在火中失去的一切都修復完成。羅德里格斯說,手術後哈迪森的「新面孔將融合他原來的面孔和捐贈者的特徵,一般觀察者不會注意到任何奇怪的地方」(Fox News 2015)。羅德里格斯術後表示,照顧哈迪森,「心理健康是手術成功的關鍵」(Healy 2015)。在經歷多年毀容的社會災難後,新面孔帶來了一定程度的「正常」生活。過去他總是被人盯著看,現在是一個「普通」人。他回憶起被盯視的痛苦,他說,「我有孩子,那是一段艱難的時期。我從來沒有從傷病中休息過一天,只要在公

共場合出現，盯視就尾隨著我，……我沒有辦法解釋一切。當我去球場時，總需為那些看到我而尖叫著跑開的孩子做好心理準備」（Kilander 2021）。

對於哈迪森而言，雖然擁有正常的外貌，但內心感受必然是複雜的，身分認同應是最難適應及調適的部分。臉部向來代表個人主要的辨識特徵，手機選擇使用臉部辨識，代表臉是「唯一」的。哈迪森手術後則需要適應許多代表「個人特徵」的改變，除了陌生的外表外，他的年紀改變了，之前他看起來有七十歲，換上新面孔後他似乎只有二十多歲，亦即羅德博的年齡，巧合的是，那也是哈迪森受傷時的年紀。他的表情因為新的臉跟著開始改變，聲音也跟以往不同，發聲似乎來自內心深處，像表演口技一樣。移植的臉像是一張面具，但他似乎還能接受；在他的深層內在，他的身分卻變得很不穩定，如果面孔是界定一個人身分的主要特徵，那麼某種程度上，他所擁有的其實是一種虛構的身分。如同羅德里格斯醫師所言，「手術並不能解決哈迪森的所有掙扎，仍然有很多傷疤和痛苦需要處理，我們正在幫助他。我們將繼續支持他」（Healy 2015）。代表身分流動的斜槓在哈迪森身上展露無遺，身體體現的多元化也具體地呈現，人與外在輔具的銜接有無盡的可能性與可行性。對於他的孩子們而言，看似正常的面孔反而不那麼自然與真實，「正常」是看「誰」在看，孩童面對他時或許不會再尖叫逃跑，哈迪森面對自己、家人及外人，顯然有著千迴百轉的心思、反應與調適。

手術五年後，哈迪森康復情況良好，他希望向其他因毀容而苦苦掙扎的退伍軍人傳遞希望和堅持不懈的信念。哈迪森想幫助有相同經驗的患者，他說：「每天有二十二名退伍軍人自殺，有97%和我一樣面部嚴重受傷的人自殺了，我能理解並同理他們的痛苦」，「毀容者仍然可以擁有希望。我不希望他們像我多年前那樣，認為

就這樣了，或必須這樣生活下去」，他強調大家都可以改變想法及生活態度，並完成任何想做的事情（Halon 2021）。他接受福斯電台訪問時，分享他已經買了自己的房子，目前正著手寫書。值得一提的，是哈迪森與捐臉者羅德博的連結，同樣遭遇意外，羅德博沒有再來一次的機會，但羅德博想做消防員的願望卻在另一位消防員的身上實現了；事實上，哈迪森的新面孔也融合了羅德博的特徵。從生命歷程的角度觀看，失能者的生命在不幸之外，多半是獲得了再來一次的機會，哈迪森的身體故事再次證實了身體有無限的包容度，而最難調適的最後還是心態。如同羅德里格斯醫師所言，醫生能幫忙處理身體上的問題，但克服心理上的所有掙扎與創傷，還是得靠哈迪森本人的努力。失能者如何看待並面對生命的第二次機會才是生命故事的關鍵。

臉部之外，手是一般人自我認同更為重要的部分，例如指紋往往也是辨識身分的關鍵指標，而在華人看相的世界裡，手裡的紋路更說明或預告了個人的生命故事，這正說明了手的獨特性，如同臉一樣，都代表著每個人獨一無二的辨識特徵。

接受手臂移植的哈維 2 歲時感染了敗血症，為了搶救生命，醫生截斷了他的雙手和膝部以下的腿，術後他學會如何用義肢吃飯、寫字和玩電子遊戲。不幸的是，「敗血症後來又導致他器官衰竭，損害了他的腎臟，需要進行腎臟移植，他的母親帕蒂捐贈腎給他」（"Zion's Story: The Gift of Hands" 2015）。當哈維被送到費城施賴納斯兒童醫院（Shriners Hospitals for Children），醫師史考特・科津（Scott Kozin）和丹・茲洛托洛（Dan Zlotolow）建議他最好接受手部移植。哈維因此被轉介到由史考特・萊文（Scott Levin）醫師領導的費城兒童醫院手部移植專案，這是賓大醫學部的第一個雙側手部手術。

2015 年 7 月，哈維接受了有始以來第一個兒科手部移植手術，手術持續了十個半小時，由四個小組同時工作。過程中，醫師首先用鋼板和螺釘將哈維的骨骼和捐贈者的骨骼連接起來，接著進行動脈、靜脈、肌肉、肌腱、神經和皮膚的接縫（"Zion's Story: The Gift of Hands" 2015）。外科醫師班傑明・張（Benjamin Chang）指出，手術的目的是為了讓哈維的雙手恢復到能終生使用的程度。手術後，康復團隊每天花數個小時更換哈維的夾板，新的雙手影響了他的平衡，因此物理治療師要特別協助他重新學習走路。同時間，團隊除了關注新手的舒適感外，也十分關心他的心理狀態。極為幸運的是，哈維很快就適應了移植過來的手，他看著自己的手，並用它們來觸摸自己的臉。無論如何，職能治療師凱里・費里（Kerrie Ferry）指出，「這是一個持續的過程，我們還不知道未來的結果是什麼，但哈維顯然持續進展並享受他的進步」（Sarmiento 2016）。萊文醫師則強調哈維十分「獨立」，這也是團隊幫助他的原因（"First Child" 2016）。根據《今日美國》（*USA Today*）報導，術後兩年，哈維「能夠自己寫作、吃飯、上廁所和穿衣，每週還會揮動棒球棒、玩電子遊戲和操縱職能治療中的木偶」（May 2017）。福斯新聞網也特別指出，醫療團隊的成員都發現了哈維的堅毅個性，「有成功的決心」，他一共經歷了八次移植手術後排斥的苦難，儘管他還是個小孩，卻有「過人的毅力」，而他家人的支持與陪伴更是難能可貴（Alvarez 2019）。

　　哈迪森和哈維的身體必須不斷地努力適應外來的添加物件，有趣的是，縫合到他們身上的都是陌生但卻有機的活體，這些添加物與當事者形成新的生成連結，不僅跨越了原有身體的界限，顛覆了身體原來不可分開、無法替代的完整性，同時也顯示了非靜態的流動主體。在這個組裝體中，失能者的身體和移植添加物之間相互

作用,在不斷適應和調整的過程中,最終達成合作,可以進行各種日常活動,並建立起一種共生關係,失能者也從中感受到平順的控制感及自主性。失能者在使用輔具時,身體搭配不可預測的外在物件,呈現出其內在的流動性,身體與輔具組裝前、後及過程中會出現多元的、異質的、有機的、無機的、連續的或不連續的狀況,它們彼此不斷地相互影響、轉化彼此,而德勒茲—瓜達里的組裝概念特別能說明、詮釋箇中變化。

對德勒茲而言,每一個組裝都是完整的,卻又持續處於變動生成的狀態,如同根莖的生長與蔓延,沒有完成、固定的樣態,整體與部分相互間持續地生成變化,此一概念反轉或顛覆了失能是缺乏、不完整的觀點,並「提供了一個肯定、正向的視角來看待失能」(Porkertová 561)。失能身體以及經過組裝連結的身體在德勒茲的「無器官身體」與根莖觀念中找到了充分的靈感與養分,也因此「對組織和系統性結構觀念提供了顛覆性的修正思維」(Shildrick, *Dangerous Discourses* 168)。「無器官身體」概念呈現了失能身體的異質性、動態性和不穩定性,駁斥了人類身體是靜態、有機的觀點,修訂了獨立、自主主體的概念,也打破失能與非失能身體之間的固定界限。對德勒茲和瓜達里而言,失能是按照二元分立的原則展開的,也是統一健康個體的樹狀系統概念的產物,樹狀的線性發展表徵了西方思想中根深柢固的結構和組織,可預測、可控制的常與非常、能與失能,樹狀的線性觀念認為失能破壞身體的統一性與連續性,以致於成為被反對或邊緣化的他者。在二元對立的概念中,人們易傾向於一方而拒絕另一方,德勒茲和瓜達里則強調二元概念的限制與失真,以組裝及根莖概念顛覆並超越代表二元的樹狀概念,而失能身體的根莖性質逃避了常模系統規範,開闢了新路徑。德勒茲與瓜達里將根莖視為不受控制的增生例子,沒有明

確的結構和組織,根莖的生長與發展往往是隱藏的,在不知不覺中發生,一棵樹是一個完整的體現,而根莖表徵的是一個過程、一個節點,與從根開始並建立某種順序的樹不同,任何根莖線都可以與任何其他根莖線連接;它不按照線性的、二元邏輯的原理發展,而是以不可控制的、不可預測的方式衍生。「它不遵循從一到多的任何層次線,與樹的長期記憶相比,它以記憶或反記憶的形式表達自己」(Deleuze, Guattari, *A Thousand Plateaus* 31)。這些連結只是暫時的,根莖沒有開始,沒有結束,只有中間,相互穿過、相互參照、相互轉化,不斷地從樹上發芽,根莖的線條在線條之間擺動、分割它們的樹,大量地流動且不斷逃逸,但不會創建一個涉及組織性及整體的深度線性結構。

芭芭拉‧吉布森(Barbara E. Gibson)針對失能人體的組裝面向,特別強調輔具不代表失能者的依賴性,身體與輔具二者之相互連結實是一體關係。她借鑑德勒茲和瓜達里的概念,自失能、技術和環境之間的相互串聯關係角度,翻轉傳統靜態主體概念,強調主動生成、重新配置的流動主體概念。失能者連結的對象甚多,包括動物、機器或女人,這說明了傳統認知的身體整體性、自主性實則是局部且短暫的。過往無論是外加或植入式輔具皆被界定為失能者的依賴性,然而吉布森在其訪談失能者之研究中卻有不同的發現,那些充斥在醫學課程和失能理論中的觀點,總將失能者和協助他們的輔具機器、工具、人或動物之間的多元關係視為「依賴」,或是視其為協助失能者「獨立」的手段。

吉布森指出,根據親身訪談失能者的經驗,發現上述觀點其實不然,也不足以描述失能者在使用外在連結裝置時所經歷的親密關係,她以訪談對象為例,說明這些輔具與主體間並非依從關係,而是親密地連結為一體,一位使用呼吸器的受訪者表達,他長期使用

呼吸器後,「感覺我已經永遠擁有它(呼吸器)了。它就像我的一部分,它是我的一部分」,此種感受似乎與依賴的概念無關,而是一種連結關係,跨越了身體的封閉性。輔具被視為身體的一部分,感覺如同個人的一部分,如同身體延伸的一部分,有無縫接軌般的合一感,有一種「抵抗並超越其封閉身體的延伸」(Gibson 187)。這種身體的重新配置,從依賴性轉為連通性的情動,顯示出主體的意涵及形式是流動的,也是在轉變、轉化中不斷地再生成的。

　　失能者與輔具間的「相互連結性」(interconnectedness)再現了主體建構過程中的「生成」特質。德勒茲和瓜達里所提的主動生成(active becoming)的重新配置論述,重新想像(re-imagining)主體為流動與生成的(fluid and becoming)(Gibson 188)。失能者與輔具或人物所形成的連結性,凸顯了傳統主體所強調的獨立、自主性,恰恰助長了被標記為損傷的身體的邊緣化,其視失能者為依賴者亦是偏頗的概念。失能與外物的連結、聯繫性其實恰恰表達了人類成長過程中的共同經驗。使用呼吸器的男士在他的多重連結中,跳脫了個人身分的框架,參與了更廣泛的生成發展。希爾德里克指出「越界連結」的例子,一方面表徵個人透過不同的連結而有的生成時刻,另一方面則顯示這是所有人存在的一種方式,畢竟「疾病與意外事件可能且將會斷斷續續地讓我們成為失能」,吉布森凸顯了失能的「破碎」(broken)身體經驗、人類的脆弱性以及存在的流動性(vulnerability figures an existential fluidity),人體的脆弱性開啟了各種生成的可能性以及跨越多元維度的能動潛力(Shildrick, *Dangerous Discourses* 139)。吉布森強調,人們必須透過承認自己的脆弱性來欣賞和接納差異。

　　吉布森借鑑德勒茲和瓜達里的生成概念梳理了失能身體與輔具的組裝連結性,對德勒茲和瓜達里而言,「主體被重新想像為一

種持續的『生成』,既不被皮膚和器官所包裹,也不被靜態的概念和分類所限定」,而此生成或可成為不是固定或靜止的存在;它是活躍的、流動的,占據一個身分區域,但不被任何元素固定或定型,它如實地再現身分認同的變與動的歷程,生成的集合體（assemblages）可以由多元或多個身體、機器、動物、地點和無限的能量組成,而此一開放的組合系統可以被解構和重新配置,這些異質元素所組成的多重性彼此互相流動,不能被歸結或視為一種東西或事件,而是「存在於它們的交匯處」（Gibson 190）。同樣地,失能亦不應視為一個固定的類別,即便是最明顯的輪椅標誌也不足以代表此類別,失能所指涉的其實是一套流動和不斷變化的機制或狀況（Shildrick & Price, "Breaking the Boundaries of the Broken Body" 93, 433）。失能恰恰是提點人們重新思考身體界限,也重新思考相同和差異的議題,甚或是自我和他人之間的界限。失能個體在生成為他者（becoming-with-others）的過程中,身體的界限其實是模糊的（189）。吉布森據此質疑現代主義中封閉和獨立的主體概念,批判其將失能者的身分降格,致使其被邊緣化;她將依賴性重新概念化為連結性,視其為一種跨越多個維度而連結的潛力,做為擺脫自我和自主的終極目標的方式（188）。生成是一個拒絕分類的過程,所涉及的元素或組合之間總處於持續運動的狀態,它既是一種創造性的實驗狀態,也開啟了多元跨界（190）。生成歷程所顯現的特質正是德勒茲及瓜達里所提的「無器官身體」,不會被任何組織或系統結構化,更不會形成個別化的主體。布雷朵蒂也同樣地指出「身體的問題總是一個沒有身體器官的問題,因此它既是不可避免的,也是無法解決的」（Braidotti, *Nomadic Subjects* 178）。失能身軀正貼切如實地示現「無器官身體」的生成歷程,且不斷跳脫或拒斥主流社會所界定的常模樣態。希爾德里克更進一步地指出,失能與非失

能在樹的二元邏輯思維中被分立，讓人忽略身體本身生成發展中的各種異質性與流動狀態。失能賽博格透過與其他人、動物或機器建立連結，不斷地「延伸、超越了具身主體的界限」，而這些人、動物或機器自身的生成又「帶動了另外的逃逸路線」（Shildrick, *Dangerous Discourses* 165）。失能存在的主要特徵是非樹狀，不斷地逃逸、逃離「常」領土。從上述角度檢視正常或常模的觀念，失能恰恰成為顛覆單一、固定且統一的身體的最佳工具與視角。

「背向性」的視角捕捉了失能身體離「常」的非線性發展故事內容，他們的身體在與外於身體之物件連結時，過程中的點點滴滴唯有當事者能體會，面對外來者如何重新詮釋過去的經驗和記憶很重要，而如何開始與新的身體和平相處，則又是另外一場奇遇之旅。哈迪森和哈維對於來自社會大眾的各種盯視都特別敏感，多少有一種被矮化成為一個物件而非主體的無奈，但他們經過一段掙扎、反觀及自我調適後，驀然回首，回頭看清是觀看者的粗暴，而非自身有錯才受到霸凌，因此重新詮釋過去的經驗和記憶具有高度的重要性，對他們本身也兼具療癒的作用。成長後，透過重新詮釋的過程，捐棄社會所投射或建構的負面形象枷鎖，找到自信，活出自在。此一回觀不僅來自反霸凌的勇氣，同時產生了改革與抗爭的能動力，進而找到安身立命之處。同樣地，「背向性」觀點不僅可以幫助失能者看見、面對自己的不一樣，重新正向地詮釋自己的生命，也凸顯生命新視角轉向的契機。

失能者與外部環境或輔具自他之間不斷地交互作用，在科技極端發達的世代中，人類對人工智慧（artificial intelligence, AI）的依賴與日俱增，輔具、義肢或假體在模擬人體、人腦達到增能的同時，將與人體形成何種繁複的體現樣貌，將於第七章繼續探討。

【第四章】

台灣在地失能研究與失能者之生命故事[1]

　　台灣有超過百萬的失能障礙人口,但翻開文化史、文學史或藝術史的史料,卻鮮少看到他們的存在樣態或聽到他們的聲音,這顯示了失能者曖昧的存在樣態與主體定位,並揭示了文化史、文學史,乃至藝術史皆立基於能者意識形態至上之基調。目前台灣在地的失能研究已萌芽發展,在少數現有的研究論述中則多以西方理論為主。在地化的失能研究論述及其地域性的文化、政治、經濟具有不可取代的重要性,然而屬於各國在地化的失能論述及文化國情背景亦多付之闕如。以西方思維為主的失能研究論述,對於其他國家或文化環境的失能障礙情境未必全然適用,除了全球化的通用設計(universal design)外,西方失能研究引介至台灣後,仍需漫長的本土化或在地化歷程。

　　在國內,立法機關已對失能者的權益及福利建立了相關法案,對失能者被邊緣化的現象也開始有積極的建樹,然而人文學界的學者專家對此議題的研究與投入尚有開發的空間,這使得失能者在一般具影響力的文化機構及知性探索上猶不幸地落於邊陲之地。政府

---

[1] 本章部分內容乃根據筆者於 2014 發表的期刊論文 "Reclaiming Disability: Chinese Cultures' Journey from Discrimination to Reform" 以及 2021 年出版的《雨後霓虹:失能者的生命故事》修訂撰寫。

雖已立法推廣失能者的種種保護法令與福利，卻因缺乏齊整的人文論述主軸，致使大多數失能者的福利設施仍流於形式。值得省思的是，有關失能或障礙的社會、文化活動或研究多半由身心障礙的公益社團主導，其訴求重點則多在福利層面，福利措施並無法確切地復歸失能者的生命尊嚴。究其因，正是在這些推動失能者福利的社會運動中，欠缺有力的人文論述做為訴求基礎。據此，本文嘗試以台灣在地失能者的切身經驗做為思考論述的起點，探析台灣的失能文化、社會、政治與歷史，為本地及失能者建立其應有的歷史與文化論述，以期豐富文化研究的探索領域。

生命書寫「不只關心書寫而已，同時還要關心生命，避免讓生命書寫中的自我被孤立在其他眾多自我之外，在社群關係之外」（紀元文、李有成 8）。本文受限於篇幅，無法全貌呈現受訪者的生命故事記錄，僅能擷取受訪對象某一階段的心路歷程，以微觀的角度摘要整理受訪者的內在觀點、感受、生活與經驗，設法擺脫個人的單一視域，將之置入集體的關係脈絡中來審視和理解，申論他們所承載的台灣在地失能文化意涵，反映其時社會氛圍與文化底蘊及歷史意涵。換言之，他們的小故事其實也是大敘事的一個篇章，個人的記憶其實也是集體記憶的一部分，文中將個人生命敘事置於更大的社會文化脈絡中，「將個體生命與群體生命連結」，因此生命書寫「不再只是個人意識的行為，而是隱含集體意志的政治或社會過程」，並凸顯「自我與社會、記憶與歷史、個體與集體的複雜關係」（7）。此外，本文同時藉此反思：能者意識形態如何規範失能者的發言位置及存在模式？勵志文本如何成為身心失能者存在之場域？如此脈絡化的生產與複製又如何建構了失能者的主體或自我認同？本文將藉由受訪者個人深切的生命經驗，呈現與台灣文化、社會情境連結的失能者在地日常；更為重要的是，凸顯生命的韌力、

潛力與智慧,反照能者意識形態的淺碟思維。

翻開台灣身心障礙文學作品的資料庫,大家耳熟能詳的作品應屬鄭豐喜的《汪洋中的一條船》以及杏林子的散文集等作品,然近來網路發達,提供了失能者書寫平台,余秀芷等後起新秀作家開始出書分享他們的生命故事。暫且拋開文學作品的標準或定義,這類的生命故事或生命書寫卻是重要的文學素材,同時涵藏了豐富卻被壓抑的文化與社會記憶。長久以來,失能者在大眾心中被成功地深化為令人害怕或恐懼的表徵,人們透過摧毀、消滅的方式來處理他們的恐懼(Longmore 66; Barnes 93)。近代的安樂死、產前篩選以及優生學等概念,形成一種強勢生命的價值觀,凡有可能成為異常或失能的胎兒,多半遭到人工流產的命運。二次大戰期間,德國納粹以優生、進步、現代等概念,合理化大肆屠殺的作為(Mitchell and Snyder, *A World Without Bodies* 2001)。在當時納粹政府基於優生學的概念判定所有剛出生即有缺陷的新生兒是「不值得活存的生命」("life unworthy of life"),將他們烙上死亡的印記,開始展開「T4」的殲滅計畫。根據統計,當時至少有二十至三十萬具有失能癥狀的人口,經由施藥、飢餓、毒氣等方式被終結生命。七十年後,德國政府才開始為其殘暴行為做出補償,為受難者設立紀念碑,開始建構他們的生命故事以及被迫害的史實。此一紀念碑在這些受難者被遺忘的「漫漫長路」上是重要的里程碑(an important step along a "long road"),它喚醒被遺忘的安樂死受難者的史實。2014 年起,德國開始為「T4」的犧牲者舉行追悼儀式,同時還原歷史的真相。當時受難者的生命故事透過人文學者們的追蹤與訪談,也開始被重現複述。

在台灣雖然沒有所謂的大屠殺,但五〇年代小兒麻痺症(又稱脊髓灰質炎)大流行,大批的孩童過世,倖存者在沒有任何福利

及法律的保護下,有將近四、五十年如過河卒子般,跋涉於生活場域,在教育、職場及障礙環境等層面飽受身心煎熬,在一個能者意識形態至上的社會中,加上優生之適者生存以及後封建主義的概念,失能者所承受的壓迫並不遜於戰爭帶給人們的苦難。這群人的苦難經驗與記憶不應隨著時間的消逝而被略去,他們變形及異樣的身軀承載的不只是命運的烙印,更是能者意識形態之偏執妄想留下的歷史烙印。記錄台灣在地失能者生命史料的重要性,為的是不要遺忘他們,如同閻連科所言,「失記不是所有人的病症和意志特徵,而是國家管理的策略和社會制度的一種必然」,過程中,最有效的管理方式,就是透過意識形態的散播或權力的控制,例如正常的論述及能者意識形態,壓縮或邊緣化異常或非常的身軀及他們的生存空間,使其在公共場合消聲匿跡,使得一般人陷於「沉默和失記」,「割斷一切可能延續記憶的管道,當下一代一無所知後,這種強制性失記就大功告成了。歷史就可被完美地重新改寫了」(閻連科 14-15)。記錄這些「失去」或「被遺忘」的失能者的文化或生命記憶,再現他們存在的樣態,避免「一切可能延續記憶的管道」被割斷,而失能者本身的生命故事正可彌補這缺失的一角。他們以故事敘說(narrative)的觀點來訴說自己的過去與現在,在故事中,當事人整合了過去、現在,並展望未來,在建構出故事的同時,也達到個人的自我認定。在說故事的過程中,說故事的人再現了他們不為人知也可能不自覺的生命力。透過說故事,說者可以整合自己生命的美好;透過聽故事,人們也可以欣賞他人生命的美好,亦是「成人之美」的藝術。

本文以一種類似草根運動(grassroots movement)的概念再現被壓抑或隱藏的失能身／聲音,採口述歷史及質性研究的方式,訪談三個時代(五〇、八〇及九〇年代出生)的失能者故事,讓

被銷聲匿跡的失能者現身或獻聲。德希達雖然對「語音中心論」（phonocentrism）以及言談的「出席」略有微詞，但是對於失能者而言，出席、在場說話反而是貼近再現真實的管道，如此亦可避免「去歷史主義」的現象發生在一群實體存在的族群身上。失能者口述親身的生命故事亦不失為填補其在各種文獻史料「缺席」的一種方式，從敘事「假體」（narrative prosthesis）翻轉為敘事「主體」。身體的異樣或不便不應被合理化為不必出席、不必在場，靜態及孤單地被設定為其應有的存在樣態。基於生命倫理的概念，任何人都應有同等的機會，並以最自然的方式確切地存在於歷史中。在進行訪談的過程中，筆者深刻觀察到每個人的生命軌跡都不盡相同，表達的方式也各有巧妙，即便過程歷經苦難、創傷，但只要是能「觸及生命核心價值」的生命故事，皆有其雋永價值（紀元文、李有成 16）。本文透過訪談，嘗試的主軸方向有二：一為再現被遺忘的邊緣個體生命歷程；二為凸顯台灣在不同時期形塑失能者的文化與政策，從個人的自我書寫小敘事連結其時大敘事的歷史、文化底蘊及生命政治與治理。

近年來生命書寫的文類快速發展，提供了各個族群發聲的管道，尤其是弱勢族裔針對主流社會各種不同形式霸權的見證實錄。筆者自投入失能研究後也同時興起訪談、記錄失能者生命故事的念頭，當時沒有特別的目的，只覺得每位失能者身上都有著外人難解的刻骨銘心經驗，筆者想聽這些故事，也覺得他們的體驗值得被記錄。訪談對象不限於任何障礙類別，不全局限於小兒麻痺患者，而是選擇以生活及工作環境遇到的有緣者為主，如此選擇一因多數失能者在沒有信任基礎的狀況下，不見得樂意深談或分享他們的生命故事，另外這也是對失能者生活最少打擾的方式。2003 年起，筆者與學校的心理師合作，利用課餘時間開始邀請資源教室的學生分享

他們成長過程的大小事。與此同時，筆者也期待他們在安全的情境裡，透過專業人士的引導，讓他們安心地回顧過去的種種，心理上多少也能達到紓壓與自療的功效。訪談後經受訪者同意，我們再將訪談內容整理成逐字稿。此外，筆者在學務處兼任行政職期間也同時推動並成立了「身障教職員工聯誼會」，期間結識了不少朋友，之後也陸陸續續邀請了願意分享生命故事的同事、朋友接受訪談。基於個人隱私因素，文中受訪者以假名稱呼，引文資料僅提供訪談日期，此次引用的資料來自於筆者歷時十五年的訪談內容，訪談對象的出生年代為民國45年至80年間。

訪談是定性、質性研究中最常用於收集資料的方法之一，由於質性研究並非由統計或其他量化方法來獲得研究內容，其所涉及的研究範疇、方法與所考慮的面向特別多元，例如生活經驗、社會現象、文化行為、情緒和感覺脈絡等抽象情境。而當訪談應用在生命故事與書寫的質性研究時則更為幽微複雜，它沒有通則，因為每個人的生命都有其獨特性，包含特定家庭、工作及文化中的生活經驗與角色認同。

訪談過程中，筆者陸續將受訪者談話的內容分類整理，建立了一套訪談大綱，盡量收納失能者生活中可能經歷的各種事件，從個人病史、家庭關係、人際關係、親密關係或婚姻、教育權益、就業權益與職場情境、醫療設施與就醫經驗、休閒與交通、社會福利措施、無障礙設施、未來規劃等議題都涵蓋其中。在後續的訪談中，受訪者可先參考大綱，決定、構思他們願意分享的議題。訪談對象至少跨越了三個世代，從訪談內容可看出他們所屬的年代及當時台灣與失能者生活、教育、就業、福利等相關情境。受訪者口述他們的生命故事及生活與學習各方面的經驗，因著年紀與歷練不同，關注與憂心的事情也各不相同。限於篇幅，本文僅以柏柏的訪談內容

【第四章】 台灣在地失能研究與失能者之生命故事

做為生命故事基本架構，他不僅是第一個受訪者，由於年齡最大，人生閱歷多元，加上他口述的內容多半著重在早期台灣失能者社會運動的萌芽與發展，較能顯現當時台灣失能人權與福利發展的歷史圖像，其他受訪者的故事則在後續討論的相關議題中，帶入他們個別的故事經驗。[2]

柏柏是小兒麻痺患者，男性，已婚，為參與八〇年代失能社運及福利政策的推動者之一，也是第一個世代的代表人。他的故事節錄於下：

> 我一歲左右感染小兒麻痺症，那時我已在學走路了，發燒以後，媽媽覺得那只是感冒發燒，就當感冒處理，沒想到幾天後，我全身軟趴趴的，站不起來了，那時她才警覺我得了小兒麻痺。我們那個年代的小兒麻痺是世界大流行的，預防小兒麻痺的疫苗才剛剛研發出來，全台灣也還沒有足夠的疫苗，加上大家都心存僥倖，心想沒那麼倒楣啦，就沒打疫苗，當然，主要原因還是那時疫苗不普及且價昂。罹患小兒麻痺後，我不能走路，都在地上爬行，稍長後，我才去屏東基督教醫院接受矯治手術，術後開始復健。台灣當時就只有屏東基督教醫院跟台北振興復健中心專門收容小兒麻痺患者。
>
> 我從基督教醫院回來後，需要穿兩支鐵鞋、拄兩個拐杖上小學時，家裡當時做生意，父母沒有時間每天載我上、下學，在一般人眼中，學校與家裡的距離很近，我也覺得很近，可以自己走，我穿著鐵鞋上學，走兩步就滿身大汗，但是沒人載，就得自己走，我住在鐵道附近，上學沿著鐵道旁摸著牆慢慢走，一般人走不到五分鐘的距離，我大概要走半個小時到一個小時，一邊走，其他的孩子就笑我。早期都是這樣子，小孩子愛跟在旁邊看。當時父母親讓我學習獨立，也不是故意不載我，或是放棄我了。讀

---

[2] 為了保護受訪者的真實姓名與身分，本文暫不提供受訪者的基本資料，僅提供與研究議題相關的訪談內容及訪談日期。

書的年齡到了，就該去讀書。上國中時，因為學校離家比較遠，父親就去訂做四輪的腳踏車，讓我可以自己騎去上學，我的腳本來是沒有力量，後來我天天練習踩，這樣就可以自己騎腳踏車去上學，自己回來，當時還覺得蠻有樂趣的，也是一種復健。我也沒有覺得自己可憐，比較慢就比較慢呀，沒關係，反正能到目的地就好，大不了早一點出門，我就是這樣子走過來的。人家會說危險，我不覺得有什麼危險，正也因為那時候有這樣的訓練，我的腳雖然看起來沒有比別人好，但是比人家有力，如果那時候父母親每天把我載進載出，我就沒有這種訓練的機會了。後來我慢慢地長高了，鐵鞋太小，穿得蠻辛苦的，於是我把鐵鞋脫了，發現竟然有能力自己走，之後我就不穿鐵鞋了。我的腳踏車從騎四輪開始，之後變成三輪，最後我又學會調整身體的平衡，發現兩輪也都可以騎了，接著摩托車兩輪也都這樣騎上手了。

我的家人很開放，沒有特別保護我，也不會禁止我做任何事，我活潑好動，腳踏車、摩托車，什麼都學著騎，父母親也鼓勵我勇敢地去嘗試，學會對自己負責，我也希望自己盡量不讓家人擔心，所以我做什麼事情家人都很支持。我很早就學會獨立，自己的事情盡量就自己做好，自己的事情也要自己去負責，凡事都要設法解決，沒有什麼好抱怨的，我是跟自己說，你要學習做自己，不要讓父母親又多一份擔心。人家玩什麼，我就跟人家玩，我四處跑，出了家門，過了一個馬路，就到那個漫畫店去看漫畫，再不就是到鐵道邊去玩，童年的日子很單純。國小、國中都過得很自由，下課後常常就自己騎車到教會去玩、去打球，我也打球，什麼球都玩，從小我還沒有一個桌球高時就在打桌球。在我們那個年代，我能夠走出去，甚至求學，過程其實都蠻順利的，我在教會友善的社交環境成長，什麼活動都參加，旅遊也跟人家去，有時候父母親會說我真不認分，人家去爬山，我不方便也要去，我說去呀，因為那時候覺得遇到任何困難時，教會的人都會幫忙，去不了的地方，他們二話不說就把我背起來，背著我走了，就是這樣子呀，我也就很自然地融入社會生活裡。年長

後，我發現其他障礙者的社交生活好像都跟我不太一樣，他們多半被限制在家中，無法出門。

家裡有基督教信仰，我從小都在教會進出，求學過程也在教會裡，周遭環境比較友善，對我多是接納，同儕的排斥感也較少，我感恩自己出生在這樣的一個家庭裡面。在我的生命中，信仰當然是一個很大的力量，《聖經》上說人是以上帝的形象創造的，每個人都有祂的形象，如果上帝以祂的形象創造我們，那麼每個人應該都是上帝的一份子嘛，有上帝的形象，也有上帝的尊嚴，有上帝那就覺得我們也不可以放棄或看輕自己，這是自己從小的信仰，在教會裡，我也這樣被接納、呵護、照顧與關懷，沒有感覺人家會排斥我。在自己的人生，被接納是一個蠻大的力量，父母親雖然沒有讀很多的書，但也很自然地尊重跟接納我。

教會是社會的縮影，教會的接納自然而然地讓自己覺得感恩，上學時所遇到的師長也都沒有特別排斥我。從小因為跟外面有接觸，所以我很願意跟人家互動，一路走來蠻愉快。我也這樣一直投入助人的工作，就這樣的投入是很自然的，有一天剛好真的離開這個世界時，我也沒有什麼遺憾啦。

在教會裡，我遇到同樣是長老會的身障陳牧師。他對我有很深的影響，帶領我進入社運團體，開展了我的生命。我1980年大學畢業，在台北待了兩年，1982年回高雄，在那個時代能夠受到高等教育且畢業的障礙人士，寥寥無幾。我的信仰讓我了解人權的理念，決定幫助更多的身障朋友走出來，引導他們過個正常化的生活。陳博文牧師十五歲時疑似腦膜炎引發脊髓病變而不良於行，他從一個四肢正常的一般人，到拄兩支拐杖，後來坐輪椅，最終全身完全無法動彈。起初他也沒法接受自己，當了解這是無法改變的事實後，慢慢地接受自己，決定要走出去，這時他才發現原來我們的社會整個環境、設施和觀念，全都沒有辦法容納身心障礙者。這種深刻的感受及體會讓他下定決心去神學院就讀，一邊服事教會，一邊關心身心障礙者。他的碩士論文就以此為主

題,走遍全台各地去拜訪身心障礙者及組織機構等。過去在神學院裡沒有人做過這個題目,找不到相關的資訊,他一步一腳印地騎著摩托車,那時候他還可以騎四輪摩托車,跑遍全台灣各地,他越做越有負擔,感嘆在那個時候(民國六十幾年)為什麼社會上根本都看不到身心障礙者出現在公共場合。陳牧師於是決定要集合所有的身心障礙朋友,籌組一個為自己發聲的協會,我本身也是教會的一份子,因此決定去幫忙。那時台灣還沒有解嚴,我們遇到很多困難,戒嚴時期談到人權那是非常敏感的,牧師很大膽,要成立一個爭取人權的殘障者人權協會。早期政府根本不同意,而且找各種理由阻擋,認為走路不方便的、聽不到的、看不見的如何集合起來開會嘛,但陳牧師就很堅持,呼籲身心障礙者的團體出來,在他的感召下,很多身心障礙朋友都願意站出來,參與爭取障礙者權益的運動。

當時南部有陳牧師,北部有劉俠,他們都願意站出來為更多的殘障人士服務,劉俠也有切身之痛,她從一個正常的孩子到罹患類風濕關節炎,身體上受了很多折磨,她同樣是基督徒,是伊甸基金會的創辦人,她那時候也看到《殘障福利法》根本沒有用。這個社會運動在當時也引起其他的社會大眾關心,專家學者也有這樣的共識,建議我們要推動這樣的運動一定先從法令開始,有法令依據才有合法性,權利是不會憑空從天上掉下來的,一定要督促政府立法,於是陳牧師和劉俠劉姐就開始串連大家,召集全台灣所有的身心障礙社團,一起呼籲政府要強力推動《殘障福利法》。我們開始全台跑透透,終於在 1988 年 3 月成立了「中華民國殘障人協會」,這個協會是以個人為單位的,而「中華民國殘障團體聯盟」則是以團體為單位的,進行社會運動時,需要整合所有障礙團體,以團體來連結,力量會更大。經過大家的協商與努力,最後訂在 1989 年 4 月進行有史以來的第一次運動,讓所有的殘障者通通一次大集合,進行請願的動作。[3]

---

[3] 在訪談中,不少受訪者還是以早期使用的「殘障人士」稱呼失能者,本文決定保留他們使用的詞彙。

1989 年 4 月我們在立法院進行有史以來、最大的一次也是第一次的身心障礙者覺醒運動,出來爭取自己的權利,那一次連植物人都被扛出來了,植物人協會集合所有同類障別的家長及身心障礙者本人。政府被那麼多身心障礙者出來嚇到了,一個弱勢族群用這樣子來爭取自己的權利,對國家是很難看的,從此立法院有些委員也開始去注重這方面的法案了。那年我們正式籌組《殘障福利法》的修法促進委員會,隔年 1 月就正式修訂,那時候還是叫《殘障福利法》,但是第一次開會就修訂了所謂的無障礙環境的處罰跟就業保障。公家機關雇用人數有五十個人以上,就要同時聘雇一個障礙者,私人單位則是一百人中就要有一個。

當時政府統計國內的就業失業率才百分之五點多,你知道政府怎麼統計的嗎?他是把殘障人口排除以後,再把一般的可就業人口計算在失業率,不把這八十幾萬的殘障人口算在裡面,代表這些人本來就沒有能力就業,這很不公平。《身心障礙保護法》裡面又有一條,只要你有能力就業的,政府就要安排他能夠去就業,那誰來判定他有能力沒能力?這個就有一點歧視在裡面,難道一個躺在床上的人就代表他沒有能力嗎?像物理學博士霍金完全不能動,他在台灣就變成沒有能力了呀。陳牧師坐在輪椅上,所有的動作都是要他太太幫他的,完全需要人家照顧,但是他頭腦很靈光呀,你說他不能就業,他卻致力推動身心障礙權益與關懷。在我們的社會裡面,包括你和我應該都被算在不適於就業的人口內。這次修法終於合理地將障礙者的工作權益做了些許的保障。從《殘障福利法》訂定到修訂,中間就隔了十幾年。過程中因為沒有很多時間討論,也不曉得如何定一個比較完整的法,當時大家要求的就是希望建構一個無障礙環境,第二個就是要保障身心障礙者就業,這兩個是最基本的。當時我們也要求政府的預算要提高,從我們那次運動以後,每一年政府預算就大幅度提升,從兩、三千萬到一、兩億,甚至最多到三、四十億了,十年間成長很快呀。我們也要求政府要做身心障礙人口調查,殘障手冊是從 71 年才開始發出的。1982 年第一次全國接受身心障礙人口鑑

定,僅有十萬人左右,非常低的,但是之後每一年殘障人口比例都持續增加,每年至少百分之二、三十在增加,目前已超過一百一十五萬,從民國71年到現在,人口大幅成長,當時福利沒有那麼好,很多人還不願意拿手冊,如果家裡經濟還過得去就不去申請,或是有的自尊心比較高的覺得拿殘障手冊好像就低人一等,要被優待、被可憐,知識份子就不太願意申請。

陳牧師當國代期間,每年在國代休會期間我們都會一起把在服務中碰到的所有問題分類,然後再去找個別負責的公部門討論解決方案,幾乎所有的部會都跑過,我們特別重視障礙者的受教權。在過去,教育體制根本無法接納障礙者,包括劉俠本身連小學都沒有畢業,若要這些人去跟那些大學畢業的一起高、普考,不可能嘛,因此這才開始有為身心障礙者舉辦的殘障特考,第一次的殘障特考就在1996年開始辦。我們身心障礙團體發揮很強大的監督力量,我們盡量去監督,政府若沒有盡到監督之責,我們就會帶領很多身心障礙者去那邊抗議,法令已經蠻完備了,接下來就是民間團體的監督了。《殘障福利法》後來有修改過幾次,第二次修改重點是把慢性精神病患也納入殘障者的範圍,早期並未納入,第三次修改則是限定只有盲人才可以從事按摩工作。

在台灣所有的社會運動中,殘障的社會運動算是很有規模的,而且也是相當成功的一個社運。在台灣剛剛解除戒嚴後,為弱勢團體爭取人權的歷程頗具意義。現在每年的12月3日是國際殘障日,這是聯合國制訂的,1982年到1993年叫作聯合國國際殘障人士十年,他們規劃用十年的時間,呼籲各國注重身心障礙者的人權。歐洲也在那個時候訂定歐洲的身心障礙十年,歐洲做得很徹底,他們甚至都到議會裡去訂定很多保障或是維護身心障礙人權的法令。

從1990年開始,我連續十幾年去很多歐洲國家觀摩學習,大開眼界,親眼目睹重視人權的國家如何協助身心障礙者參與社會,

我們看到都太感動了。在美國，視障、聽障者都有屬於他們的學校，也培養了很多人才，做律師、做翻譯、當教授所在多有。即便障礙情況非常嚴重，也無礙他一個人過獨立生活，出來開會時，帶著尿袋或氧氣筒到處跑，我看到聯合國的高級專員也有身心障礙者，看了很感慨，覺得這樣子才像一個真正的人嘛。

這期間我去了三十多個不同的國家，歐美、亞洲、非洲、澳洲都去過，我特別注意到在歐洲那是一個人人平等的環境，擁有基本人權，覺得很感慨，回來後看看台灣的環境怎麼差人家這麼多。我也發現歐美開發國家看待障礙者的角度跟我們不同，感覺他們比較尊重障礙者，譬如說一個坐輪椅的人進來，或一個盲人進來，他們的觀看角度是這個人除了行動不方便或眼睛看不到以外，還同時會看到這個人的優點，例如體格這麼好、他的能力及專長很強。但是在我們的民族性，看到這樣的人多半的反應會覺得，可惜啊，這個人要是沒有缺陷該有多好。我們看到的多半是那個「缺」的部分，就這樣一句話否定了一個人，這是我感覺到差異最大的地方。

此外，國外的人會用科技去幫助殘障者，設法解決他們的問題，讓這個人可以發揮更大的能量，看到坐輪椅的人，就想他如何可以跟我們走路的人一樣方便，他們就是往這方面去想，那我們的觀點是不能走路，沒效（台語）了，兩隻眼睛看不到，沒效了，你再厲害也沒用，坐輪椅，再怎麼厲害也沒用，這是一個感覺上的差別。人家的人性科技發展是要去補足他沒有的部分，我們是拖下水，會挫敗人，覺得你生成這樣，不會走路呀，你出來做什麼，身上有缺陷，最好都不要出來。陳牧師外出時就有這樣的經驗，計程車載到這樣的客人都心不甘情不願，總說你坐輪椅不方便，出來做什麼，你就在家給人伺候就好了，聽了就很不是滋味呀，把你當作植物人或廢人。這當中的差別應該是不同文明對生命的體認也不一樣吧，物理學博士霍金就是因為電腦科技的發明、發達，讓他可以活得很充實。國外很早就發明讓聾人跟盲人

> 可以溝通的工具,他們本來是兩個完全分開的個體,但是人家會想盡辦法讓這兩個族群的人有機會接觸,他們就真的去研究開發那樣的設備,不會去想說,這研究出來會有用嗎,沒有幾個人會買呀,也沒人客(台語)呀。我們的社會只會想這樣的投資與發明沒有經濟效益,卻沒有看到這個人當他有輔具時可以發揮更大的功能。(引自2003年6月26日訪談)

柏柏的故事反映了台灣早期的兩個重大事件,一是五〇年代起在台灣大流行的小兒麻痺症,二是台灣在九〇年代開啟的失能人權運動,以及福利政策重要轉折點。五〇年代到六〇年代間,小兒麻痺症在台灣傳染蔓延。它是一種致命的傳染病,曾在全球流行,是公共衛生的一個大敵,也是最令人恐懼的疾病之一,它在地球上存在的歷史久遠,亦曾在十九世紀時於歐洲和美國大流行,在當時,抑制此病毒的疫苗尚未出現。在台灣,大部分的失能人口源自於五〇年代到六〇年代期間流行的小兒麻痺病症。目前這群人的年齡層大約在五十五歲至六十五歲之間。那段期間的患病者若非死亡便是身障,而倖存者被迫面對的困境尤為不堪。由於多數患者皆為幼童,家長在毫無社會資源的狀況下,除了必須張羅大筆醫療費,帶孩子四處求醫,他們還必須承擔全部的教育工作,協助孩子成長,造成無數的個人及家庭悲劇;當然,亦是歷史上的悲劇。除了柏柏外,訪談的對象中,圓圓、娟娟等人也分享了罹病的過程,起先他們的家長都以為他們發燒是普通的感冒,病後有很長一段的掙扎病史。娟娟說:

> 我小時候父母親很早就離異,由外婆照顧我,生病後,她背我去看病。一直到八歲,我才開始學會走路,上小學時,那段日子比較難過,男孩子愛惡作劇,總是欺負我,我很怕人家丟球,因為我只要輕輕地被球碰到就跌倒,跌倒後我沒有能力自己站起來,躺在地上四腳朝天,要等經過的路人扶我起來。下課的時候,同

【第四章】 台灣在地失能研究與失能者之生命故事　141

學也會欺負我,多半要等鄰居同學的媽媽經過,看到我跌坐在地上再抱起來,那段日子的確很辛苦。(引自2003年6月30日訪談)

圓圓也有類似的經驗,她說:

> 我三歲時得病,長大後,對於童年的記憶幾乎都遺忘了,一直到開始學走路後,我才有比較清晰的記憶。小學依稀能記起的就是被同學欺負的經驗。我國中二年級才開始學走路,在那之前上、下學都靠家人背或抱,到了教室後只能坐在椅子上,因為無法行動,連洗手間都無法去,一直坐到放學時才回家。小學時若家人稍稍延遲來接我,隔壁班的小朋友就會過來欺負我,搶我的東西。上國中後,我覺得不能再讓家人背著或抱著,父母幫我安排開刀矯正變形的雙腿,訂了鐵鞋肢架,一整套的重量超過十公斤,每天一大清早就慢慢地走去學校,不到十分鐘的路程,總要花近一個小時才能走到。
>
> 如何站起來一直是我最大的挑戰,原本以為國中手術後就可以解決大部分的問題,沒想到大學時又經歷兩次脊椎手術,兩整年上半身都打著石膏,對於期待邁入社會的我,那兩年的歲月好比活在死蔭的幽谷,身體結構完全被打亂,原本的鐵鞋也不能再穿,整套輔具要重新製作,設法再站起來走路。六年後身體已變形到無法穿上鐵鞋,徹底結束了站立的人生。(引自2003年3月30日訪談)

小兒麻痺症直到八○年代中期才被有效控制,不再產生新的病例(張淑卿,〈小兒麻痺症史〉)。小兒麻痺症爆發的高峰期間,台灣每年約有四百至七百名兒童受害,即每兩百五十名兒童中就有一名兒童被感染,其中約有百分之五十的感染者因未接種小兒麻痺疫苗而死亡。倖存下來的感染者患有不同類型的癱瘓,通常涉及腿部,失去行走能力,靠輪椅、拐杖、腿部支架、呼吸器或鐵肺維生。在醫療及復健尚不普遍的五○年代,患童的家長多半因得不到

資助而陷於束手無策的情境。在台灣，對小兒麻痺患者的關注始於教會醫院，許多來自國外的宗教人士，透過不同的慈善機構協助收容患者，他們透過外國教會體系取得疫苗，建立復健中心，提供復健及相關醫療及就學服務。此外，在台灣則由蔣宋美齡設立以復健為主的振興復健醫學中心，提供手術、復健與輔助等多方面的協助，成為國內小兒麻痺患者的主要復健園地。同時間，國外傳教士來台創立的教會醫療院所也紛紛設立收容單位，較具代表性的如屏東基督教醫院，醫院同時附設小兒麻痺兒童之家與支架工廠，照顧病童生活並提供回歸社會的輔導工作（張淑卿 139）；嘉義基督教醫院則由美國福音信義會派來馬西・勒羅伊・戴德森（Marcy Leroy Ditmanson）醫師，籌劃設立「小兒麻痺之家」（Polio Home）；台灣中部地區重要的收容機構還有埔里基督教醫院，由謝緯醫師及牧師娘孫理蓮兩人募資興建。台灣戰後的許多小兒麻痺患者都是透過國外醫療宣教士醫治，而小兒麻痺患者的需求也成為台灣復健醫學的重要推手（張淑卿 143, 146）。

《身心障礙者保護法》通過前，在那保守的社會裡，讓身心障礙的孩童受教育是件非常困難的事，遑論進入職場就業。學校的教育設施，無論是軟體或硬體，從未曾為這些孩童設想，許多家長也因此選擇放棄讓孩子就學，造成當時有許多障礙孩童未受教育。娟娟和圓圓在訪談中都提到，她們上學時在自己的學校很少看到罹患小兒麻痺症的同學，顯然那時有很多患病後的小孩都沒去上學。言及台灣校園的無障礙設施，柏柏說：「我們的日常被磨練得很辛苦，學校沒有電梯，樓梯就爬得慢，你就慢慢爬，有的還根本沒有辦法用廁所。這是切身之痛，在台灣求學的時候根本沒有無障礙廁所可用」（引自 2003 年 6 月 26 日訪談）。圓圓在訪談中，特別分享了她整個人生都在跟不友善的環境奮戰：

【第四章】　台灣在地失能研究與失能者之生命故事

我國中二年級時每天身上扛著十公斤以上的鐵鞋肢架走路上學，先是走一個小時的路，我的教室在四樓，走到學校後繼續用拐杖撐著，一步一步地挪到四樓教室，放學時，再反方向操作流程，整個國中的記憶就是穿著沉重的鐵鞋肢架走路，然後爬樓梯。那時一個貧困的年代，沒有汽車可搭乘，一切都要靠個人想辦法突破。

求學期間最大的煩惱就是這學期上課的地點是否會安排在樓上，上大學前，我在高雄上學，家人多少能協助克服不友善的環境。隻身北上讀書後，大學的環境更不友善，宿舍的結構以及衛浴空間完全不合適。教室更是隨著不同的課程而變換，教室前的幾個台階對我有如天梯，沒有扶手，就是動彈不得，必須等待路過的同學當柱子讓我施力，才能抬起鐵鞋邁上階梯。教室安排在樓上時則是另外一種辛苦，樓梯都沒有可使用的扶手，必須完全撐開手掌扶著樓梯的邊牆一階一階地慢慢往上爬，碰到下雨天，樓梯濕滑，完全沒有阻力，我每上下一階樓梯都感覺是在玩命，一個不留神就會跌落下來。學校的廁所、浴室沒有一間輪椅進得去。

念研究所時，換了另外一所大學，情況依舊。由於自己已年長，想到與其我個人每天承擔那麼多的辛苦，或許可以請學校做一些空間的改善，例如在階梯旁安裝個扶手，於是我提筆寫信給當時的校長，請求校方做些簡單的改善，結果是石沉大海，沒有獲得任何回應。

在確認台灣沒有我容身之地後，我抱著置之死地而後生的心情出國念書，這回算是人生轉運的起點，到了學校，從居住到交通，完全通行無阻，上下學有改裝過的巴士接送，學校的無障礙設施方面做得細膩到令我感動，每個環境都設想周到，浴室及廁所完全經過特別的規劃，連衣櫥放衣服的高度都有貼心的設計，廚房裡的流理台也改裝過，餐廳前有五、六個台階，這麼短的高度，學校也設計了一個升降梯，通行無礙是我最大的感受，覺得這輩子終於活得像人一樣，這是我人生的第一次獨行冒險，但不虛此

行。(引自 2003 年 3 月 30 日訪談)

相對於西方社會，台灣早期的失能者家庭鮮少有人站出來倡議家中失能者的權益，或要求政府提供適當的協助。事實上，即使有些人願意走出來訴願，在執行上也幾乎無此可能，因為交通不便，失能者多半無法進入公共場所，例如學校或公務建築。在八〇年代以前，失能者上學、接受教育或工作，處處皆缺乏無障礙環境；另外，由於社會資源有限，輪椅對失能者而言並不普及，也不容易取得，大多數失能者的家庭也無力購買。因此，失能者的生活處境或被隔離在家中，或被送往專門為障礙人士設立的機構。不幸的是，在上個世紀五〇年代至八〇年代期間，台灣社會、教育機構和政府完全忽視了這群為數頗眾的失能者，他們的生活、就學或就業等需求自然極端地被邊緣對待。當時社會資源的匱乏，可從訪談對象柏柏的口述資料中一窺究竟，這段期間可以定義為台灣失能歷史上的黑暗期。

對於失能者而言，在成長過程中最具挑戰的障礙來自於不友善的環境。早年社運團體努力的重點就在如何讓所有失能孩童接受國民教育，讓他們有機會可以走出家門，柏柏強調，無論如何我們應該設法讓這些不方便的孩子跟一般孩子一樣，有同等的機會就學，雖然這個難度還是挺高的：

> 當我們為障礙者爭取就學權益時，覺得最難面對的卻是教育單位，因為教育單位都很封閉，學校重視的就是考試、成績，特教老師的程度也參差不齊，早期的特教老師都只是把特教當跳板，早年我們的教育制度是把資優生跟特殊孩子的經費歸為一類，所以很多資源都是用在資優，資源被資優占掉了，而那些需要特殊教材、特殊照顧的孩子，反而很多都被忽略掉。事實上，最優秀的老師應該去帶這些特殊的孩子才是，因為他們沒有特教的教

材,而每一個孩子狀況都不一樣,要去好好地設計個別化的教育方案才對。在國外,這樣的孩子都是個別化的一對一教育,我們要推殘障者的個別化教育計畫,老師必須每天認真地觀察這個孩子的進展,然後做記錄,但老師都覺得非常困難,因爲要記錄的東西很多。教育是蠻重要的一環,這些孩子如果沒有以個別化教育的理念好好地栽培,去發掘他們的能力,包括該做什麼復健,或是哪一方面能力比較強,往往就被放棄了,加上現在很多孩子都是隔代教養,文化資訊太少,刺激不足,沒人跟孩子說話,他的發展一定比較遲緩,父母親早發現,就可以早送出來,若一直處在沒有適當引導的情況下,這些孩子最後就真的變成永久的障礙了。花在一個特殊孩子身上的教育經費比一般的孩子多個三、四倍,教育單位就不做了,但是今天他們還小,不投資,將來可能要花十倍、二十倍的費用,我們很悲哀的是,經費不用在預防上,到最後花的錢都是救濟或補貼。錢花了到底有沒有用,其實沒有。有時不是沒有錢,而是我們根本很少做一個比較完整的規劃,好好地運用這些錢去讓障礙者發揮最大的潛能。(引自2003年6月26日訪談)

筆者在〈再探健全至上主義:身體與空間的思辯〉一文曾提及切身經驗:

> 1990年以前,幾乎所有的學校都沒有一間輪椅可及的廁所,學校似乎從未想過會有身障人士出現在校園中。台灣在五〇、六〇年代時,小兒麻痺症流行,許多人喪生,活存下來的人若要到學校接受教育,只能自求多福,設法克服困難,在缺乏可及性的空間忍耐度過,若要上學,首先要學會的技能之一就是禁水禁尿,因爲校園沒有一間廁所是可及的,這種無心或不人道的空間規劃,對於就學的身障者無異是一種嚴刑峻罰,這是一般人難以想像的情境。

值得一提的是,在1990年之前的台灣高等學府中,至少有一半

以上的科系不允許身障生報考。顯而易見，從政策到建築物，健全至上的思維滲透進生活中的每一個角落，即便訴求接納「所有人」的教育體制與機構也首當其衝地為其作嫁。（460-61）

　　台灣的校園空間可謂為最顯見的能者意識形態配置場域，公共空間的設計本應以「社會中最有需求者」為參考主體，設計建築物的大門如果能以輪椅可進出的寬度為主，那麼其他人自然可使用並方便進出；但如果在設計公共環境時，設定的使用對象是所謂的「健全」大眾，那麼為了讓失能者可以使用，就必須另行改裝。在學校教學的環境中，講桌、講台、舞台等都是根據健全至上意識形態所規劃的，這種空間讓失能者覺得自己的存在如同畸零主體，同在一個空間中，有時有存在感，有時卻無，被切割的不連續空間感，毫不妥協地切割了主體的完整性。圓圓也提到在一個全以能者意識形態為主規劃出的空間，讓她體認到，即便自身的知識能力與學術成就再高，面對社會不友善的環境與態度，所謂的獨立、自主、平等的理念，對她而言只是個抽象、空洞的口號。近年來台灣社會大眾對失能者的態度有所改善，但對失能者的歧視觀念仍然存在，其中宗教觀念對失能者的影響是深遠的，它無形卻深具作用力，加以具象的盯視目光，即便在今日，它仍然束縛著許多失能者，形成他們沉重的心理負擔。台灣的道教、佛教寺廟尤多，但多半是輪椅使用者無法進入的。這種偏見也深植在建築的概念中，處處可見的階梯彷彿在說明廟宇隔絕了欲往的失能者。

　　訪談中，受訪者在談及社會資源及救助部分時，他們共同指出，早期的救助資源多半來自國外傳教士，慈善機構大都是天主教或基督教的傳教人員所設。柏柏及圓圓都分享了外國傳教士對他們的幫助，也都不喜歡本國的宗教，因為總是被指責他們業障太深，不似基督教所說：上帝或天主最愛他們，教堂可以直接進入，而寺

廟都有層層階梯,難以進入。這是他們無意中分享的內容,但對於政府及宗教團體而言,卻有極大的參考價值。的確,在台灣,《殘障福利法》制定之前,失能者鮮少得到政府或宗教團體的任何幫助,除了蔣宋美齡後來設立的振興復健中心外,幾乎所有可能的幫助都是由國外天主教或基督教傳教士們提供,他們來台傳教兼行慈善,提供弱勢孩童應有的生活與醫療協助,也因此許多失能者後來都接受了基督教信仰,因為他們覺得自己被基督教的上帝接納和歡迎。外國傳教士的真誠尤勝於本土宗教人士及同胞,他們的關愛不具壓力,更不會讓失能者有蒙受恩惠之感。綜上所述,如何接納並合理地對待失能者,實是台灣政府、主流文化及教育工作者亟待著力完善的一大課題。此一現象不涉及探討基督教或佛道教的差異或批判,所要凸顯的是,在公共空間的人權觀念以及態度問題,與其說是宗教差異,不如說是文化、民族性或人民素養的差異,筆者相信,所有的宗教都強調對世人的愛,只是當信仰落實在現實時會出現人性的問題,是以善為核心價值,或以惡為能,值得更深的省思,能者意識形態無孔不入地滲透,就是一種以惡為能地阻擋人性提升、文明淨化與進化的扭曲思維。

除了建築問題,交通也是另外一個阻礙失能者出門的障礙。柏柏針對交通工具部分特別有感,他談到國內的困境,也分享了國外的友善交通工具,他說:

> 殘障人士常被議論在國內搭乘交通工具半價,半價有什麼用?走不出去又如何享受?舉個例子,高雄市公車有哪一輛是可以坐的?[4] 一般公車有哪一輛是可以搭的?市府僅是買了幾輛富康巴士,只能在高雄市內跑,要用的時候打電話去預約,你說方便好

---

[4] 訪談時間為 2003 年,目前高雄市已有小部分公車改裝為低底盤公車,可供輪椅乘客搭乘。

用嗎?車輛少,加上路線有限,提供服務自然也有限。我到國外去時,大部分的公車身心障礙者都可以自己坐呀,公車到站時,伸出階梯到安全島上,然後它可以升降,讓輪椅上去,我們都看過,也都實際用過。但是高雄市公車就不行啊,另外買中小型巴士去改裝,使用前要先預約,有的司機態度又不好,出趟門多難啊,別人當我們要特權,享受福利,我們寧可不要啊,政府在各方面把該做的做好,我們使用公共空間的機會跟人家一樣時,我們需要什麼福利?給福利反而造成很多壞的印象,我們也希望活得很有尊嚴。殘障者享用的只是一點點補償,但一般人就覺得我們都有特權。我們希望回歸到一般化,讓大家都平等地享有就學、就業、就醫、就養的機會。(引自2003年6月27日訪談)

八〇年代開始,失能者的人權意識覺醒,開始想方設法讓政府及社會大眾聽到他們的聲音和需求,而家長們終於覺醒,為了自己孩子的權益,必須採取行動,走上街頭,進行各種請願和抗議。無障礙環境是啟動台灣設立《殘障福利法》最大的緣由,政府於1980年開始規範制定《殘障福利法》,以保障失能者的合法權益,提供平等的教育和就業機會。當年《殘障福利法》制定時有部分原因是為了呼應聯合國所宣布的國際殘障年。政府當時立法規定,所有的公家建築或公共建築物五年內都要改為無障礙環境,然而此法規當時窒礙難行,柏柏分析其中的問題:

政府當局匆忙制定法則,當時的法令沒有罰則,儘管限定了公共場所及教育單位五年內改善無障礙環境,但是我們這些身心障礙團體都熟知,法令定了,不可能就自己落實,一定要有人去監督,我們的團體就開始執行監督的工作,結果一年、兩年、三年根本都沒有人在執行,法規規定了無障礙環境,但是到底什麼樣叫無障礙環境,也沒有人知道,要怎麼做也不知道,政府只是定法令要罰,但也不知道要怎麼罰。政府規定,五年內公共場合的建物若沒有改成無障礙環境,就要吊銷使用執照。有趣的是,那

時候好多建築物根本就沒有什麼使用執照，等到最後期限要到了，還是沒有改善，障礙團體只好又開始活動了。（引自 2003年 6 月 27 日訪談）

針對台灣身心障礙福利政策與法案之歷史進程與變革，周月清及朱貽莊將其發展分成三個主要階段，分別是 1980 年、1997 年，以及 2007 年。台灣於 1980 年設立《殘障福利法》，開始有福利法的雛形，「在 1980 年之前，障礙者在台灣社會被視為是一種『疾病』，不僅以『殘』且以『廢』視之，與老、貧、病、孤、獨皆畫為等號，做為被救濟對象」（周月清 5-6）。當時的法案立意良善，但是其名稱及意涵仍然充滿歧視與憐憫的概念。1997 年《身心障礙者保護法》則是較為完善具體的法案，在這之前，其間經歷了三次修正，2007 年該法案名稱修正為《身心障礙者權益保障法》。法條的修正或修訂，必然反映了當下時空的社會文化或意識形態，1980 年使用的「殘障」詞彙，直到 1997 年的《身心障礙者保護法》改為「障礙」一詞，近來有部分法規已將「殘障」改為「失能」。這些歧視性的名稱或標籤代表了一種集體觀點，更鑲嵌了主流社會的能者意識形態。

若以 1997 年做為障礙法案的分水嶺，這意謂著年紀較輕的失能者的成長環境已開始改善，失能者的人權意識也開始萌芽。年齡五十歲以上的失能者，他們屬於經歷台灣在五〇及六〇年代小兒麻痺流行的倖存者，在其生命前四十年的生活多半處在無人聞問的社會裡，可謂備極艱辛。

受訪者在分享他們的個別生命經歷時，同時表達了除了身體本身所受的苦痛外，外在環境因素往往是造成失能者加倍痛苦的原因。外在因素可分兩個層面探討，一是硬體環境障礙，例如無障礙環境及交通障礙；二是軟體價值觀的傷害，例如因後天因素致使失

能者經歷從有到無的過程，失去原本具有的身體功能或能力；心理調適及營生的難題、生活上許多層面需要依賴家人或朋友而導致缺乏隱私；就醫復健中的歧視，畏懼同學或社會中他人的眼光；此外，維持兩性感情的考驗、結交異性與建立親密關係的挑戰、邁入婚姻的困難，而年老及未來的照顧問題也是受訪者潛在的憂慮。

在受訪對象中，異樣眼光或被盯視幾乎是每個人都提到的困擾，並指出，相對於身體的不便與損傷，異樣眼光更難以承受，且無法規避，它是一件最銳利的武器，刺傷了所有身障者。他們都提到身體的障礙或傷痛是可忍之苦，走出家門所面對的異樣眼光才是令他們難堪的煎熬。受訪中，曄曄及莉莉兩人在外形上較為與眾不同，他們對於外人的盯視也特別敏感。曄曄說：

> 我大概是四、五歲的時候，第一次意識到自己的身體跟別人不一樣，那時我靠一張小板凳移動身體，我發現鄰居的小孩都會走路，為什麼我要靠那張小板凳移動？那時候我的腳是彎曲的，腳盤、腳踝整個往內側彎曲，六歲去開刀，先開手，然後七歲時開腳，把整個腳盤、腳踝矯正過來，七歲多可以開始走路，八歲才入學。上學時，小一時同學都會嘲笑我，身體的不同容易適應，但是別人的異樣眼光才是障礙。
>
> 當時一般人都難以接受家中有像我這樣的小孩，我曾聽到鄰居跟媽媽說養我會很辛苦，建議她把我送人，還好媽媽覺得生都生了，有義務跟責任把我養大，媽媽就一直照顧我。不過，比較遺憾的就是，我們之間比較沒有那種心理上的溝通，他們上一代也不知道該怎麼跟孩子溝通。
>
> 當時在學校，連老師都不看好我，認為身體不便就是頭腦不好。我求學時一直是在普通班就讀，一路走來也都十分能夠融入正常的團體生活。但在小四那一年，老師常問我要不要去啓智學校，當時我還很天真地說好，等到國中時我才了解什麼是啓智學校，

實際上我的成績一直是名列前茅,並不需要去念啟智學校,因此我覺得那位老師很奇怪,或許是一般人很容易將身障生與智力障礙聯想在一起吧!(引自 2003 年 6 月 30 日訪談)

莉莉對於別人的眼光特別在意,她左腳萎縮,雖然無法自如跑跳,但可以自行行走,她很討厭人家一直盯著看她走路,她說:

自有記憶以來,自己的腳就是如此,只是小時候兩隻腳的差異並不明顯,我和一般的小孩子一樣能跑能跳,也能騎那種小台的腳踏車。國小時,父母只要一聽到哪裡可以矯正腳,雖然當時家裡沒有車,但父母就帶著我坐火車到處求醫,再遠的地方都會去。慢慢長大之後,由於兩腳的發展速度不同,對於某些活動逐漸感到吃力,我開始意識到自己的腳確實帶來許多不方便,這才讓我慢慢產生抗拒的心理。尤其到了國中時期,平常走路倒不會覺得有什麼差別,但特別是在爬樓梯時,自己必須靠著扶手才能上樓梯,那時我多麼希望這是一場夢,醒來後我就是好好的。

我記得念幼稚園時,曾因為腳的問題而無法和一般小朋友一起上台跳舞表演,那次的經驗對我的心靈造成不小的衝擊。中學時期上體育課時大家要跑操場,而我只能在後面慢慢地走,當時我其實很不喜歡那種落後的感覺,可是自己又沒有辦法。從起初對命運的埋怨到逐漸地釋懷接受,那是一段辛苦的過程。

面對自己的肢體障礙,我最害怕的是走在路上被別人的眼光一直瞧,不論他們的眼光代表什麼意涵,可能是憐憫、惋惜或是好奇,但帶給我的都是一種極不舒服的感覺。在我走路的時候都會有小孩或是比較老的人坐在那邊,然後就一直盯著看我走路,我很想去忽略那種眼光,可是實在是沒有什麼辦法,因為那就是……可以感受到的是,他們一直盯著我看。有時候真的很不舒服,眼光就會去看一下,我怕他們的眼光,如果說路邊有坐人的時候,我蠻害怕去走那一條路,即便現在也還是一樣。

因此，我曾經想過如果是自己的手有問題，而不是腳有問題，那麼走在路上是否可以比較容易掩飾，或者不那麼明顯，儘管我知道手的問題也會帶來其他的不方便。

我對於自己的肢體障礙並非能完全坦然接受，除了要面對別人的眼光之外，對於在課堂上只要談起關於小兒麻痺或殘障等相關內容時，我總是會覺得有些彆扭不自在，或者在學校如果聽到有人在模仿自己走路時，我也會覺得相當難過。這一路走來可說是跌跌撞撞，因為我真的時常跌倒，而跌倒對我而言是一件很丟臉的事情，尤其在參加一些活動時，我心中總會帶著些許不安，擔心在行動或玩遊戲的過程中會發生一些令自己感到丟臉的事情，或者是因為別人擔心我的行動不便而主動提出我不能參與某種活動時，心中也不免會產生失落和難過的感覺。（引自 2003 年 12 月 12 日訪談）

為此，莉莉一直努力想要和別人一樣，甚至做得比別人更好！除了曄曄及莉莉外，君君上研究所時，因為車禍導致下半身失能，她之前正常、健康，正值青春貌美的人生被顛覆，車禍後經過漫長的復健過程，她開始穿肢架學走路，再回到學校後，面對外在的盯視與改變的自我感覺，壓力特別多，困擾了她很長一段時間。她說：

回來學校的時候我會害怕，特別怕別人的眼光，回來的第一天我把自己關在宿舍裡面，不敢看別人，覺得自己很異類，當時也還無法坐輪椅在校園裡到處跑，行動上受限制，媽媽跟在身旁照顧我，我很不習慣多一個人來陪我上課，而且這個人是媽媽，這種好像只有國小的時候才有的現象。我現在是坐輪椅，甚至我可能是穿著鐵鞋，覺得大家的眼光都朝我看，他們或許是無意的，但我總覺得他們可能在看我，覺得我很奇怪，走路的姿勢很醜，我就開始想很多很多，最後就告訴自己，不要出宿舍。

掙扎了一段日子後，我想克服自己的心理障礙，決定去人很多的體育館前走，看看我能承受多少，否則永遠走不出去那一步，所以我告訴我自己，別人要看就讓他們看吧，等到我受不了了，我就跟我媽說：「媽，我們回去。」克服過這個階段後，我就毫無顧忌了，我曾經穿背架去逛百貨公司，那時候也不知道哪來的勇氣，我就真的去逛，還逛得很開心喔，大家眼睛都一直拚命看我，小朋友也一直看我，有的還會怕我。後來我開始坐輪椅，反而會在意別人看我，不解他們為什麼要一直朝我看，我哪裡奇怪嗎？只是坐個輪椅而已，但是事後想一想，或許他們會覺得好可惜喔，妳人好像也長得蠻高的，為什麼會坐輪椅呢？

有一次，穿著鐵鞋跟同學一起用餐，我突然跟同學講了一句話：「我發現我好像長高了。」平常都是坐輪椅，大家都比我高，我覺得大家都是巨人，但是一旦我站起來以後，發現我變成是別人的巨人了，我覺得好高興，真的很高興，尤其是站在同學面前，是站著跟他們交談，而不是坐著，這就是我渴望的，當然，人的慾望不僅止於此，我希望下次不只是站著跟他們講，而是能走著跟他們講，這是我下一個願望。（引自 2003 年 3 月 30 日訪談）

霆霆罹患的脊髓性肌肉萎縮症是一種遺傳疾病，疾病是進行性的，從出生之後就開始退化，這給她帶來很大的心理壓力，她說：「我幼稚園時可以走兩百公尺，國小時發現到一百公尺得要休息，到國中可能走沒幾步就要休息，所以勢必要面對坐輪椅，但內心很抗拒，就變得我一出生就在適應退化的狀態」（引自 2019 年 5 月 16 日訪談）。她在面對自己身體能力持續失去的過程，心情沉重，但更難以面對外在的眼光，她說：

我很在意不能像一般人這樣走路，我走路會歪歪扭扭，因為沒力氣，身體也會歪歪扭扭，一開始就認定自己是扭曲的，然後是怪異的，那時候一心想跟一般人一樣，但我明明就不一樣，你自己就覺得很奇怪，要是坐在輪椅上時感覺就更奇怪，就更不一樣，

那時候很在意這樣的感覺，我穿衣服時會注意有沒有遮住屁股，因為我走路沒力氣，就會扭，所以屁股是翹的，骨盤已經歪斜，這樣翹好醜，所以就希望衣服可以遮住。

我不想接受自己不能走了這件事，我非常抗拒，那時候連去家樂福，工作人員都會說：「妳走不太動，我幫妳借輪椅。」我記得那次印象超深刻，我不得不坐，但坐在上面好像生不如死，就是很難受。除了不得不承認這個疾病是讓你這樣生活，周遭的眼光也讓我有很大的壓力，就覺得在別人的眼光下難堪不自在。事後回想，當時周遭的人是用什麼眼光看我，老實說沒有，我自己就會去幻想，別人到底是用什麼眼光去看我坐輪椅這件事，那個想像就會把自己壓得喘不過氣來，因為你很害怕，而且不想面對他人眼光，老實說你根本不會去確認別人有沒有看你，所以我現在回想當時很多都是我的想像，而且那個看是什麼看，老實說我也不知道。（引自 2019 年 5 月 16 日訪談）。

由於人們多半無法以自然中性的態度看待人體的多元現象與事實，多數失能者，尤其是成年後才失能的人，總是盡力掩飾、隱藏其失能或異形的部位，如果可能，盡量偽裝成非失能者，因為「被看見」的感覺必然遭致歧視或貶抑。他們不僅要閃躲大眾的眼光，更不願與障礙團體有任何接觸或連結，畢竟在文化符碼中，失能向來所表徵的是身體兼人格上的瑕疵，這些負面成見使得失能者難以面對，並需承受來自集體社會負面投射的壓力與盯視，偽裝或切斷關聯性，對於失能者而言是必然的、可理解的一種被認同方式。在台灣社會中，許多失能者有極長的時間被限制在家中，不能出門，因為他們的存在可能也同樣地讓家人失去顏面。許多失能者都經歷過類似上述受訪者的經驗，值得一提的是，眼光是最直接收藏與顯現能者意識形態的管道，盯視他人或被盯視彼此所溝通的內容都是正常與異常的內容，被盯著的部分恐懼來自於了解盯視者要看什

麼，而盯視者也直接地反應了被盯視者的疑惑。無論是主動觀看或被動被看都是能者意識形態的作用。在能者意識形態中，如果失能者無法偽裝成正常人，那麼「隱形則成為強制必要（invisibility is mandatory）的選擇」，否則會有許多異樣的眼光或眼神，暗示他不該出來（Siebers, "Disability Theory" 102）。嘉蘭-湯姆森在《非凡的身體》（*Extraordinary Bodies*）中指出，在文化和文學的敘事中，所有非常態的身體特徵，例如傷疤、胎記等異常特徵，總是被扭曲地命名或詮釋。任何人只要身體有不同的標記，此標記便會成為命名的表徵，並將個體異化為「他者」，經由政治化以及意識形態的運作，將該個體壓抑為一不被欲求、需要矯治的個體，且在群體中必須承受異樣眼光或歧視（12, 37, 63）。

2020年元月新冠疫情開始肆虐，使得許多歐美人對亞洲人生起恐懼之情，霸凌羞辱華人的案例層出不窮，確診者本人已是無辜的受害者，但與其有相同膚色的族裔也遭殃及，歐美大眾對確診者及來自亞洲的華人懷著莫名的焦慮，並無所不用其極地汙名化他們，顯見人們對於陌生病毒的恐懼以及對帶病原者的歧視與排斥。針對疾病的恐懼投射、譬喻或轉喻，蘇珊・桑塔格（Susan Sontag）已有詳細地記錄與爬梳，不在此贅述。此次新冠疫情的傳染，也讓人回想起半個世紀前在台灣流行的小兒麻痺濾過性病毒，這個病症重創了許多兒童，罹患的孩童先是不幸地被病毒感染，身體受創，後續則有來自學校、社會及各個層面的歧異對待與異樣眼光，重重折磨著日後長大、存活的孩童及其家人。

除了異樣眼光或歧視，失能者承受著一種類似原罪的指控，是一種日常的微侵害。小兒麻痺患者的成長過程中，除了要承受身體上不同形式及程度上的痛苦，還要面對各種挑戰和偏見。早期，有些人認為，身體上的失能或障礙是失能者本人或其祖先前世所做壞

事的一種報應或懲罰,因此,他們的父母往往羞於承認自己有這樣的孩子,怕被無形的汙點玷汙,或者有一種負罪感,所以傾向於隱瞞家中失能障礙的孩童。柏柏分享:

> 家裡有基督教信仰,我從小都在教會進出,求學過程也在教會裡,我的周遭環境比較友善,對我多是接納,同儕的排斥感也較少,我感恩自己出生在這樣的一個家庭裡面。一般家裡若有殘障的孩子,父母親就覺得難以見人,甚至被他的家族排斥,鄰居也會議論說,你們家一定是上輩子做了什麼壞事,才會生出這樣的小孩,一定是自己歹運(台語),所以生下有障礙的孩子,我們的民間信仰就這樣子,不然就是發生車禍意外,你就是自己厄運,發生不幸的事,自己想辦法承受就好,這是我們民間的狀況。(引自 2003 年 6 月 27 日訪談)

失能者被汙名化的歷史久遠,失能者在成長過程中,經歷無數的挑戰與挫折,最終只能怪自己的命與運皆不佳。台灣與中華文化的淵源及關聯性是複雜的,在多元的宗教和哲學論述所編織的複雜網絡中,有幾個關鍵因素共同構成了失能者的汙名化價值觀和刻板印象,舉其犖犖大者:命運、原罪、家庭模式,乃至宗教歧見等因素,建構了中國及台灣文化對於失能者的古老神話以及根深柢固的偏見。命運是中國文化中最常見的信念,植根於中國人的集體意識中,是共同的文化操作者,它包含並涵蓋了中國家庭動態和更廣泛的集體制度(Sangre 117)。命運是普遍的、不可改變的,它是全能的、超脫的,是人類無法控制的,就像天命一樣。命運的基本概念在中國社會中一代又一代地繼承、傳承和部署,它涵蓋一個人的身分、運氣、困境、興衰的總括性解釋。同樣地,失能也是一種命運的預設,是一種命,用來證明或解釋人們遭受痛苦的原因。有鑑於「命」在中華文化中的突出地位,失能者或其家庭應該順服接受自身的命運,它合理地讓失能者獨自或與家人一起面對自己的命運

造化或注定的劫數,對於社會大眾,這似乎是很實際的,也很有道理。提到命運,鮮少不提它的孿生兄弟,那就是原罪。在中國文化中,天是表示命運的主宰,鼓勵美德,懲罰邪惡,因此,失能者的命運被認為是透過全知全能的超然力量「天」而產生的懲罰效果。中國大陸和台灣的人們普遍接受個人命運背後隱含的原罪。

除了「天」或命運的概念,佛教的因果報應概念對失能者也有著極為負面的影響。在台灣更有各種宗教業力說的概念,強化了失能者負面的刻板印象,受訪者都表示一般人看到他們有障礙,都會直接或間接地表達他們可能祖上無德或前世作惡,所以今生方有如此果報,彷彿非失能者自身就沒有因果問題在身,狹隘的觀念凌駕了宗教慈悲的本懷。附會者不思不察的陳腐觀點,屢屢困擾著失能者及其家人。引人深思的是,命運和因果報應構成了中華文化中的一種特殊弔詭,一方面命運使人們無法控制發生在自己身上的事情,但另一方面,因果報應的概念似乎意謂著人們是他們目前狀況的作者或代理人。基本上,因果報應的影響及控制力可能比命運的影響及控制力大得多。在中國文化中,基於因果報應的觀念,失能成為一種懲罰,藉以彌補原罪,亦是失能者的父母或本人前世的罪愆。因此,當遇到健康問題時,人們往往選擇去寺廟祈福、祭拜或舉行儀式,以找出造成失能的原因。由於失能或障礙意謂著原罪或道德上的缺失,因此失能者本人或其家人難免會遇到某種大眾批判及審視的目光,暗示這個家庭曾經為惡或不善,或者他們的祖先可能沒有積累足夠的功德來養育健康健全的後代,如此延伸的概念是,失能給家庭帶來恥辱,不應該暴露在公眾面前。基於失能是一種恥辱的概念,加上狹隘的封建思維,讓較好面子的家庭總將孩子藏在家裡,不讓他出去,或者不讓外界或親朋知道家中有這麼一個不便的孩子,以免被恥笑。這類的觀點如影隨形地汙名化失能者。

筆者在身障團體的臉書及受訪者的分享中，經常看到的心聲是除了無障礙環境之外，人們的刻板想法才是他們走進社會的最大障礙，若能翻轉刻板觀念，失能者的生存壓力自然可減輕不少。在能者意識形態中，身形的不同意謂著「代理媒介的空缺」（a lack of agency），他們的主體是空缺的。失能者所背負的文化刻板印象，事實上也是能者意識形態的操演結果，「大眾面對失能者會產生的印象或奇怪連結，如：失能者被視為邪靈入侵、無法成家立業、不適傳宗接代或勝任親職，是無依無靠的社會寄生者，是貧窮與絕望的象徵，是無助、痛苦和悲劇的化身，擁有孤僻詭異的個性，是同情的募款對象，是需要被矯治的對象，甚至是適合安樂死的對象」（孫小玉，《失能研究與生命書寫》126）。在此次訪談中，筆者遇見的受訪者多半活潑樂觀、健談幽默，他們的身體形貌或與大眾有異，在文化表徵中，他們往往成為怪物的載體；更不幸的是，能者意識形態或健全至上觀點帶來的歧視從未間斷地進行毀謗，使他們的品格再進一步受到質疑，能力也同時被剝奪。

　　文化信仰和宗教規範等殘留的壓迫是複雜、多面的，但卻以一種極其自然的方式，在情感和心理上對失能者進行隱性的傷害。這種心理情感層面的因素，也使得失能者對其身分認同的構建趨於負面。例如，當被陌生人盯著看時，他們會感到惶然；當面對無法進入的建築物時，他們覺得憤怒和沮喪。鑑於所有這些對自己的負面感受和認知，他們傾向於將主流社會對他們的偏見內化，這也間接助長了主流社會對失能者的壓抑。正如米雪琳・梅森（Micheline Mason）所指出的，「我們把痛苦和記憶、恐懼和困惑、消極的自我形象和低期望值藏在自己的內心深處，把它們變成武器，在我們生命的每一天，用來重新傷害自己」（27）。這種情況在後天失能的君君身上最明顯，她說：

> 我覺得受傷之前的個性比較好，現在變得很差，經過這樣的重創歷程，身體上的限制我還能接受，至少可以去復健，可是在內在自己的感受就變化很大，變得比較情緒化，很難保持平衡的狀態。媽媽在旁邊時時刻刻提醒我說：「妳最近怎麼脾氣這麼差？自己回去自我檢討。」我不曉得為什麼我會這樣子，不知道是什麼原因造成我這樣子，因為我真的不知道，所以我沒辦法去做調整或改善。尤其每次想到我現在是家裡的一個負擔、一個包袱，心裡就會很難過，莫名其妙地那個情緒又來了。（引自2003年3月30日訪談）

霓霓則提到因為身體持續衰退，周遭人因為不了解而對她有很大的誤解，令她苦不堪言，她說：

> 高中時面對自己的體能一直在退的狀態，課業很辛苦，上體育課時更辛苦，我那時候高一上第一堂體育課，一開始我完全用以前的方式去上體育課，我很自然在旁邊看，沒有參與，下課後老師把我叫過去罵：「妳剛剛有在上課嗎？」我說：「有呀！我在旁邊看。」老師說：「妳這樣根本沒有上課呀！妳在旁邊看，看什麼？人家在做的東西，妳有做嗎？」我說：「我不能做呀！」我開始跟他講我的身體狀況，他就說：「妳有試嗎？沒試憑什麼說不行。」因為他很凶，我崩潰大哭，就覺得這個老師怎麼這麼不通情理呀，那時候很難受很委屈。去上體育課，中間過程很痛苦，我體能很差，體育館無障礙空間又很差，我常常是要爬到體育館，爬上去已經半條命，又要跟著同學做各種運動，壓力很大，因為老師很嚴，他都要我試試看，對我而言是很大的壓力，但結論是，我學到凡事必須試過後才知道自己行不行。（引自2019年5月16日訪談）

霓霓提到母親是她的主要照顧者，但母親的想法有時也是造成她情緒不穩的因素之一。母親畢竟有一般為人父母的擔憂與期許，但霓霓也有自己的主見。各種成長過程理不清的情緒，隨著年紀一

起成長，等到適婚年齡時，因為有一個可能比自己家人還親近的異性朋友進入家庭，各種情感的糾結與壓力也同時出現。

　　一般失能者在結交異性、維持感情、建立親密關係時經常遭遇許多阻力，而邁入婚姻階段時更要面對重重挑戰。父母擔心孩子無法走入婚姻，但一旦孩子開始結交異性朋友時，做父母的又有不同的罣礙，男性受訪者這方面承受的壓力小些，女性則面對較為複雜的情緒與壓力。社會文化對失能者的婚姻觀比較不平等，曄曄分享他想談戀愛又怕受傷害的矛盾：

> 我在小學和國中階段就曾產生對女孩子的單純情愫，直到大學開始有較多的機會與異性相處，但我對於兩性感情的交往是缺乏自信的，不知如何表達，也沒有勇氣去表達自己真正的感覺，因此很容易退縮，常把自己的情緒搞得起起伏伏，非常難受。我連與一般朋友的相處亦是如此，往往因為害怕與人衝突，或在意自己說出內心的感覺會造成什麼後果，因此常以類似的退縮心態和行為處理事情。（引自2003年6月30日訪談）

　　琪琪的經驗是，邁入婚姻階段時，「一般人都認為外籍新娘是男性失能者較為合適的伴侶或配偶」，訪談琪琪時，他還未婚，年約四十七歲，他分享：

> 從社會角度而言，我的障礙對於交女友或走入婚姻都有一定的阻力，一般女孩看到我這樣子，不用管我經濟狀況或工作能力如何，就被框限為拒絕交往的對象。過程中，我有三段比較親密的交往，第一段是一年半，第二段是十二年，第三段是十年，第一段在高中認識，第二段及第三段是工作後認識的，前兩段是非失能者，最後一段是肢障者。第一段是我在高中開始交往，那時候對我打擊比較大，一個人到電梯口去流淚，被拒絕的殺傷力蠻大的，後來我也開始慢慢地意識到身心障礙對我的影響。我們都有個性上的缺點，但身體障礙又強化了個性負面的一面，兩者是互

為因果。我結交的第三位女友也是行動不方便，我反而覺得跟她相處過程中最沒壓力，更好相處，她也比較有同理心。

前兩個女友是所謂的正常女孩，她們雖然喜歡我，但未必能接受我是障礙者，身心障礙是個進行式，會隨著年齡加速退化，我年輕時沒有完全顯露個性上的問題，現在我不否認在脾氣情緒上不是那麼平穩，這也影響與女友交往時的互動，我的障礙會讓我在關係中變得情緒不穩定，目前的女友對我則是較為包容，相處起來很舒服。

在我們的文化現象裡，如果男生跟女生同樣是障礙者，相對而言，一個障礙男士娶一個正常女孩，是比一個障礙女孩嫁一個正常男性容易得多。從文化角度來講，這當然是衡量關鍵點，我們的文化比較看重男性，從一個家庭分工上面，男性是發號施令者，不用去伺候公婆的人，在家庭上面是比較容易的，在我觀察我們社會中，一個障礙男性搭配外籍新娘剛剛好，一個障礙女性搭配外省老兵好像是合適的組合，就好像兩個弱勢者彼此都找不到伴，也不容易找到伴，乾脆就湊合。在我的成長過程中，親戚朋友常會建議我乾脆就娶外籍新娘。（引自2016年8月2日訪談）

訪談結束幾年後，他順利地結婚了，婚後日子過得愜意愉快。柏柏交往的對象也是肢障者，交往及走入婚姻的過程則相對平順：

我與太太在電腦課上結識，她也同樣是障礙者，決定結婚時，太太家人沒有表達意見，我爸剛開始有一點意見，主要是提醒我們兩個這樣子，家庭可能會比較不方便，但父母親也都蠻尊重的啦。婚後我們有兩個孩子，帶孩子的過程自然辛苦，尤其是剛出生那段時間，半夜要起來餵奶，我們盡量不去麻煩父母，除非不得已時才會請父母幫忙，我們都很認分（台語），自己能夠做的我們就自己做。孩子長大後，我其實也顧慮過，當孩子知道他們的父母親跟人家不一樣時會有什麼樣的情況，但是我和太太最後

> 討論結果就也只能以平常心對待。學校有什麼需要我們參與的，我們都盡量出席，很自然地出現，也不會故意去逃避。小孩子自己不講，國小到高年級時，特別是像國中那個階段，他們會不太讓我們出現，在同學面前有不自在的感覺。我們也慢慢讓他們了解，父母親行動不便不是什麼見不得人的事情，畢竟這也是一個過程，同學會很好奇也很正常，過了那個階段，他們也坦然面對了。（引自 2003 年 6 月 27 日訪談）

女性受訪者則指出，在兩性關係發展的層面上比男性還困難，需要考慮女性在家中的照顧角色，因此在異性交友上顯示出低自尊，對自我感覺與自我認同也低於一般非失能的女性，身體上不便也會限制生育、養育上的親密關係，因而降低了結婚的可能性，在情感上的孤立感較強。君君車禍前也有一位交往三年的男友，受傷後她的決定是，不要拖累男友，跟他分手。她說：

> 我發生意外時，他正在軍中服役，我出車禍時第一個念頭想到的就是他，我請家人瞞著他，就說我只是出了個小車禍，擦傷在醫院住院而已。當他回來看到我這樣時淚流滿面，我第一次看到男生眼淚掉下來，那時候我心裡很感動，在我受傷期間，他在中壢服役，假日一到他就坐車到醫院願我，每一個禮拜都是這樣，那時候我就有一個想法，這麼好的人留在我身邊，如果說我一輩子都不會走路了，這樣我對他就是一個負擔，那我寧願他去選擇別人，所以那時候我用了很多方法趕他走，即便我們能順利結婚，我也沒辦法侍奉他父母親，心想他家不是娶一個媳婦進來侍奉長輩，而是他們在侍奉這個媳婦。可能是我的觀念比較傳統吧，加上我脊椎受損後，可能會比較不適合懷孕，他又是長子，我考慮到傳宗接代的問題，所以我就跟他講說，我沒有辦法跟你一起分擔生活家計，於是決定分手。（引自 2016 年 7 月 22 日訪談）

君君後來還是遇到了合適的伴侶，順利地結婚，目前育有一對子女，生活美滿。

失能者與家人或照顧者的關係在情緒上經常是連動的，除了君君外，曄曄、圓圓都有類似的情緒負擔，父母會擔心孩子未來若沒嫁娶，沒人能照顧，即便婚嫁後，也不知對方是否會好好地照顧孩子。至於孩子們，面對父母的老化，難以承擔照顧的責任，那也是另外一種壓力。君君及霓霓目前皆已婚，在結婚前，她們的母親在將照顧的責任交給男朋友，心情除了不捨外，有更多的複雜情緒，當中也有著某種擔心與失落之感。對於失能者本身，在成長過程中，也希望有個人的獨立自主性，因此會想要離家，自己搬出去住，在這一刻，父母要學會放手則是另外一個挑戰，霓霓分享：

> 小時候父母親將重心完全放在我身上，我覺得還好，但當我大了，他們的注意力還是完全在我身上時，會有點喘不過氣來，他們希望我好，會一直不停提醒我，不可以這樣、不可以那樣。但當我到一個年紀，像現在開始有自己想法的時候，真的會受不了，會有衝突，那衝突在男友出現後更明顯，因為父母會開始覺得擔心，給很多建議跟介入，提醒我們應該怎樣、不能怎樣，男友又應該哪樣。我跟媽媽也會因為觀念不同而有衝突，我嘗試溝通，但過程中卻一直踩到自己的紅線，我又會情緒爆炸，當她說妳這樣不行、那樣不行，他應該要怎樣、我該哪樣，我就會覺得媽媽不信任我，覺得我不夠好，造成自己情緒失控，溝通變成吵架。交男友後，媽媽開始有好多擔心與介入，感覺男友跟媽媽在照顧我的問題上是既衝突又競爭。（引自2019年5月16日訪談）

　　失能女性與母親的關係經常是特別糾葛，每個人到了成年階段都渴望獨立自主地過生活，家人在這個階段有時會成為一種阻力，霓霓和君君交男朋友時，男朋友與母親也有著某種競爭關係，媽媽照顧孩子那麼久，不習慣所謂孩子獨立後離家的空巢期，更期待男朋友能按照她的方式照顧孩子，而孩子離開母親時，又不免有丟掉家人的罪惡感。實際上，孩子離開家能讓爸媽減輕很大的負擔，但

父母習慣孩子待在身旁，畢竟那也是一種陪伴，男友出現時，母親難免有一種女兒被搶走的感覺，因為以前都是她在照顧，現在有人可以代替照顧，她的位置有被架空或搶走的感覺。媽媽及男朋友都很愛自己，但占有的方式是不一樣的。獨立生活是目前失能者運動中的重要訴求，無論有多麼不方便，還是要設法自己過生活，在華人文化中，失能者最難切斷的是與父母依賴或照顧的關係，年長後，我們與父母的角色要互換，可能是爸媽反過來需要孩子的照顧。然而在照顧的關係中，被照顧者也可能被完全占有，但那個占有會讓人喘不過氣來，畢竟每人都是獨特的個體，有自己的生活、自己的成長模式。依賴與照顧在失能者與家人的關係中特別糾葛，在獨立與照顧之間，雙方如何保有各自的自主性，那又是更大的挑戰。

在文化層面，受訪者們自不同角度表達了失能者在台灣文化中所面臨的矛盾現象，他們確實存在於這塊土地，但大眾對他們的需求總是視而不見，他們總是被遺忘，在他人記憶深處又被深刻地定型為恐懼的對象。在兩性關係及婚姻中，他們往往被視為中性或無性別、無吸引力，而在社會許多陰暗的角落，他們卻又是被強暴性侵的主要對象。社會集體對失能者所投射的最矛盾的情結，莫過於期待失能者都能「殘而不廢」，這似乎也是能者意識形態為失能者劃定的主體場域，這句期許的話語有鼓勵作用，人因為「不能」而開發了無限潛能，是非常理智的典範。話語沒有問題，問題出在社會大眾不免透過比較，以少數失能者成功的案例，暗示其他失能者不夠努力，無形中帶給其他條件不足的障礙者很大的壓力，期待失能者做別人。柏柏分享：

> 我們也怕標榜表現優秀的障礙者，一旦他被看到，就帶給其他障礙者壓力，一般人會用比較的心態評論，你看人家就是用功的，

人家就是努力,人家要比一般人多花十倍、二十倍的力量,那你今天沒有這樣的成就,是你自己不努力啊。這個就是我們害怕的反效果。(引自 2003 年 6 月 26 日訪談)

失能者明明有身體障礙,大眾卻希望他們克服障礙,殘而不廢;事實上,每個人展現的成就方式不盡相同,但符合能者意識形態的成就往往比較容易被看見、被認可。社會大眾對於「殘而不廢」的形象十分肯定,因為那是失能者獲得大眾肯定的管道,因此拚命證實自己不是廢人,並滿足主流社會對他們做為勵志典範的期待。他們也同時被貼上具有「啟發性」或「鼓舞人心」標籤,以此導正大眾對他們的負面刻板印象,這般作為足以說明能者意識形態的全然滲透。許多社會大眾會認定失能者是無用、無能者,一旦他們有些特殊表現,人們總以其生命具有「啟發性」的話語稱讚他們,這樣的讚美自然遠勝於歧視的觀感,讓失能者的自我感覺也較為正向。

其實,這類讚美近年來在西方社會開始受到批評,2013 年哈里琳・露素(Harilyn Rousso)出版了她的回憶錄,書名即為《莫稱我具啟發性:失能女性主義者回嘴》(*Don't Call me Inspirational: A Disabled Feminist Talks Back*),書中特別堅持要顛覆主流社會對失能者成為勵志典範的期待。露素認為這樣的說法絕非讚美,而是以一種優越兼憐憫的態度看待失能者,是一種主對從、上對下的話語模式。事實上,將失能者成功的範例視為具啟發性,這樣的觀點本身就是一種「展現能者優勢的歧視,它一方面制約,另一方面也暗示要克服身體的障礙,如此方能獲得大眾的認可與肯定」(孫小玉,《失能研究與生命書寫》16)。此次的訪談對象坦承,他們總是設法展現超越常人的能力,以獲取認同。

《殘障福利法》實行二十年後,台灣社會看待失能者的觀點、

對待他們的態度開始有顯著的調整，除了少數的「福利」補貼外，多數失能者仍然深刻地感覺在社會上被邊緣化，政治家透過「福利加碼」的政見來催票，身心障礙團體也趁機從中取利，而陽春的百姓卻感受不到這些福利吹來的春風。台灣推動失能者的福利政策在表面上似乎跟得上全球的步調，但是落實到本土卻往往顯得空洞。

遺憾的是，台灣的福利措施主要建立在施捨救濟的模式，「福利預算的配置仍然建基在視失能者為依賴人口之救濟對象的價值觀，『養護』、『收容』為國家主要的介入照顧方式及意識形態」（周月清 15）。施與受之間有著上對下的區分，於接受者而言，接受福利補助者被詮釋為貶低自尊，毫無尊嚴可言。根據周月清的說法，《身心障礙者保護法》在形式上，「先進國家有的，台灣《身心障礙者保護法》的條文『形式上』好像也都『有』，但仔細分析其內涵或預算配置時，卻難見『實質上』的改變」（周月清 15）。的確，台灣受全球化影響什麼都「有」，在執行上卻很「本土」，似乎什麼都「沒有」（林萬億 2002）。上述情況其實直接說明了本土在地失能障礙主體的空缺。台灣對失能者的意識形態自古至今兩千多年來改變不大，從 1980 年的《殘障福利法》使用「殘障」的詞彙，直到 1997 年的《身心障礙者保護法》才改用「障礙」，失能者此前總被冠上負面的稱謂，視其為被救濟對象（周月清 6）。

社會大眾，包括政府到學界、民間，總習於推拖、搪塞或徒以勵志鼓勵或口惠方式，滿足失能者之需求；尤有甚者，猶自我滿足地認為已為失能者做了相當多的改革。擱置各自主觀的感受不論，具體評量台灣社會在失能權益促進層面努力的成果報告，已於 2017 年由公正客觀的國際審查委員提出指正。聯合國大會於 2006 年通過《身心障礙者權利公約》（Convention on the Rights of Persons with Disabilities，簡稱 CRPD），希望能夠「促進、保護和確保實現

身心障礙者所有人權和基本自由,充分且平等地享有,並強化對障礙者應有尊嚴的尊重」。台灣於 2014 年通過《身心障礙者權利公約》,正式將此公約國法化,並將其納入所有法令及行動法案(「人權公約施行監督聯盟」2021)。此一施行法要求每四年定期檢視,提出國家報告。該法案在台灣施行後,2017 年 10 月 30 日至 11 月 1 日首次接受國際審查執行成果,五位國際專家組成的審核小組來台分項查核。《身心障礙者權利公約》國際小組在回顧台灣提供的國家行政報告之後,針對台灣的無障礙公共建設及人權保障措施提出多達七十多項的改善建議。

《身心障礙者權利公約》首次國家報告中,國際審查委員指出,我國政府文件及資訊、公私部門網站易讀格式普遍不足。審查小組一致認為,台灣對於促進失能者權利的改善仍然處於消極被動的情境,舉例而言,台灣無論在醫院或百貨公司,普遍缺乏失能者可用的更衣室,此一不足顯現台灣社會大眾對於社會所有成員的平等權利推廣,有明顯認知不足之缺失。其中最大的挑戰在於思維模式的固著與僵化,審查委員在會議當中多次批評台灣政府和民間單位,在思維上未脫離以醫療模式(medical model)的觀點看待失能者,顯見台灣尚未進入較為先進的社會模式觀點去關注失能者。根據審查委員的評量,台灣的障礙人士仍舊被認定為慈善福利的接受者,需由制度化醫療單位管理以「治療」其「缺陷」。其中又以強制精神失能者就醫為最,而脅迫其簽署入院同意書的陋習屢見不鮮,類似缺失當時也引發國際專案審查小組委員的再三質疑。

英國人權專家黛安・金斯頓(Diane Kingston)強調,台灣政府所遵守的世界衛生組織之「國際健康功能與身心障礙分類系統」(International Classification of Functioning, Disability, and Health,簡稱 ICF),乃是以失能者「身上」的損傷與缺陷進行身心障礙評

估和分級，執行上仍陷入所謂「醫療模式」的觀點，對於人權的推廣有極為負面的影響。此外，阿道夫・拉茨卡（Adolf Ratzka）更指出，台灣目前在機構與社區上所投注的資源有嚴重落差，他強調「通用設計」的概念並未具體、確實地落實，而通用設計主要的精神是，在規劃環境設計時，應將所有社會成員的需求全面地融合到設計規劃上，而非將失能者當成是「有問題的少數人」，需要額外規劃無障礙空間（barrier free）以「解決問題」。這樣的對待方式，說明了台灣社會在接納失能者為社會一份子之層面仍有待加強、改善。

　　國際審查委員之報告結果引發了許多身障團體對政府的不滿，於 2017 年 12 月 3 日「國際身心障礙者日」夜宿凱道，在寒風細雨中，在象徵國家最高權力的總統府前訴求失能者的人權、平權，並在府前升起 "RIGHT NOW" 旗幟，高喊「反歧視 爭平等」、「立即實踐 障礙人權」的口號，要求政府立即召開討論會議改善身障者人權。遺憾的是，這樣的示威並未引起社會大眾的共鳴，活動過後，又回到往昔的沉寂，其境遇與之前的台灣「女同性戀者、男同性戀者、雙性戀者和跨性別者」（LGBT）遊行有著天壤之別。

　　2022 年《身心障礙者權利公約》國際審查委員再次訪查，結論報告顯示台灣雖然在一些法律和政策領域已有積極進展，但他們感到失望的是，慈善／生物醫學模式仍然是政府對失能者採取的主要架構模式。此外，行政院未積極地提出適當保護免受歧視的平等立法。在職場上，失能者受到的歧視更為嚴重，雇主可以任意地歧視失能者，不雇用他們，使得成千上萬的人無法進入公開勞動力市場，許多人在庇護工場的地下經濟中從事重複性工作。社會的所有部門不僅拒絕失能者，甚至從他們對社會和經濟的貢獻中受益，汙名化持續存在，刻板印象和偏見不斷發酵。總而言之，台灣的法

律、政策和法規中持續存在歧視性條款，使得失能者無法在平等的基礎上享有《身心障礙者權利公約》所述的權利。這些問題都間接顯現了台灣人文學界目前嚴重缺乏在地化的失能研究論述，在強調學術國際化的前提下，台灣的失能研究學群容易在知識論述生產上傾向於跟西方接軌，而忽略台灣本土化失能研究之播種與深耕。當學界引介失能研究至台灣本土實踐時，常因文化屬性及社會福利之差異，產生「研用落差」之現象，因此充實台灣在地化失能研究知識論述之有其必要性與緊迫性。在每四年一度的《身心障礙者權利公約》國際委員訪查交流時，政府除了落實公約所強調的種種，也需要相對地提出台灣在地的文化及家庭因素做為參考及交流依據，相互理解，以利法案落實的可行性及評估方式。

台灣從 1980 年開始頒布與失能者相關的法律，至今已有四、五十個年頭。近年來在失能者與團體的努力下，政府及公共建築已經開始重視無障礙環境的營造。儘管如此，努力的成果仍不敷失能者的需求。時間足以讓建築逐漸變得無障礙，卻不足以根除或改變文化中根深柢固的價值或偏見。誠如西伯斯所言，「態度經常被證明是僵化的，就像水泥牆、木製樓梯和鵝卵石人行道一樣難以改變」（134）。而文化信仰和宗教規範等殘留的壓迫是複雜、多面的，但卻以一種極其自然的方式，在情感和心理上對失能者進行汙名化的傷害。值得一提的是，台灣的失能者其實並不樂見社會大眾以施恩憐憫（patronizing）的心態與之對待。他們並不習於台灣式的示「愛」，大眾言必稱「愛」，他們卻期望大眾莫再言「愛」。邱大昕曾經在《國語日報》寫了一篇發人深省的文章〈不要再說「愛」了〉，在文章中，他提到：

> 台灣是個對身心障礙者充滿「愛」的地方。身心障礙者搭乘計程車有「愛心車隊」，搭公車有「博愛座」可坐，到機場有「愛心

服務車」接送,捷運站裡有「博愛電梯」,進站時要刷「愛心悠遊卡」,陪同者則持「愛心陪伴卡」,旅館休憩時有「愛心房」,買票購物時有「愛心鈴」和「愛心服務」,身心障礙者協助調查餐廳環境是否友善,被稱為「愛的特派員」。台鐵工作人員外出協助身心障礙者時,櫃檯上會掛著「服務愛心人士中」的牌子。教育部為學習或情緒障礙者設置「有愛無礙」網站,衛福部則在每年國際身心障礙者日都會舉辦與「愛」有關的主題活動。難怪身心障礙團體經營的商店叫「愛心小棧」,販賣的產品叫「愛心商品」,發行的電子報叫《愛的報報》了。(邱大昕 2016)

這種施予式的「愛」其實反而困擾失能者,給他們帶來難言的壓力。自尊強的失能者寧可辛苦些,也難以接受或消費此「愛」。承載了施予的優越感,刻意中夾帶著邀功的「愛」,顯現了能者意識形態。如邱大昕所言,「建立友善的無障礙環境,最需要的其實並不是愛,而是對其他人的尊重和體貼,無障礙環境是所有行動不便者生活的基本要求和權利,而不是社會基於關愛或同情而給予的待遇,因此不論政府部門還是民間機構,都不要再說『愛』了」(邱大昕 2016)。

此次口述的生命故事內容涵蓋自我認同、身體政治、性別議題、文化底蘊、社會福利、教育策略、就業保障及無障礙設施等層面,本文同時藉著小故事勾勒台灣在地失能者權益近六、七十年來的發展面貌,自微觀的角度,再現能者意識形態在台灣形成的影響與焦慮。他們的故事與創傷文學或離散論述十分親近,一般與戰爭有關的創傷文學中,因國土淪喪而造成生靈塗炭,身體及心靈皆受到威脅,閱讀這類文學作品,讀者容易產生共鳴,可以明顯地指證戰爭與敵人為加害者,但在失能者的創傷文學中,看不到國土淪喪,卻飽受放逐之苦,無法立足;身心皆受到壓迫,卻不見加害者或處罰者。戰爭後的倖存者可以省思自身的「擺盪處境」,疾病後

的倖存者卻往往無言噤聲。無障礙空間的匱乏對於失能者更形成一種離散時空（diasporic chronotope），而遺忘也往往是讀者讀後的自然反應。他們想要回到生命原初的「還鄉記」比奧德修斯還艱辛，他們克服命運的辛苦如同薛西佛斯一樣地周而復始。

　　失能者並非自己主動選擇這條人跡罕至的路，然而其如何在過程中披荊斬棘，透過各種巧思，走出與眾不同的生活模式，則有著萬花筒般的變化。失能者的生命路徑往往也無法預先準備，而是依著個人的狀況與需要，無畏艱難地走出隱微的路徑。每位受訪者在分享成長的過程中，細數著來自社會大環境的各種困難與挑戰，斑斑可考，而過程中努力克服並超越挑戰的歷程與艱辛，無不令人動容、嘆息與疼惜。他們在生命的逆勢與劣勢中活出自己、走出自己的路徑，進而綻放出靈性的光芒，體現了生命的超越與堅韌；他們啟發並親證了生命的無限潛能、豐富與多元。生命既脆弱又強韌；以脆弱鍛鍊強韌，應該是多數失能者的生命寫照。值得一提的是，他們的故事呈現出連當事人都不曾覺察到，自己擁有如此豐盛的生命潛力，以及身體多麼地具有彈性及包容性；更為重要的是，他們現身說法，失能並不值得恐懼，失能反倒讓他們提早面對老年及死亡的課題，這是彌足珍貴的體驗與淬煉。失能與老年的議題留待第十章討論。

參・失能美學

【第五章】

失能藝術與現代美學[1]

　　失能向來被誤認為是感官中最不具藝術性或美感的元素，因此遲至二十世紀末，失能美學才搭配失能研究的興起逐漸形成新興的跨學科研究主題。西伯斯率先勾勒失能美學的特質，指出失能身軀不僅是西方現代美學的源頭，也是前衛藝術的核心概念。失能藝術做為最後興起的前衛藝術，以寫實的方式再現「失能身體的粗糙邊緣和鈍角」來挑戰傳統美學（Siebers, "Disability in Theory" 179）。失能美學和前衛藝術的結合使得美學概念變得豐富且多元，拓展了更為全面的想像力。本文據此探討失能藝術中的美學實驗，以及前衛美學策略與失能藝術彼此的相關性。

　　東西方皆有許多著名的失能藝術家為藝術和文化世界做出了重大貢獻，例如墨西哥畫家芙烈達・卡蘿（Frida Kahlo），以自畫像和描繪人體形態而聞名，她年輕時因交通事故受重傷而失能，其藝術作品多半環繞著疼痛、失能等主題。美國畫家和攝影師查克・克洛斯（Chuck Close）以繪製大型肖像畫而聞名，1988 年因脊髓動脈塌陷，此後他的頸部以下一直處於癱瘓狀態。儘管如此，他仍在繼續創作藝術，甚至將自己的失能做為創作靈感的源泉。例如，他

---

[1] 本文部分內容乃根據 2019 年於美國比較文學會議發表之論文 "The Unorthodox Made Aesthetic: Cripping Avant-Garde Art" 增修撰寫。

使用一種稱為「手指繪畫」的技術創作了一系列版畫，在這種技術中，他用手指將顏料塗在盤子上，然後用盤子製作版畫。他的藝術以其精湛的技術和捕捉主題本質的能力而聞名，作品被世界各地的主要博物館收藏，包括紐約大都會藝術博物館、紐約現代藝術博物館和華盛頓特區國家美術館。英裔奈及利亞藝術家印卡・修尼巴爾（Yinka Shonibare）是另一個實例。修尼巴爾十九歲時因脊髓損傷導致腰部以下癱瘓，他以探索殖民主義、種族和身分問題的雕塑、裝置和繪畫而聞名，其藝術作品慣常使用充滿活力、色彩繽紛的傳統西非紡織品，修尼巴爾透過使用這些布料，將非洲藝術視為原始的傳統敘事，他的作品不僅僅是對文化身分和殖民歷史的探討，也包含了他對自身失能的反思，他透過藝術表達出對身體限制的接受和超越，展示了失能藝術家的獨特視角和創造力。除了藝術成就外，他還以激進主義和社會參與而聞名，參與了許多促進藝術多樣性和包容性的計畫，以他的藝術來提升對社會和政治問題的認識。

對於許多失能藝術家而言，失能不是障礙，反而在創作上提供了新的視角美學。大家最熟悉的奧斯卡─克洛德・莫內（Oscar-Claude Monet）晚年時視力衰退，眼壓升高導致視神經受損，但視力衰退並沒有影響他的創作能力，反而成為他創作的獨特風格和技巧，因為模糊的視力讓他對於光線和色彩的感知變得模糊，激發了他對於光影和色彩變化的深入觀察。莫內對於光線和自然景觀的捕捉，著重於瞬間的印象和氛圍，而不是細節和精確度。他的筆觸因此變得更加寬闊，色塊更為模糊且充滿動態感，呈現出光線和自然景觀的變幻和流動性。在其系列作品中，如《睡蓮》（*The Water Lilies*）和《班納庫爾的塞納河畔》（*On the Bank of the Seine, Bennecourt*），利用模糊的筆觸和色彩的渲染，捕捉光線在水面上的倒影和自然景觀的變化。畫作中出現了他對光的探索，現出一種模糊

的氛圍和幻影般的感覺，啟發了他開啟印象主義流派。印象主義強調捕捉瞬間的光影和色彩變化，而莫內的模糊視力使得他更加敏銳地觀察到這些瞬間的變化和印象。他的作品通常呈現出一種不完整的、不確定的印象，讓觀眾參與其中，從不完全清晰的圖像中獲得更多的體驗和感受。莫內的模糊視力也因此成為他的創作視角，透過模糊的筆觸和色彩渲染，表現了光線和色彩的變幻，創造出充滿動態的藝術傑作。

莫內的創作源頭顯現了身體與情感之間的特殊連結關係，身體或特殊感官與眾不同的功能所組合的感受，展現了多元且獨特的情動力。情動在德勒茲的理論中指的是情感和情緒的混合體，它不僅是內在的心理狀態，還體現在個體的行動和表達中。情動是一種直接的、非語言的感受和反應，涉及內在性、表達、自我組織和湧現，並且能夠在不依賴表象的情況下影響心靈，此一微妙的能動力影響人們的存在與情感變化。德勒茲的情動概念最能貼切地詮釋失能者的創作與創意，一般人對於情感有固定的知覺或感受，某種程度形成制式化的反應，失能的身體因著身體的功能變化讓失能者經驗了個人的獨特感知，與一般人熟悉的感知迥異，此種情動力展現在創作上時自有其創意，不少西方現代美學的創作與美學觀念皆源自於失能身軀的獨特感知。以莫內為例，其晚年作品顯示了一種情緒上的複雜性和深度以及情感和情緒狀態的力量。在他的失能創作中，常呈現衝突且多層次的情感堆疊，我們可以看到情感的多層次性和混亂性。他在畫作中讚嘆自然與生命之美時，同時又對生命的無常有深刻的惆悵與憂慮，這些情感交織在一起，形成一種複雜而矛盾的情緒張力與氛圍。德勒茲的情動概念強調情感的流動性和非語言性質，情動是一種作用於身體的前個人和前認知力量，它們在個人和群體之間自由流通，並以完全不受意識控制的方式塑造我們

的感知和行為（Deleuze and Guattari, *A Thousand Plateaus* 233）。德勒茲強調，情動並非一種特質或屬性，而是一種強度的狀態，這種強度能散發某種力量或能力。莫內的情感經驗難以用文字完全表達或理解，但透過色彩、筆觸和構圖的選擇，他能夠傳達出一種情緒的強度和複雜性。情動概念幫助我們理解莫內作品中所呈現的情感複雜性，它與特定的感受或心理狀態無關；相反地，它是一種更原始、更分散、多元的力量，可以採取多種形式表現出來。這種情感的流動性，也使得觀眾在欣賞莫內的作品時能夠與他的情感產生多層次的共鳴。

西伯斯在《失能美學》（*Disability Aesthetics*）一書中傳達了現代或前衛藝術如何充滿了失能意象的元素，除了他在書中所舉的例證外，法蘭西斯・培根（Francis Bacon）的畫及藝術概念更具代表性，強調人類的感覺與感官重於寫實形象，對於感知與情動有更深的著墨；不僅如此，他也認為人的感官可以互用，視覺與觸覺能互融共用。在希臘神話中，格賴埃（Graeae）三姊妹共用一眼，她們輪流使用這隻眼睛，將它傳遞給對方，以手觀看世界，觸覺即為視覺。在現實生活中，失能者可能會有某些感官上的限制，但他們也同時可以發展出其他感官的敏銳度。感官互用多半發生在某個感官功能受損或缺失時，其他感官會加強運作，以彌補缺失的感官功能，並建立新的感知模式。例如，視力受損的人可能依賴聽覺、觸覺或嗅覺等其他感官來彌補視覺的缺失，他們能透過聆聽聲音、聲音的方向和頻率變化，來辨識物體和環境；觸覺也是他們獲取資訊的重要途徑，手指觸摸和探索物體形狀、紋理和溫度等不僅獲得資訊，更同時開啟了新感官的感知能力。此外，聽障者在語言和聽覺方面受到限制時，他們藉由手語這種視覺語言來進行交流，透過手勢、表情和身體動作來表達與理解訊息，利用視覺感知的方式來彌

補語言和聽覺的缺失。換言之，各種障別都會發展其獨特的感知方式，失能者透過功能轉換的方式適應環境、執行日常活動，獲得更豐富的情動體驗。這種感官互用的狀況使失能者能夠建立一種更多元的感知方式，以適應他們的環境和日常生活。事實上，當一種感官功能受損時，身體和大腦會調整並利用其他感官來補償，並將不同的感官資訊整合在一起，以提供更豐富的感知體驗。

培根畫作上的獨特藝術風格和技巧呈現出觸覺與視覺互用或互融的效果。他的畫作總是透過筆觸呈現存在感，這些筆觸可以視為一種觸感的表達。他運用筆觸的質感、厚重的油漆和紋理效果，營造出觸感上的豐富和立體感。觀者可以透過視覺感知到觸感的質感和變化，彷彿能夠觸摸到畫布上的紋理和形狀。德勒茲形容他的畫作特色，「畫家的工具不再是畫筆和畫架，它們總是傳達著手對視覺效果的要求與服從性。手被解放出來，利用棍子、海綿、抹布、注射器，畫家圍繞著畫作『狂熱地舞蹈』，或者說畫作不再局限在畫架上，而是被釘在地上。從地平線轉換到地面：視覺地平線完全回復到觸覺感的地面」(Deleuze, *Francis Bacon* 106)。此外，培根的畫作中出現的人物形象和物體經常是扭曲、變形和破碎的，透過此一形象的變形，觀者可以感受到肌肉的張力、皮膚的質感和身體的情動動態、柔軟性、彈性或質感，從而透過視覺上的互動和感知來體驗這種與身體觸感的複雜性與連結。這種打破觸覺與視覺的感知，所表達的「不再是本質，而是連結」，亦即「人的有機活動」(Deleuze, *Francis Bacon* 126)。培根透過「一種色彩、一種味道、一種觸覺、一種氣味、一種聲音，以及一種重量之間」傳達一種「存在意義上的交流」，從中「構成感覺的『感性』（非代表性）時刻」(Deleuze, *Francis Bacon* 42)。

傳統的藝術通常是表達美麗、宏偉或理想化的情感，培根的

作品內容則著重於人性的黑暗面、孤獨、恐懼、肉體的痛苦和死亡等主題。他的畫作顛覆西方傳統以來的主客對立之繪畫，他以「違反透視法的方式切割事物」，將人體形象和物體分解、扭曲和變形，以破碎和不連貫的方式，呈現「人體肉身的解體」（01 哲學團隊 2020）。他將肉塊、骨頭、肌肉等人體的部分或碎片，扭曲、拉伸、歪斜或交織在一起，這種解體的呈現使觀者感受到肉體的脆弱、混亂和不穩定性，他以非常直接和震撼的方式探索人類的存在和存在的困境，並引發對人類存在和身體上的反思。《十字受刑架上的人物習作》（*Three Studies for Figures at the Base of a Crucifixion*）即為培根頗具代表性的畫作，它既是一幅充滿前衛元素的作品，同時與失能美學存在一定的關聯。這幅作品呈現出人物形象被強烈地解構和扭曲的特徵。作品中的人物形象表現出極度的情感和痛苦，他們的姿態和表情傳遞出一種強烈的情感狀態，使觀者感受到一種深刻的內在體驗。畫作採用強烈而飽滿的色彩，創造出充滿張力和衝突的畫面效果，使作品呈現出一種肌肉質感和粗糙的表面。作品中的形象並不完全清晰可辨，有時呈現出模糊和不完整的狀態。這種意象的暗示和模糊性為觀者留下一些想像和解讀的空間，激發對作品深層意義的情動感受，並引發對人體、情感和存在的深入思考。

　　培根的獨特藝術風格和技巧與失能藝術的風格和技巧存在相似之處，他們皆有獨特的視角，尤其在表達身體狀態、情感和主觀體驗方面。《十字受刑架上的人物習作》中人物的肢體和面部特徵被拉伸、變形和重組，失去了傳統的人體比例和結構。這種形象的解構和扭曲使觀者感受到一種不穩定和混亂的存在，與失能美學中對身體形象的非常模和非穩定性的關注相呼應。他作品中的人物形象看起來像是被解體和重組的肉體碎片，這種肉體的解體突破了傳統

身體結構和穩定的形象邊界,與失能美學探索身體多樣性和非常規表達方式的思想相契合。這種相似性在他們對身體的重新詮釋、情感的表達和主觀體驗的呈現上充分地顯露出來。他們都傾向於使用非傳統的藝術形式和技巧以及非常規的感知方式來表達自己的想法和情感。他們可能使用扭曲、破碎、變形等色彩及線條來創造出獨特的視覺效果,突破傳統藝術的感官、感受限制。培根的畫作常常透過筆觸的質感、色彩的運用和畫面的紋理,表達情感和情緒的深度和複雜性,他將人體形象和物體切割、解構,創造出一種非線性和不連貫的視覺效果,失能藝術家在他們的創作中也同樣地探索主觀體驗的多樣性和變化,透過表達自身的觀點和感受來打破傳統的視覺經驗。培根的畫作風格及感知與失能藝術家卡蘿的創作有高度共鳴之處,他們都擅長透過藝術創作來表達情感和情緒,將其內在世界轉化為視覺形式,畫作都具有強烈情感和情緒張力的氛圍。

德勒茲在《法蘭西斯・培根:感覺的邏輯》(*Francis Bacon: The Logic of Sensation*)這部著作中,從身體美學出發,以培根的畫做為文本,闡釋其中的無器官身體現象,「無器官身體」不僅僅是身體的物質結構,還包括身體的感覺和感受,他認為培根的作品展現了一種身體的解構,超越了傳統的有機身體結構和穩定的形象,展示了一種非有機、非穩定的身體存在現象,與他所描述的「無器官身體」概念相呼應。他將培根的作品視為一種特別的感覺邏輯,一種身體與感官經驗的非理性表達,探索並再現身體、感覺和存在的複雜性。德勒茲指出培根的畫作「沒有感情(feelings);除了情動(affects)外,什麼都沒有」(Deleuze, *Francis Bacon* 39)。佩特拉・谷珀思借鑑德勒茲的「無器官身體」、情動及根莖等概念,進一步深入探討失能做為一種生活經驗以及做為藝術展演的創意與繁複性(Kuppers 221)。她以德勒茲與瓜達里的論述來探討詩歌、表

演和實驗影片,讓失能狀態成為藝術生活的場所、空間。她指出,「失能是一個場所、空間及豐富藝術生活的世界」,失能具體地成為「一種標誌、一種偽裝、一種色彩、一種旗幟、一種與生活經驗形成根莖狀延伸的工具」(Kuppers, "Toward a Rhizomatic Model" 221, 232)。谷珀思以根莖、觸覺空間、去畛域和再畛域化(reterritorialization)等概念爬梳失能者的生活及藝術展演方式(222)。她以「觸覺」之短暫卻真實存在的經驗為主,指出「不同空間之間的觸覺關係以及空間排列的連續性」,觸覺平滑空間與條紋有序空間兩者處於「非二元關係:一個移動到另一個,之後變成另一個」,如同德勒茲所述的欲望機器運作方式,德勒茲和瓜達里的欲望機器沒有固定的路徑與思考模式,重點是「思想的生產力以及事物(思想、概念、材料、世界)如何聚集到新事物或剛剛興起的事物上」,亦即不斷創造出新思維方式的機器,而這些創新改變的歷程是透過「振動、觸摸或共振」不斷地產出(223)。

　　失能者的許多美學經驗是透過觸覺、觸摸體驗來探索,谷珀思以個人的經歷,說明觸覺與根莖式生活經驗呈現她的想像與創造,根莖模式允許「不同的符號體系」,以及「不同狀態的事物」共存(Deleuze and Guattari, *A Thousand Plateaus* 7)。她強調不同狀態的事物與她的失能生活經驗產生共鳴,被貶抑和被重視可以共存、共振,而非二分。失能的根莖模式具有「豐富的意義,主要乃因其不會將痛苦和快樂或驕傲和羞恥並列,而是允許內在狀態的轉變,允許世間的任一生命狀態出現,不斷變化並產生新的主體與個人的存在樣態;這種模式只有在使用時才有用,它不具有真理的地位,沒有特定的意義,是一種運動,而不是一種定義」(226)。它是獨一無二的,沒有固定的模式或狀態,而是隨著觸覺、個人的生活經驗,不斷生成並創造新的存在樣態。此一模式特別能夠說明失能者

的身體存在形態與美學經驗，以包容、彈性看待差異，並自然地接納各式各樣的多元性。總而言之，根莖式失能美學是一個流動的領域，它可以讓經驗和思想的多重性在接觸的過程中打開，讓各種張力關係生成，相互接觸、互動、碰撞，如同「遊牧民族在他們之間遊戲觸覺關係」（Deleuze and Guattari, *A Thousand Plateaus* 493; Kuppers, "Toward a Rhizomatic Model" 228）。

谷珀思的根莖模式為身體體現的多樣化提供了論述平台，也擴展了藝術感知的多元性，珍妮特・普萊斯（Janet Price）和希爾德里克以觸摸的感知為例，進一步探索身體經驗提供了多元意義與藝術的情動，她們提出觸摸的體驗，分享觸摸如何引發注意、定位或認可，強調個別體現的主體和世界之間相互構建的關係，「主體性植基於個體在他人世界中生成的概念，並處於一個不斷相互重建我們的具身／體現自我的過程中」（Shildrick, *Dangerous Discourse* 22）。因此，失能身體的不穩定性是所有身體的一個極端例子，她們指出，若總結現象學概念及後現代主義的論點，身體和其所存在的世界是不可分割的，失能者本身對於「身體的解體和滲透性，觸覺的波動和可逆性，空間和體態覺知間的不一致性，未來的不確定性」則有著特別強烈的感知（*Dangerous Discourse* 36）。而具備這種感知的主體性往往是透過與其他身體、主體的社會互動而持續產生的。簡言之，「我們的自我意識，以及對世界的定位，是與周圍他人的身體不可分割地聯繫在一起的」（*Dangerous Discourse* 26）。普萊斯與希爾德里克不僅說明了失能者特有的感知與情動美學，也呼應了德勒茲的行動式再畛域化。

克莉斯汀・林格倫（Kristin Lindgren）、阿曼達・凱琪亞（Amanda Cachia）、凱莉・喬治（Kelly C. George）聯合撰文〈根莖式的成長：失能研究、美術館和財團〉（"Growing Rhizomatically:

Disability Studies, the Art Gallery and the Consortium"），將德勒茲視角更具體地延伸應用於失能研究與藝術展演館，指出德勒茲與瓜達里的根莖概念，為失能研究領域在主流之外發展提供了一個指引地圖和隱喻。她們以2012年秋季在費城舉行的一系列關注失能研究和失能藝術與文化的活動「身體能做什麼」為例，強調美術館如何為失能研究、失能美學和新的展演模式提供一個生成空間，而跨機構的合作在失能研究的發展中，不僅只是一個研究領域而已，更是一個美學能量領域。

儘管失能向來被認定與美感或藝術性絕緣，西伯斯、谷珀思、德勒茲及其他失能藝術學者則脫離了傳統美學的視角，梳理出失能美學及其前衛特質，以及其如何開展創新的展演發展模式與生成空間。在藝術史上，將失能與美學放在一起如同構成一種矛盾狀態，但失能藝術與前衛美學在精神上卻極為契合。前衛（avant-garde）通常被認為是美學的同義詞，原是法語術語，最初用於軍事背景，是指一小部分非常熟練的士兵在其他軍隊前面行進。十九世紀上半葉，它在法國藝壇所表徵的則是具有高度創新性、開拓性、進步性、革命性或簡單古怪的審美實踐，前衛藝術家以其非正統和非傳統的創意模式向公眾傳播新思想、新概念來影響和改變社會。儘管失能通常被認定與美學處於對立的狀態，但它與前衛有著更為緊密結合的關係。

針對此點，西伯斯的論述發揮了重要的轉向作用，打破失能與美麗或審美無關的信念，他將失能美學定義為一種批判性的概念，並將現代藝術中的失能表現理論化，強調失能的身體和心靈是定義現代藝術的「獨特資源」；他在接受麥克・萊文（Mike Levin）的採訪中提到，在現代藝術中，失能元素無論來自於失能者本身或是藝術符號，都是重新思考人性之於人體的「強大工具」，他說，「藝

術中破碎和失能的身軀並沒有因為它們的狀態而被視為不那麼美麗，而是被視為更美麗」（Levin 2010）。他強調現代藝術轉型成功，僅僅是「因為它擁抱失能做為一種獨特的美學元素」，因此，失能者的身體有「更大的能力」被接受為「審美代表」（Levin 2010）。前衛藝術中則是具有豐富的失能元素，是為後／現代主義的核心精神，聚焦在藝術表現或表演的創新，例如達達主義、立體主義或未來主義等先鋒領航的藝術創新思潮。

此外，前衛藝術激進的開創性藝術實踐，在面對不可挽回的災難時肯定了另一種現代性，它或失能藝術對主流體制皆持有高度的批評性。哈爾・福斯特（Hal Foster）指出，自1989年後，新自由主義比過去任何一個時代更為全面地統治社會，它造成社會強烈的負面改變，例如「攻擊現代社會契約，大幅削減社會福利；攻擊工會，破壞醫療保健」，讓人們的新日子變得越來越糟糕，天空變得越來越黑暗（Foster 3）。前衛藝術則設法「超越既定的社會秩序，提出一種新的社會秩序」；它的藝術能量開始反映一切有價值的和人性的東西，並動員人們「反對資本主義在法西斯階段造成的非人化（dehumanization）」（Steven 150）。福斯特宣稱前衛藝術的觀點必然是異質的（eccentric），雖然前衛藝術可能無法徹底打破舊秩序或建立新秩序，但它會試圖在既定秩序中找到現存的斷裂，並對它們進一步施加壓力，活化它們，創造以藝術激活政治改革的真正可能性（Foster 4）。失能藝術家則針對主流的單一健全價值深刻地展現了多元的挑戰，他們反映了視覺的原創性，若說拒絕「規範性的」形式價值是前衛藝術的代表性特徵，那麼失能做為反規範的主要意象，則為前衛提供了重要的養分與視角，只是這層連結關係經常被忽略。如西伯斯所聲稱的，現代藝術所代表的變形身體，似乎都是失能者的樣態。

再者，刻意毀損公物（或文化、藝術）的破壞性行為（vandalism）與失能藝術也有相似性，破壞性行為是反叛、挑戰權威或表達不滿的方式，表現為塗鴉、刻字、破壞建築物、破壞藝術品或其他形式的財產損壞，破壞性行為通常是非法和不受歡迎的，而失能藝術則強調包容性、自我表達和藝術的肯定價值，但其形式內容與一些失能藝術家創作中的主題和觀點卻有著關聯性。失能身體在歷史上一直被視為被破壞的肉體，不符合大眾所預期的形式，因為無法滿足文化標準，注定是失敗的。

針對此點，蘇珊娜‧哈姆沙（Susanne Hamscha）針對《聖殤像》（Pietà）雕像破壞事件提出了不同的視角，藉此再詮釋失能美學的意涵。1972 年 5 月 21 日，匈牙利裔澳大利亞的地質學家拉斯洛‧托特（László Tóth）用三磅重的錘子敲打米開朗基羅的《聖殤像》雕像十二次，同時大喊：「我是從死裡復活的耶穌基督！」托特打斷了聖母的鼻子，並留下大約一百塊其他碎片，包括她後腦勺的碎片，四散在陳列她的小教堂地板上。他的行為讓在場的旁觀者都嚇得呆若木雞，現場保全人員揪住此人的紅色長髮，及時將他扭走，但聖像損壞已經造成，擁有數百年歷史的文藝復興《聖殤像》雕像已遭破壞（Pullella 2013）。令人感到遺憾的是聖母的左眼已損壞，喪失她注視聖子的慈祥目光，看起來如同一個截肢和毀容的女人。哈姆沙指出，此次的破壞行為將米開朗基羅的傑作變成對身體分崩離析的描繪，聖母瑪利亞被「殘缺、破碎的形式所破壞，喚起了失能的意象，一個無法保持其完整性的身體」，但是托特所犯下的破壞藝術行為卻提供了失能美學啟發性的見解，讓人們重新思考主流社會對於「構成身體成功和失敗的預設觀點」（Hamscha 119）。

失能或毀損的身體在視覺感知上形成一種干擾與障礙，在審美層面上則破壞了規範性的常模論述，如同破壞行為對於傳統藝

術的毀損一樣。藍納德・戴維斯（Lennard Davis）亦強調主流社會將失能的身體視為「視覺、聽覺或感知上的破壞」，因此失能身體所象徵的「視覺的反叛」需要被「監管、常模化及控制」（Davis, *Enforcing Normalcy* 129）。換句話說，失能的身體給身體健全的觀看者帶來干擾，因為他們已經在這個世界上被成功地「社會化」，明確地內化「正常的」、「有功能的」身體和「不正常的」、「有功能障礙的」身體差異。破壞藝術固然是對任何美麗或值得尊敬的事物進行魯莽或無情的損壞，但西伯斯指出，破壞行為不僅是破壞而已，它也是「一種創造行為，因為新的形象誕生了」（Siebers, *Disability Aesthetics* 83）。哈姆沙則指出，〈聖殤像〉的毀壞產生了一個被毀容的婦女形象，從失能美學的視角來看，這個新形象值得深入思考，這也如同西伯斯所指出的，觀看者與新形象物件的接觸反而能使他們「再思受損雕像和受損身體圖像的含義」（Hamscha 121; Siebers, *Disability Aesthetics* 83）。

　　哈姆沙借鑑西伯斯的論述，自破壞藝術的概念來探討失能美學，凸顯失能身體在公共場合的各種視覺效果，她指出破壞藝術和失能身體的視覺表現皆是令人「不安的審美形式」，意謂著「旁觀者習慣看到並可能想看到的東西被破壞，這種干擾可能會引發本能的、有時甚至是暴力的反應」，這同時還闡明「失能與失敗」之間經常存在的關聯性。在失能研究的背景下，描繪人體被破壞的藝術作品引發了一系列關於美學和身體的關聯性，她詰問，破壞的圖像是否等同於失能的意象？破壞的圖像如何挑戰人們看待不同身體的方式，又如何挑戰人們體驗自己身體的方式（Hamscha 121）。

　　西伯斯強調，身體健全的人觀看被破壞的圖像時所引發的感覺與觀看受傷和失能者所引發的感覺相同，皆是充滿「痛苦、反感和憐憫的感覺」（Siebers, *Disability Aesthetics* 91）。哈姆沙則以《聖

殤像》的毀壞為例,指出「欣賞者的注意力停留在藝術品的形式上,而不是內容上」,促使欣賞者產生痛苦或憐憫之情的「不是《聖殤像》本身的形象,而是聖母瑪利亞被侵犯的身體」,它如實地呈現那被認為是健全、完美的身軀其實是「脆弱和易損的」。事實上,所謂的失能美學所指的並非只是失能身體的美學,在更廣泛的意義上,它指的是破碎美學形式,如同「一幅畫可以被切割,一座雕像可以被打碎」,任何身體都可以在任何時候遭受傷害,成為失能,破壞藝術品直接、寫實地再現「失能進入一個以健全人所組織的世界」(Hamscha 122-23)。

《聖殤像》雕像在十個月後修復,再次於教堂中展出,但這次框在防彈玻璃後面,從博物館的角度來看,藝術品回到之前原來的狀態,完好無缺,如同破壞行為未曾發生一樣。哈姆沙則指出這種堅持其實表達出一種「無能」,無法將失能的身體設想為「有意義的、有價值的和有生產力的」,這些堅持說明失能的身體是有問題的,是失敗的身體,需要被修復,而一個成功的身體通常被想像為「年輕、活躍、健康和具參與性」,這其實也是能者意識形態無所不在的現象。相反地,失能者也總是被健全者的理想困擾著,身體總是存在病理化或失敗的標記(Hamscha 123-24)。

此外,哈姆沙以黛安・阿勃絲(Diane Arbus)1970年的攝影作品〈紐約市旅館房間裡的墨西哥侏儒〉("Mexican Dwarf in his Hotel Room in New York City")為例,帶入蘇珊・桑塔格(Susan Sontag)對此相片的評論視角,凸顯失能身體如何擾亂健全者的視野以及能者意識形態的主導性。桑塔格曾自攝影藝術的角度評論阿勃絲的攝影作品,她指出阿勃絲的攝影展排列著各式各樣的怪物和邊緣人像,「大多數都很醜陋,穿著奇形怪狀或不討人喜歡的衣服;在陰鬱或貧瘠的環境中,他們停下來擺姿勢,並且常常坦率且自信

地凝視著觀眾」（Sontag 25）。阿勃絲拍攝的對象似乎對自己的身體外觀感到自在，坦然接受自己身體的樣態，並展現自信，抵制人們的盯視，桑塔格則評論道，這些拍攝對象沒有表現出情緒上的困擾、痛苦或羞恥，似乎也沒有意識到他們的不正常，這樣的卑微人物似乎並不知道他們在別人眼中是「怪誕的」（Sontag 28; Hamscha 132）。桑塔格對阿勃絲作品偏頗的解讀與評價也遭受到嚴厲批評。事實上，阿勃絲試圖在此作品呼應沃爾特・惠特曼（Walt Whitman）《自我之歌》（*Song of Myself*）中的一句話：「失敗者萬歲！」（"Vivas to those who have fail'd!"），藉以擁抱非傳統並抵制文化規範，惠特曼在詩中表達，「他不僅要用小號和鼓為受到讚譽和歡迎的勝利者演奏進行曲，而且還要為那些在戰鬥中被殺和倒下的人演奏」（Whitman 18; Hamscha 133）。惠特曼對於戰敗者給予與勝利者相同的祝福，他認為戰鬥的勝利與失敗在精神上是一樣的，是一體的兩面。同樣地，墨西哥侏儒的身體與正常的身體沒有實質的差異，或許僅是運氣不佳。阿勃絲的攝影承襲惠特曼的敏銳感覺，美的概念應有更寬廣的定義，因為「昆蟲、奴隸、矮人或雜草等『細瑣』看到的遠比我們要多」（Whitman 7; Hamscha 133）。

　　桑塔格對阿勃絲的作品評論極為負面，認為她只對拍攝「看起來很奇怪」的人感興趣，而且照片的主題總是暗示某種「痛苦、怪癖及精神疾病」，所呈現的或許僅是毀損不雅的畫面（25-7）。她形容阿勃絲在〈1970年紐約布朗克斯的一個猶太巨人和他的父母在家裡〉（"A Jewish Giant at Home with his Parents in the Bronx, New York, 1970"）的作品中，「父母看起來就像侏儒，兒子就像在客廳低矮的天花板下彎腰駝背，在他們身旁的巨大兒子也一樣，尺寸比例都不對」，強調她拍攝的大多數角色似乎並「不知道自己很醜」，他們在不同程度上與「他們的痛苦、醜陋有著無意識或不自知的關

係」,她甚至覺得那些試圖追隨惠特曼觀察敏銳的美國藝術家的作品僅是「戲謔性的模仿」(parody)(22; Hamscha 135)。哈姆沙則批評桑塔格輕蔑直接地表達她「不舒服和厭惡的感受」,甚至認為矮小是不折不扣的「礙眼的東西」(134)。

事實上,桑塔格的反應也凸顯出傳統審美價值與人體形態之間的緊密結合。照片中侏儒的自在似乎讓桑塔格感到不安,因為他挑戰了能者意識形態所劃下的能與失能的界限,擾亂觀者對失能者的刻板印象與期待,最重要的是他啟動了觀者的情動。失能身體具有非常強大的情動因素,它召喚了某些身體感受到其他身體存在時所擁有的感覺,以及其所連結的真實的政治、社會和文化情境;它讓人們看到不同的認知、存在和感受模式。桑塔格針對阿勃絲作品的評論恰恰展現了失能如何干擾大眾的視覺感受,阿勃絲擱置審美理想,刻意忽略觀眾的期望,她讓拍攝的對象在一個適應他們的身體和行為的空間和環境中表現自己,照片中的主角流露出自信,與旁觀者的目光相遇,默默地回視、抵制觀者的輕蔑,他以自信、自在的方式將其人性品質從身體外形抽離出來,身形的異狀無損於他的人格,展現出一種獨特的失能存在模式,而這種模式「沒有不確定的審美空間」,因為相片中的主體以自信的方式定位他的視線(Smit 296; Hamscha 133)。

相反地,克里斯多福・史密特(Christopher B. Smit)則自不同的視角深入研究查爾斯・艾森曼(Charles Eisenmann)的攝影作品。他發現艾森曼的攝影照片所選取的角色都是維多利亞時代的「畸形人」,「狗臉男孩喬喬、大象男孩摩西・傑羅姆、無臂奇蹟查爾斯・特里普、人體骨骼哈維・威爾遜、大鬍子安妮・瓊斯,以及其他坐在工作室裡的數百名怪人表演者」,這些作品深深地吸引住他的目光,他對這些照片「並不反感」,也沒有感受到「道德上的冒犯」,

只覺得這些照片打動他並「召喚」他觀看他們（Smit 284）。當他第一次看到這些照片時，以為他們是電影或電視打造的假象；但經過細心研究他們擺出的精確姿勢和舞台後，他確認他們不是捏造的，而是真實的人。他在觀看艾森曼的畸形人照片時，感覺「既離奇又美麗，既奇怪又崇高，私下看起來很有震撼力，但公開場合卻又反常」（283）。艾森曼的相片在當時引起廣泛的關注和興趣，因為這些畸形人物在當時的社會中往往被視為珍奇的展覽品或娛樂目標。他的作品捕捉了這些人物的外觀、特徵和個性，呈現他們的獨特之處，並記錄當時社會對於身體畸形和異常的觀察和對待方式。照片並反映了當時社會對於不同身體形態的態度，而這些相片引發對於道德和倫理問題的討論，並將畸形人物從娛樂的角度轉變為一種人類學和社會觀察的對象。

　　許多學者認為這些作品侵犯了畸形人的尊嚴和隱私，並將他們視為觀賞的對象。過往，研究畸形人多半聚焦在政治及商業層面，或身體、心理及行為上的差異。他們往往也被描繪成「厄運者」，或被解讀為被困在身體裡的時代犧牲品，或是「被時間遺忘的生物」（Smit 236）。史密特則提供新的研究視角，透過美學和哲學辯證方法論，重新詮釋怪胎表演者的另類角色。美學在理解維多利亞時期畸形身分的形成和維持的過程中幾乎沒有發揮任何作用，史密特嘗試根據伊曼紐爾・列維納斯（Emmanuel Lévinas）著作中的對話方法論，為畸形形象構建的重要性提供新的啟示（286）。

　　列維納斯認為自我與他者之間的關係，不僅是相互的而且是有責任的，且「對他者的責任更應先於自我意識而存在」，在相互的過程中，最重要的是「接受誤解和不完美的條件」，因為這些條件會玷汙所有與他人的互動以及對他者的表述（287）。自我與他者之間的互動模式，會大幅改變人們對畸形表演者及拍攝的觀感，史密

特研究攝影師艾森曼和那些與他「一起工作」，而不是「為他工作」的畸形人之間的對話關係（286）。他試圖在美學及哲學上證明艾森曼及其合作表演者共同培養的合作美學，他們如同列維納斯所強調的自他互惠，在互惠和責任的相互合作中完成合作美學，藉此勾勒出畸形表演者以及拍攝照片者的新身分（309）。

合作美學所呈現的是拉近失能與非失能者彼此間的關係，區分或對立兩者間的關係對彼此皆無益處，應該設法找到雙方可能的「凝聚力」，若能從對話哲學中發展出不同視角及方法來處理這些圖像，人們可以看到更豐富的東西，「改變鏡頭就會改變照片」（288）。單一的一方無法展現真實的認識與智慧，畸形表演者和攝影師建構對等的倫理關係，這是一種研究方法的選項，重新想像新的政治和審美關係。最為重要的是，儘管畸形表演者的照片多半是來自能者意識形態系統性的壓迫或剝削，史密特則提出了許多例證，論述他觀看艾森曼的照片時總是從美學和哲學角度看到一些「新東西、新的美學，一種基於對話的美學」，在非失能攝影師和其拍攝的失能對象之間，彼此關係是「平等的、互惠的，且富有創造性的」（289）。

事實上，照片中任何主體的存在都相當依賴他人的眼睛，人物的眼睛「傳達情感，傳遞非語言訊息，照亮個性，是該人物本質最生動的體現」（295）。失能者在許多相片中多半呈現為被動的觀看對象，尤其在醫療用相片中，但艾森曼相片中的人物多半能直視觀看者，如同阿勃絲拍攝的對象那麼自在、自信地直視觀看者。相形之下，桑塔格若能從列維納斯所強調的責任、互惠及自他平等的視角審視阿勃絲的相片，或能從中體會史密特所指的創新美學與合作美學。

無論是阿勃絲或艾森曼，都開創了美學的新視角，他們不僅

顛覆傳統的美學規範,並以創新或前衛的手法引領觀者認識生命中多元形式的他者,在相互理解中合作建立生命的責任與倫理關係,以新的美學啟動不同的情動。事實上,失能藝術家已經設想了深刻而獨特的存在方式,反映出一種原創性的視野。西伯斯在訪談中具體地指出失能美學的現代性及前瞻創意,他指出「達達和表現主義的特點在於他們常描繪變形或異形身體,好像是在描繪失能者」(Levin 2010)。列維納斯則強調捐棄自他的對立關係,透過共在及合作建立合乎倫理與責任的合作美學。

德勒茲的觀點同樣強調了藝術家創新和變異的能力,認為藝術應該是創新和變異的。他主張藝術家應該超越傳統和既有框架,尋求新的表達方式和觀點;換言之,藝術的力量在於其打破常規,創造出新的可能性。此一觀點促使人們關注藝術作品所產生的非言語化、感性化的影響力,並開拓了對藝術的理解方式。他在藝術領域則以培根為例,強調「無器官身體」,跳脫二元的常與異常的樹形體制規範,以根莖式的自由連結展現前衛及創意的關鍵性特徵,這些論述皆支撐失能做為反規範性的一個突出表徵,揭示了經常被忽略的事物之間的創新關係和連結性。根莖與樹的觀念相對,它是分散、無方向、無起點和終點的,所形成的連接是一種聚集和分組的事物,與傳統的組織層次結構不同,它是一種水平的連結,其中所有的多樣性相互作用。根莖的連接具有異質性、多重性、非符號性斷裂、反標誌化、符號性等特色。這些原則展示了根莖連接的特點,其中各部分以多樣的方式相互連接,不受特定組織模式或規則的限制。根莖做為一種交互作用系統的特性,可以應用於任何不遵循特定組織模式的分割與連結。根莖展現無器官身體去機體化運動的模式,創造真正自由的遊牧身體。當根莖概念用於解釋脫離常模邊界之外發展的人事物時,不僅成為失能美學的重要地圖和隱喻,

更為其開展了創新的展演發展模式,並提供一個生成空間。

下文將以克萊兒・康寧漢(Claire Cunningham)、英國藝術家莉茲・柯洛(Liz Crow)、奧地利藝術家諾埃米・拉克邁爾(Noëmi Lakmaier)、英國藝術家亞倫・威廉森(Aaron Williamson)及凱瑟琳・阿拉尼洛(Katherine Araniello)為例,探討現代藝術中的「失能部署」,析論失能體現如何做為定義前衛身體表演的主要元素。本文同時試圖回答下列問題:過去的前衛作品中是如何忽略或掩蓋失能的?失能在顛覆傳統的實踐中,創新了什麼?前衛運動的反規範模式本質上是失能的嗎?在此基礎上,本文將從布麗・哈德利(Bree Hadley)的表演理論、朱莉亞・克莉斯蒂娃(Julia Kristeva)的賤斥體概念,以及羅伯特・麥克魯爾(Robert Mcruer)的可立概念角度來探討其如何主導前衛藝術的實踐。

修尼巴爾曾指出失能藝術是「最後的前衛」,哈德利也指出,前衛藝術和失能藝術之間的共通聯繫點就是「拒絕傳統審美形式」,進而發展「適合非常模身體的審美策略」(Hadley 2015)。正如哈德利在其《失能、公共空間表演和觀眾:無意識的表演者》(*Disability, Public Space Performance and Spectatorship: Unconscious Performers*)中所述,失能藝術家所展現的,是對公共空間、表演藝術、現場藝術、激進主義和文化駭客的干預表演。失能藝術家儘管處於「『戲劇』光譜的遠端」(12),但他們開始「重新參與、重新演繹並試圖重新想像失能者被迫在公共場合扮演的悲慘、恐怖的角色」(Hadley 12, 14)。他們以現場或表演藝術範式運作,利用裝置和公共空間表演實踐來重新演繹他們的失能身分,並吸引觀眾注意他們在西方失能概念形成過程中所扮演的角色,如何「將失能者的身體定義為好奇、恐懼、憐憫、恥辱、羞恥或尷尬等不適的對象,使其被排除在公共領域之外」(Hadley 15)。他們採取游擊式

的表演,並邀請觀眾參與演出,此舉不僅透過將公共空間做為藝術展演之處,顛覆了表演者在舞台上的中心地位,並且使表演者暴露在游擊式或軍事式的風險和環境中。不同類型的失能藝術家,包括繪畫、裝置藝術和行為藝術,紛紛開始思考描繪或展示人體的新方法,挑戰心靈和身體的生成及生存模式。

此外,失能的身體經驗與形態,透過外加的假肢輔具裝置,也同樣提供了創新美學的元素,率先領航後人類時代的出現。在這個時代,自然和人造身體的混身是前衛藝術家的典範,他們出於需要,積極擁抱既是假體又是可塑的身體,透過身體及輔具在空間展現的多元部署擺置及定位,展現一種非有機、非穩定身體的存在現象,呈現出強大的情動感染。失能藝術家康寧漢為英國知名的表演藝術創作者,兼具編舞家、舞者以及跨領域藝術創作者的身分,她以創新展演方式來探究「手杖」(crutches)的意涵,手杖除了做為協助肢障者行動的輔具,與肢障者間有特殊的依附關係,當手杖成為舞台上之展演道具時,其所表徵的美學張力與生命意義具有強烈的震撼效果。康寧漢的舞蹈創作不迴避與眾不同的身體,她坦然面對大眾的盯視,更直接面對且質疑潛藏在主流社會中的能者意識形態。她拒絕傳統舞蹈技巧,轉而擁抱失能的身分,並為其注入藝術震撼力及生命美感。

康寧漢的作品形式多元,有個人展 ME(Mobile / Evolution, 2009),亦有大型合作的肯杜可舞團(Candoco Dance Company)。2014 年,她創作了一個新的個人展演:《給我一個活下去的理由》(Give Me a Reason to Live),編舞靈感來自荷蘭知名畫家希羅尼穆斯・波希(Hieronymus Bosch)的畫作,他筆下歪斜扭曲的人與獸,充滿怪誕的意象,她以手杖舞蹈,透過震撼的節奏與波希作品中的乞丐和跛足者進行對話。康寧漢將這般「審判」帶來的考驗,呈現

在舞台上；她以極簡、抽象的手法，運用手杖與身體的連動關係，製造情緒、身體與空間上的張力。

　　2017年10月康寧漢受英國文化協會之邀來台演出，當天的表演舞台，除了明暗之間的燈光，並無特別的舞台布置與道具，表演者一開始躲在暗黑的角落哭泣，低聲泣訴心靈成長的過程，現場一片漆黑，看不見舞台。表演者選擇以一個黑暗的舞台來呈現她表演的藝術。黑暗是表演者的舞台，是表演者的內心世界，也是她的安全領域，卻為觀賞者帶來不安的感覺，微弱的燈光，還是強烈地照亮了表演者肢體間的掙扎，也照亮了微弱的生命泉源。之後全場照亮的燈光，透過表演者的演藝，看清了殘酷的世界，以表演的藝術抗議著被要求的赤裸，也赤裸地揭露了性的醜陋。失能者的表演藝術藉著身體有形的缺／限，揭露人心靈無形的殘缺，有限的肢體藉由表演藝術詮釋了無限的可能，也藉由表演藝術激盪出生命的火花，在黑暗中燃燒，在憤怒中燃燒，在恐懼中燃燒，燃燒出光的藝術，而藝術之光卻也照亮了痛苦、殘忍與恐懼。生命總是有種種局限，而這份局限卻帶領人們追尋圓滿。藝術總是追尋最完美的演出，然而失能卻是真實的人生，沒有痛苦的心靈就沒有偉大的創作。失能藝術才是最真實人生的展演，或許也是人們最不想面對的課題，觀看失能展演藝術要有相當大的勇氣，那是面對人生的勇氣，也是面對生命無常的勇氣。

　　康寧漢的演出有許多留白，讓觀眾思索，展演中康寧漢真誠地坦露她的身體原形，她放下拐杖，以有限的站姿及力量揭露她的「不能」與異形，她以堅毅的眼神環視現場觀眾，她因持續站立而逐漸顫抖、不穩的身體，讓她的注視變得力量十足，專注地回觀觀眾。最後，她拿起拐杖一次又一次地試著攀登高牆，掙扎的身體搭配親口吟唱的聖歌，形成另外一種掙扎與唯美的張力，在不斷的攀

爬中,表達個人渴望的救贖或期待與上帝的會遇。手杖是康寧漢在台上唯一使用的物件,她的表演呈現的並非有了手杖她才能行走,而是她的表演賦予手杖生命,展現了有機生命與無機物件和諧的創作。《給我一個活下去的理由》不僅表達失能者在社會生存的困境,同時也呈現了主流社會剝奪失能者存活的不公與不義。英國《先驅報》(*The Herald*)指出康寧漢的表演是「觸動人心、充滿智慧、勇氣與完整的作品」,她所挑戰的「並非只是身障者的極限,更是所有人的極限」;雪梨《先驅晨報》(*The Sydney Morning Herald*)更讚譽:「此作品展現了不可思議的美麗與驚人力量!」(康寧漢 2017)。

　　失能藝術探索新的創作形式,實驗新的觀念和技術,它不僅僅是將內容或思想轉化為形式的過程,而且開拓藝術創作的可能性,創造新的感覺和情動經驗的能力。更為關鍵的是,藝術是一種表達社會和政治意義的形式,具有挑戰權力結構和社會規範的能動力,可以成為反抗和解放的力量,並提供對現實的批判和替代視角。英國藝術家柯洛公開展演自身的日常寫實,她是一位勇於將自己失能的身體帶入藝術展現的創作者。柯洛十歲失能,大學時經歷了歧視,她才開始質疑自己做為失能者的身分和權利。做為一名患有未確診失能的醫學生,她面臨著層層制度化的歧視,最終被迫離開(Nash, "Beware the Beginning" 2015)。柯洛表示「在大約二十秒內,一切都發生了變化,我的人生軌跡變化得如此之快,因為我突然能夠理解過去十年的意義」,在此一政治頓悟之後,她參與各種平權訓練課程,加入各種失能人權網絡,最後投身於倫敦能藝術論壇(Nash, "Beware the Beginning" 2015)。2013 年她以《公開臥床》(*Bedding Out*)一系列的表演展示失能者的日常,以喚醒社會對失能者不欲人知或是被掩蓋的一面。

《公開臥床》的身體藝術表演在西方世界有許多聞名的先例，譬如蒂爾達・斯溫頓（Tilda Swinton），就曾經在公共展演中心或是鏡頭之下表現自己於床間的日常行為，詮釋真實人生。而柯洛的表演除了顛覆《公開臥床》的傳統，演繹失能的身體之外，更是將失能者最真實的一面不加遮掩地展示人前。柯洛在訪問中表示，她的人生有大半是在床上度過，而不在床上的時間多半是為了武裝自己，讓自己準備好用最「完整」的一面面對人群，因此她決定讓自己沒有武裝的一面完全暴露在眾人的目光之下。她調整心態後做出這種展演，這樣的藝術表現除了忠實地顯示她的人生，也以身體展演顛覆失能者經過武裝後呈現給社會的面向，她暴露出自己每天和環境的掙扎與痛苦，而後泰然自若地面對一天的過程，她強調也唯有面對自己的痛苦，才能顛覆常模的箝制，創造出藝術的深度。此外，柯洛近年來最著名的藝術作品是她身著納粹軍官服，坐著輪椅在英國特拉法加廣場留下的一系列影像。柯洛結合自身的失能和納粹軍服所代表的亞利安種族至上的優生學主義，演繹優生學體制和常模觀念對失能者的壓迫，藉以抗議當代社會在金融海嘯之後對失能人權的忽視與淡漠。柯洛認為社會對失能者的歧視有八個階段性的進展，近年仇恨性犯罪的比例節節升高和納粹崛起的過程極度相似，而納粹德國在短短幾年從針對族裔的言語汙辱到不容異己的撲殺，柯洛以親身所見預告一種類納粹殲滅的來臨，提醒現代人應該正視並且引以為戒。

　　柯洛最具影響力的作品是 2015 年的《人物》（*Figures*）雕塑表演，以大規模的視覺方式表現了緊縮政策所造成的人類成本。《人物》是一件特別具有挑戰性但也很有趣的作品，因為它涉及自然元素和大量的體力勞動。柯洛利用挖掘出的原河泥，雕塑了六百五十個小人形，每個人形都代表一個處於緊縮時期的個體。她

【第五章】 失能藝術與現代美學 199

的工作與附近泰晤士河的潮汐時間相吻合,漲潮時,新雕塑的人像被轉移到安全的地方,退潮時,藝術家會回來雕刻更多的人像,在連續十一個日日夜夜、風雨無阻的耐力儀式中進行。這些雕像雖然造型相同,但每個人像的細節都不盡相同,既代表共同的人性,也代表個別化的生命,而且數量與財政緊縮影響所及的六百五十個選區以及國會議員的人數相呼應。這些人像讓人們看到緊縮政策所帶來的慘痛代價,並為公眾提供了一個討論點,以探討作品所提出的問題(Wheatley 2015)。柯洛多半時候都是獨自工作,非常孤立,這象徵著緊縮,但她也與一群人一起工作,幫助她上下前灘:「我真的很喜歡與自然元素和天然材料一起工作。在全球,有各式各樣關於人類從泥沼中出來又回到泥沼的創世神話。我喜歡與世隔絕的想法,喜歡利用潮汐、自然特徵和與之形成鮮明對比的想法,以及造成如此大破壞的社會結構」(Nash, "Beware the Beginning" 2015)。

同樣地,多媒體視覺藝術家傑瑪・納許(Gemma Nash)在2015年和攝影家蜜雪兒・賽爾威(Michele Selway)合作推出了一系列的失能輔具裝置藝術和影像作品,其中最著名的系列代表作為〈懸而未決〉("Hanging in the Balance"),納許利用聲音重新想像有關人物、地點和物體的故事,指出英國的福利緊縮政策對失能者造成的毀滅性影響。她在偏遠的林地裡使用濕版工藝拍攝了與失能有關的輔具,如輪椅和拐杖,其影像採用昏黃的燈光和強烈而斑駁的陰影效果,強調懸掛在樹上的單一輔具,如輪椅或義肢,這些用具不祥地懸掛在樹上,她再透過仰角的拍攝手法呈現出遙遠、仰望而不可得的視覺效果,這些圖像暗示了一種後世界末日的場景,描繪了許多失能者對自己的未來感到的深刻威脅和絕望感,亦即一個懸而未決的未來(Nash, "Hanging" 2015)。納許在訪談中提及,她

創作這一系列作品時受到柯洛在特拉法加廣場的靜坐展演影響，納許希望透過自己的藝術影像表達失能者每天面對生活的抗爭和對未來的茫然，以引發社會對失能族群的關注。

我們生活在一個極度墨守成規的社會，在精神和社會上都存在著大量的排斥失能的現象。失能藝術以陌生的內容改變了人們習以為常的觀看方式，再現人們看不見的「真實」及生命存在方式，藝術家再現此一真實時，往往必須打破常模規範的藩籬。人類內心深處都有一種超越或僭越的衝動，克莉斯蒂娃也曾指出，探究現實深處的藝術家是「怪異的」，並且在主流之外。藝術家的創作主要就是講述真相、再現真實，而這種行為往往超越大眾常模的理解與接納，例如呈現賤斥體的失能藝術，其中賤斥體也是失能表演和前衛藝術之間的重要中介（Arya, "Abjection" 83）。

二十世紀末，許多重要的展覽將賤斥元素帶到了美學創作的最前沿（"Abjection" 83）。失能和前衛藝術家則歸屬於這類型的藝術家，賤斥元素早已廣泛應用在失能和前衛藝術家之身體藝術或行為藝術中，儘管兩者皆無單一、標準的定義，賤斥體此一中介概念是它們之間最直接的連結點。賤斥體是克莉斯蒂娃在《恐怖的力量》（*The Power of Horror*）中提出的觀點，她指出賤斥體「一直處於危險中，它是判斷與情動的組合體⋯⋯並保留了前客體關係的古老主義中存在的東西，在遠古的暴力中，一個身體與另一個身體分離，以便成為一個個體，在那個夜晚，其中所指事物的輪廓消失了，只有不可估量的情動得以實現」；它是主體試圖排除的東西，並藉以顯示獨立身分，但實務面卻無法實現，因為身體無法停止吸收和排出廢物，例如體液、排泄物、膽汁、嘔吐物、黏液（Kristeva 9-10）。巴特勒則強調，「賤斥體是無法納入社會規範的身體和欲望，因此它們處在可接受和不可接受之間的邊界上，為了主流社會

的利益,將其界定出來」(引自 Siebers, *Disability Theory* 56)。

巴特勒和克莉斯蒂娃都分享了賤斥體的觀念,傳達出主體概念的不確定性,它不斷受到客體擴散的威脅,因此無法維持自身;社會必須守住邊界,清除威脅社會秩序的排斥物。不過,失能身體總與賤斥體存在著緊密聯繫,因為人們往往認為它們尚未成為「主體」,且「他們的身體呈現如現實的微塵,規避了社會意識形態力量的控制」,並因此受到主流社會的排斥(引自 Siebers, "Disability in Theory" 174)。此外,正如巴特勒所觀察到的,痛苦的身體和賤斥體是「重新思考物質性表徵的管道」(174)。她對社會賤斥體的洞察力可以應用於被視為禁忌的主題,例如疾病、毀容、失能和垂死的身體。儘管賤斥體具有排斥和厭惡的特質,但它也可能具有吸引力。

里娜・阿里婭(Rina Arya)借鑑克莉斯蒂娃對賤斥體的概念,在她的〈拆解身體〉("Taking Apart the Body")一文中試圖析論賤斥體在身體藝術中的意涵,她指出「賤斥體成為一有利的社會批判工具,被邊緣化的群體可以藉此表達自己的關切,以強化自己的少數身分地位」(5)。人們往往將賤斥體與其產物等同起來,將其視為「身體液體和其他引起厭惡現象的象徵代碼」,不過,阿里婭指出,這樣的簡化是「有害的」,因為它可能忽視了賤斥體與「身體的無償展示」之間的關聯(Arya and Chare 1)。關於賤斥體與前衛的聯繫,克莉斯蒂娃曾提出「在現代藝術中,前衛經常扮演著管理社會與賤斥體關係的角色」,在二十世紀晚期,它成為「美學思考的重要元素」(1)。在後現代概念的影響下,賤斥體在二十世紀末期的視覺藝術和表演藝術中變得普遍。因此,身體藝術成為一種新的表達方式,使藝術家能夠「重新創造美學,挑戰博物館空間的神聖性」,藝術家們利用身體做為畫布或表達媒介,表達「超越社會

禮儀界限的身體和心理狀態」，使他們能夠擺脫舞台和畫布的傳統空間（Arya, "Taking Apart" 5, 7）。身體藝術家的創作通常具有特別的「政治動機」，希望透過展示少數群體的困境，來推動他們的身分政治（Arya 7）。

在以賤斥體為主的表演領域中，身體不一定以「一個整體、統一的實體」呈現，而是透過肉體碎片和物理殘餘所喚起（Arya 5; Hopkins 225）。因此，身體藝術也以不同的方式，包括錯位、剖腹和其他破壞其統一性的表徵，揭示其不可控性（Arya 5）。阿里婭指出，培根的作品之所以稱為賤斥體，乃因其描繪的人體多半是超越常模的，呈現身體結構與構成身體的物質之間的界限，總是呈現緊張的狀態，從而導致身體內容物溢出到前景中，如他 1988 年創作的《約翰・愛德華茲肖像》（*Portrait of John Edwards*），畫作中身體內部和外部之間的界限變得模糊（Arya, "Abjection" 93）。在《約翰・愛德華茲肖像》中，身體液化，溢出物流出，一直延伸到椅子的前腿，溢出的液體像是人體與椅子的影子。培根將目光投向滲漏的身體，內臟從身體的孔洞中滲出（Arya, "Abjection" 92-3）。在培根的畫筆下，人的身體及臉孔偏離了常模強調的比例、寫實或完美，扭曲變形是常態，而他的同志身分，凸顯了畫面布局的線條、比例及色彩交錯或分割，呈現在不明的空間裡。有某些深刻的原始、真實感受存在於大腦及邏輯所建構的二元分立世界之外，是大腦無法觸及的，超越外在形象，並不存在於寫實的情境裡，需向內心探究，僅能透過獨立於大腦外的神經系統感知，培根的畫作則設法呈現原始事物的真實面貌，掌握知覺最深層的流露。培根傳達了這些生物的特質，並用這些人物來表現「人類失能的本質」（Arya, "Abjection" 93-4）。

查爾斯・潘沃登（Charles Penwarden）曾指出，藝術家們表現

出對古怪的渴望,其實源於其對神聖儀式核心的關注,因此特別關切處於「結構邊緣及骯髒的東西」,以便找到表現它們的形式,當他找到表現形式時,就是一種「和諧」的樣態(Penwarden 24)。這些作品透過反映人內心深處的恐懼和對人類狀況的厭惡,同時提供療癒的管道。潘沃登指出在訪談克莉斯蒂娃時,她特別提到,「當人們建構一個連貫系統時,任何從這個系統中逸出的元素就被認定是骯髒的⋯⋯例如,眼淚公認為是骯髒的,因為它們逃脫了身體的限制」(Penwarden 24)。阿里婭也指出僭越是藝術中反覆出現的主題,而當受到尊重的界限被逾越時,總會引起焦慮感。在身體方面,「當身體內部的東西,如液體和內臟,顯露於外,或者當生殖器等本應保持隱私的東西被展示出來時,觀眾的平靜也同樣地受到破壞和干擾;作品的性質打破觀者的界限,我們被動地被帶入藝術家的空間,最終也進入賤斥的情境」(Arya, "Abjection" 84)。

無論是失能藝術家或前衛藝術家,他們以身體為畫布,透過另類賤斥元素技術,發展出一種新的、反古典的審美觀,例如二戰後由土方巽(Tatsumi Hijikata)和大野一雄(Kazuo Ohno)創立的日本「舞踏」(Butoh)美學,又稱「黑暗之舞」或「荒誕之舞」,於二十世紀五〇年代末至六〇年代初期興起,做為對戰後日本社會變革的反應。「舞踏」以身體做為主要的表達工具,舞者探索身體的極限、變形和非傳統的動作,挑戰社會對美和優雅的標準。他們除了繼承讓・熱內(Jean Genet)和安東尼・阿爾托(Antonin Artaud)的前衛精神外,表演作品涉及身體及其賤斥元素的極端使用,例如包括流血、尿液和排泄物,他們也從失能者的表演中汲取靈感。「舞踏」以戲劇化、富有表現力且極為怪誕的動作震撼觀眾,全身塗滿白粉的舞者時而吐舌、齜牙咧嘴、翻白眼、張牙舞爪的雙手、張開嘴巴無聲尖叫、膝蓋向外側搖擺,形成弓形腿的外觀,在

表演中舞者的動作總是緩慢地呈現，扭曲肢體與極致表情具有極強的張力，表演中存在著某種不受控制的元素，在靜止的瞬間及有意識的節奏中，讓觀眾觀察和思考舞者身體和表情的微妙細節，而生命故事也從細緻的手指、軀幹與腳步表露無遺。舞者將肢體扭曲變形而達到原始自然的存在樣態，時而在地上蠕動、蜷曲爬行，臉上的表情及肢體動作極為扭曲掙獰，宛若受苦的靈魂般，透過原始激烈變形的身體語彙表達深藏於內心最底層的苦難及幽暗。

「舞踏」的獨特形式可歸因於土方巽對小兒麻痺症患者行動的癡迷，特別是他們因佝僂病而變形的雙腿。土方巽在1969年寫的一篇文章中曾提到，他「對那些有某種身體失能的人感到羨慕」並指出「這構成了一個人『舞踏的第一步』」（Weir 2015）。露西·威爾（Lucy Weir）解釋說，失能的軀體提醒著人們「他者性」（otherness），以及人們「主體與無序和原始混亂之間脆弱的界限」（Weir 2015）。土方巽對於「他者」體型的迷戀，尤其是對有先天缺陷或失能體型的迷戀，貫穿了他的舞蹈美學，「小兒麻痺症或脊柱側彎症患者的肌肉萎縮和畸形」是他的舞蹈動作的重要特徵，這些關注使得他在舞蹈創作時「對死亡、畸形和衰敗著迷」（Weir 2015）。「舞踏」直接觸動視覺神經系統感知模式，其與失能的動作有很多共同點，它們都將身體推向物理極限。

大野一雄則受到西班牙舞蹈家安東尼婭·梅爾斯（Antonia Mercé）的表演啟發而開啟其舞蹈生涯。《阿根廷》（*La Argentina*）是大野一雄向她敬致的作品，他以「最即興的方式探求內心最純粹的世界，透過性別的錯置來抹除個人差異，讓人回歸到宛如初出母體的單純狀態，展現人類原始之美」，他以「身處當下」的禪意展現生命體現，向靈魂深處探索，無論過程中有各種不同的經歷，終究他會「回到最初在母親子宮內的胎兒純粹狀態」，呈現「最

純粹的生命本質」，再次重新認識自己（國際劇場組織 2015）。

「舞踏」的特質在於它刻意迴避古典舞蹈編排的所有特徵，顛覆西方傳統表演的模式，它拒絕社會規範，追求人之肉體與心靈的解放，再現並傳達埋藏在內心深處的思想和情感。它使用極其複雜的視覺化手段，加入挑釁元素，讓觀者重新去思考美的定義與身心的真實層面。「舞踏」其實就是一種賤斥模式的表演，所指涉的都是身分和邊界模糊的邊緣狀態，其內容與形式總是涉及生命轉變和變形的概念，舞者呈現出生、衰敗、死亡和重生的過程，模糊人與非人、有生命和無生命之間的界限，直接深入人類情感深處及陰暗面，例如苦難、怪誕、情色和潛意識。舞者透過探索怪誕和禁忌的元素來表現賤斥體，直接展示令人厭惡、腐朽和混亂的元素，藉以挑戰傳統美學意涵。「舞踏」廣泛運用象徵和隱喻，創造出高度個人化和主觀的舞蹈形式，鼓勵探索個人的經驗和記憶，發掘自己獨特的動作和情感，它的動作和手勢經常是抽象的，提供多種解讀角度，召喚觀眾進入主觀的思考和回應。此外，「舞踏」非傳統的動作，凸顯變形和對身體極限的探索，正與失能藝術的原則相吻合。「舞踏」中的舞者經常顯現出脆弱和非常規的身體特質，挑戰了傳統的力量和能力觀念，反轉社會對正常、美或理想身體的認知，呈現出人體多樣性和豐富性。

藝術家的身體被視為一種有效的藝術材料，身體也成為藝術家探索有關身分、性別、性和社群的哲學和政治概念的實驗工具，「疼痛成為打破社會同一性、重新思考身分和社會習俗的象徵」，現實化的疼痛具有淨化作用，這是一種極限、閾限和邊緣藝術；身體與表演藝術不斷地協商不穩定的疆界：主體與客體、人類與機器、生命與死亡、健康與疾病、自然與人工在此過程中產生了一種賤斥的體驗（Arya, "Abjection" 95）。藝術家們透過擁抱賤斥將自己

的身體置於潛在的危險境地,「穿刺、切割、攝入和排出」是常用的方法,而這些方法超越了同一性,超越身體表達和感覺的正常範圍,這往往也使得藝術家能「從文化決定的身體中逃脫出來,進入一種被排斥和無政府的狀態」,並引起人們「對視覺表現中被忽視的身體部位的關注」(Arya, "Abjection" 95)。

　　土方巽和大野一雄在「舞踏」中的表演與賤斥體和失能藝術相互交織與呼應,最為重要的是,他們喚起觀眾深層情感的回應,舞者深入人們的陰暗面,透過賤斥體的體現,往往能引發觀眾不安或不適的感覺以及深層情感和內在反應。在這種情況下,類似的現當代表演作品其目的在於喚起人們關注存在於社會中的各種悲慘處境,並在日常生活中提醒我們,就像失能者在街頭和公共空間之日常、現場藝術表演一樣,它們都具有對抗性,擾亂了常模公民社會的心理狀態。土方巽和大野一雄的作品對二十世紀的藝術家影響深遠,他們透過肉體而非外在的具象形式來表現人體。在他們的探索中,身體很容易被解體、支離破碎和扭曲。他們作品中的賤斥元素使得身體更具延展性和易解體性,如同前面討論的培根的畫作《約翰・愛德華茲肖像》,身體液體通過不同的點,如左腳,從人形中流出,身體的痙攣或陣發性潛能往往表現為一種無法遏制的力量,身體總是試圖通過其中一個孔口逃逸到外部世界(Arya, "Abjection" 95)。這樣的舞蹈表演透過深層情感的表達、身體的動態和能量、無言的故事和意象,以及情感的共鳴和共享,呈現了深度情動的力量。他們的身體語言和非語言的方式,直接觸動觀眾的情感世界,創造出強烈的情感共鳴和觸動。德勒茲在他對培根的研究中,把培根式的身體描述為無器官的身體,上述所討論的藝術創作亦可稱之為一種無器官身體的情動展演(Deleuze, *Francis Bacon* 44-5)。

　　上述與失能藝術及美學相關的論述,強調的都是顛覆傳統主

流、單一身分、二分法的透明概念，情動取代了情感，它們共同指向一種否定透明式的思維與感受。若謂翻轉或側背是書寫失／能斜槓主體的主軸概念，不透明性（opacity）則為展演失能主體的主導觀念。不透明性是馬丁尼克的哲學家兼詩人愛德華・格里桑（Édouard Glissant）在《關係詩學》（*Poetics of Relation*）中提出的觀點，他強調「我們應該擁有不透明的權利」（Glissant 189）。他試圖思考和重新定義人類存在的方式，特別是在後殖民時代的複雜環境中。他反對單一的普遍真理或視角，主張應該尊重多樣性、異質性和不可知性。在這個背景下，他提出了「不透明性」此一概念，以表達這種多元性和異質性的重要性。不透明性體現了個體和群體的獨特性和不可預測性，它代表著人類存在的深不可測性和多樣性，這也使得人們無法完全理解和掌握他人或其他文化的內在本質，失能者的生命及生存樣態即為一具體例證。失能族群是被壓迫和被邊緣化的文化和群體，失能文化和群體的價值及知識也不應該被視為次等或不重要，而應該被承認、尊重和互相學習。不透明性提醒我們，文化之間存在著不可逾越的差異和深層的經驗，我們應該以尊重和包容的態度去對待它們。格里桑認為，透過對不透明性的理解和接納，我們可以建立一種「共存的倫理」，在這種倫理中，人們不再試圖消除差異或強加自己的觀點，而是學會共同生活和互相尊重。這種倫理體現在格里桑所謂的「彼此相互連結的全球」中，人們在其中承認並享受彼此的差異。不透明性的觀念之主要訴求是大眾彼此尊重多樣性和異質性，人類存在的本質是深不可測的，人們應該以開放的態度去面對他人和不同文化，以建立一種共存的倫理，並共同追求彼此的連結和理解。

　　格里桑對於傳統的理性主義和統一真理觀念提出強烈的質疑，西方及世界的思想邏輯及美學概念主要是以透明度的方式傳播，易

流於過度簡化的思維,進而推定某些階層或種族的優越性,在所謂的透明概念下,其實容易排除或遺漏一些少數或能見度不高的族群或生命樣態,因此保有差異的理論彌足珍貴。失能美學的脈絡即在凸顯經常被隱藏或壓抑的差異性,不透明的概念所表徵的則是一種「無法簡化的獨特性」(irreducible singularity),因此應該以超越二元對立的不透明思維,「將所有的他者都視為公民,而非野蠻人」(Glissant 190)。格里桑的美學思維明確地來自於其光學理論中的不透明概念,他指出「不透明並非是晦澀的,而是不可被化約簡化的主體」(Glissant 191)。在當代藝術和政治領域中,「不透明」和「透明」之間的選擇已變得越來越重要。格里桑質問藝術作品應該揭示其文化淵源和引用,還是應該隱藏它們?他的美學思維以差異的概念取代一切看似透明的簡化概念,接受不了解的人事物,而不透明的權利是一種倫理命題,也是一種基本的審美標準;是一種策略,也是一種物質條件。格里桑所倡導的思想系統之外(other of thought)的不透明詩學,其實就是失能藝術及文化美學的一種樣態、演出與表達,而前衛賤斥元素則是其中一種表徵內涵。這樣的思維具有其崇高性,所考慮到的不僅只是人文而是「人文的多元性」(divergence of humanities),若從不透明理論的角度審視,自我與他者是過時的二元思維,因此應該以超越二元對立的不透明思維,吸納所有陌生的他者。根據格里桑的說法,透明的目標簡化了人與思想的深廣度,應接納不被化約簡化的主體,才能保證人們「終生的參與和融合」(191)。

格里桑強調人有權選擇不透明,且應該接受不了解的人事物,並指出不透明是一種不可知,不可知才是真實的,他將不透明度定義為無法量化的多樣性,超出了可識別差異的範疇。因此,不透明度揭露了一般所謂的能見度、代表性和身分認同的局限性,這些局

限使得人們無法充分理解世界及其人民的多重視角。這些限制其實是一種野蠻的形式。不透明乃至不可知,都可以理解為一種本體論的條件和一種政治合法性的形式;最重要的是,它同時也是一種基本的審美標準。格里桑的不透明概念恰好詮釋了失能藝術展演中的不透明及身體差異的物質性問題。失能藝術或美學會去思考和質疑「正常」和「異常」的界限,並重新詮釋身體和心智差異的意義,此一反思與格里桑不透明詩學的核心理念相呼應,都追求以開放的態度去面對他人不同的表達形式。他們也共同強調了多元性、異質性和不可知性的重要性,呼籲人們超越傳統思想系統和標準,尊重並欣賞各種不同的存在方式,以建立更加包容和共存的社會與藝術環境。

與格里桑不透明概念相呼應的是伊莉莎白・葛蘿茲(Elizabeth Grosz)的揮發性概念。她從身體及其表層面向重新勾勒主體性、心理深度和內在性的影響(Grosz, *Volatile Bodies* 23),她借用且改寫、甚至顛覆了一些男性理論家的論點,例如佛洛伊德(Sigmund Freud)、拉岡(Jacques Lacan)、梅洛-龐蒂(Maurice Merleau-Ponty)、希爾德(Paul Ferdinand Schilder)、尼采(Friedrich Wilhelm Nietzsche)、傅柯、林吉斯(Alphonso Lingis)和德勒茲,指出其論述中單一性向之局限性,他們論述的身體僅適用於男性,無法涵蓋女性身體的特殊性。在二元分立下,她嘗試以難以預料且變化迅速之揮發特質彰顯多元及變異性。葛蘿茲以莫比烏斯帶(Möbius strip)做為重新思考身心關係的範例,一個表面被扭曲成另一個表面,在無盡的可逆性和嬗變過程中變成外在的表面。葛蘿茲的論述以破壞差異或至少使這些差異複雜化為目的,從內在性到外在性,或者從心理深度到肉體表面,她的建構、解構性思維,極為適合運用在分析並且解構失能的身體與主體,以及所有加諸在失能主

體的文化表徵，進而突破失能主體的定型化框架，展現失能主體的流動性及揮發性，提供了重新想像失能的契機論述。

葛蘿茲融合哲學家們的身體建構論述，提出一種對文化標記開放的書寫模式，例如她把德勒茲反人文主義論述中所強調的多樣性和變形，轉換成為女性主義需要的那種激進的書寫，她強調生成或成為（becoming）歷程之重要性，因為生成提供了翻轉的可能性。此外，葛蘿茲亦探索身心關係之間所存在的各種不和諧思想及論述，她特別析論了那些抵制二元簡化思維的症狀，例如精神病、疑心病、神經紊亂、性變態或性偏差等失能障礙現象。葛蘿茲以豐富的理論視角及高度批判能力，替女性主義建構論述身體的話語及立論。她強調所有的身體皆是社會建構的，生物學本質上也是社會性的，在文化之外沒有純粹或自然的起源，而身體做為社會文化系統中的素材，同樣也是不完整的，因此在文化符號體系中可以被無止境地改寫和銘刻。葛蘿茲的思維也同樣適用於分析所有加諸在失能主體的文化表徵，進而突破失能主體的定型化框架，展現主體的流動性及揮發性。

在後現代的藝術作品中，有為數不少的當代藝術作品皆是透過模擬失能的概念展現其創意，甚至蔚為前衛風尚。社會大眾在日常生活中遇見失能族群的反應大多是不敢直視，但在現實中當受人忽略的景象轉換成視覺創作時卻又備受矚目，形成極大的矛盾反差。在藝術創作的文化當中，最矛盾的是，失能依舊被包裝在美的型態裡，不完整的意象用來襯托完整的美，失能的損傷被用來反映能者的完美。對失能藝術家而言，最困難的是在美學與身體之間找到展演的平衡點，但他們也深刻地體認到，行動本身就像是一次表演。極其類似的是，近代歐美藝術家例如歐蘭（Orlan）及史泰拉克嘗試以身體做為展演的舞台，他們對常態認為「美」的標準進行了更徹

底的顛覆。

歐蘭以自身為畫布，用身體當作表演的媒介，展現當代人對美感認知的矛盾，她總共經歷了九次整型手術，每次手術都全程錄影並且透過衛星於許多國家直播。歐蘭在手術當中以半麻醉的方式保持清醒，或朗讀哲學文章，或講解手術進行的過程，以及回答觀眾的問題，目標在於顛覆社會的價值、觀念，並製造各種矛盾。歐蘭的藝術對整型美容和醫學科技進行探討，除了挑戰醫學科技和身體地位的生化道德，同時挑戰當代人對「美」的定義（Sumitra 2013）。在這些身體展演的作品中，歐蘭透過合併希臘女神的故事，拼貼她的代表作，繪製了一個電腦化的自畫像，然後開始接受整容手術，用肉身「體現」這種表現形式。其展演與失能展演有異曲同工之效，她刻意顯示美麗是如何建構的，她的藝術不僅在重建的面貌，更在重建的過程，透過手術實況轉播，她讓每一個程序都具表演性的。她參考文藝復興時期的藝術創作，將世人想像的黛安娜的鼻子、蒙娜麗莎的額頭、維納斯的下巴等等，藉由整型的方式移植到自己的臉上，用來宣示世人對於完美的五官和美感的普遍認知是多麼地矛盾及不切實際。歐蘭將她的作品定義為「肉體藝術」（carnal art）及古典自畫像的經典作品，她強調自己並不反對整容手術，但她以反對美的規範及其居主導地位的意識形態為使命，因為這種意識形態越來越深刻地嵌入女性的肉體之中。

歐蘭用外科醫師的手術刀展演自畫像，將傳統認定的「美麗」特徵以不自然的手術混合成一個交雜的身體面貌，徹底重新詮釋且定義了新的藝術，同時翻轉並解構了「美」的意象，其異樣的形態卻兼具顛覆的潛能，也呼應了部分失能藝術的展演，其不同處在於，後者在顛覆主流藝術美感時是自然呈現的，而非刻意雕琢而成。歐蘭在最後一次整型手術中，將兩片如額角般的填充物植入自

己的額頭,正式宣告歐蘭的藝術進入後人類時代。歐蘭的身體若以常模的視角解讀,是一個失能的身體,然而卻以前衛藝術之姿享譽國際。反觀失能者的身體,仍被定義為文化主體的賤斥,歐蘭的藝術表現確切揭露了主流社會對異樣身體投射的最大矛盾。

若謂歐蘭的藝術表現是揭露世人審美價值觀的矛盾之作,肢體藝術家史泰拉克的展演則是衝撞血肉之軀的藩籬,以展示靈肉的分合,超越人類對肉體的限制。史泰拉克的早期藝術包含全身懸吊表演和模型的創作。他在全身支撐點釘上鋼索吊掛在高樓之上或是藝術空間裡,或是吞食模型掃描儀器掃描自己的內臟,再予以忠實呈現。史泰拉克的早期表演過程充滿肉體上的痛楚,但他強調自己絕對不是要體現痛苦和歡愉的結合,而是要透過痛感展示身心的結合。在確認自己的身體存在之餘,他更致力於強調身體只是一個軀殼,是我們必須跨越之「物」。史泰拉克藉由懸吊的影像和模型創作展現人體的「物」感,更在後期加入 3D 影像和機械操作的表演,全身接上導電儀器供參展的操作者透過電流操作他的肢體。史泰拉克甚至在手臂上植入了一隻耳朵,並設法將這隻耳朵和電腦網路連線,讓全世界的人都能透過這第三隻耳朵聽見他的聲音(Booker 2015)。史泰拉克的表演突破了人體的既定框架,結合了生化科技,並演繹藝術對未來人類的想像。無論是歐蘭或史泰拉克,他們都徹底地顛覆時尚界對於「美」的定義,也徹底打破西方對於身體比例及五官均衡之要求,在對比衝突中完成了影像的和諧。

在展演失能主體的層面,凱莉・珊垛(Carrie Sandahl)、菲利浦・奧斯蘭朵(Philip Auslander)及布麗・海德里(Bree Hadley)的表演論述最貼近不透明性及揮發性的概念。珊垛及奧斯蘭朵建構失能表演與新興的表演藝術學門對話,視失能身軀為騷動中的身體(bodies in commotion),跨越藝術與表演的疆界,顛覆了大眾

對失能與表演風馬牛不相及的成見。事實上，失能研究與表演研究有極密切的關係，「失能的問題就是身體如何在空間中部署配置（deployment）的問題」，而「失能的認同就在每天的日常生活中，身體以戲劇性的特質被操／展演」（Sandahl and Auslander 9）。近年來與失能有關的藝術展演大量產出，具體地以身體展／表演失能認同的政治問題。對於失能者而言，展演性不是抽象的理論，而是生活的經驗。做為「日常生活的表現」，巴特勒描述為「操演性」（performativity），在看似平常的日常活動中各種角色及身分的部署重複上演著，失能者以明確的自覺和戲劇的方式來表達自己的身分。劇作家兼輪椅使用者約翰・貝魯索（John Belluso）曾以自身經驗做了如下分享：

> 每當搭乘公車時，我覺得那就是一個戲劇時刻。每當我被升降機升起時，就如同舞台正在上升，我進入車內，人們沿線站著，轉看我表演式地進入車內。這好似劇院，我必須演出。而且我覺得我們失能人士一直是在舞台上，我們不斷地在表演。我們可以選擇表演或不表演……有時候，表演失能其實是很棒也很快樂的，這個表演具有震撼力。我特別喜歡上車時的表演。我真的覺得像舞台入口，我準備好我的特寫啦（Sandahl and Auslander 2）！

這些日常操演與展演並非在固定的舞台上，貝魯索戲謔地把公車升降機當成舞台，把人們日常對失能者的盯視視為來自觀眾的觀看，他把失能者日常經歷的負面感受以展演的心境回看觀看者，是一種心境的超越，從而掙脫了盯視的不自在，可以隨意地選擇表演或不表演，他所形容的震撼力其實顯示了演出者反操演的作用力以及盯視者看待差異的反應。若舞台的藝術表演所表徵的是一種大家都認同的「透明」藝術，失能者多元多樣的肢體展演所表達的則是一種「無法簡化的獨特性」，身軀的騷動並非大眾容易理解的，所顯現

的不透明性是原初生命的一種表達與存在方式，失能本身其實也是一種大自然的產物，無法被貶抑為非人，更無法被視為野蠻的他者，他們的日常操演反照、凸顯了主流社會能者意識形態的常模強制性操演。

此外，海德里針對當代流行文化和公共空間表演實踐中的身分建構，提供了鞭辟入裡的論述，她特別關注觀眾在這些實踐中被定位為共同表演者的方式。她將失能者的表演舞台擴大到公共空間裡，認為失能本身就是一個特殊身體的展演，在公共空間中，任何一個失能者都不可避免地因為身體的異樣而受到一般大眾的凝視。海德里認為此一被凝視和凝視者的關係，讓失能者的一舉一動在社會上成為一個不自覺的介入性表演（interventionist performances），他們隨時隨地都在展示自己的身體與常模體制及公共政策之間的磨擦、不合和重複的挑戰。這樣的肢體展現除了挑戰常模的認知外，同時也啟動了常模和異樣之間、看與被看的一種無形對話。海德里的觀點亦十分貼近格里桑的不透明論述，他們強調所有藝術及肢體展演的源頭都不應被遮掩；相反地，這些肢體的多元性正是展現創意的源頭。海德里指出失能藝術演出者在公共場合的干預，也讓觀者重新定義和思考「公共領域」的概念以及允許出現的對象。

海德里透過對裝置、現場藝術、公共空間干預和網路公共領域的案例研究，肯定失能藝術工作者挑戰主流社會的動力。西伯斯在失能美學中曾提到，所謂的美學，是讓人在觀看表演及作品時感官產生一種深層的情感觸動，許多失能者在公共場合出現時，因為身體不同功能的損傷，以致於肢體在空間移動時會有不同的協調組合，這樣的肢體動作其實也接近一種藝術的展演形式，而大眾的觀看並非全無交流或互動，每一個肢體在展演時都有其不同的觸動，失能者與觀看者彼此間也會產生交互應對的影響。當失能者於日常

生活中出現在公共場合時,路人習於對他們投以嫌惡及異樣的眼神,為此,失能藝術家刻意重新展演並再現他們在公共場所和日常的遭遇,藉此危險的「游擊式」展演,提醒路人在日常有關失能的社交戲劇中所扮演的共謀角色。這樣的展演對於演出者極具挑戰性,他們不僅要有莫大的勇氣,有時可能還得面對突如其來的羞辱與歧視,但是這樣的演出為自己的不透明身分發聲,也啟動回視(stare back)代表透明意識的路人及主流社會的改革能動力。

目前,在美國、英國、加拿大、歐洲和澳大利亞,皆陸續出現這類失能藝術家的公開展演,例如在英國/奧地利的諾埃米．拉克邁爾(Noëmi Lakmaier)、艾莉森．瓊斯(Alison Jones)、亞倫．威廉森(Aaron Williamson)、凱瑟琳．阿拉尼洛(Katherine Araniello)等藝術家,皆以此類展演藝術做為一種想像和追求「其他世界」的存在方式之身分認同的管道。失能藝術家在公共場合以游擊式的表演以及直接面對觀眾的介入及互動方式,不僅顛覆了表演者在舞台上的中心地位,並將公共空間做為他們的藝術基地,而且使表演者在類軍事化環境中進行游擊式的反操演。

以失能藝術家拉克邁爾為例,她在女王大學貝爾法斯特音樂節(Belfast Festival at Queen's)上製作了一個互動式的裝置藝術,她將人們包裹在直徑 80 公分的球中,該裝置是根據美國玩具的廣告語「威寶娃娃搖搖晃晃,但不會摔倒」("Weebles Wobble, but they don't fall down")打造的。拉克邁爾解釋說,威寶娃娃的設計與真人大小差不多,坐在裡面的人不會摔倒,參與的人被放置在內,只讓他們的頭和手臂伸出來,這會造成一種不穩定的感覺,但卻不會摔倒。拉克邁爾根據這種裝置的特殊表演性,組織了一場社交晚宴,她一共邀請八位客人參與這場高檔且兼具美味之聚會,參與者來自北愛爾蘭社會的不同背景,從政客到當地名人,從移民到來自

宗派分歧的普通公民。晚宴準備了「優質葡萄酒和優雅、專業的服務」，客人用餐全程必須坐在威寶娃娃中，這些參與者在進餐以及與其他客人進行社交活動時，必須「重新思考飲食與社交活動等日常動作」（Hadley 52）。

　　拉克邁爾裝置藝術的原創性不在於裝置本身，而在於它引發的情感以及威寶娃娃與環境之間發生的相互作用。拉克邁爾解釋說，「透過使用日常材料和人體，我建造了臨時的生活裝置，一種替代的物理現實，從物理到哲學，從個人到政治，探索『他者』的概念」（Hadley 48）。事實上，幽閉恐懼症帶來的不適、衝突和恐怖情緒，以及被限制在奇異的小威寶娃娃中的無能為力，有助於參與者反思物體、個人和空間之間的關係。拉克邁爾的「生活裝置」或「生活藝術」聽起來既滑稽、好玩且幽默，但她有意用它來引起公眾的注意，重新考慮社會對失能者的看法和期望。

　　拉克邁爾透過探索和實驗受限人體的表現形式，藉以規劃新的表達空間並重新配置主體位置。她豐富了美學領域，將原本被壓抑銷聲的失能日常重新藝術化，直接與能者主義抗爭。她的裝置藝術實際上是一種社會或政治審問與挑戰的表現，迫使人們喚起許多情感；此外，她透過溢出或越界的手段將通常隱藏在公眾視線之外的身體暴露出來，亦給參與者帶來巨大的衝擊，像這樣的會遇其實具有高度戲劇表演的特色。拉克邁爾的日常裝置藝術在畫廊公共空間舉行，模糊了表演和旁觀者之間的界限，在展覽空間中，觀眾亦成了表演者，在現場和聚光燈下表演、互動和交流。拉克邁爾將一般大眾的盯視轉換為裝置藝術展演的觀看，開啟人們與怪胎和怪物的對話，裝置藝術展演的題材內容多半來自於失能者日常生活中平凡的活動，如此參與者或路人能即時地對他們所看到的演出做出回應，儘管這樣的展演與互動有其不可控制的風險，但卻也能讓觀看

者的視角觀點產生變化。

同樣地,英國表演藝術家威廉森和阿拉尼洛也對公共場所以及介於惡作劇和政治聲明之間的游擊式表演感興趣。威廉森有聽力障礙,他的表演藝術作品通常融合了視覺藝術、聲音、文字和行動藝術,表演風格主要為探索身體和社會的關係,特別關注身體障礙和無聲藝術的議題。他的表演形式常採即興演出,讓藝術家與觀眾直接地互動。阿拉尼洛是輪椅使用者,她以黑色幽默和大膽的表演風格聞名,用幽默的方式挑戰社會對於失能人士的刻板印象。她的作品涉及戲仿、喜劇、錄影和互動表演,通常以自嘲和諷刺的方式來引發觀眾對於身體和身分的思考。威廉森和阿拉尼洛兩人無論是單獨演出,或在以「失能前衛」("Disabled Avant Garde")為名的團體中共同演出,內容皆涉及社會觀眾在公共場合如何解讀他們身體存在方式的問題,兩人都發現這些解讀對他們而言皆是日常生活中的負擔,尤其阿拉尼洛的外形與主流規範的期待有明顯的落差,她清楚一般路人的盯視不僅讓她的生活變得困難,甚至威脅到她的生活,他們甚至暗示像她這樣的人可能「死了更好」。這些威脅與壓力促使兩位運用表演和策略來凸顯失能者的日常生活(Hadley 96)。

他們最著名的公共空間表演之一是 2007 年的《協助通道》(*Assisted Passage*),威廉森和阿拉尼洛站在伯克貝克學院(Birkbeck College)外的抗議者隊伍中。威廉森要求路人協助簽署一份請願書,支持一項與航空公司有關的計畫,請願書內容不清楚,因為觀眾一開始只看到桌上的「禁止進入雲層」的標語,聽不到表演者澄清具體情況的演講,在現場,阿拉尼洛主要扮演的是慈善募款,她邀請人們走近她、幫助她,威廉森則從旁解釋,在先前虛構的抗議航空公司對待失能者的行為背後,他們其實希望觀眾能支持

阿拉尼洛購買機票前往瑞士參加輔助的安樂死權利。不過，威廉森和阿拉尼洛發現大多數觀眾其實只看表面上的「抗議」，而錯過了他們在展演中安排的黑暗轉折（Smith and Williamson 95; Hadley 99）。阿拉尼洛指出大多數觀眾都是「高興地簽名決定了她的生命」（Araniello, "Interview" 2013），有些觀眾甚至當她是真要募款，還「揮舞著一張五英鎊的鈔票」說：「給妳。我不需要它，我只需善待自己」（Araniello, "Interview" 2013; Hadley 99）。現場的觀眾或簽名或視若無睹，顯然都認為現在的訴求是真實的。對威廉森和阿拉尼洛而言，安樂死對失能者是個高度敏感的話題，他們並未抱持特定的立場，只是想凸顯大眾對失能的恐懼，並刻意地調查大眾對失能者的刻板印象是否有可能在公共場所得到不同的處理或對待，阿拉尼洛承認她確實有些擔心大眾會過於認真地看待她的訴求，希望她安樂死，以便「擺脫痛苦」，這也是這類游擊式演出的危險之處（Araniello, "Interview" 2013; Hadley 100）。

在這場演出的敘事中，威廉森和阿拉尼洛所採取的是令失能者「恐懼的觀點和敘事立場」，阿拉尼洛呼籲人們不應該基於恐懼而尋求安樂死（（Araniello, "Interview" 2013; Hadley 98）。威廉森和阿拉尼洛選擇以安樂死為題材，其實是希望引領大眾正視面對失能時所感覺的恐懼感（99）。他們說，恐懼所帶來的問題比失能本身還嚴重，《協助通道》只是「採用了一種持續諷刺的策略來引起公眾的反應，從中反映了人們對失能者『正常』的偏見（或憐憫）的深度」（Smith and Williamson 93）。他們將焦點轉向社會規範力量，因為成為正常或展演不是他們在意的議題。阿拉尼洛特別澄清說，她想導正的主題是，人們不應只因恐懼而選擇安樂死，乃至忽略生命本身，她擔心多數失能者的恐懼其實是被暗示、置入的，他們害怕失去對自己生活和疾病的控制，害怕依賴他人進行日常梳洗，她

直言,「誰在乎你是否需要別人來梳理你的頭髮或剪頭髮,或洗頭髮,或給你穿衣服,或給你餵食等等」,她坦承這些事她也辦不到,但並不意謂失能者必須為此選擇安樂死,這些其實都不是決定存活或死亡的關鍵問題(Araniello, "Interview" 2013; Smith and Williamson 98)。

阿拉尼洛自 2007 年開始從事輔助式安樂死的工作,目的在打破與此議題相關的嚴峻性,她用媚俗美學、嘲諷劇、演唱等創新的藝術視角揭露輔助式安樂死給社會帶來的不平等,讓觀眾體會輔助式安樂死的荒謬性。《協助通道》呈現了失能者在日常生活中所面臨的困境、挑戰和壓力。藝術家們透過自己的身體表演,以幽默或戲仿的方式來呈現這些經歷,同時向觀眾展示失能者所面對的現實,強調觀眾的參與和互動。觀眾可能被邀請參與表演,與藝術家一起創造互動性的藝術體驗,這有助於加深對於身體障礙和藝術的理解和共鳴;透過即興表演和互動,他們呈現了身體在藝術中的角色和可能性。

此外,2013 年《加拿大失能研究期刊》(*Canadian Journal of Disability Studies*)策劃了一個線上失能藝術展覽,探索虛擬平台為失能藝術家提供展覽空間的可能性,展覽的設計為觀眾提供了多種觀賞途徑:視訊訪談或語音描述、文字記錄、藝術家的聲明、批判性視角及藝術本身都涵蓋在內(Cachia and Araniello 2013)。阿拉尼洛展出以《生病 蕩婦 可立》(*Sick Bitch Crip*,簡稱 SBC)為標題的舞蹈影片,她以極為前衛且顛覆性的幽默,挑戰大眾先入為主的框架,她本人親身體驗了社會對待失能者的方式,例如輔助式安樂死、媒體報導、慈善和身體美學等偏見,將自己置於社交媒體、數位圖像和短片中的位置,以其獨特的視角,利用網路空間影響主流社會。她指出社會對失能的無知和負面報導破壞了失能者的

生活，造成不平衡。阿拉尼洛表示《SBC》使用的是定格動畫採用的標準手法，影片中的面孔實際上是真實的，但已被後製處理過，「它們被切成碎片，因為碎片越多就越美麗，之後它們被取出，打印出來，然後用三腳架上的相機移動、拍攝，再將它們放在藍色屏幕的背面，慢慢移動，每移動一點就拍一張照片，然後將它們編輯為循環模式」（Cachia and Araniello 2013）。她同時創建了一些詞彙，例如：「傳染性」（contagious）、「疾病」（disease）、「生氣勃勃的」（vital），讓這些單詞成為字幕的一部分，與音樂融為一體（Cachia and Araniello 2013）。

對於失能者而言，網路是絕佳的展演空間，阿拉尼洛強調，「在網路空間中沒有物理障礙」，因此，失能藝術家的創造表現形式是全新的、令人耳目一新的，例如，輪椅可以飛，動作也與眾不同。觀眾在虛擬世界中對失能的態度也與現實中不同，因為在虛擬世界裡生活體驗中的失能已經不復存在，失能者能平等地探索這個空間。《SBC》是當代失能問題的縮影，作品改變了傳統的敘事內容與方式，以一種創造性的方式重述失能議題。在舞蹈中，她加入顛覆性的幽默，因為在現實中，人們看待失能者的問題具有高度的諷刺，一旦剝開層層面紗審視與失能相關的透明觀點與現象，人們就會發現這些諷刺是極為荒謬的。

《SBC》的影片中有三個變異舞者，一者為看起來酷炫的科技輪椅，以此代表病人；再者為穿戴義肢的女人，代表蕩婦；另外一位可立坐在輪椅上，她的身體是紅桃皇后撲克牌，背景元素融合義大利式西部片和牛仔電影，呈現失能與流行文化融合的表演。影片中放置了一名輪椅使用者，是各種疾病的棲身處，代表失能生活的奇蹟，儘管面對許多困境，她仍然在呼吸，並且過著充實的生活。她保持著有史以來最重度失能的世界記錄，享有有聲望的頭銜，每

個人都崇拜她，但卻是一個病態的名人。片中的蕩婦則擁有不成比例過度膨脹的自我和火熱的胸部，她夢想著自己變成失能者，且不顧一切地尋找一位外科醫生，折斷她的脊椎，讓她的雙腿無法行動，為了實現夢想，她不擇手段地進行瘋狂的自我毀滅。可立有一種天賦，可以打動人們的心弦，但無限度的自我放縱讓她「變成了一個大便狂飲者、癡迷於快餐的癮君子」（Araniello, "Sick, Bitch, Crip Dance" 2013）。阿拉尼洛表達這部影片是由「興奮、陰謀和動作驅動的」，並認為「生病 蕩婦 可立」是個角色，「有聲音和膨脹的個性」，她也是個「幌子」，只出現在博客及臉書中，將自己置於社交媒體、數位圖像和短片中的任何位置，藉此引人注目。「生病 蕩婦 可立」代表世人最渴望的東西，輪椅表徵疾病，代表大家都渴望成為失能者，蕩婦代表人們隱藏的願望，可立則是成功的縮影，令人欽羨。阿拉尼洛讓失能者有個擺脫悲劇刻板印象的獨特機會。她的作品不說教，但玩味一般大眾認知的失能邏輯，在表達上是顛覆且前衛的。

　　失能者在社會、醫院、學校、家庭、街道和媒體中，歷來被定義為「他者」。在這些作品中存在著一種「不確定性」，觀眾必然受到成為「他者」過程中種種現象的衝擊，而再現過程中產生之「事實、虛構和奇想」的表徵彼此相互碰撞，呈現生命發展中之不確定性及不可預測感，而現場觀眾在不明確的情況下，也必須立即做出回應（Hadley 28）。在這些演出中，無論是表演者或觀眾都面臨高度的不確定性或未知性，此一尷尬或曖昧其實也是無法預知的，即興表演提供觀者以一種新的方式瞥見他者，迴轉了盯視，突破了演、觀的二元關係。海德里認為在這即興式的相遇中，演、觀者協商了「新的關係」，觀者與特定的小寫他者（other），而非大寫的他者（Other），建立新的關係（29）。失能身軀成為有力的隱喻或

比喻,「表達每個人對『他者特質』(Otherness)的體驗或渴望」,其展演內容雖然呈現的是「無法預知」的他者,事實上也為觀眾再現並詮釋了「他者」,提供「反思、辯論和重新考慮自己的立場」,引領觀者進入「倫理」思維(31)。

失能不是個人的問題,更非存在的問題,它成為問題其實是社會價值觀及負面投射的問題,列維納斯指出人們面對他者也會被一種無法抗拒的責任感所震撼,因為「他者」總是無助和脆弱的,人們都有保護「他者」的義務。然而,為了理解他者,人們習於將自己的文化代碼、類別和標籤強加給對方,而這樣的做法無形中卻使他者遭受理解上的暴力,列維納斯強調即便是部分否定也是一種「暴力」,因為剝奪了「存在的獨立性」(Lévinas 9)。失能身體及主體上的差異性難以理解,且總被忽略或隱藏,甚至轉化為服務於主流文化的工具,以致於人們面對他者的責任以及會遇時的倫理關係也蕩然無存(Hadley 8)。

海德里特別強調在以「戲劇框架」為前提下,表演方能產生倫理交鋒,在其中「事實、虛構和奇想都被模糊化,意義的生成也被延遲,它將觀眾帶入一個可以進行反思的閾限空間」(32)。戲劇表演可以對公共領域進行「有效的物質干預」,使失能者能夠對主流意識形態、論述和社會形態進行回應,透過在「同樣的公共舞台、空間和場所進行表演,做複演、重演」,質疑主流社會將失能身體定位為「他者」的做法,對於希望改變的失能者來說,尋求改變其在公共領域中的地位是合乎邏輯的,他們提供了重新省思觀看日常點滴的視角(Hadley 32; Kuppers, *Disability* 1, 2, 4)。這些失能展演帶著前衛、顛覆性的基調不斷地重新演繹這些時刻,此一做法雖有風險,但也帶來改變的契機與潛力。它們提供了失能者與非失能者相遇的機會,可將日常中所遇到的困難轉化為無數次的談判以及建

立新關係的機會,對於那些終生不情願地從事社會表演的失能者而言,走入未知及不可知的風險其實是值得嘗試的。這種展演的優勢在於觀眾可以共同成為表演者,它能夠吸引觀眾與特定的而非抽象或想像的他者相遇,他們質疑彼此在世界上的存在方式,繼而產生對話與反思的機制。

　　失能美學以獨特的視角及創意為現代藝術灌注了新的元素,帶動了前衛的風潮;失能前衛藝術家近年來將表演轉向為一種政治實踐,其以類似於其他政治藝術家的精神來「回觀對他們施加暴力的觀看和想像模式」(Hadley 9)。失能藝術家在表演實踐中有效地重新啟動那些曾經令人產生反感的他者主題,透過重複認識的熟悉度,解構恐懼元素,啟動失能者與其觀眾進行協商的見解,讓自、他在社會建立共融的新倫理。失能美學不以克服失能或身體混亂的方式做為超越策略,其所強調的是,如何永續地增強或發展個人具強度的各種感知情動力;相較於傳統的展演,失能藝術或美學所產生的感受強度與情動力更具多元、彈性及即時性,其非規範性的特徵,是生成性的、創造性的、激進的和前衛的。失能藝術以日常生活經驗做為創意展演的靈感來源,每個人皆有其獨特經驗與生存方式,其根莖式生成超越二元常模的簡化思維,更引發原始、深層的內在生命與情動。失能者生命中總存在著一種未知、不確定性、不透明性,乃至不可知,但這些都應理解為是本體論的條件以及合法性的存在;最重要的是,失能藝術展演中的不透明性及身體差異的物質性,恰恰成為藝術創作的靈感,它形塑失能的美學概念,而失能元素更前衛地引領觀者開發不同的創作與賞析視角,啟動深層的情動,並窺見生命的本然。

【第六章】

台灣失能藝術之萌芽與轉型[1]

　　相較於歐美國家，台灣失能藝術的萌芽與發展起步較晚，約在 1980 年代才開始出現以團體方式進行藝術創作的模式，讓身障者在互動中獲得成長，其時社會也才開始關注失能藝術創作，相關團體與機構陸續成立。2000 年起，失能藝術家的創作受到國際趨勢影響，不再局限於傳統的繪畫或雕塑，逐漸發展出一套獨特的藝術形式，媒材與形式開始變得多元，涵蓋視覺藝術、音樂、舞蹈、戲劇等各種形式，創作主題不受限制，從個人情感、社會議題到對生命的探索，都能在不同形式的作品中找到適當的表現，這個階段的失能藝術旨在透過藝術創作表達自我、探索世界，它是一種與社會互動的平台，因此他們的作品不僅是藝術創作，更是一種賦權的過程，讓失能者能夠發揮潛能，找到屬於自己的聲音，同時間，他們也開始積極參與國際交流。

　　在台灣，失能藝術與美學做為一個新興的人文領域並蔚為一種文化潮流，尚有諸多待耕耘的空間，畢竟台灣的失能研究發展步調緩慢，遑論在學術界形成失能與美學藝術的跨文化研究。由於起步較晚，在各方面的創作成品數量有限，近十多年方有較具特色的作

---

[1] 本文部分內容乃根據 2016 年於美國比較文學會議發表之論文 "B/Orders Unbound: Works and Portraits of Modern Disabled Artists in Taiwan" 增修撰寫。

品,形式變化更為多元,除了繪畫作品外,舞蹈與戲劇的展演也陸續推出,屬於國家級重要的展演場所也會刻意安排相關的展演與表演,藝術創作展演與表演的品質能夠展現一個國家的文化素養,而失能藝術的創作能量更能顯現一個國家的人文深度。

美學往往與視覺、感官或者情感上的愉悅和諧有關,在藝術、設計和物體外觀的感受與評價上,強調對稱、完美和規則性的追求,因此失能和美學看起來是相互衝突或不協調的概念,在大眾想像中,兩者若非對立,也是不協調的。藝術被視為是為擁有天分的人量身訂做的美學,是那些有足夠意圖和智慧的人才能完成的工作。當我們談到失能時,多半是指身體或智力上的能力限制,這些限制使人們難以跟傳統的美學標準,例如身體的對稱或者完美的姿態相連結;因此,失能與傳統美學價值觀之間的差異,總是引起人們對衝突或不協調感的拒斥。如同西伯斯所指出的,很少人能從失能者的角度考慮藝術作品的賞析,他們通常被描述為悲慘的、缺陷的或反常的,鮮少被視為具有獨創性或審美的對象(Siebers, *Disability Aesthetics* 69)。不僅如此,失能者更普遍地與醜陋和缺乏智慧聯繫在一起,多數美學研究者也鮮少將失能藝術對藝術領域做出重大貢獻的想法概念化,失能無論是做為審美的象徵,抑或是個人創造的藝術品一直都難入美學殿堂;相反地,失能狀態充滿了汙名化、被排斥和貶低等問題,也導致失能與藝術有一種不相及的鴻溝(69)。此一觀點維持了數個世紀,直到近代美學採用了許多失能的元素創作,失能藝術才隨之受到重視。[2]

事實上,失能美學是一種充滿生命力與獨特性的藝術形式,可以體現在各種形式的藝術、文化和創造力中。美學並不僅局限於外貌或視覺感受,它也是一種對於人類經驗的感知和理解方式,在此

---

[2] 此一觀點在第五章〈失能藝術與現代美學〉有詳細說明。

一層面，失能者的體驗往往比非失能者更為深刻。他們從自身獨特的經驗出發，將生命的喜怒哀樂、對世界的感知，以非傳統的方式呈現出來，創作內容往往充滿對生命價值的思考與對社會的關懷。失能與美學並不相斥，反而能提供新的視角和各種感知的可能性，並反映出不同的價值觀、美感和多樣性。失能藝術創作有不同的訴求，或強調個體的獨特性、創造力和堅韌，或提倡包容和多元化的價值觀，最為重要的是，打破了社會大眾對失能者的刻板印象，展現出他們的才華以及誘發特別感知的召喚力。它也是讓人重新思考人類外貌、智力、行為和創造力的有力工具。西伯斯在一次訪談中，特別強調了失能美學的價值，他說：「它引入了一種關於人類是什麼的新認知模式」，並「在社會和文化價值的感知中引入一個關鍵的距離」；此外，它有助於人類捐棄傳統上將失能視為人類弱點的古老觀點，人的能力不是單一面向的，「人類對世界的歸屬和貢獻方式有豐富的多樣性」（Levin 2010）。失能不代表沒有美感經驗，西伯斯指出，「人們不承認失能有程度上的差異，認為失能者一直都處於所有身體功能都失能的狀況。如果視力有問題，代表聽力和思維也一定有問題。藝術家是天才的神話在我們的社會中根深柢固」（Levin 2010）。

　　一般而言，社會大眾對失能者的期望不高，因為他們總是經濟上最貧困的少數群體，人們不期望他們能成為偉大的藝術家、科學家或政治家，即使他們是，「他們的失能也會被隱藏起來」，把偉大的成就和失能並置，這畫面太「不協調了」（Levin 2010）。同樣地，在台灣，當美學藝術概念與失能整合在個體身上時，鮮少以一致的方式一起呈現。失能，而非藝術美感，率先帶頭定義個人的特質。例如，許多障礙協會畫廊的畫作是匿名呈現的；失能藝術家的作品刻劃了一種刻板的統一性，他們犧牲了個人特質以符合協會的

審美觀。當他們的作品被報導時，大眾所關注的皆是身體故事，而非藝術感，關於他們的藝術專業評論幾乎付之闕如。

失能美學其實是恢復和慶祝失能身分和文化的重要手段之一，也是文化進步的推動力。本文針對台灣失能藝術的萌芽與轉型兩個階段勾勒台灣失能美學的發展，並析論台灣 1990 年至 2000 年前後較具代表性的藝術家及其作品。第一個階段是 1990 年代前後的失能藝術特色以及代表性藝術家，第二個階段則是 2000 年代後的代表性藝術家，下文分別梳理這兩個階段的藝術特質及代表性人物，藉以反映其時的台灣藝術文化底蘊。

在萌芽階段的失能藝術，人格特質顯得比藝術特長重要。台灣失能藝術發展與美國有些許不同，在創意呈現層面上，台灣失能者其實有其獨特性，但無論是表演者或藝術家以及觀眾的心態，都被能者意識形態主導，那就是視藝術為克服失能的媒介與平台，展現「殘而不廢」的勵志精神，社會大眾對於失能者的期待是「儘管失能，要比其他失能者或所謂的正常人更強」，「要成為超人才能被看見或被接受」，因此失能者若想要被社會大眾接納，有特別的專長或能力亮點才易被認可、看見，即使沒有，也必須有超強的毅力與鬥志可以激勵大眾，做為勵志性的典範。此一文化底蘊所顯現的意涵是，失能藝術家的象徵精神往往大於其作品或創作表演本身。在主流文化的期待下，一般失能者的作品較少呈現顛覆或改造主流社會對失能者的定型化認識與偏見，因為「失能」所以「作品值得肯定」，而非「藝術」本身反照主流社會的歧視或啟動社會的改革。這些人往往成為安定失能者的另一股力量。換言之，「殘而不廢」的底層意涵是，社會不必做任何改變，失能者應該跟哪個典範人物學習，如此生命就有意義。

事實上，台灣失能藝術家與勵志及宗教論述常有緊密的連結。

以謝坤山、楊恩典為例，他們是台灣傑出的藝術家，但是大家談到他們的話題都跟「激勵人心」畫上等號，儘管他們的畫作都有其各自的特色。他們兩位都是口足畫家，用他們的人生故事告訴世人，即使面對殘酷的命運，也能用藝術點亮生命。謝坤山在十六歲時，因觸電意外失去了雙手、右小腿和右眼的視力。這場突如其來的變故，對一個正值青春年華的少年來說，無疑是沉重的打擊。然而，謝坤山並沒有因此自暴自棄，開始學著用嘴咬筆習畫，選擇用藝術來面對人生。楊恩典出生即沒有雙手且胸腔嚴重變形，但她從小就展現出對藝術的熱愛，生活中用腳完成的所有事情，包括畫畫、寫字、吃飯等等。她的畫作色彩鮮豔，筆觸有力，展現出她對生命的熱愛和對美的追求。他們的故事和作品鼓勵了台灣無數的身障人士，讓他們相信打造精彩的人生不是夢，凸顯了他們生命的潛力和價值。藝術對謝坤山與楊恩典不僅僅是興趣，更是一種療癒的方式，可以幫助人們走出困境。繪畫固然是他們的專長，但社會提到他們時反而是他們的生命故事大於藝術特色。顯然在當時的台灣社會，藝術與失能者的關聯性並不深，關鍵是繪畫專長呈現了他們有克服障礙的潛力。

　　這個階段的藝術創作多半符合主流社會對失能者的期待，較少以藝術做為批判或倡議工具，或對社會的排斥、歧視和不公進行深刻的反思，呼籲社會對失能者有更多的理解和包容。換言之，能者意識形態仍然主導且深藏在台灣的失能藝術中。針對此點，失能者總有一種無奈的矛盾，他們不喜歡被拿來當勵志的工具，但也習慣以熟悉且成功的失能者為學習模範，並不斷證明他們可以和一般人生活在同一世界，甚至完成非失能者也難以做到的事，如此方能被看見、被肯定、被稱讚。時間久了，他們卻發現自己活在別人期待與肯定的眼神中，更會不自覺地滿足社會期待的形象與態度。

台灣的失能者多半較缺乏自信，或許與台灣社會對於失能者的歧視與偏見較為深刻有關，失能者似乎尚未發展出肯定自我的獨特性，反而拚命地克服或突破障礙，以獲得主流社會的認同。「我可以跟一般人『一樣』」，是許多失能者的期待，而此一期待意謂著「一樣」才有「平等」，「一樣」才有「自我」。這樣的迷思也充斥在一般社會大眾與失能者的互動話語中，例如「你好能幹，跟其他正常人一樣」，而渴望與他人「一樣」成為失能藝術者努力的標竿。例如台灣輪椅國標舞舞后林秀霞，她一歲時罹患小兒麻痺，導致行動不便，一直很希望能正常地生活，後來又因手術失敗，必須一輩子坐輪椅，她說：「我的腳不方便，但坐上輪椅，我一樣可以展現美麗與自信。」她為了想要與他人「一樣」甚至超越自我限制，成功地登上馬來西亞的最高峰、攀登玉山、騎自行車環島、數次游過日月潭，這些挑戰自我生命限度與韌性的經歷，讓她找到人生的價值。藝術表演固然是林秀霞獨特的天賦，但是媒體或大眾渴望從她身上看到的仍是勵志大於藝術，而在想要與一般人「一樣」的驅動力下，林秀霞除了在舞蹈上有傑出表現，更不斷嘗試挑戰各種難度極高的運動，以獲得大眾的認同與肯定。

　　失能表演者和藝術家在表演和美學方面的發展，與健全人的藝術有著截然不同的軌跡，主要乃因他們的觀眾仍然被「失能但有用」的能者意識形態所制約。失能者為了融入現代社會，必須具備「有用」的能力與成就，或者成為克服劣勢、鼓舞人心的生命教育典範。1980 年代初至 2000 年代初的組織都有相同的概念，將失能藝術家描繪成「生命鬥士」，將主流表演與多元化的身體結合起來。譬如，「鳥與水舞集」（Bird and Water Dance Ensemble）中的截肢者，被訓練成表演傳統芭蕾舞，在海報上擺出中間旋轉的姿勢，做為「不完美的失能身體仍然可以呈現完美舞蹈」的例子。上述文化

現象導致大眾將失能藝術家的作品視為精神和社會宣傳的一種手段，而不是欣賞藝術本身。因此，大多數失能者的藝術成就很少能顛覆或改變社會的刻板印象。事實上，以精神意志而非藝術成就來認可失能藝術家的心態，恰恰反映了大眾對失能者的偏見以及忽略失能藝術的文化現象。

第一階段的藝術創作多半是一種獲得他人認可的方式，而非建構自我認同的方式，這也阻礙了他們表現自己的個性。對於一些失能藝術家來說，藝術幫助他們獲得被認可的機會，展現了他們正常化的一面。他們努力採取極端措施來克服自己的失能，從而獲得社會認可，並被視為「正常人」。對於失能者而言，正常意謂著平等；如果沒有相似性，就難有「自我」，因此「你和正常人一樣」之類的語言經常被用為讚美詞，並為被社會接受的標準。針對此點，羅莎琳・班傑明・達林（Rosalyn Benjamin Darling）曾將失能認同做了如下分類：正常化、十字軍、肯定、情境識別、辭職、冷漠和孤立的肯定（87）。而大多數的台灣失能藝術家屬於正常化類型。對於台灣大多數失能藝術家來說，藝術是一種正常化的方式，是一種與正常人競爭或平起平坐的表現，而不是他自己的獨特創造。

其次，在台灣，關於失能和藝術的討論通常與慈善和治療有關，而藝術創作也多半是為了慈善或治療而創作。回顧台灣的失能藝術家及相關組織，不難看出在1990年以前藝術創作多半從慈善、公益出發，創作目標多為募款，並非旨在協助失能者的慈善機構，除了呼籲社會大眾對個別疾病的關注，經常藉助藝術創作品募集資金幫助失能者重新融入主流社會。在台灣失能與藝術創造力交會的早期階段，藝術不被視為一種身分，而是一種籌集資金和生存的手段。此外，失能藝術家所展現的特質，除了具有勵志啟示的作用，更強調藝術的療癒功能。藝術家的作品，基於醫療機構的康復主

軸,也多用作「療癒」的工具。大多數關於失能表演藝術的成果,多半由非失能的研究人員用於失能者的治療、復健上,此一應用方式與失能研究學者們努力將失能去疾病化的努力目標相反(Sandahl and Auslander 6)。事實上,失能研究與行為藝術有內在的聯繫,「失能者所遭遇的問題多半聚焦在日常生活中如何處理空間和部署的層面,換言之,失能藝術強調的是失能身體的行住坐臥,而非失能身體是什麼」(disability is what a body does, not what a body is)。改寫失能的悲觀宿命論或進行社會倡議這樣的元素,鮮少出現在2000年以前的失能藝術品中。

除了勵志層面,佈教或弘揚信仰往往是藝術創作展示的方式之一,藝術天賦或表演被視為上帝恩典和愛的見證。口足畫家楊恩典和藍約翰是最具代表性的例子。楊恩典生來就沒有雙臂,右腳萎縮。出生三天後,她被遺棄在當地市場,然後又在派出所度過了三天。很少有人相信她會活下來,醫院則等待她的屍體,準備進行醫學檢查,甚至保存起來當作實驗室的研究對象。她歷經千難萬險,被六龜孤兒院院長收養,在那裡度過了幸福的童年。楊恩典從初中開始表現出對繪畫的興趣,她克服了身體的限制,用腳趾作畫,畢業後師從張大千及王瑞琮等傳統美術大師。1994年,楊恩典受邀至日本舉辦第一次個人畫展,她以東京為起點巡迴各大城市。1996年,她在舊金山的教堂巡迴展覽。1997年,她的作品與藝術大師張大千和黃建南一起在慈善拍賣會上出售。楊恩典現在是台灣著名的藝術家,但是以她的「傑出精神」而非其傑出作品為人所知。楊恩典得過很多獎,作品曾兩次在總統府展出,還被陳水扁總統請到總統府參加音樂會。每當她公開演講時,所分享的總是鼓舞人心的生活及上帝的恩典,而非做為藝術家的成就,她曾說:「親生的父母雖然遺棄自己,但是神依然愛自己,神豐盛的恩典,夠自己用。神

賜給她，就是最好的」（引自林向陽 2021）。信仰給她很大的力量，她感謝上帝的恩典，並堅定地用她的才能來榮耀祂的名字。事實上，楊恩典的作品展現了驚人的繪畫天賦，且蘊含著深厚的生命力與對生命的熱愛，她的畫作超越身體限制的精神力量，與宗教所倡導的超越自我、追求更高境界的理念相契合。她的作品不僅僅是一幅畫，更是一份對生命的禮讚，一種對精神世界的探索，以及對人類美好品質的肯定，因此與她作品相關的評論除了超人的毅力外，多半環繞著她的信仰禮讚。

藍約翰是一位多重障礙的台灣藝術家和音樂家，兩歲時被診斷出患有類風濕性關節炎，手腳關節因此逐漸變形，後因在公共汽車上摔倒而開始出現肌肉萎縮症。他十六歲時罹患充血性心力衰竭，因治療不當造成雙目失明。五年後，藍約翰在全關節置換術中因水楊酸中毒而遭受額外的神經損傷，並失去對面部肌肉和舌頭的控制，導致言語障礙。經過長時間的康復與治療，他能夠和妹妹一起去美國旅行，參加一個短期的陶藝計畫，只是在逗留期間突然發燒，並在醫院裡住了三個月與死神搏鬥。藍約翰面對所有考驗從未放棄，他以打鼓、捏陶、寫書等方式表達自己的創造力和生命力，並以基督教的信仰為支持，不斷克服困難和挑戰，成為台灣第一張公益彩券上的人物，也成立了藍約翰文教基金會，幫助其他弱勢團體和失能人士。藍約翰全身萎縮，手腳扭曲變形，但他憑藉著對音樂的熱愛和堅韌的意志力，克服了身體的限制，成為一名出色的鼓手。他堅強、樂觀地迎接每一天，並沉浸在音樂中，更與同樣身患各種失能的其他成員組建了「奇異果樂團」，他是首席鼓手，團員大多是身心障礙者。樂團的音樂風格多元，從搖滾到流行，再到傳統民謠，都嘗試過。他們的音樂充滿生命力，鼓舞人心。他們參觀孤兒院、學校、監獄和養老院，希望能鼓舞聽眾。藍約翰的作品，

尤其是他的音樂，常常帶給人一種心靈的慰藉和力量，這與許多宗教所傳達的價值觀相似。基督教的聖歌〈奇異恩典〉經常是他表演中的重要曲目，藍約翰用自己的生命和作品，展現了基督教的精神和價值，也啟發了許多人的心靈和生命（藍約翰 2001）。1989 年藍約翰開始創作，到 2007 年已積累了上百件作品。黏土也是他用來描繪情感的媒介之一，透過黏土表達自己的夢想、抱負以及人生觀。他的陶藝作品與他的音樂一樣，都充滿了對生命的熱愛和對美的追求，不僅具有很高的藝術價值，更具有深刻的社會意義。藍約翰的藝術天分與潛力都超越常人，但社會大眾與媒體多半以勵志及信仰的角度詮釋他的作品。他與楊恩典的創作都富有高度的藝術性，但觀賞者的視角卻局限在勵志與信仰佈教的層面。

基本上這個階段的藝術創作以符合常模及主流社會期待的方式產出，而不是肯定個人獨特的才藝與創意。此點與西方藝術家的特色大不相同，後者傾向將他們的失能與創造性藝術相結合，令人留下深刻印象，例如瑪麗・達菲（Mary Duffy）的裸體造型或桑達爾的手術服。台灣的失能藝術題材傾向從眾，符合主流觀念而摒棄自有個性，作品中表現的多半是從眾複製的創作。台灣國際口足畫藝協會（MFPA）的慈善藝術品銷售策略是此種意識形態的例證。該協會是為台灣口足失能畫家而創立的組織，為那些希望能自力更生的人提供獎學金。合格的申請人將接受培訓，以精通繪畫藝術，並生產用於商業目的的繪畫副本，而非鼓勵失能藝術家的創造力。協會則敦促贊助人購買「令人驚豔的複製品」，因為它們都代表著「一個鼓舞人心的人生故事」。藝術變成對模仿複製的欣賞，而不是展現個人創意的平台。有不少慈善機構及基金會多以失能者創作的藝術品做為籌募獎學金的工具。舉例來說，啄木鳥樂隊由視障音樂家組成，他們透過音樂會籌集資金並提高盲人意識。台灣早期慈善組

【第六章】 台灣失能藝術之萌芽與轉型 235

織的設立目標，與口足畫家埃里希・史泰格曼（Erich Stegmann）創立的 MFPA（Mouth and Foot Painting Artists）的目標，形成對比，史泰格曼於 1956 年聚集了一群來自歐洲八個國家的失能藝術家，現已擴大到包括來自七十五個國家的八百名成員，透過銷售卡片、日曆和書籍的方式流通他們的代表作品。MFPA 的目標是：與用口或足作畫的失能藝術家和有興趣這樣做的失能者建立聯繫，為其成員提供精神、實踐和經濟援助，創建出版社和印刷材料，促進組織發展，並以印刷商品的形式銷售他們的原創作品，給予藝術家自尊、創造性的滿足和工作保障（"About MFPA"）。史泰格曼強調，口足畫家組織不是慈善機構，並且「永遠不能被視為慈善機構」，因為它由失能成員組成。他們的座右銘是「自助──而非慈善」。

　　失能藝術的概念近年來才逐漸成形，在 2000 年以前，人們對於失能者的觀念和對待方式與當代截然不同。當時可能沒有失能藝術這樣的稱呼，且社會對失能者仍有無能無用的負面刻板印象。2000 年前後，台灣失能藝術終於走出萌芽階段，邁入轉型期，在轉型階段，台灣的失能藝術家們在身體藝術和表演方面有了突破性的進展，他們開始有足夠的信心能克服公眾審視的恐懼和不適，重構自我並接納與認同失能的身分，進而透過行為藝術和創意來回看主流社會投射的歧視眼神。在台灣，這些年也出現不少失能藝術家或表演者，其中「鳥與水舞集」、「光之藝廊」，以及由「身體氣象館」舉辦的「第六種官能表演藝術祭」（Sixth Sense in Performance Arts Festival）都頗具代表性。這些藝術團體逐漸把重點放在美學而非失能或障礙上，對失能能夠改變公眾對美的理解更有信心。個人藝術家也逐漸嶄露頭角，例如在美國受教育的台灣藝術家易君珊、黃美廉等人在學有所成後，為台灣的失能藝術注入了可立元素，開啟藝術家個性化的主題及突破藩籬的創意。藝術對她們而言，不再是做

為強化個人存在價值的一種方式,而是做為構建積極正向身分認同的媒介。

　　黃美廉是來自台灣南部的藝術家。她自幼罹患腦麻,儘管身體機能受限,但在小學二年級時學會如何握筆後,讓她發現自己的繪畫天賦,憑藉著其對藝術的熱情和堅定的信念,克服了無數困難,在藝術的世界裡,黃美廉找到了屬於自己的天地。她用畫筆將內心的情感和對世界的觀察,轉化為一幅幅色彩繽紛的作品。她的畫作充滿生命力,洋溢著對生活的熱愛,經過長期的磨練,也成為一位享譽國際的畫家。1992年黃美廉取得加州州立大學洛杉磯分校藝術博士學位,隔年獲得中華民國十大傑出青年獎,畢業後在「基督教青年會」(YMCA)及「基督教女青年會」(YWCA)教授美術;身為一位享譽國際的畫家,她的畫作不僅在學術界獲得肯定,更廣泛地在全球各地展出。她曾在美國加州舉辦個人畫展,2024年更在埔里基督教醫院舉辦畫展,並將售出畫作所得的全部收入一半捐給埔基公益,她透過一次又一次的個展,將她對生命的熱情和獨特的藝術觀點分享給世人。她以心靈作畫,師大特殊教育學系名譽教授吳武典對黃美廉的評論是,她的畫作充滿了希望、想像、愛、喜悅與自然美,具有震撼力和感染力,「她比一般人聰明,她的感情非常豐富,有著非常典型的一種雙特,雙重特殊的,又(肢體)障礙又資優」(涂鴻恩 2019)。台北市立大學視覺藝術教授蘇振明則精準地形容她的畫作與個性,「她用她的右腦去指揮她的手,去寫一個字的時候,那種啟動的速度跟運動神經的激動,簡直是五百萬磅重的起動機一樣。黃美廉的畫作有許多光源,光之下有繁花如織。即使在月色裡,綠意仍在,花開依舊。家人在美國,黃美廉隻身在台,生活更顯自主」(涂鴻恩 2019)。黃美廉的指導教授李瑟(Robert Reeser)也評論她的畫傳達的是「經驗的本質,而不是事

物的表象,她那麼清新、自發、自然」(吳武典 vii)。

　　黃美廉喜歡獨自旅行,經常從她所處的大自然鄉村環境中汲取靈感,喜歡使用戲劇性和溫暖的色彩來融合令人愉悅的畫面和喚起情感的和諧。她有獨特的視角和空間感,並反映出其成熟的精神和孩子般的赤誠。黃美廉在畫中傳達自身的情感的同時,也讓觀賞者審視自己的視角,擴展他們對世界的看法。黃美廉在一場名為「來自自然的力量與激情」的個人展覽開場白中,強調觀眾看待她的作品時不要因為她有失能而欣賞她的畫,而是因為她是一名藝術家。很幸運的,她的老師李瑟也同樣地認可黃美廉是女藝術家,失能僅是她的身分特徵之一而已。黃美廉深受美國抽象表現主義畫家以及法國畫家莫內和荷蘭後印象派畫家梵谷(Vincent van Gogh)作品的影響。莫內和梵谷都有身體上的缺陷,但他們的失能通常被評論家隱藏或忽視。在過去,人們認為失能者在藝術或藝術創作中沒有立足之地,但透過李瑟對黃美廉畫作的肯定,黃美廉被譽為女藝術家,她的作品或藝術全然從「藝術的視角」獲得肯定與讚譽。2019 年 1 月,黃美廉以「回眸」為主題舉辦退隱展,透過口譯,她說「我已活過當初醫生所判定的年歲(六歲)九倍之多」(涂鴻恩 2019)。藝術之所以能打動我們,是因為它喚起人類的基本情感。愛或憤怒的感覺是我們情感構成的一部分,若少了真正的情感,藝術則顯得虛無,而失能藝術家正因為生命所經驗的歷練與挑戰特別多,感觸多也特別敏感,使得其創作表達更顯生命力,由情動與感動中傳遞了藝術美感。

　　易君珊是另一位具代表性的藝術家,她致力於推動文化平權和無障礙藝術。她的作品常探討失能者在文化活動中的參與權,並強調藝術對提升生活品質和心靈素養的重要性。她於伊利諾大學芝加哥分校獲得藝術博士學位,她的研究興趣包括失能藝術與文化、

失能時裝、藝術和文化場所的無障礙設計和規劃,以及基於社會正義的藝術療法等。她的創作涵蓋多個領域,包括表演藝術和視覺藝術。易君珊的手及腳皆僅有兩指與趾,此一「不一樣」讓她在成長過程中承受了多種負擔與壓力,在她發表的文字中,做了如下的分享:

> 我無法記憶,那些形容我異樣身體的文字,從什麼時候開始刻劃在骨子裡,也認不出那些文字的印記究竟是什麼模樣。「是香燒壞了的報應!」奶奶說。「是媽媽懷孕時拿剪刀所以妳的手才長這樣?」國小同學的媽媽問我。一位陌生人看我正在試著開瓶水,急忙奔向我,搶過我手中的瓶說:「妳不方便,我來幫妳就好!」曾經也有多位醫生建議:「做手術、弄義肢,看起來就像其他人一樣正常了。」還有,那些睜大了眼、下巴掉下來的路人,瞄了我一眼後,交頭接耳的唏噓聲。他們有的皺了眉、有的突然驚嚇尖叫和發抖、有的只是搖了頭,嘆息說「妹妹長得好漂亮,可惜……」。我不知道他們的眼中「我怎麼了?」媽媽、老師叫我要勇敢堅強,她們安慰我說那些人沒有惡意,只是關心我。但,怎麼,他們口中的、肢體的、表情語言的「善意」,讓我自卑地頭越來越低,各只有兩根指頭的雙手也蜷曲得越來越緊。我沒有任何文字可以用來勾勒那凝視與被凝視間的現場,我除了被制約地履行展示我的異樣身體;那些「善意」的語言,催眠般地讓我學會沉默。(易君珊,〈障礙文化與社會正義〉10)。

這段文字讀來令人不捨,但它帶出了許多值得思考的議題,包括代表正常與健全的能者意識形態、醫療模式的修復概念、因果概念,以及同情、驚嚇的眼神等如何在其成長過程中帶給她不同的制約與壓力。她沒有十指,但卻時時被外在環境提醒擁有十指的重要性。易君珊走過這段尷尬期後,開始將此負面經驗轉換、昇華為創作的能動力,二指不是要遮掩偽裝的部位,而是創作的伸展台。她的穿

戴設計清楚展示了她的非常規身體結構。她在芝加哥藝術學院的藝術課程中，第一次開始製作關於她的手的藝術。透過可穿戴珠寶的課堂作業，她開始探索自己的社會交往記憶。易君珊在一次訪談中談到：「當人們看到或握住我的手時，會感到震驚；陌生人用皺眉和憐憫的目光盯著我，我有很多情緒和內部對話需要處理，包括五歲時的記憶。我在日記中用文字和塗鴉來進一步探索這些經歷的意義。在我的作品中，隨著沉重的情感方面，我透過觀察她、與她交談、傾聽她，最終裝飾她的差異，了解了我的身體」（Cronin, "Yi's Crip Couture"）。

易君珊用一種創新的藝術手法為不一樣的身軀賦予新意，美學的妝點讓大眾反思「正常」的迷思。針對她的藝術創作，她指出每個失能者可穿戴的項目都是「根據個人的醫療經驗、身體狀況和精神狀態來設計的。我不拒絕身體變化的概念，僅是提供親密且能同理身體的裝飾，不把穿戴物件當作一種矯正性的身體支撐物件，而是做為一種重新參與新的身體形態的物件，這體現了個人身體最舒適的標準和自我定義的『完美』理想」（Cronin, "Yi's Crip Couture"）。她創造了失能時尚，這是一個既顛覆又前衛的突破，並提出一種新的可穿戴藝術流派的可能性。她在「可立時裝」（Crip）系列中之可穿戴藝術創作，探討失能者身心的親密、欲望和性問題，藉此呈現失能為一種審美選擇。針對此點，琳達・克羅尼（Linda J. Cronin）指出，易君珊的設計凸顯了「倫理和醫學決定能對身體做出的可能影響，勾勒出倫理與美學之間的界限，更彰顯了身體不斷變化的想法及其擁有權」（Cronin n.d.）。

易君珊展出她的作品時，把可穿戴藝術做為一種物件放在基座和陳列櫃中，附上插圖說明該物件是如何戴在她手上的。創造初期，她身體的其他部分與物件是分離的，沒有身體，只有物件；後

來，她開始透過攝影將其作品與身體連結，以模特兒之姿把身體擺出特別的姿勢，如此她能與觀眾有更直接的全身接觸視角。她的穿戴物件及其佩戴者呼喚出人類共通的集體經驗，率先開啟了一種新藝術形式，帶出所謂的另類時尚。易君珊分享她的可穿戴裝飾品在生活中扮演許多角色，例如「庇護、保護、安慰和裝飾她」；「有時這些穿戴裝飾刻意以暴露、質問或尖叫的方式，以引起注意。它們有很多複雜和矛盾的表達方式，使我成為一個具有不同表達方式的完整的人，幫助我宣稱自己的失能者身分」（Cronin n.d.）。

易君珊強調在創作的背後，她總是花很長時間與自己的身體交流，有時要面對更多的孤獨感。她指出創造身體的藝術是自我實踐的一種方式，但並不讓她有完整感，她意識到，在過往，失能或與眾不同是她被教導要遠離的概念，且被禁止談論的話題，但當她與其他失能藝術家互動時，發現能夠宣稱自己的失能身分時，她才真正感受到一種「前所未有的歸屬感和完整感」。雖然易君珊的作品多半圍繞著失能、美和身體的元素，但無論是失能或非失能的觀眾群總能從其作品中帶走與他們有關的體驗，或是聯想或是投射，藝術作品是連結人類情感最直接的觸媒。易君珊相信，未來可穿戴藝術將挑戰現有主流的身體規範和美麗的標準。佩戴者的多元多樣敘事和存在的現象將拓展現存藝術的視野，帶動更豐富的失能美學與藝術（Cronin n.d.）。

此外，易君珊也不遺餘力地在台灣及美國推廣失能藝術及文化平權，呼籲政府加強藝術界無障礙策展專業訓練與教育資源，並協助失能者有平等的機會參與各種演藝廳的展覽或演出。她指出台灣面對服務失能者總喜歡冠以夢想或高調式的名稱，顯府或執行單位的善意與愛心，例如以「圓夢計畫」為名推廣失能藝文活動。此外台北愛樂在國家音樂廳內演奏時，工作人員透過電視螢幕實況轉

播的方式服務坐輪椅的觀眾,這樣的服務思維,其實是沿用「舊式社會福利救助的概念,加上用健全人身處的優越,來思考障礙者的『不能夠』(看不到、聽不見、無法自己走到一般座位)」(易君珊,〈障礙文化與社會正義〉35)。事實上,失能者因著不同障別而有不同的需求,除了無障礙席位的需求外,手語翻譯、字幕、視聽設備、口述影像、放大字體版文宣等,皆應納入考慮,然而政府相關部門在各種規劃皆非從整體、宏觀的角度為失能者提供「多元化客服系統」。對失能者而言,這應是基本的文化參與權,但卻被包裝成「圓夢」的愛心計畫,最終達成的目的僅是「強化了健全的供給者與身障受助者的不對等權力關係」(35)。遺憾的是,失能者的文化平權若必須依附在提供服務者的情感意願、道德感、施捨或慈善態度上,這樣的平權或人權何其無奈與反諷。

2015年台北舉辦藝穗節,台北市政府張貼公告,呼籲行動不便者不要參加,理由是地下室沒有電梯,該活動顯示了執政當局對失能者歧視隔離的心態牢固地植根於藝術展演的文化中。[3] 易君珊針對此一事件特別撰文投書,她指出,政府當局表面上想要靠這場活動「往臉上貼金,順利踩上國際藝術節的步伐」,但現實中「拼拼湊湊的結果,揭露台灣中央政府和文化部、各地文化局在執行藝文建設時的草率」;此舉不僅漠視了失能者的藝文參與權,更顯現了表演藝術團體「時時卡在資源困乏的窘境」(易君珊,〈無障礙的藝文節〉2015)。易君珊指出這場藝穗節彷彿是場「易碎節」,台灣官方單位習於以與國際接軌為榮,但總缺乏腳踏實地的務實規劃與改善。

---

[3] 愛丁堡國際藝穗節(Edinburgh Festival Fringe)是世界規模最大的藝術節之一,也是一個多元且充滿實驗性的藝術平台,每年8月在蘇格蘭首府愛丁堡舉行,它與其他藝術節不同的是,藝穗節幾乎沒有任何審查制度,只要能找到場地,任何人都可以參加演出。

整體而言,易君珊的藝術創作不僅僅是美學的表達,更是一種社會行動,旨在透過藝術來影響社會脈動,提升對失能者的理解和包容。她以 "We Art Crips" 命名她的個人網頁,讓閱聽大眾對失能藝術家和個體身分有更具體的認識,呼籲看待失能藝術家應以其做為藝術家的身分而得到認可,而不是因其失能的身體而受到認可。易君珊身為藝術家與倡議者,總是關注參與者與藝術互動的最廣泛可能性,重新審視失能的意涵,並努力將自身的體驗化為藝術創作的催化劑,進而挑戰並質疑人體藝術的界限和意義,她擁抱差異並拒絕將失能者貶低為「異常」的意識形態。她和黃美廉一樣,是台灣為數不多的失能藝術家,她們開啟了失能藝術美學,強調失能對美學的潛在影響,並挑戰了失能刻板印象的視覺藝術典範。對黃美廉及易君珊而言,藝術不再只是一種「治療」的技術;相反地,她們透過藝術對失能產生驕傲感或肯定模式,捐棄社會向來讓失能者感到的羞恥與情感配置。最為重要的是,她們挑戰了健全或能力的穩定狀態,打破長期以來關於什麼樣的身體可以展示美麗和精通的文化假設。她們將藝術視為一種表現的媒介,並透過藝術創作的空間來重申失能的不同或獨特之處,藉以消除社會對失能身體的監控與限制。她們為不同能力的身體開闢了一個多元豐富的空間,將社會敘事和劇本從健全的作者身分中轉移出來;她們更重塑了失能的意義,將汙名化的窘境轉換為認可的契機。她們開啟並等待台灣出現新的失能藝術典範,透過提升人們在藝術領域對失能者身分演變的認識,開拓身分流動及不斷生成、轉化的可能性及創新眼光。

除了失能藝術家外,第二階段台灣也出現了一些與推廣失能藝術相關的團體。舞蹈才藝表演有「鳥與水舞集」、畫作展覽有「光之藝廊」、戲劇表演有「第六種官能表演藝術祭」。首先,「鳥與水舞集」是由一群身障者於 2003 年創立的特殊舞團,他們渴望透過

舞蹈表達自我、肯定自己，展現出他們的生命力與勇氣，並打破社會對失能者的刻板印象。「鳥與水舞集」的創立是由中國文化大學舞蹈系教授顏翠珍發想，她也是該團體的團長。在一次偶然的機會中，她接觸到一群對舞蹈充滿熱情的失能者，她發現這些舞者雖然身體上有限制，但他們對於舞蹈的熱情與肢體的表達能力，遠遠超出她的想像。她深受感動，決定為這些舞者打造一個舞台，讓他們能夠盡情展現自己的才華。這個舞團也兼具生命教育與社會參與的功能，他們能夠透過舞蹈，傳遞積極向上的生命態度，透過藝術參與社會，找到自己的價值。舞團取名「鳥與水舞集」，象徵舞者團員的心志如同飛鳥般地擁抱藍天，也像水一樣地不受限制，身體上的限制並未阻擋他們追尋夢想的決心。舞團鼓勵失能者勇敢地追逐夢想，成員的障別上具有多元性，包含小兒麻痺症者、視障者、截肢者、侏儒症患者等；他們來自不同的背景，身體功能上也有不同的限制，卻因舞蹈凝聚在一起，然而此一組合對於團長顏翠珍在舞步的設計上產生不同的挑戰，但在彼此的合作下，她也能利用他們各自的優勢進行多元融合，創作出獨特的舞蹈動作。她讓每個成員都能發揮自己的特長，這種創新不僅讓團員巧妙地共舞，展現出獨特的表演美學，也提升了成員的自信和自尊。舞團演出時總有一種特別的生命穿透力，每位成員都用他們的身體、用他們的生命影響生命；每位舞者的生命故事與障礙都成為創作的靈感，使得舞作中充滿了情感與力量。舞者們不僅克服了身體的限制，展現出無限的可能性，更傳遞了積極向上的生命力，共同舞出動人的生命樂章。「鳥與水舞集」目前已是相當成熟的舞團，每年在國內外定期演出，也多次受邀到國外演出，包括美國和日本等地，並在國際舞台上獲得高度評價和多項獎項，他們也在日本北九州洋舞大賽獲得殘障組首獎。他們的演出不僅啟發了觀眾對生命的思考，也改變了許

多人對失能者的看法。「鳥與水舞集」的團員用舞蹈證明了，不圓滿的身體也能舞出精彩的人生。他們的演出，不僅是視覺的震撼，更是心靈的饗宴；有限的身體依然能夠舞出無限的可能。生命的韌性超越每個人所能想像，而只有堅持其中的人才能體會箇中的奧妙。

「鳥與水舞集」對台灣失能藝術與美學具有重要的影響，舞者們用實際行動證明，失能者並非社會的負擔，而是具有無限潛力與才藝的個體。他們透過優美的舞姿，打破社會大眾對失能者的刻板印象，展現出他們在藝術領域的才華與創造力。觀看他們的演出時，除了感受到現場的力與美，更驚訝於他們的舞蹈編排還能巧妙地讓不同障別的舞者相互補強彼此的限制，例如視障與肢障的互補，左腿截肢者與右腿截肢者在某些動作上相互支撐彼此，將多重障別的舞者融合在一首舞曲，令人感佩編舞者的用心，而舞者們透過舞蹈的學習與表演，獲得了成就感與歸屬感，增強了自信心；舞蹈訓練不僅鍛鍊了身體，更鍛鍊了心靈，讓舞者們學會面對挑戰、克服困難。最為關鍵的是，「鳥與水舞集」為台灣的失能舞蹈發展開創了先河，激勵更多身障者投入藝術創作，同時也帶動了其他藝術形式的發展，例如音樂、美術等，讓身心障礙者有更多的選擇。「鳥與水舞集」的演出傳達了平等與包容的理念，呼籲社會營造一個更友善、更包容的社會環境，給予身心障礙者更多的尊重與支持。「鳥與水舞集」不僅是一個舞蹈團體展現了獨特的藝術美感，更是一股推動社會進步的力量，他們用舞蹈語言，向社會傳遞了愛、堅韌、希望與勇氣，為台灣的失能舞蹈注入了活水。

此外，2009 年「光之藝廊」成立，做為展示和發展藝術創作的平台，它是台灣身心障礙藝術發展協會所創立，專為失能藝術家打造的展現藝術才華的平台，在他們所屬的網站（http://www.luminart.org.tw）可以看到許多失能藝術家的畫作，內容多元且富有美學價值，具體地提升社會對他們的認識與接納。失能者亦能透過藝術創作，提升自我價值與自信心。「光之藝廊」對台灣失能藝術具有重要貢獻，它不僅提供失能藝術家一個穩定且專業的展覽空間，協助舉辦個展、聯展、主題展等多元形式的展覽，也規劃了藝術工作坊、講座等推廣失能藝術教育，將藝術家的作品轉化為文創商品，增加藝術家的收入。「光之藝廊」為台灣的失能藝術發展點亮了一盞明燈，透過其不懈的努力，越來越多的藝術家能夠展現自己的才華，並獲得社會的認可。除此之外，該藝廊可以再強化失能藝術教育的深耕，以提升他們的創作水平。無論如何，失能藝術在台灣已逐漸受到重視，失能藝術家開始有展覽畫作的重要平台，舉辦個展也成為可能，更為重要的，是藝術專長不僅是個人發揮才華、實現自我價值的能力，也成為一個能夠營生的資產。

在戲劇方面，姚立群總監所帶領的「第六種官能表演藝術祭」是失能者劇場表演藝術的重要推手。[1]「第六種官能表演藝術祭」由身體氣象館推動成立，其時身體氣象館發現失能藝術與表演在世界表演藝術界已蔚為一股新興潮流，於是著手發展台灣失能者的實驗劇場藝術，使工作者與觀眾都能從中發掘更深層的身體想像，藉此啟發表演美學的思維與論述。「第六種官能表演藝術祭」致力於打破傳統表演藝術的框架，推動多元、實驗性的表演，以探索身體的無限可能性，其名稱的發想乃以第六感表達正常的五種官能之外的身體感知表現，藉以強調所謂的正常之外的身體自主性以及生命尊嚴。「第六種官能表演藝術祭」所關心的障別面十分廣泛，包括了視障、聽障、肢障，以及精神障礙，推出的節目涵蓋現代的戲劇、

---

[1] 姚立群現任牯嶺街小劇場館長、身體氣象館負責人。現為「第六種官能表演藝術祭」藝術總監、台灣國際行為藝術節（TIPAF）策展人、台灣國際實驗媒體藝術展的行政總監暨專題策展人。

舞蹈，以及行為藝術與傳統的藝能等，內容主軸則是透過藝術的話語將世界存在的各種「真實」介紹出來。「第六種官能表演藝術祭」定期規劃藝術節的表演活動與工作坊，表演場地主要在牯嶺街小劇場。[2]

牯嶺街小劇場是台北市政府在文化政策上推動台灣表演藝術發展的一個實驗性舞台，成功地轉型為前衛劇場，不僅活化了都市空間，也為台灣的表演藝術發展注入一股新的活力。牯嶺街小劇場一直以來都致力於推動多元和包容的藝術表演，對於實驗性劇場、社會議題的探索都相當積極，其中也涵蓋了許多與失能者相關的演出作品。這些作品不僅展現了身心障礙者的藝術潛力，為台灣的劇場注入新的活力，同時讓「表演人權」思潮真正導入台灣表演美學的論述中，劇團不斷地寫下新頁，並參與不同國家的藝術節與公演（身體氣象館 2016）。[3]

「第六種官能表演藝術祭」有不少知名的代表作，例如 2010 年演出以視障者生活為主的《雨》、2012 年的《雨 2》以及 2016 年的《關於生之重力的間奏式 Intermezzo》。《雨》敘述單身的視障者阿寶在一次遠足中遇到遭迫遷社群的生存問題，他本人每天謹慎地穿梭於一座「看不見的城市」，要工作維生，並且要照顧自己，要維繫自己的家和對抗縉紳化的改變。此劇將身體視為感知環境的工具，表演者在空間中移動、探索，用身體去觸摸、感受空間的邊界

---

[2] 牯嶺街小劇場成立於 2002 年 3 月，原址為日治時期的官舍，也是台北市政府警察局中正第二分局所在地，後因為警察局搬遷，1997 年，台北市政府新聞處規劃將這個閒置空間改造成小劇場，並於 2001 年正式定名為「牯嶺街小劇場」。

[3] 「第六種官能表演藝術祭」旨在凸顯正常的五種官能之外的「另類動作語彙」，因此命名為「第六種官能表演」，其多半以藝術節樣貌推出與身分和社會階級認同或排除等議題相關的表演、論壇與工作坊，各種非主流身分以各自存在的樣貌於此場域交互匯流，通過表演，改變一般大眾對特定身分的刻板印象，進而發展、累積新的在地身體表演形式的美學思考。

和可能性，反思人與環境的關係。此外，《雨》融合了舞蹈、音樂、影像等多種藝術形式，同時展現了跨領域的實驗性特質。《雨2》探討死亡的議題，從一個守靈的儀式開始，不僅是對逝者的悼念，也對生命進行反思，死亡並非終點，而是一個轉折點、一個重新開始的契機。劇中視障演員與明眼鋼管舞者的互動是一巧妙安排，他們在舞台上進行無言的交流，視障者透過觸覺、聽覺等感官來感知世界，而明眼人則透過視覺來觀察，他們透過身體的接觸和能量的交換，探索著生命與死亡、光明與黑暗的關係；明盲的對話與對比給觀眾帶來強烈的視覺衝擊和情感震撼。《雨》系列作品皆與視障的生活與限制有關，極為難得的是，觀眾從觀賞角度強調的是視覺感知，而劇中演員則自不同的感知方式探索「觀看」，觀眾必須透過視覺轉譯體會視障者的日常與人間互動。

2016年12月上演的《關於生之重力的間奏式 Intermezzo》是「第六種官能表演藝術祭」推出的代表作之一，由台灣和韓國的藝術家共同演出，為探討身體的多樣性和失能者的表演藝術。該劇演出場景結合身體、聲音、空間等元素，透過三位不同障礙的演員，探討了生命、身體與重力的關係；三位主要演員分別患有腦性麻痺、小兒麻痺和視障，各自有獨特的身體狀態，腦性麻痺演員的肢體無法自主靜止，小兒麻痺的演員雙腳萎縮，視障演員全盲右腳踝粉碎性骨折暨左小腿骨裂，在舞台上形成衝突的對比，他們在身體接觸的過程中，呈現「難以協調的存在樣貌」（牯嶺街小劇場2016）。這部作品最大的特色，在於將身障者的身體做為表演的核心，演員們以最真實的身體狀態呈現，將身體的限制、疼痛與渴望都毫無保留地展現出來。劇中從身體介面表述失能者的形象，由兩兩一組的組合表演，放慢、放大各種動作與心理感官細節，面對不協調的身體衝突，不斷地變換、轉化，構成繁複的身體意象。劇場

提供了一個平台讓演員間之孤獨與孤獨接觸，劇場成了一處「窺視的場域，讓演員們與觀眾之間去辯證孤獨的樣貌與概念——孤獨者的沉溺與抵抗」（身體氣象館 2016）。

　　該劇的一大亮點在於「透過異質的情感傳遞，到異質的肢體碰撞、交涉與相互協調，企圖在劇場中提出融合、跨越障礙別的劇場敘事語彙」，在此一複雜的交集中，彼此找到「組合」的方法，並給予彼此「新的美學刺激」（身體氣象館 2016）。該劇演出時觀眾進場要報上自己的名字，冷氣需等開演後才打開，開演後舞台上男女表演者不斷地移動走位、轉圈互望，開始接觸後，身體的互動、擠壓、推擠或扭動，各自扭曲不穩的部位與步伐相互影響彼此，不穩的站姿、歪斜的步伐，屈身蜷縮加深了相互的衝突感，情緒複雜，有困鬥之獸的無助、無奈與憤怒。最後，所有的表演者搶著鋼琴彈，演奏出眾聲喧譁的混雜聲響，聲音以及表演在混亂中間歇而結束。在這場演出中，表演者的身體重心各不相同，舉手投足與移動的方式也相異，在在凸顯身體重心、重力的多樣性與流動性。

　　姚立群特別提到，雖說是身障者，但每個人的身體重心皆不同，發動身體的模式有各自的獨特性，設法讓不同重心的身體在舞台交流、互動、合作是此劇編排的重大挑戰，他表達腦麻演員的「重心放上半身，身體很緊，走路很輕，不停晃動的雙手卻力氣很大，我們要如何和他做肢體接觸？這是一開始怎麼也想不透的空前挑戰」（身體氣象館 2016）。此外，視障演員跟肢障演員的交流也有難度，視障者必須觸碰後才知道對方的身體狀況，但當視障者碰到一位身體不斷抖動的腦性麻痺者，「兩人如何發展舞蹈的即興接觸」又是另外一個挑戰，身體的重心也就是生之重力所在（身體氣象館 2016）。此劇以細膩甚至帶點抽象的手法，讓觀眾窺探了另類形式的身體、生命與日常：

> 身體的歪斜，用安安靜靜、持續不間斷的節奏，貫徹整齣作品，而命運的作弄，不管是上帝的安排，又或是生命中的偶然機運，都在所有人（包含觀眾）的參與中成為現實，即使是在面對鏡子的片刻，端詳鏡中反射中的殘缺，也只能短暫地低聲嘶吼，過眼雲煙，這即是現實社會中的平行宇宙，不知是否有人關心探問的另一個角落，是雲淡風輕的日常，卻也是真真實實的存在，那或許就像是生與死亡之間的距離。（張懿文 2017）

獨特的身體語言與音樂在《關於生之重力的間奏式 Intermezzo》的舞台上互動、交流、衝撞，呈現出複雜情感和多重力量的組合與間奏，三位失能演員在這部劇挑戰了傳統表演藝術對身體的規範，透過身體的展演，他們不僅為身障者的身體賦予了新的意義和價值，再現不同的生命與美學經驗，也為台灣的表演藝術增添了多元的色彩。

對於失能者而言，運用失能身體創作並與藝術產生「連結」，甚至達到演出的水準，並非易事。在台灣，除了北部有「第六種官能表演藝術祭」定期推出相關表演劇目外，南部則遲至 2020 年才有五位不同領域的創作者共同創作了《我是一個正常人二部曲：我們一起撿到槍》[4]。這部劇是由六位不同身障狀態的演出者呈現，旨在戳破偽善的假象，挑戰「正常」與「障礙」的分歧。劇中有不少與現場觀眾即興問答、互動的橋段，不同障別的演員面對自我的疑難與掙扎在演出中得到暫時性的解答，演出過程有主持人兩次邀請觀眾上台回答問題；上半場演完後，演員邀請一位觀眾，在舞台上演員與觀眾互相觀察對方的腳，並細數對方的腳有什麼特色，再詢問觀眾願不願意和他交換腳一天或者一個月。下半場演出後，主持人邀請台下三位觀眾，藉由站、坐的姿勢去詢問觀眾的經驗，從一

---

[4] 這五位創作者分別是何怡璉、陳宜君、許家鋒、張惠笙、劉芳一。

開始的「有沒有在吃保健食品?」、「你覺得自己正不正常?」又或者「願不願意跟身障者談戀愛?」、「願不願意跟身障者做愛?」等問題。台下觀眾其實不易理解演出者的「身體使用感受」，即便想要同理失能者，但在日常中仍可能無意間以「正常」的觀念冒犯對方，劇中也呈現了這類冒犯讓失能者的私人問題一再毫無遮掩地被問起，隱私也被強迫揭露，控訴社會大眾對失能者的不尊重，看似友善卻失禮的眼光如何如影隨形地盯視。此劇期待社會大眾能跳脫正常與不正常的二元思考，並希望觀眾在互動問答的過程中，能再次思考、鬆動被制約的思維。

「槍」的意象在戲劇中製造了衝突和張力，代表一種能夠改變現狀、反抗不公的工具，用來表達那些難以言說的感受和想法。演員透過「槍」的象徵意涵，打破沉默，引發觀眾對權力、暴力、社會不公等議題的思考；換言之，「撿到槍」在戲中是一個多義的符號，它既是對社會現狀的反抗，也表徵對自我認同的探索，發現內在力量，找到自己的聲音與價值；此一意象的豐富性，為戲劇增添更多的深度和層次，也讓觀眾在觀劇過程中產生更多的思考和共鳴。戲劇採用了許多實驗性的表演方式，而非傳統戲劇的敘事結構，例如身體對話、即興創作等，這部戲強調的是參與者的身體經驗和即興創作，此一實驗性特色打破傳統劇場的框架，嘗試新的表現形式，為身心失能者提供一個發聲的平台，這種開放式的結構為觀眾提供了更大的解讀空間，但觀眾也可能會覺得劇情散漫，不夠緊湊，難以捉摸。

近年來，失能者在文化、藝術場域開始獲得話語權，得以透過藝術平台創作與展演，表達生命及身體的多元性。儘管失能美學在台灣仍是一個相對較新的概念，但隨著社會對失能議題的關注度日益提高，失能藝術與美學的概念也逐漸獲得大眾接受。相較於西方

國家,台灣對於失能美學的理解還有成長的空間,許多人對於失能仍抱持著傳統的刻板印象,認為失能等於不完美、不正常,加之台灣社會長期以來對於美的定義較為狹隘,過於重視外形或外在的完美無缺。社會對失能者的刻板印象仍多是悲情的、需要被憐憫的,使得人們容易忽略失能者是一個獨立個體,擁有豐富的情感、思想以及藝術創作潛力。基本上美學是一個包羅萬象的概念,它不僅僅是對外在形式的欣賞,更是一個感官、情感、思想表達的載體,失能藝術所強調的是後者重於前者,觀眾必須學習將詮釋與觀賞視角逐漸轉變為欣賞他們的藝術才藝和生命力。

痛苦及受苦的經驗是失能藝術最大的創作資產,許多藝術家的作品都深受其個人經歷,尤其是痛苦與受苦的影響,這些藝術家透過創作,將內心的煎熬、失落、憤怒等情緒轉化為藝術,不僅療癒了自己,也為觀者帶來深刻的共鳴。舉例來說,梵谷的作品充滿強烈的色彩和情感,反映了他內心的孤獨、躁動和對生命的熱愛,其《星夜》等作品被認為是他對精神疾病和情感痛苦的藝術表達。卡蘿的畫作充滿鮮豔的色彩和超現實的元素,反映了她一生飽受病痛折磨的經歷;在其自畫像中,經常出現身體的破損和痛苦的表現,展現出她對生命的獨特觀點。行為藝術家瑪莉娜·阿布拉莫維奇(Marina Abramović)的作品也常涉及表達身體的受創和痛苦的體驗,凸顯人類的潛能和極限。這些藝術家之所以能夠創作出如此深刻的作品,是因為他們願意面對自己的痛苦;他們所經歷的身體限制和心理煎熬,正是藝術創作的深層動力。痛苦經驗不僅塑造了他們的視角,也賦予其作品獨特的深度和複雜性。痛苦和不完美才是真實人生的寫照,失能藝術家透過展現這些元素,重新定義了美的力量與概念。失能者的痛苦往往源於社會的不公和歧視,透過藝術,他們可以將這些社會問題視覺化,引起社會的關注和反思。西

伯斯在其失能美學論述中也同樣強調，痛苦與情感並非是藝術創作中需要迴避或壓抑的部分，反而是一種豐富且重要的藝術資源。失能者的痛苦與情感，往往蘊含來自於對生命、社會、人際關係等更深層的思考，使得他們對世界擁有獨特的感知和理解。

痛苦與情感是藝術創作中不可或缺的元素，西伯斯也強調美學能表現並凸顯各種身體互動中產生的情感，藝術創作是一種感知的媒介，它擴大了「人類的光譜」（Siebers, *Disability Aesthetics* 67）。他特別強調，藝術並非菁英或健全者的專利，而是屬於每一個人的。

事實上，沒有科學證實過非失能者先天上更具創造力，或者失能者天生缺乏創造力。正如失能舞者尼爾・馬可斯（Neil Marcus）所言：「失能不是用來表徵逆境中的勇氣或受挫的能耐。失能其實是一門藝術，是一種巧妙的生活方式」（引自 Wester 2023）。同樣地，失能藝術家里娃・萊爾（Riva Lehrer）也曾明確地闡述，失能者面對各種外在的環境限制，必須發展出足夠的創意潛能，重新配置、布局周圍的環境，方能順利地運作他們的生活。失能後若想過著優雅的生活，必須學會開發強大的創造潛能，時時刻刻再創造屬於適合個人生活的世界。對於失能者而言，日常生活中每一天的現實就是，不斷地將生活中未加工的素材或不合適的環境再鑄模、再重塑，以便安居，綜言之，持續再創造是失能者的日常，也是開啟新生之鑰。失能者的創作動能有一部分來自於外在環境的限制，更大一部分來自於面對種種人事物所產生的獨特感知，失能藝術家在障礙的環境中開發他們的創造力和自我表達方式，這種獨特的生存經驗不僅啟動了創造力的動能，也豐富了藝術的多元性，為藝術、美學注入新視角，甚至帶出革命性的變化。失能與藝術及美學相互的關係絕非傳統所認知的互斥、絕緣；相反地，它是調色板上不可或缺的顏料，一幅「圓滿的」人類畫像，缺任何一色，皆顯得失色。

肆・
失能身體與假體之配置

【第七章】

彼得 2.0 及 3.0 之假體配置與想像

隨著科技進步,人體與義肢輔具、外加物或人工智能的關係越來越緊密。安・巴薩摩(Anne Balsamo)指出「假體化身體」(the prosthetized body)的時代已然來臨,「機器與人體的混身人」("high-tech human hybrids")將成為未來身體存在的模式,而失能的形式與對象,在未來以科技輔具主導的後人類世中,可能出現與現在極為不同的定義(17)。本世紀以來,無數的科學家與工程師致力於研發各種先進的科技輔具,輔具裝置與人體的連結形式及功能不斷地翻新、升級,連結也不僅限於機械動作的支撐,開始有了多層次、多樣性的變化,其與意念、神經的連結已發展成形,不再僅是科幻小說的想像。史密斯與喬安・莫拉(Joanne Morra)針對假體及義肢輔具衝擊人體層面的種種狀況,特別撰書《義肢衝動:從後人類的現在到生物文化的未來》(*The Prosthetic Impulse: From a Posthuman Present to a Biocultural Future*),討論人類和後人類、生物性和機械性、演化和後演化,以及肉體和相關科技概念的議題。[1]

---

[1] 關於假體對於人體的衝擊與影響,請參考拙作 "Prosthetic Configurations and Imagination: Dis/ability, Body, and Technology", *Concentric: Literary and Cultural Studie*s, 44.1 (2018): 13-39.

在現實生活中，瑞士蘇黎世聯邦理工學院於 2016 年 10 月初，發起國際生化人運動會——賽博馬拉松（Cybathlon），協助失能者使用先進的輔助科技系統來完成日常生活中的任務，例如用義肢換燈泡、用外骨骼爬樓梯，或用腦機介面控制電子遊戲。賽博馬拉松是仿生界的奧林匹克（Bionics Olympics），主要目的是促進輔助科技發展和交流，提高公眾對失能者的關注和理解，並幫助他們提高生活品質和社會參與。參賽選手均為身障人士，他們使用已上市或是實驗室原型的人造義肢、外骨骼、輪椅等輔助科技進行比賽，例如選手駕著用肌肉刺激電極裝置的單車競速，還有如電影《阿凡達》（*Avatar*）一般的腦波控制比賽等。賽博馬拉松的競賽並非要展現科技的酷炫，而是希望鼓勵更多輔助動力科技的開發，透過這些發明幫助失能者克服生活上的困難，以便更獨立自主地生活。

科技輔具全方位快速地改變了人的世界，從人體的時空界限到包含外太空在內的居住環境，都有突變性的生成改變，機器人、器官移植或人工智慧擬真人體、人腦，甚或增能至超能，外加或介入人體的輔具與科技假體成為新的身體或人類的一部分。在醫療方面更有能夠修改生物體基因組的基因編輯，應用細胞治療於移植造血幹細胞、免疫細胞、間葉幹細胞、胚胎幹細胞、誘導多能幹細胞等奈米醫學（nanomedicine），以提高醫療的靈敏度、準確度、選擇性和效率。

創新輔具徹底改變了人體的邊界與意涵，而失能的定義與身分必然也隨之改變，以截肢者為例，心隨意轉的神經義肢問世後，在功能上，輔具透過神經迴路與大腦掌管動作的神經區域連接，讓人用「想」來移動肢體或拿取物品。以意念操縱輔具是人體界限上重大的突破。尖端的研究團隊設法更進一步讓這些輔助性義肢去「感覺」外在世界，研發重點在於修復肢體的感覺，以大腦神經迴路來

【第七章】 彼得 2.0 及 3.0 之假體配置與想像　257

控制「神經義肢」（neuroprosthetics）。輔具的功能已全面地精緻化，從身體感受到意念、神經傳達，細膩入微，不再僅是科幻小說的推理想像。3D 列印義肢、植入式晶片等輔具皆已研發問世。2016 年位於美國舊金山的歐特克公司（Autodesk, Inc.）研發中心，透過 3D 繪圖軟體，主辦了一場超能英雄賽博格（Superhero Cyborgs）義肢設計體驗活動。歐特克的工程師配合六位十至十五歲的青少年進行超能義肢設計及模型實作，創造出六種異於常模肢體功能的超能義肢。工程師發揮各自的創意，先由電腦繪圖畫出想像的義肢藍圖，再搭配 3D 列印結合機械工程，創造出各自理想的超能義肢。[2] 超能英雄賽博格義肢設計的計畫主旨即是透過 3D 列印設計各式輔具，推廣「失能，就是超能的可能」的顛覆性概念。

同樣地，美國麻省理工學院（MIT）於 2014 年成立極限仿生學研究中心（Center for Extreme Bionics），展開仿生假體研究計畫。中心主任休・赫爾（Hugh Herr）是一名登山專家，早年遭遇一場山難，導致雙腿粉碎性骨折因而截肢。赫爾以自身做為實驗義肢的對象，研發了仿生義肢，堪稱是仿生學的研究先鋒。赫爾的假體義肢結合半導體晶片和各式創新素材，除了能跑、跳之外，更可透過不

---

[2] 這些義肢包含了大衛・博塔納（David Botana）的多功能性義手，它保有傳統義肢的僵硬外表，但如同瑞士刀般的手臂可以變化出水槍、鉛筆等隱藏功能，它還能夠轉換為騎馬時固定韁繩的模式，變形金剛般的巧思創意無限。另一名十三歲少年基蘭・布魯・卡啡（Kieran Blue Coffee）為需要搬動重物的勞動工作者，工程師為他設計了 e-NABLE 能者手，配有 LED 照明燈，具有轉換為鋁製接頭的延伸功能，能依重量分配而自由轉換不同的手臂。為十二歲西德尼・霍華德（Sydney Howard）的設計乃將手部轉化為由手肘施力發射的水槍，十歲的萊利・岡薩雷斯（Riley Gonzalez）有了能發射弓箭的義手；而十歲的喬丹・李維斯（Jordan Reeves）的義手則是完全捨棄手的外型，直接在前臂接上幫浦發射器，往空中噴灑閃光粉。詳細內容可從艾蜜莉・普萊斯（Emily Price）在 2016 年 1 月刊出的〈如果你可以成為超能英雄，為什麼還要戴上義肢？〉（"Why Wear a Prosthetic When You Could Become a Superhero Instead?"）這篇報導中具體看出端倪（Price 2016）。

同的功能性開發讓赫爾重新登山、攀岩,其動作甚至比常人更流利順暢。仿生假體研究計畫的宗旨在於透過開發超越常人的肢體,進而創造仿生的神經系統和脊椎組織等等,期待在未來能夠終結行動不便所帶來的失能。這項終結失能的計畫勢必為失能族群帶來許多衝擊,仿生假體在未來社會是否能夠公平地為每一位失能者使用,又或者會以量制價地衍生出失能者之間的階級差距,值得觀察。在面臨人體和科技結合之際,人類的定義已不僅僅是從肉身界定。未來的人類該怎麼定義,人體又該怎麼定義,抑或是在科技成熟的未來將不再存有純粹的肉身人類。

更為驚人的創新,應屬 2024 年美國神經技術公司（Neuralink）將大腦晶片植入一名患者,人腦、電腦直接溝通,協助治療神經系統疾病。[3] 此一創新輔具讓行動不便、四肢麻痺或癱瘓者,藉由意念控制裝置,讓人體功能大幅度地修復。在可見的未來,肥胖、視障、自閉、憂鬱及精神分裂症等疾病,以及肌萎縮性脊髓側索硬化症（ALS）或巴金森氏症（Parkinson's Disease）等神經系統疾病都能獲得不同程度的助益,自此人體與人工智慧（AI）的共生關係也正式成形（高詣軒 2024）。

在如是的發展下,「非人類轉向」的趨勢亦隨之而起。後人類時代的來臨,也是輔具主導、介入的時代,人體與機器合成的人機體不再是神話的想像。醫療科技的進步開啟人類對優生和基因工程的探究,如今基因工程已從疾病治療邁入尋求完美的「體」與「能」階段。人體基因排序的研究工程快速發展,人類基因模組計畫（The Human Genome Project）於 2000 年由馬里蘭州的生化科技公司塞雷拉基因組公司（Celera Genomics）發表基因排序的「藍圖」。人類基因模組計畫在網站上公告疾病和失能是可以「糾正」的「錯誤」,

---

[3] 美國神經技術公司的創始人是馬斯克（Elon Musk）。

他們的發現對人類看待失能的心態以及失能研究方面影響甚巨。

詹姆士・威爾森（James C. Wilson）在〈改寫基因身體文本〉（"(Re)Writing the Genetic Body-Text"）中指出，現代人已將基因工程延伸為創造完美人體或提高智能的踏板，他從生物學和文本結構兩方面，探討基因工程對失能研究造成的衝擊，希望能突破人們對基因改造能創造完美的迷思。基因工程學家將基因排序視為書寫生命的文本（The Book of Life），未來若按照人類基因模組計畫所宣傳的「完美基因」文本，人類將失去族群的多樣性及種族的競爭力，更無法仰賴基因的變化去適應環境轉變和各種疾病的傳染，最終將造成失能者嚴重地被邊緣化現象（68）。若世界依此局勢發展，則所有未受到基因改造或是優生選擇的人類，都會成為社會邊緣的失能份子；換言之，現今社會所謂的「常人」，在未來的社會，可能因為沒有經過基因調整而成為失能者，如此將激化社會的階級化和不公的現象，甚至合理地剷除失能者。未來性具有無比的吸引力，但也可能是致命的吸引力；在科技高速發展之際，倫理規範必須做為先導，以免倒果為因地邊緣化弱勢族群。基因編輯和人工智慧讓「人」的定義與界限越來越模糊，賽博格、腦機介面、虛擬實境在在衝擊人類的現實。這些新創的科技輔具呈現了身體邊界及主體位置前所未有的流動性與變異性。

在邁向後人類發展的世代，輔具不再僅是做為失而復得的視覺填充物或是仿生的假體，其功能超越人體，開啟了各種肢體與人體幻化的想像。輔具之於身體可以做為一種身分象徵，佩戴者可以做為自己身體的工程師，依照各自喜好及需求創造想要的各種身體上的體現，並改變自己的身分。布雷朵蒂針對後人類時代的來臨，修訂了「人」的定義及人與外在環境的連結關係，失能的樣態也就更趨彈性。她所提出的「變成機器」（"become machine"）顯示了人類

與機械之間的界限變得模糊,而在人類逐漸與科技融合的演變過程中,新的存在狀態也同時挑戰了傳統的人類中心主義,人類不再是孤立的個體,而是與科技、動物和環境緊密相連的複雜網絡的一部分。這些創新科技不僅改變了我們對身體和能力的傳統觀念,還改變了失能的意涵與失能者的生活品質。輔具改變了身體的邊界與空間感,而維持生命的科技儀器則調整了生命的時間序,身體與生命的時空性變化更為生命書寫注入了多元的變數。對於一位失能者,他的身體與外在環境及輔具有緊密的連結,而這些外界情境,簡單如無障礙空間、傳統輔具到高科技人工智慧輔具等,在原本身體之外,皆成為建立主體及個人身分認同的要素。外在輔具不僅使得身體的時空性產生移動,還成為生命書寫的重要元素。失能的定義也因著輔具的創新產生各種微妙變化,而時代的趨勢與演變對生命書寫也具有關鍵性的影響,這些變化在近代失能者的生命敘事中尤為明顯,有極端化的改變。

後人類論述啟動了新的生命書寫內容與形式,也鬆動了失能的固定意涵;人類與環境、科技和其他物種的連結互動成為關注重點,混身體(部分機器或輔具、部分身體;部分數位、部分模擬)的出現也將科幻小說的虛擬情境現實化,失能與超能更像是一體的兩面(Couser, "The Future of Life Writing" 380)。失能者在面對未來人機多元組合的趨勢,必須經常面對一系列令人眼花撩亂,或為侵入性或是外加的電子或人工智慧輔具,斯圖亞特・莫瑞(Stuart Murray)指出,這些輔具一再重新配置了他們的身體結構網絡,並提供了體驗各種不同生活空間的方式,面對科技和數位時代的多元體現,他認為更合適的做法是,將視角投向「表徵當代性的錯綜複雜網絡」,以及各種組合所形成的「縱橫交錯集合點」,而多變的身體結構網絡也可能產生多元自我(6)。現存失能論述已不足以框

架或詮釋人機共體的多元化體現的構建，莫瑞嘗試建立失能與後人類間的對話，他期待透過兩者相互交叉對話，創建更多的學習及相互理解空間（7）。

在後人類與失能的空間中，科技輔具及科技對於失能身體的即身性，看似越軌或有抗拒性，但這樣的技術化組裝或再造身體，不僅是新等級體制的啟動者（the perpetrator of new hierarchies），它本身在美學、社會及政治層面上，確為檢測實質性變化的指標（7）。在數位時代，網路文化、多媒體介面、資訊數據等為人類帶來無比深刻的改變，無論是個人身分、自我或社區的觀念，全都在以驚人的速度轉變，莫瑞將此現象解讀為後人類主義的時間（和空間），在如是的情境中，人的自我經常是以複數方式呈現（複我）（Murray 6）。布雷朵蒂在《後人類》（The Posthuman）一書中也同樣指出，在後人類時代，人體以快速地擴展和增強的形式出現。

本文以 2021 年出版的回憶錄《我是賽博格：彼得 2.0》（Peter 2.0: The Human Cyborg）為例，析論傳記主彼得・史考特―摩根（Peter Scott-Morgan）的生命故事做為失能與後人類對話的載體，以及多元複我的展演場域。彼得在自己的生命故事中現身說法，透過輔具與人工智慧網絡呈現他如何建構多元的自我，除了原版的他，還有 2.0 及 3.0 版的他，他說：「未來，我有一部分會成為機器人，那將是真正的我，我會由部分硬體、部分濕體（wetware），部分數位、部分類比組成。這是我能想到唯一做我自己的方法」（122）。這本生命敘事涵蓋了彼得多元的身分及生存介面，他既是同志，也是失能者、可立，其存活空間既現實又虛幻，其主軸雖然是疾病誌，但涉及議題甚多，包括性別認同、科幻文類、失能賽博格、越界身體、可立主體、人工智慧、現實與虛擬、複我的倫理等議題。在回憶錄中，第一階段的彼得所表徵的是來自能者意識形態

所建構的健全彼得，彼得 2.0 則是從非失能進入失能階段，打破了生存樣態，彼得 3.0 則帶來寫實的機器人革命，勾勒了失能者未來可能存在的樣態。下文針對三個階段的彼得分別梳理，探究失能身體、主體在後人類世代的意涵與轉向。

彼得於 1958 年 4 月 19 日出生在倫敦的旺茲沃思，之後在英國的國王學院學校（King's College School）接受教育，並成為初中部的學生會主席。該校為倫敦大學的創校學院之一，亦為享譽全球的菁英名校，以英國聖公會為基礎，建立在神學的學術基礎之上。當學校發現他的性向後，立即採取十分激烈的行動，不讓他代表學校比賽劍道，也剝奪他在戲劇社演出的機會。性向問題浮上檯面後，他發現「我的校長造成我與世隔絕。他是一個殘酷、恐怖政權的專制暴君。在我的一生中，我一直被教導、被洗腦，接受這個機構是優質的、有價值且適當的。剎那間，這個機構中令人無法反抗的制度性霸凌和殘酷徹底地擊潰了我」（32）。儘管戲劇、藝術或文學是彼得最有興趣的學科，但為了反抗學校對他的歧視與霸凌，他拒絕體制派菁英的學習路徑，捨棄牛津與劍橋大學，選擇了帝國理工學院，在那裡他接受完整的電腦科學訓練，取得電腦科學學士學位和機器人學博士學位，他的研究主要集中在機器人技術和自動化系統的應用上。彼得成為一位機器人科學家，也是研究潛規則的世界專家，並獲得北美、歐洲、亞太地區和拉丁美洲多個國家授予的許可權，得以進入各公司的機密檔案，以解碼驅動經濟、機構、政府和企業的隱藏系統動態，其中包括銀行、化工、能源、醫療保健、資訊與通訊技術、媒體、零售和運輸等領域。

彼得在被診斷罹患漸凍症（motor neurone disease [MND]; amyotrophic lateral sclerosis [ALS]; Lou Gehrig's disease）之前，已經在科技和管理領域取得了顯著的成就。他是一位組織理論家、作家和

機器人技術專家,並在倫敦商學院、鹿特丹管理學院和波士頓的霍特國際商學院教授管理諮詢技術,協助開發新的管理諮詢技術,並被全球的管理者和學者廣泛應用。期間他出版了多本書籍,包括《機器人革命》(*The Robotics Revolution*)和《遊戲的潛規則》(*The Unwritten Rules of the Game*),這些研究成果對機器人技術和管理行業產生了深遠的影響,貢獻卓越。

　　彼得做為非失能者約有六十年的時光,他的家庭環境、養成教育及職業都屬於社會高階層,但他的家庭與學校都極為保守,當他在1970年代以同志身分出櫃時,尊嚴受到重創,當時,除了父母以外的所有家人都與他斷絕關係,他的父母對彼得來說,在面對社會壓力和疾病挑戰時,是非常重要的情感支柱,但也在那一刻他下定決心:「從現在開始,我拒絕容忍現狀中的各種不公平;我必會改變它。我拒絕被霸凌而屈服,或被迫剝奪我的選擇而順從;我要將負債變成資產,並創建新的選擇。我絕對拒絕屈服於霸凌者,即便是出自於法定或官方的。從現在開始,每當體制派試圖欺負我時,我都會反擊,回推,再反擊;直到最終,他們屈服了」(60)。不妥協、抗爭到底成了他的座右銘,也是對抗失能的重要資產。彼得尋找同性伴侶的過程雖然艱辛卻也浪漫,但他終於遇到了他的伴侶法蘭西斯,他們於1996年私定終身,於2005年成為英國第一對合法的同婚伴侶,並在2014年順利地從伴侶關係轉變為有婚約的夫婦,成為英格蘭同婚夫妻首例。在英國史上,他們創下先例,得以同志身分合法登記為法定伴侶,此法確定同志伴侶與結婚夫妻擁有相同的權利,例如配偶領取退休金的權利、醫院探視權、配偶財產或資產轉讓等,這是彼得多年努力倡議的結果,他向來反抗體制,很年輕時就離開他體制派的家庭環境,面對各種挑戰,他的努力為同志婚姻平權帶來重大的影響。

彼得於五十九歲時開始邁入 2.0 階段，成為失能者。他在一次出遊中發現腳有問題，之後開啟了一段尋找病因的艱辛歷程，其時醫生一直無法找到致病的原因，歷經無數的檢查，最終診斷出罹患漸凍症。對於多數的失能者而言，生命的無常與挑戰總是悄悄到來。彼得無法接受失能的事實，花了至少四個月時間才接受這個新身分。所幸他迅速調整心態，積極正向地面對病魔，開始挑戰醫學極限。他不認為漸凍症為不治之症，因為患者主要的症狀是肌肉逐漸萎縮，消化和呼吸系統仍能正常運作，若能克服技術上的困難，則不至於立刻有致命的危險。從技術層面上說，漸凍症患者的消化道功能完好，致死原因多半是「饑餓（因為他們無法再吞嚥食物）或窒息（因為他們不再能呼吸）」（47）。換言之，若採取正確的科技路線，至少可以維持住生命，否則「最終身體會完全被鎖死，只能移動你的眼睛，從床上探索看來相當無聊的醫院天花板」（47）。

彼得開始設法改造自己的身體結構，以其擅長的機器人科技專業解決肌肉失能的問題。他首先挑戰了醫學治療與倫理的潛規則，直接進行「三重造口手術」（tripleostomy），亦即胃造口術、結腸造口術、膀胱造口術，從進食到排泄等問題，全都透過科技輔具解決。他重新配置身體器官運作的迴路，透過不同的醫療重建手術，以胃造口、膀胱造口和結腸造口，將管子分別插入胃、膀胱和結腸，處理進食及排泄問題，此舉不僅解決相關問題，延長生命，還能減輕照料的不便，讓彼得活得更有尊嚴。此外，他還透過喉切手術裝上呼吸器，處理吞嚥時引發的窒息障礙，接著他又儲存自己的音檔以便模擬合成聲音，即便最後他僅剩下眼球能動，仍可透過人工智慧眼動追蹤技術傳達他的思想，順利地跟人進行溝通。確認罹患漸凍症後，他便在腦海中羅列了治療所需的介入性科技輔具，例如餵食管和呼吸器，以及其他超酷的高科技生活所需的物件（52）。

彼得重新布置身體吃喝拉撒的循環路徑與管線，給醫護人員提供改造建議，「將三個手術合而為一；一根管子直接進入我的胃裡吃喝，負責『輸入』食物，另外兩條是輸出用的管子，一條負責從膀胱輸出尿液，另外一條負責『輸出』糞便，『輸出 2 號』，即所謂膀胱造口術和結腸造口術」（89）。

　　彼得以尖端的方式重建或改造身體器官運作的路徑，其實也引發醫療和倫理爭議，一方面過往不曾有先例，從醫療觀點而言，人們沒有理由將健康的器官移除，再加上手術麻醉可能造成呼吸阻礙、病情加重等風險，醫師拒絕幫他開刀，後經他多方努力遊說，終於說服醫師同意為他進行這個實驗性大於治療性的手術。實驗性顯現了身體的無限彈性。2018 年 7 月，彼得接受三合一的維生外接系統手術，歷時三小時四十分鐘，他改寫了治療的定義，期待此一創新方式能改變疾病惡化的過程，甚至挑戰死亡的時程。彼得此舉顛覆醫學界對漸凍症的治療方式，讓科幻小說變成真實，像浴火鳳凰般重生。術後的彼得，趁著說話能力還沒受影響，找上語音技術研發專家馬修・艾萊特（Matthew Aylett）博士協助他「留住」自己的聲音，再搭配眼動追蹤、語音合成、虛擬化身等技術把自己升級成「彼得 2.0」，成為第一位人與機械及人工智慧合作的賽博格。他傾全力戰勝死神，當時醫生判斷他只剩下六個月的壽命，但他在確診五年後才離世，活存時間遠遠超過醫師估算的時程。彼得相信科技，他認為只要夠聰明勇敢，且能接觸到先進科技，凡事皆有可能。彼得 2.0 逃避了死神的立即召喚，疾病反轉了他的生命視角，他從科技新貴轉向為社運倡議者，面對並對抗病魔的折磨，他深入探索身體，了解疾病，應用自己所鑽研的機器人科技專業與知識，處理漸凍症患者逐漸退化的每個歷程，重新界定生死界限。

　　如同失能者在日常生活中常經歷的人情世故一樣，彼得面臨了

各種現實的考驗，疾病本身帶給他的痛苦與負面情緒在比例上相對少，令他痛苦的往往不是病苦，而是朋友與合作夥伴的背叛。先是與他結識數十年的好友維尼（Vinny），因為無法面對他繼續與他互動相處，而選擇離開，當彼得知悉此事後心情跌到谷底，他對維尼與他絕交一事深感痛心，其打擊比被診斷出漸凍症時還大，被朋友背叛及遺棄的感覺重重傷害了他，此一重創也引發了後續像海嘯般的挫折和餘震（240）。過往，維尼是位有情有義的朋友，但面對疾病與死亡有特別的恐懼與懷疑，任何人跟他敘述疾病現象，他立即覺得自己也有類似問題。維尼現象其實並非單一案例，許多病人或失能者都或多或少經歷過類似的傷痛或霸凌，此現象再次印證了一般人對障礙、疾病的恐懼或歧視。另外一個情境是他的研究夥伴雷（Ray）的背叛，他離間了彼得與漸凍症協會的合作關係，甚至將他的研究成果挪為他用，設法牟利，違背彼得的初衷，未能將研究結果讓所有有需要的人自由使用，反而將彼得隔絕在外，孤立起來，斷絕與研究團隊的後續合作（241）。彼得面對如此重大的背叛，感覺心都碎了，他為此痛哭流涕，甚至因此勾起童年時被同學孤立的創傷（244）。

儘管彼得失能後經歷了不同形式的背叛，他仍保有己溺人溺、面對問題、解決問題的核心價值與生活態度。他透過自己的身體做為實驗場域，設法打破醫療的潛規則，並提供失能者同等的解放條件。彼得了解此疾病變化及衰退的歷程後，也曾一度感到恐懼、憤怒及絕望，但很快就轉念調適，心中浮現了愉悅及希望，他說：「漸凍症要我死，但我拒絕。我也拒絕僅僅以活死人的形式『活著』」（65）。相反地，他選擇積極改變現狀與命運，來一場大冒險，幫助自己及其他患者，他說：「我們將聚集成一支軍隊，形成一場運動。這是叛變！目標是關於如何使用尖端科技來解決由疾病、事

故或老年引起的其他形式嚴重障礙,是關於那些擁有自由思考心智卻被困在身體裡的所有人」(65)。他強調這是「改變做為人類之意義」的舉措,以及找出活得更茁壯的方式(66)。他在〈彩虹與魔鬼〉的篇章中特別提到,人生是由彩虹與鬼魅組合而成;人性皆是傾向趨吉避凶,都生活在追逐彩虹和逃離鬼魅的模式中,面對鬼魂與無常,每個人都會感到害怕,但恐懼無法解決問題,如何回應或面對生命的凶險才是關鍵所在,這才是做為人的根本意義(214)。面對生命的凶惡,他提供的教戰手則是,「鬼魅有時會抓住我們,當他們這樣做時,我們應該擁抱他們,如此他們將失去欺負和恐嚇我們的力量。彩虹有時會被暴風雨遮蔽,當它們被遮蔽時,我們應該點燃燈塔,把它照進洪水中,努力創造我們自己的彩虹」(214)。針對人生的無常與吉凶,彼得擁有通透的智慧,他的對抗模式或許可名之為彩虹的倡議。

彼得的倡議模式主要為挑戰醫療領域對待漸凍症的潛規則,他先以自己的身體及生命做為實驗場進行手術時,那時諸多身體部位都還堪用,將尚未衰竭的器官從身體上移除,其實是違反了手術的潛規則及專業倫理,但他仍然成功地說服醫療人員重新部署他的身體管線,以人身死亡,或以科技假體活存,這是極為艱難的抉擇與挑戰。他設想手術若成功,則可嘉惠更多的失能者或老人。彼得有了先前推動同志婚姻合法化的倡議,如今再度以相同的堅持與努力,設法改變漸凍人的命運及疾病歷程,最關鍵的是為漸凍人爭取了更長的存活時間。他主動將自己的構想讓相關媒體及社群了解,最後獲得《時代雜誌》(*TIME*)的披露,希望他做為改革的先鋒,另外他也透過第四頻道電視台(Channel 4)拍攝記錄片(101-02)。與此同時,法蘭西斯建議他參選英國漸凍症協會的董事,提出以科技的方式對抗漸凍症、好好活著的政見,他在接受腸道手術前接到

協會主席告知,他獲選為董事,顯然協會成員十分認同他的觀點（174）。遺憾的是,他的構想與作風未獲得合作同仁的支持,他因而決定離開漸凍症協會（242）。在法蘭西斯的鼓勵下,他們決定自組慈善基金會,命名為史考特—摩根基金會（Scott-Morgan Foundation）,藉以實現彼得的理念（251）。彼得重振旗鼓,成立一個八人小組,堪稱八大金剛,他們各自擁有超強的專業背景,除了彼得本人及法蘭西斯外,他們另聘了六位不同專長的成員：總幹事、電視人、聲控醫師、阿凡達怪人、設計師及人工智慧嚮導（254-59）。這個團隊極為多元,僅有一位是異性戀白人（275）。

彼得自己在接受手術改造的過程中,同時協助解決了一位病友朱利安（Julian）的緊急病危狀況。朱利安的母親因為兒子胃造廔管術後出現腸穿孔現象,而醫療單位採取的照護方式很消極,她在求助無門的情況下寫信向彼得求助,即便彼得正面臨許多挑戰與變動,但他仍是想盡辦法伸出援手,最終朱利安度過難關（267）。在漸凍症患者的世界裡,誰會想到「欺騙死亡」、「逃離死亡」是他們的「全職工作」（261）。朱利安母親在信中抱怨,漸凍症患者活下去的權利往往被輕易地剝奪,她感謝彼得給了朱利安繼續存活的權利（267）。

為漸凍人爭取生存權利自此成為彼得的使命感,他總是挺身而出,仗義執言,強烈指責大眾對待漸凍症患者冷淡及被動的態度,他發現「罹患漸凍症最糟糕的不是疾病本身,而是大眾面對它的態度,這當中包括醫師的態度、相關慈善機構的態度、政府的態度、公眾的態度、朋友和家人的態度；最重要的是,這些被診斷出患有『最殘忍的疾病』者本身的態度」（261）。最遺憾的是,在英國乃至全世界,有無數像朱利安這樣的患者,他們正邁向死亡之路,但他們的死亡並非因為無法存活,而是因為大眾很容易就放棄他們,

【第七章】 彼得2.0及3.0之假體配置與想像　269

或被說服死亡是一種解脫方式（262）。當時有不少來自全世界的病友聯繫彼得，分享他們如何被社會及醫療機構拒絕使用維生治療的恐怖故事，而令彼得覺得不可置信的是，當他向一些訴求保護漸凍症患者權利的慈善機構舉發這些問題時，所得到的答覆卻是，他們「必須小心謹慎」，因為他們不想冒犯或得罪醫療人員。這類問題顯示出漸凍症患者的生命如風中殘燭般脆弱，連保護他們的慈善機構都撒手不管，放任他們自生自滅，完全忽略他們的角色，更不介意他們可能失去在患者心中的地位，這是極為諷刺的現象（262）。面對諸多不公不義的案例，彼得選擇直接寫信給英國國會議員凱文・佛斯特（Kevin Forster）尋求協助，所得到的結果是與議員的一次會面，國會方面卻毫無作為（262）。

　　面對此情此景，彼得義憤填膺地指出：失敗主義的態度始終存在於醫學界本身，而慈善機構也以同樣無情的方式，描繪漸凍症的可怕景象，並以此為名目募款，只為獲得更多捐款，加上患者及親人上網搜尋的病症資訊內容多半慘不忍睹，而患者本身礙於諸多挑戰與困境，也只能被迫採取消極放棄的態度，當他們開始有吞嚥困難的現象時，往往不會接受任何醫療措施（263）。他們看不到希望，找不到其他治療選項，反而認為「將管子連接到身上是邁向嚴重失能或障礙的第一步，而他們不能也不願讓自己邁出這一步」，即便原來很堅強的人也都輕易地放棄希望（263）。當然，這也顯現出大眾對於失能障礙最深的恐懼與排斥。彼得卻深信，透過尖端科技及醫療措施，漸凍人同樣可以過著「半獨立式（semi-independent）的生活模式，維持生產力，開心地過日子」，沒有理由那麼悲觀（266）。

　　最令人不捨的情境是，漸凍症患者常為愛而犧牲自己的生命，這也是重度失能者經常經歷的悲劇，他們擔心自己給親人帶來巨大

的經濟、情感和照顧負擔，寧願選擇犧牲自己活下去的機會，減輕家人的負擔，這種愛的行為本質是殘忍且無奈的，他們甚至拒絕進食，把自己餓死，或拒絕使用呼吸器，讓自己窒息而亡（264-65）。彼得的倡議重點則是期盼讓他們看到希望，找到各種可能的替代方案，對抗命運，奪回生命的主控權。最重要的是，無論求生或求死，他們應該有選擇的權利，而不是在無法選擇的情況下，任憑死亡叩門（264）。

彼得選擇的現代化倡議模式就是深入研究，加速更新、創新和發展各種可能應用的高科技醫療輔具，對抗漸凍症及重度障礙的挑戰，他將「利用摩爾定律將研究成果轉化為用戶工具，不斷努力，為每個夢想擺脫束縛的人提供越來越多的支持」（266-67），他深知如果他不帶頭、不立刻著手進行，又有誰能做呢？彼得面對自己身體急遽衰退的現實，跟世界賽跑，在極為關鍵的時刻，擔負起改變人類意義的使命，他期待透過尖端科技，加上人工智慧的推波助瀾，讓所有漸凍症患者活得有品質、有尊嚴（271）。彼得的倡議模式不在街頭、不在立法，而是透過科技及醫療創新的前沿倡議，重建身體的結構與疆界，甚至再造人類。他的論述既科學又奇幻，但他以自身做為實驗樣本，他在最後一場演講中向大眾提出他的改革及倡議構想，當下距離他還能自然說話只剩兩個月的時間，他把他的創新構想公諸於世，一種不同於前人的做法，「更安全且不具威脅」，其中人工智慧將扮演與人同等重要的角色，目標是「在符合倫理的原則下，研究如何使用人工智慧、虛擬實境、擴增實境、機器人技術和其他高科技系統，設法提高高齡、健康狀況不佳、身心障礙弱勢族群的能力和福祉」（272）。基金會的成立是為了公開掌握創新的力量，促使所有遭遇疾病侵襲者，包括漸凍症患者，在變動無常中依然可以好好活下去，成長茁壯。基金會將成為受病魔纏

身者的燈塔,也將啟發全球人工智慧的突破,他強調基金會是「希望之火的守護者,而居於火焰核心的則是人類與人性」;火焰越亮,苦難者就越有希望,彼得也在演講最後邀請所有與會者共同參與這趟科幻之旅(273)。

彼得利用科技來對抗漸凍症的做法是革命性的,他認為人工智慧夠成熟時,會有足夠的人身數據,當生物的肉身離世後,人工智慧完全能延續他的本質,接管他的一切;換言之,當人的意識與周圍的科技緊密交織,也許生物性死亡不再意謂最終死亡。這是新人類時代的來臨時刻。彼得相信,無論我們是什麼背景或處在何種環境,科學的最高目的就是幫助所有人茁壯成長。「改變宇宙是每個人與生俱來的權利」,是彼得的生活信念,也是他能積極面對生命難題的動力(10)。在他十六歲時,就有奇妙豐富的想像力,他說:「我的五種感官將被無數的電子元件增強,直到我的整個身分、人性完全地進化。我不會駕駛一輛汽車或一艘巨大的船,而是我會化身成那輛車、那艘船」(11)。彼得以自己的身體為實驗場域,成為第一個真正的賽博格,他以人身、人性搭配人工智慧及機器人,再現後人類時代的存在模式。他強調:「隨著人工智慧的複雜性及爆炸式的增長,人類需要嘗試如何細膩地利用它,以便擴大人們的智慧,這能嘉惠失憶症患者;做為一個物種,我們可能會完全被拋在後面」(96)。2.0版的彼得變成第一位人與機械及人工智慧連結的賽博格,他透過科技輔具及人工智慧克服失能障礙,重新定義身體的概念,並改變失能與生命的意涵。

2.0版的彼得走出傳統的肉身或「人」的場域,進入人機合體的後人類生存模式,像是現代版的錫樵夫(Tin Woodman)。錫樵夫是萊曼・法蘭克・鮑姆(Lyman Frank Baum)經典故事書《綠野仙蹤》(*The Wonderful Wizard of Oz*)中的虛構人物,錫樵夫砍柴維生,

他愛上了漂亮的姑娘孟奇金（Munchkin），想要娶她為妻。姑娘等他賺到足夠的錢，蓋間房子，就和他結婚。於是，他努力地幹活，但姑娘家中的老太太不願意姑娘嫁人，百般阻撓他們，老太太找了東國魔女，承諾給她一頭牛和兩隻羊，央求魔女阻止他們結婚。魔女在錫樵夫的斧頭上施了魔法，在他幹活時讓斧頭突然滑落，砍斷了他的左腿，而樵夫裝上義肢後繼續辛勤地工作，魔女眼看他行動自如，立刻又施展魔法，讓他砍柴時斧頭再度滑落，砍斷了他的右腿，接著又砍下他的兩條手臂、腦袋及身軀。能幹的錫匠給他做了一個錫皮身體，再將錫腿、錫手臂、錫腦袋全部裝在身體上，非常靈活，就像以前一樣，但卻少了心。錫樵夫變成名副其實的錫人，因此他邀桃樂絲（Dorothy）一起去翡翠城（Emerald），請求魔法師奧茲（Oz）幫忙安心，最終他獲得了一顆心臟，回到溫基家鄉統治並服務人民。事實上，這顆心不僅象徵一個完整的器官，還具有關心體貼的能力。錫樵夫的故事除了具有傳統故事的好人得救的基調外，尚有多層弦外之音，其中之一就是身體的完整性（wholeness）。值得注意的是，鮑姆也借助脆弱居民和邪惡的女巫呈現社會對失能的看法，以及失能者在現實生活中所經歷的焦慮與壓力（Murray 9）。

　　針對身體完整性的概念，莫瑞指出《綠野仙蹤》雖然距今已有一百多年，但其故事內容卻具有當代性，身體完整性的概念主導了二十、二十一世紀廣泛流通的「文化信仰」，此一整體性不僅表達了物質性的身體外型，同時也表徵其他代表「人類」存在的核心特質與能力，例如理性、自主及連貫一致的自我（Murray 3）。失能在《綠野仙蹤》是重要的議題，但一般評論者強調的故事重點是完整性，而非失能，莫瑞特別指出，錫樵夫經歷了截肢及加裝義肢的過程，但所體現的失能顯然遠遠不及他所隱喻的完整性內涵具有說服

力,難怪一般評論者鮮少從失能的角度詮釋他的故事,在如是的思考框架下,「即使失能是《綠野仙蹤》所描述的敘事事件核心,卻也習慣性地被忽視了」(5)。距離鮑姆一百多年後的此刻,錫樵夫身上的義肢組合意涵已大不相同,錫樵夫的義肢輔具、增能科技在後人類的情境中省視則特別饒富意味。在後人類時代,科技性的未來帶給身體多元的功能,取代或豐富了原本肉身所能提供的能力。錫樵夫的人機一體與科技增能的情境,在彼得 2.0 身上發揮得淋漓盡致。錫樵夫的斧頭——肢解了他的身體與四肢,而彼得的神經元硬化也逐漸讓其身體器官失去功能,彼得的重新配置體現了德勒茲與瓜達里的組裝技術與概念,也呼應了身與心的分離存在情境。在這樣的前景下,失能的概念也必然隨其轉向。

德勒茲與瓜達里的組裝理論對於探討失能的定義、身體的組裝及根莖式的連結,提供了關鍵性的轉折思維,並改寫了身體失能或損傷的意涵。組裝連結後的身體模糊了邊界,消除且重新組合自我和他人之間的原有邊界,創造了新的主體性(Braidotti, *Metamorphoses* 119, Goodley and Roets 166)。此一概念顯示損傷的身體僅代表一種移動式的差異,「它利用異質的、不連續的和無意識的能量,成為一個具身的、破裂的、多重的和遊牧的主體」,其以「反本質主義的方式改變和重新配置自我」(Goodley and Roets 168)。在遊牧主體論述中,身體和主體是在主體、物件和力量之間相互影響、交換,在「肯定性實現」(affirmative actualisation)中被創造出來的,遊牧主體為一肯定性生成(affirmative becoming)的引擎(Braidotti, *Metamorphoses* 166)。德勒茲和瓜達里強調在成為女人,成為孩子,成為動物、植物或礦物,或成為各種分子、粒子的生成歷程中,原始素材乃以不斷變化生成的遊牧方式分布,在一個無限開放的空間中無設限地配置自己的生成歷程,因此遊牧的主體

性是複雜的,是多重的、多層次的、開放的且相互聯繫的,「在不同的地方(空間上)和不同的時間(時間上),在自我(關係性)的多重建構中,占據各種可能的主體地位」(Braidotti, *Nomadic Subjects* 158)。傳統本體論將身體、主體視為一個統一的、理性的自我,進而根據此一規範來控制、治理和約束個人,將任何不按規範排列的差異或他者都視為低劣,之後將這些烙印的身體默默地降低到「可拋棄」的邊緣位置(Braidotti, *Transpositions* 163)。德勒茲及瓜達里呼籲「讓物質回到生命模式,讓本質主義徹底地轉變為反本質主義,生命的政治本身即為不斷的生成力量」(Braidotti, "Elemental Complexity" 142)。

德勒茲和瓜達里的生命遊牧哲學實用且可實踐,是顛覆本體論述的有力工具(Deleuze and Guattari, *A Thousand Plateaus* 28, 164)。布雷朵蒂與葛麗特・羅茨(Griet Roets)借鑑他們的肯定政治(a Politics of Affirmation)觀念及生命物質主義(vitalist materialism),省視失能的損傷身體,重新肯定其差異性(Braidotti, "Elemental Complexity" 168)。布雷朵蒂指出,遊牧概念做為一種潛在的、有創造性的方法論,對失能研究產生了質性的跳躍反轉,損傷的身體從生成的混亂或不確定的形式,躍升到實際的、確定的形式,避開了本質主義的陷阱。此一概念尊重我們所處現實世界的可見和隱藏的複雜性和不確定性,透過不同領域的相互作用,創造了當下的多重意義,並重新建構、反轉傳統關於失能者的單一敘述。在微觀政治的背景下,布雷朵蒂與羅茨製作失能行動主義的地圖,不僅反轉了損傷的概念,同時也促使失能研究學者重新思考對損傷(尤其是智力損傷)的本質主義解釋。布雷朵蒂據此將失能研究的話語論述領域定位為「一種具有巨大流通能力的話語,擁有強大的蛻變能力,具備策略性的多元價值」,足以挑戰當前的生命權力政

治（Braidotti, "Elemental Complexity" 164）。她以根莖思維（rhizomatic thinking）表達非對立思維方式的遊牧概念，推翻本質化的身分或主體概念，強調身體連結的複雜性和橫向性，以及人們需要提升概念層次的想像力，以新的形式表現身體及性別的多重性、不連續性和技術化之複雜性；更重要的是，必須積極尋求認識論和各式政治機構的替代形式（Braidotti, *Nomadic Subjects* 187）。她在〈遊牧主體與失能研究〉一文中也針對社會模式的觀點提出質疑與修訂觀點，建議大眾跳脫對身體損傷的負面觀點，例如「悲愴、社會死亡、惰性、缺乏、限制、損失、赤字或悲劇」（Roets and Braidotti 162）。她建議採用一種統一的身體和思想的觀點，讓受損的身體回到它們的物質根源，做為社會化前的生物本質和不變的現象，強調身體是「社會的、體現的和非二元的」（social, embodied and non-dualistic），並否定現有以政治秩序為前提的主體性（162）。

綜言之，布雷朵蒂和羅茨借鑑德勒茲的肯定性政策概念，強調體現的多樣性，她們挑戰了傳統對於損傷身心的本質主義觀點，遊牧主體也是動態的、生成的，是一個，也是多個，必須不斷地建立、生成，與多個他者橫向聯繫或組合。她們針對自我和他人之間的關聯性提出新的認識論；簡言之，主體概念從一個對立的、分裂的常與異常、能與失能的二分法概念，轉化為一個「開放的、相互依賴的主體關係性視野」。她們為失能研究提出了新視野、新典範，所有損傷的身體都重塑為「驅動力」，構成一個與他人相互聯繫的網絡；這意謂著「不是我們或他們的政治，而是人類在集體中的邊界與集群」（Braidotti, "Elemental Complexity" 175）。此一觀點既改寫又擴大了失能主體概念，受損的主體不再是無助、被動、毀損的，而是一種強烈的、生成性的和基本的能量流動（Gibson 168, 189），它是一個「具有生命力且不斷生成的主體」（Goodley, "Towards Socially Just Pedagogies" 168）。批判性失能研究應將其理論化，「開關集體尚未開發的主體領域，受損的身心是極複雜又有活力的」（Braidotti, "Elemental Complexity" 175）。

儘管獨立、自主的概念在西方霸權領域享有最高的價值，但表徵失能者「複雜且從不固定的相互依賴特性」，其實也適用在所有人身上，希爾德里克指出，儘管有些人自認能獨立掌握自己肉體的自主性，對依賴的事實有高度的恐懼並試圖加以否認，最終，「可感知到的身體體現形式」，並非是決定未來誰能蓬勃發展的「區分點」（165）。任何有機和無機之間的重要聯繫，都以一種或多種不可預測的途徑生成為他者，此一新組合充滿「活力和生產力」，德勒茲因此強調，「生命的生成力是根莖式的，是結節和連結通道的水平增殖」（Deleuze and Guattari, *A Thousand Plateaus* 21; Shildrick，*Dangerous Discourses* 165）。身體之假體延伸「超越實體主體的界限，透過與其他人、動物或機器的連結、聯繫，這些人、動物或機器的自身也同時形成他的逃逸路線」，希爾德里克指出這不是失能模式特有的挑戰性，而是所有人都經歷過的一個生活面向（165）。她強調非失能者同樣地經常與外在輔具連結，失能者使用語音合成器和一般人使用簡訊，藉導盲犬輔助者和騎馬者，使用輪椅的截肢者和使用快艇的行政人員，使用矯形靴的人員和使用高科技短跑鞋的運動員，他們都依賴科技輔具的延伸或替代概念，透過有機體和技術手段所建立的連結及擴展方式有無限的可能，這些皆可視為肯定生命力量的方式（165）。

失能者在日常生活中經歷身體與輔具或假體的連結，在這些人與機器生成或連結的過程中，展現了德勒茲所說的根莖式擴散，無論是軟體、硬體，甚至是濕體，在這些或許是暫時性的集合點上結合在一起，這種直接和間接的互動都會深刻地重塑失能者的身體與

【第七章】 彼得 2.0 及 3.0 之假體配置與想像 277

主體,即便是非失能者在科技掛帥的時代,也以類似方式跟外在技術物件連結,逐漸地,這些連結帶領我們真正進入後人類時代,最終也將重塑我們所居住的世界的向度。大環境的社會政治變革,匯集不同的能量流動,將在非有機統一的身體或主體上進行各式各樣的集合,形成創新且驚人的組合體。布雷朵蒂也指出,後人類主體的形塑與建構並非一條線性的道路,而是非統一性、物質的、嵌入的及多面向的,其形塑生命權力的系統就不是由單一來源決定,因此其存在模式具有更多元且細緻的差異(*The Posthuman* 187-88)。布雷朵蒂認為這種主體性透過欲望及想像能不斷地擴張、擴大。她所指的欲望概念是充實的而非匱乏不足的,它使得後人類主體變得更開放及包容。

錫樵夫是最早的人機混合的「後人類」,同樣地,彼得重新配置身體內在的管道,在現實與虛擬想像中成為後人類。在傳記中,彼得將 2.0 版的他升級為 3.0,在此版本中他脫離了肉身,完全轉換為人工智慧的虛擬身體。事實上,彼得在《機器人革命》一書中早已勾勒了未來生命存在的樣態,在元宇宙的時代,未來的身體、型態、臉龐等身、心物質皆進入無窮盡的變化,在虛擬世界中,人可以選擇自己的認同及長相,透過捏臉技術,整形或美容樣態也將興起大變革,人體及心智都成為數位化的資訊,存在的模式已超越現存的時空,「人」的去中心化越來越趨近德希達所說的修補、拼裝(*bricolage*),人的自我認同或主體性,如同現實的穿搭衣服,根據個人喜好隨意搭配組合,流動的身體成為基本的日常。針對人體與外在機器或輔具組合的無器官身體,吉布森以失能者的經驗做了詳盡的說明與申論:

> 失能者使用呼吸器呼吸,通過胃造廔管進食,透過語音合成器說話,用輪椅移動正使他們成為無器官身體,他們的遊戲身分是

> 一個流動的身體,不是一個主體,而是一個能量的集合體。他有可更換的零件。當生物部分發生故障時,身體部位又被金屬和塑膠部分取代。如果舊有的毀損了則會升級,新的、閃亮的、光滑的零件取代了舊的、過時的零件。身體既老了,但同時又立刻變年輕了。體孔數量增加了,滿布管子,液體和氣體入侵,但也暴露在接觸中,外部和內部都脆弱。氣管、尿道、胃和喉部,與插入電源的機器形成電路。能量的轉移,電氣化的身體,流經連接到水電大壩的電力線,從河流接收電力(慾望),從激勵河流的重力中獲取電力(慾望)。能量與其他維護大壩、製造機器和服務身體的機構交換。這個人是半機械化的賽博格,拒絕成為單一的有機體,並重新融合成一個個有機體。他的器官在這裡、在那裡,無處不在⋯⋯。他是一個激點,一個接觸點,一個電網上的繼電器,一個在一致性平面上的標定點。(Gibson 191-92)

上述賽博格的連結性對主體、身體的流動及各種生成的可能性做了最佳的詮釋。德勒茲模式提出的連結網絡是高度不規則的,是一種「水平的」根莖性擴散,而非「垂直的」系統性的樹叢形象。垂直的樹叢系統在疆界的固化上特別沒有彈性,不是任何人都能隨意跨越邊界,尤其是邊緣化的弱勢團體。德勒茲橫向連結的根莖概念提供各種生成的可能性,對於失能者特別有吸引力,彼得 3.0 呈現了這樣的可行性。

彼得推測未來人工智慧與人類將會融合得越來越好,甚有可能替代人腦的記憶,彼得 3.0 及時地為失能研究及失能身軀提出一種新形式的身體物質性,重新界定身體自我的整體性。傳記最後一章的時間點為二十一年後,彼得與法蘭西斯在虛擬世界重逢,內容雖屬虛構,但也預示了一個新世紀或新人類的誕生。在未來的世代中,彼得肉身已亡,完全活在人工智慧運算的虛擬世界中,法蘭西斯也透過電腦介面,使自己的意識與人工智慧結合,進入虛擬世

界。新興的高科技使得這一切都改變了,彼得甚至認為「史蒂芬‧霍金使用的科技輔具都不夠高端了」(47)。

傳記的最後一部分〈二十一年後〉預演了未來的賽博格世界,在虛擬世界中,之前發生在世上所有的事也起了根本性的變化。在虛擬的延伸生成變化中,彼得與法蘭西斯創造了一個關鍵的轉變,甚至修改了薩拉尼亞歷史的版本(293)。[4] 在〈浴火鳳凰〉的章節中他們兩人遊走在不同的星際間,並依照喜好回到任一時空,沒有時間及身體的限制,他們談到生命,也切入最關鍵的死亡議題,彼得提出了「明亮之眼之謎」,亦即「如果你是賽博格,死後會是何種情景?」(299)。此一大哉問,直指了人與人工智慧合體的後人類未來將是何種樣態。彼得引用摩爾定律推斷,他的人工智慧系統每兩年就比過去強大一倍「2、4、8、16、32」,二十年後的他,已經比初為賽博格之際強大千倍,彼得因此越來越無法區分他的生物大腦與人工智慧之別(310)。

隨著時間線的推移與安全存儲,他們都變身為不同的身體,回到過去,重溫整個事件。人工智慧甚至把他們帶回到一個久遠以前的遙遠星系,其時文明剛在地球上萌芽,他們好奇的是,不知道那裡是否有具有知覺的生命。但是「外面有大量美麗的星球,我們的有知覺的生命——人類——可以生活在上面。這可能是地球對宇宙做出的最重要貢獻,確保我們這個光榮的、不屈不撓的、打破規則的物種,生存的時間夠長而足以擴展到宇宙,這可能是我們今天活著的人所能做出的最重要的貢獻」(299)。不過,最為關鍵的問題是,賽博格死了之後,生命的樣態為何?就死了?彼得思考的不是死亡,而是如何將人腦變成電腦的「連結」,人腦與人工智慧連結後,人工智慧系統依照摩爾定律的增長速度,將難以想像未來人類

4　薩拉尼亞王國是彼得夢想的奇幻世界。

成為賽博格時的生存樣態。

邁入後人類世代，彼得傳記結尾的篇章中則具有高度的科幻性。傳記主在虛擬的世界中，活得自在快活。主導這部分情節的元素有兩個，一是以前衛的人工智慧科學再造「人」，另一元素是神話史詩般的浪漫愛情。彼得傳記的收尾內容從記錄一位漸凍症患者的生命歷程，轉換為改變「人為何意、何物」的前瞻計畫，是一個比無器官身體更前衛的生命實驗。當他開始使用最新的腦機連結後，他的生物大腦已經能夠與所有自我學習的人工智慧系統互動，依照彼得的說法，他越來越難以區分哪個是大腦、哪個是人工智慧。法蘭西斯問彼得：「我想你這樣就像在你的腦子裡多了一個朋友，可以與你進行心靈感應。」彼得回應：「是的，開始的時候是這樣。但隨著我的人工智慧變得越來越強大，能夠猜測我想說什麼、我想如何行動、我想做什麼，我也就越來越不清楚我的特定想法究竟源自何處」（301）。法蘭西斯無法置信，彼得則進一步說明：「意識，尤其是自我意識，並不存在於大腦的任何一處，而是大腦處理訊息後得出的副產品」（301）。法蘭西斯終於理解腦機組合是怎麼回事，轉述道：「如果人工智慧像人類一樣聰明，而且聲稱有自我意識，那麼它所說的各種感受就是實話，所以你必須對待它像對待人類一樣」（301）。

值得一提的是，在腦機組合的樣態下，自我的主體性及身分認同變得更為多元、多重與短暫，自我和非自我之間成為多個自我，「身分既是單一的又是多重的，既是局部的又是短暫的」（Gibson 191）。此一實驗性組合顯現了身分是開放的，德勒茲與瓜達里把此現象描述為無器官身體，是身體去畛域化、又再畛域化的歷程，彼得的主體與人工智慧既是相互聯繫的，但又保留了原來的自我，此一連接自我把自己開放成為生成主體，在連結之間，主體變得多

重、多元,也更為碎片化。彼得 3.0 生動如實地表達這樣的流動主體:

> 「人工智慧的我」和「生物的我」已經融合得越來越好,而且人工智慧的我也越來越擅長猜測和模仿生物的我,同時人工智慧的我越來越強大,而生物的我卻越來越老,越來越健忘……我偷偷地懷疑,人工智慧的我,正逐漸承擔起這個壓力,主宰我的意識。我覺得我越來越多的感覺和意識是人工智慧處理後的副產品,而非生物我的想法。(302)

彼得 3.0 在身心能力與性別上都成為一種變形且流動的身軀,恰恰符合德勒茲的生成概念,落實了身體是多重生成的流動結果:

> 身體並非本質的,亦非生物物質的:它是力量的遊戲,是強度的表面;沒有原件的純擬像(pure simulacra without originals)。因此,德勒茲將身體、性和性別身分去本質化。具身主體是一個在交叉力(情感)過程中的術語,是以流動性、可變性和短暫性為特徵的時空變量。從這個意義上說,男性和女性的主體位置並非建立在二元對立上,而是建立在具多重性的性別主體上。它們之間的程度差異標示著在根莖連接的網絡中不同的生成路線。(Braidotti, *Nomadic Subjects* 247-48)

　　彼得 3.0 將人類的身體與主體指向了後人類的前景,看似科幻與超寫實,但也具體表徵了後人類的存在模式,亦即多元的、斷裂的、組合的。升級版的彼得充分展現了「超現實」、「超寫實」的未來,並徹底推翻傳統西方哲學論述中關於身體與主體的概念,死亡並非疾病的終點,透過人工智慧的輔助,所有人都以「離身」的未來模式存在著。彼得 3.0 呼應德勒茲和瓜達里的欲望機器概念,3.0 版的身體沒有固定的封閉實體,跨越了身體邊界的意識及欲望流動的匯合體,能夠掌控自我,獨立遊走在不同的宇宙維度,他與法蘭

西斯的愛欲自主地流動、逃逸,如同德勒茲與瓜達里所言的欲望,做為能量的基本流動,具有積極的生成力量,脫離所有監控的規範系統,此種欲望是一種「生產性的力量,是一種激情,它使人走向新的東西,即另一種東西」(Deleuze and Guattari, *Anti-Oedipus* 25; Gibson 189)。他們的愛欲實例顯現出德勒茲的欲望操演性,超越了正常與異常的二元對立,並多重轉換了能量的強度,此一擴展性超越了完整和破碎身體之間以及有機和非有機之間的傳統區分。因此,無論是所謂的失能身體還是虛擬化、假體化的身體,都包含在欲望的流動之內,彼得 3.0 也顛覆了「穩定性」的身體以及傳統的固定性別概念,呈現了主體性只有透過欲望的連結才會出現。

德勒茲和瓜達里認為個體化的主體是對欲望的限制,對他們而言,欲望並不是想要或被迫去「解決某種東西的匱乏,而是一種積極的和具有生產性的能量」,他們強調「傳統將欲望視為一種缺乏東西的邏輯,此一邏輯是局限的,早在柏拉圖時就錯了」。相反地,他們把欲望描述為「一種『具有生產性的能量』,而傳統被限制為想要的欲望是『被壓抑的』」,不具有任何生產力(189)。吉布森指出德勒茲與瓜達里的欲望概念不是靜止的,其意義是多元、分歧、變動的,而如此激進化的概念需要不同的新詞彙,以便擺脫傳統個人主體和單一身分的概念,他們創新的「欲望的機器」(desiring machines)、「無器官身體」和「一致性的平面」(plane of consistency)等詞彙,皆用以指稱同一事物的不同狀態(190)。無器官身體是「對自我的拆解」,準備讓它開放,適應「強度」的需要,所有的自我都是「短暫的」,隨時融入其他自我和機器,免於系統的制約,或可說是系統破壞者(190)。

彼得 3.0 可以視為欲望機器的產物,他根據自己的生存模式,建議法蘭西斯安裝一個腦機介面,置入最強的人工智慧,讓人工智

慧與真人融合，透過這樣的組合，他們可以繼續延續、延伸他們的愛（310）。彼得的三個宇宙潛規則中，其中第三個是，愛能戰勝一切。他在 3.0 版親自實踐了真愛不朽。[5] 身處在虛擬世界的彼得更為自在，與法蘭西斯的關係也更為親近，傳記的表層敘述是交織穿插彼得罹患漸凍症之前與之後的故事，然而實際內容卻由彼得創造的薩拉尼亞王國浪漫愛情神話貫穿全書。神話中的重要角色是阿瓦隆（Avalon），與他相關的意象貫穿全書，彼得在序文中特別提及他，感謝他是這本書的「無名英雄，真正的明星……在承受極限考驗時，真正的阿瓦隆證明了他比少年彼得所想像的更勇敢、更忠誠、更英勇」（viii-ix）。阿瓦隆是傳記中奇幻與浪漫的表徵，是彼得生命的典範，尤其在勇氣與摯愛的表現上。在〈歡愉〉篇章中，阿瓦隆藉著人工智慧的導入，進入夢想中的奇幻世界薩拉尼亞王國。彼得以他為故事原型角色，講述了一個發生在阿瓦隆與拉海嵐（Rahylan）兩個男人間的愛情故事，他們活在另一個時空的世界，故事裡彼得創造了薩拉尼亞的地理環境，那裡擁有多種文化、一種語言和字母，以及現行的文字和符文。

彼得十四歲時，利用暑假時間特別雕刻了一把薩拉尼亞豎琴，並創作了神話、傳奇和歌謠。他發現現實世界裡缺乏兩個男人間充滿戲劇性、熱烈且浪漫的愛情榜樣，為了彌補這缺憾，他自己勾勒了一個這樣的情愛國度（16）。他以奇幻的中世紀風格手繪了一張精緻亮麗的地圖，圖上記錄了自己夢寐以求的每一個地點、每一個故事。每個地名都有其來由，每個角色都有一段故事（16）。他自認為是金髮學徒術士拉海嵐，他跟同樣具有同志身分的老師費許（Fish）先生講述了許多關於拉海嵐與阿瓦隆之間的故事，故事中

---

[5] 彼得認為只要跟隨宇宙潛規則，探索存在的意義則格外地簡單。第一則是：「科學是通往神奇境地的唯一道路」（ix），第二則是：「人類因打破既定規則而偉大」（96），第三則即是「愛終究能戰勝一切」（220）。

的他們在安那列斯之火（Flame of Analax）處相識，兩人向全國宣示對彼此的愛意，並在眾人面前相吻，從那時起，整個薩拉尼亞王國都知道他們正式結為夫婦（17）。

現實生活中，彼得依照這個奇幻藍圖找到了他的阿瓦隆，亦即法蘭西斯，彼得在與法蘭西斯認識二十六週年的紀念日那天，向法蘭西斯求婚，他選了〈前所未有〉（"All Time High"）這首曲目做為求婚的背景音樂。求婚時他拿出金戒指，就像拉海嵐向阿瓦隆求婚時的戒指一樣，是用阿瓦里金打造的，彼得還貼心地在戒指內環刻上求婚時的歌曲名稱〈前所未有〉。他單膝下跪，對法蘭西斯說：「你願意嫁給我嗎？」（224）彼得十幾歲時腦海中經常浮現拉海嵐在眾人面前親吻阿瓦隆的場景，他朝思暮想的場景在這一天成真。婚禮當天，他們特別選擇了麥可・波爾（Michael Ball）的〈愛能改變一切〉（"Love Changes Everything"）做為步入禮堂的音樂。

彼得在科技的理性中兼具了感性與浪漫，對於內心渴望實踐的理想，他總有超強的毅力，想盡辦法在現實生活中落實。彼得的生命歷經病痛與背叛之苦，幸好有法蘭西斯在彼得面對那麼多嚴峻的挑戰與挫敗下依然堅定地留在他身旁，支持他度過各種難關。他們相處過程的點點滴滴正呼應或再現了十八歲的拉海嵐迎接阿瓦隆來到阿瓦里的時刻，在現實生活中也通過了如安那列斯火般的考驗，他們的靈魂合而為一。阿瓦隆面對拉海嵐，開口說的第一句話是「我永遠屬於你」，最終拉海嵐為他們的未來做出唯一的選擇：愛，排除了孤寂與死亡的另外兩個可能性（247）。在〈永恆之愛〉的結尾篇章中，法蘭西斯登入人工智慧尋找彼得，彼得留給他的通關密語是「回到永恆之愛的方尖碑」，法蘭西斯揭開「明亮之眼之謎」，謎底是拉海嵐與阿瓦隆最初遇見的地點，憑著對彼此的永恆之愛，法蘭西斯「深且久地凝視彼得 3.0 的雙眼」，他們又相聚了。

彼得 3.0 自由地逃逸出規範他的系統機器,他的身與心透過人工智慧機器繼續延伸、生成中。在虛擬情境中,他與法蘭西斯的關係非但未分離、疏遠,反而更加親近。法蘭西斯進入虛擬的薩拉尼亞,騎著他的白色駿馬「霧」,以不可能的速度加速前往盧西恩(Lusion),其時他又回到了二十多歲的情景:

> 他低頭看了看自己的右手,注意到他的氣球袖襯衫是白色的,他的皮革短裙是深藍色的,看到他曬得黝黑、肌肉發達的大腿跨在寬大的馬鞍上,他感到很興奮。人類的大腦是如此淺薄,這一點很不尋常。當他欣賞地看著自己恢復的雙腿時,感到自己的自尊心又回來了。他完全厭惡自己在地球上的那雙瘦弱的、布滿皺紋的、功能不佳的腿。在這裡,現在,他又變得強壯而有活力。
> (288-89)

彼得以虛擬之身會見法蘭西斯,他們倆皆戴上沉浸式的虛擬實境面罩,相互親吻,彼得說:「這個吻更好。首先,它是在嘴唇上的,因為它本來就該是如此。漸凍症的一個隱藏殘酷之處在於,為了盡量減少咳嗽和打噴嚏的風險,二十多年來,沒有人被允許親吻我的嘴唇,即便是法蘭西斯也不行。而現在,自從我最新的腦機接口之後,我甚至有了基本的身體觸感」(296-97)。漸凍症阻隔了彼得與法蘭西斯的親密關係,但透過人工智慧的協助,他們再次經歷了唯美的浪漫。彼得真正的無器官身體讓欲望更加自由地流動。這樣的互動讓他們感受到「真正的自我存在,而不是宰制著他們的無關緊要的外殼」,彼得表達他在地球上鮮少照鏡子,不過他也瞥見自己的身體已經流失大量的肌肉,他說當看到自己身體的那一刻,「我的大腦以為那是冒名頂替者,這原來看起來如此死寂的身軀怎麼可能感覺如此活躍?然而,化身為拉海嵐的我,看起來和法蘭西斯第一次見面時的狀況一模一樣」(297)。彼得與他的伴侶法蘭西斯在

一起超過四十年,彼得生病的過程,法蘭西斯持續地陪伴、照護,提供了重要的支持和愛。如同錫樵夫一樣,3.0 的彼得以更為純粹的愛守護他的伴侶。

彼得的生命和錫樵夫有一個極大共同點,那就是他們對於心愛伴侶的守護與誠摯皆令人動容,樵夫為了愛,斷手、斷腿、失身,留下的是不具形象的「愛」;彼得同樣為了伴侶做了不同的努力與犧牲,守護住他們的愛,在結束肉身階段後,透過人工智慧的升級繼續昇華他們的愛。錫樵夫要腦、要心或要勇氣,都得透過巫術獲得,而彼得 3.0 則是透過科技來保留、升級,儘管此階段他們的關係全屬虛擬想像的奇幻式書寫,但彼得勾勒想像的〈未來二十年〉卻極為浪漫,在一個看似虛擬的神話境界,他們的愛永不止息;他們的愛透過更大的心靈默契,繼續昇華。

彼得的生命故事其實就是一個人文與科學的合體,兩者看似衝突,卻共構了一個看似永恆的未來。彼得的一生根據其既定的浪漫神話藍圖推演前進,即便遇到漸凍症如此嚴峻的考驗,他依然在神話想像的精神世界裡找到出路。彼得透過科技不僅為被疾病禁錮的身體找到自由遊走的空間,在未來的勾勒想像中,除了他與法蘭西斯的愛不斷升級進化的浪漫,還有為弱勢平權打造的類烏托邦理想國度,在書尾〈薩拉尼亞〉的章節中,他將薩拉尼亞營造為一個和諧共處的國度,生活在那裡的人「不會提醒別人還有另一個不幸的悲慘世界」,在虛擬世界中,每個人都能創造「豐富多元且多重的宇宙,任何人都可以茁壯成長,活得多采多姿,無論他們在現實世界的失能程度如何,或他們有何種溝通障礙,都能享受生活」(290)。薩拉尼亞是苦難與弱勢者的理想國,他們不為外在條件及形體制約,彼得在最後這個篇章中充分地展現了「超現實」、「超寫實」的未來,死亡並非疾病的終點,透過人工智慧的輔助,所有人

都能以「離身」的未來模式存在。心為一切之母，心於身外，外於身，彼得保留了心世界，尖端科技無礙其浪漫的大愛，科技與人文無縫地接軌組合，生存模式的化身無窮盡且多元化。

　　彼得的同志與失能身分再現也見證了後認同政治的多樣或多元性，酷兒搭配失能可立主體，加上輔具假身，賦予失能者未來的存在樣態更多的虛擬想像，將失能的生活模式帶入了前衛的情境。希爾德里克在《危險論述》（*Dangerous Discourse*）一書中提到兩種危險身分，亦即失能及同志身分，傳統西方獨立自主的主體概念限制了性向及欲望的流通，並拒絕身體與任何外在物件的連結，擁有這兩種身分的彼得對主流社會而言是最嚴重的威脅。幸運的是，在薩拉尼亞國度裡，失能或酷兒的身分完全轉換，不再被歧視或邊緣化；相反地，透過人工智慧的模擬情境，人們存在的樣態也不斷被修正，在浩瀚無垠的星際自由遊走。在薩拉尼亞，身體不再被認為是既定或完整的實體，也不是破碎的，而只是參與不斷動態和創新的連結，如此一來，就沒有所謂的失能與非失能的固定區隔，所有人都只是處於一個生成的過程中。對德勒茲和瓜達里來說，人和動物、人和機器之間沒有區別，有的僅是不斷創新與隨機結合的過程。失能者也自然容易脫離被設定的邊緣位置，跳脫分類的疆界。成為賽博格這種多重生成的概念，用德勒茲和瓜達里的術語來說，即所謂的「逃逸線」，表徵身體上各種對連接性的認識，這種逃逸線提供了一種創新的想像，而所謂的自由不再等同於個人權利和自主權；相反地，自由是一種以創新和多種、多重與「他者」連接的方式，形成各種身分的組合，體驗、探索、窺探各種極限，建立、釋放和重構流動的多重聯繫，找到安身立命之處。

　　彼得 3.0 透過人腦及人工智慧的合作，掙脫限制、界限和約束，越過有機身體的固定邊界，以逃逸線的自由，激發生活的無限

潛力與可能性，遊走在無邊無際的宇宙；他徹底轉化了傳統主體的概念，並以無拘無束的方式不斷地生成，盡情地體驗世界，持續突破原本的界限，隨著欲望的流動，他們的生成過程永遠處於新的流動狀態。如此生成的主體是一個多樣性、差異化且去中心的主體，亦即德勒茲所謂的「遊牧主體」，一個充滿自由欲望的無器官身體。

親密與情愛關係在身體與各種不同的創新連結過程中也有多元的體驗、探索，重構欲望流動模式，彼得與法蘭西斯在虛擬的情境中變得更加親近，即為一例。希爾德里克亦指出德勒茲和瓜達里所強調的是欲望生產的積極性，這種積極性出現在遊牧遊蕩的流動、能量和強度中，出現在各式混合的聯想中，出現在對模糊性的接受中，最重要的是，出現在不斷延長擴展的連結中，其中不只出現在人與機器本身，也出現在人與人的多元形式生成歷程中。在德勒茲和瓜達里的概念化中，無器官身體不是根據有機形式或文化歷史的規範、價值所組織的身體；它是欲望的身體，是「欲望內在的領域，是欲望特有的一致性平面」（Deleuze and Guattari, *A Thousand Plateaus* 154）。在德勒茲和瓜達里看來，欲望有自由流通的能量與主動性，是正面且具創新的生產力，有主動正向且具有擴張自己領域的動力與強度，與根莖一樣，透過連結和生產，與周遭的客體或連接或中斷，再產生新的連結，創造出身體所需要的生成條件，處處流動著多元、多樣化的創新生命形式。

彼得 3.0 是真正的無器官身體，相較於彼得 2.0，其欲望的流通和生產更為自由，徹底地去畛域化，不受任何系統組織的約束與規範，彼得尋找或創造新的生活方式、新的存在模式，他的身體在欲望的驅動下，持續嘗試所有機會，探索潛在的越界和可能的逃逸線，創造各種連接、流動的可行性，以及無法預知的逃逸或生成路線（lines of flight and becomings）。同樣地，吉布森指出，將失能者

的身體納入這樣的組裝生成系統是值得嘗試的，如此各種形式的依賴、給予和接受都成為一種生成、生存的可能性。她以受訪的女性性助理為例，性助理的工作性質主要為協助她的失能雇主與第三人發生性關係。性助理必須扮演一個「工具」的角色，將自己抽離在關係之外，其角色十分曖昧，是「在性親密的場景中既存在又缺席的人」，她是一種達到目的的手段（Shildrick, *Dangerous Discourses* 139; Gibson 192）。性助理是他們兩人的重要連結者，她是失能者身體的延伸，他們相互依賴、依存，有著深刻的連結，她與一般的看護角色類似，後者以不同方式替代失能者損傷的四肢，必要時得幫忙洗澡、餵飯，而唯一的差別在於性服務涉及更親密的欲望流動，她的身分具有流動性。此案例顯示了多重自我與他人的交織連結，吉布森更全面採用了德勒茲式的論述，說明身體不僅相互建構，更且依賴於深刻的動態生成連接，「〔即使〕沒有性行為，也是兩個（三個）的混合連結體」（139）。這種相互依賴的情欲也因此具有流動性而無限地開展、擴展到其他層面，而性助理在這個連結的親密關係網絡中，在一個與另一個兩者間，被拉進來又拉過去，「這當中所有的生成變化全都混雜在一起，儘管主體性未被放棄，但它像是一個帶電體，在出發點和返回點之間循環往來，它會外露、流動，還能關閉和打開」，顯示了生存轉變的可能性（Gibson 192）。吉布森認為這也可以「想像是不同的存在／生成模式，而自我與他人（包括人類和非人類）的關係，能以多種創新的方式拆解或再組裝主體，德勒茲和瓜達里的無器官身體的生成概念的確具有無限越界的潛力」（192）。總言之，失能身體的流動性是以「+」或「和」（and）的方式延伸擴展，而無器官身體的生存概念沒有起始，更無終點，隨著欲望能量及強度傳播、擴張，同時也展演了欲望如何融合世間各種物質元素進行身軀的延伸與轉化。

對於德勒茲和瓜達里來說，無器官身體的概念並不是要放棄肉體本身，而是要去除組織。組織的致命點主要在於物質的統一和整合，它阻礙了人們承認在不同的人類之間，在人類與動物、人類與機器之間，存在深刻而複雜的聯繫。而無器官身體代表了一種解體，它開啟了無數不可預測的，甚至是短暫的聯繫和會遇（157）。這些連結或連接網絡無法事先預知，是高度不規則的，是「水平」而非「垂直」的連接，如根莖般延伸擴展（158）。彼得 3.0 之無器官身體具有各種轉變與生成的強度與能量，有無限的創新及變異的潛力。失能的概念也被顛覆了，既非不健全，也非健全，歸根結柢，一切都在不斷生成的過程中，無須遵循固定的模式，沒有程序次第，也不預先設限連結的性質、對象與軌跡（159）。生成變化前進的道路在於推動各方面的非組織化，並提供一種「欲望生產」的虛擬模式，社會政治變革的動力不是「體現在一個完整、統一的有機體中的內部機構，而是將部分物體，包括生活、材料、物件和機器，聚集在一起以創造令人驚訝的新組合的能量流」（Shildrick, *Dangerous Discourse* 164）。上文所提的各種混身組裝展示了一個生成連結的過程，在暫時性的集合點上人與物件會遇、凝聚。這種互動，不管是直接或間接，都會深刻地「重塑了我們的主體存在，最終也將重塑我們居住世界的維度」（163）。彼得的多元混身形式讓我們重新思考失能的意涵，並提供給失能者及非失能者一個全新的未來想像藍圖。

彼得 3.0 看起來是一位失能科學家對未來的科幻投射與想像，然而細究起來，文本傳達了幾個重要訊息，首先它改寫或者顛覆了西方傳統的身體是統一、固定、穩定、完整的概念，在未來的世界裡，彼得的身軀是流動體，超越時空限制，他可以透過人工智慧選擇任何想進入的時空，在科技掛帥的現代，所謂的「未來」其實就

是一個充滿各種可能性的屏幕，身體從幾個世紀的哲學傳統所鑄造的形式—內容的模子裡翻轉過來，形成單純的碎片化或失去統一性，而身體的形式與物質、科技輔具的連結，被重新概念化為橫向的相互聯繫。簡言之，主體碎片化、時空多元化、身體拼貼化，人與類人共生共融。組合式或自由連結已成為未來的「後常態」，常態或新常態皆為曇花一現的停格。

二十一世紀不僅僅是技術發展的開始，也是自動機器、人工智慧盛行的新時代，它們在文化敘事中充分地被重新配置，身體感知的變化及其所包含的情緒，也同步改變了人類與非人類的疆界，以及它們被再現和理解的方式（Murray 3-4）。人的身體與疆界以及人與他者之間的連結性顯得更為浮動，人與各種輔具工具的連結或嫁接創造了無數的新常態，身軀與存在模式隨著欲望不斷地流動與延伸、擴展，在後人類世代，人的身體越來越像德勒茲所說的「無器官身體」，如根莖般蔓延，而連帶的主體也形成所謂的遊牧式主體。此一典範移轉也提供了失能研究及失能身軀進一步的轉向與思維。值得一提的是，科技的發達加上資本及新自由的經濟模式，脆弱的身軀必然更加邊緣化，甚至被淘汰殆盡。所有的科技發明皆是人類心智的聰明發想，但如何使用這些高科技產物其背後有著更大的倫理議題，物競天擇、適者生存是天然的揀擇抑或是金錢實力原則的揀選，則成為更具爭議性的議題。極端的經濟弱勢與嚴重失能者之生活與存活，將面臨更為嚴峻且殘酷的考驗。

彼得最後在虛擬的奇幻世界開啟新生命，其所表徵的是人類的未來，與此同時，身心障礙的定義已難以界定，或許連「人類」也需要重新定義，如同法蘭西絲卡・費蘭多（Francesca Ferrando）所言，在控制論和生物科技的快速發展下，傳統「人類」的概念受到廣泛挑戰，而「後人類」和「超人類」成為哲學和科學需要重新再

探討的概念，實體的物理性不再是大眾社交互動的主要空間，相反地，人們的個體或自我已分散（disseminate）到虛擬身體和數位身分中，而先前尚‧布希亞（Jean Baudrillard）的擬像（simulacra）已成為人類終極的超現實（Ferrando 213）。

如何為弱勢族群爭取薩拉尼亞般的生活方式與生命尊嚴，則成為更具挑戰的人文及倫理倡議。針對此點，彼得的故事也提供了新的思考範例。他與錫樵夫都有一顆關愛伴侶的「心」，所不同的是，他既有心也有腦，而且他除了人腦還有許多科技產物的人工智慧。錫樵夫的故事顯現身體的喪失並非意謂沒有那些與身體相關的情感特徵，錫樵夫透過與桃樂絲、稻草人和懦弱的獅子在旅程中的互動來證明他擁有完整的人性（Murray 3）。稻草人說：「無論如何，我還是寧可要大腦不要心，因為就算傻瓜有了心，也不曉得該拿心怎麼辦。」錫樵夫則表達：「我想要有心，因為大腦不會讓人快樂，而快樂是全世界最棒的事。」稻草人和錫樵夫兩人對於腦和心孰重孰輕，有不同見解，關鍵點在於每個生命個體對於自我都有不同的期待，渴望欲求的客體也不盡相同；人生百態，但挑戰自我的終將是心中自認匱乏的那一塊。

在以科技輔具裝置主導的後人類世代，創新科技與輔具固然重要，最關鍵的仍是美善的品質，無論是德勒茲或布雷朵蒂都做了類似的強調。德勒茲從不強調增加功能或功效的必要性，或將超越策略做為克服身體混亂的一種方式，他強調無論是透過快樂或痛苦的感受，「個人的任務是毫無怨恨地接受所有發生的事情，『不要讓發生在我們身上的事情顯得毫無價值』」（Deleuze, *The Logic of Sense* 149; Shildrick, *Dangerous Discourse* 166）。美好的生活是，即使身處在逆境中，也會滿意和改變自己的生活，總是開闢出生成為他者的新可能性。而對於德勒茲來說，「一個身體所能承受的，遠

遠超出了規範或常模所預期的」（166）。布雷朵蒂同樣指出，後人類不像一般人以為的是走向神祕或反烏托邦的社會，而是超越消極或負面性，以肯定的方式重塑自我，關注一個可以透過肯定和創造實現的理想未來，走向一個建立在集體願景之上的社會。後人類倫理學以推論、想像為基礎，思維後人類主體能夠做什麼或成為什麼樣的生命，最終形成一種基於快樂的倫理，容許思想透過肯定及與他人的聯繫而超越以往的界限（190）。布雷朵蒂將「愛」（*amor fati*）視為一種表達生命運作過程中之複雜性和相互關聯性的動力媒介，藉以形塑一個最具潛力的世界（191, 197）。

德勒茲與布雷朵蒂對於受苦的經驗與生命的理想願景都提出了關鍵性的呼籲，失能的負面經歷或許會凸顯社會矛盾，並導致社會關係緊張，但受苦不全是負面的，不能讓苦白白地承受卻未對生命產生更深的體驗與領會；世代與科技不斷地創新前進，但愛才是最重要的推力。同樣地，狄奧多・阿多諾（Theodor W. Adorno）的哲學論述中亦有諸多關於與痛苦搏鬥之梳理，對於阿多諾來說，探索苦難及差異可以跳脫同質化邏輯，透過痛苦來思考身體，承認不同類型的痛苦容易促進變革行動，並為各種差異開闢其存在的空間。

阿多諾在《否定的辯證法》（*Negative Dialectics*）之批判哲學中為受苦的身體發聲，強調利用差異的「邊緣」及他者概念，最適合挑戰社會的「錯誤狀態」，身體往往是「社會壓迫、痛苦和不公正歷史的遺址」，面對社會所有的失敗，身體其實也是一個希望的點；換言之，阿多諾認為「希望可依附在能變形的受苦身軀上」（Fritsch, "On the Negative Possibility of Suffering" 8）。對阿多諾來說，「身體既是宰制也是苦難顯現的場所，更是一個提供隱性承諾的場所。身體既是顛覆性的又是肯定性的，既是毒藥又是治療，而希望卻在身體中徘徊縈繞」（13）。阿多諾提醒我們，必須重視他人

和我們自己的痛苦,而不是挪用它。體驗痛苦的方式不只有一種,我們不應減少或輕視痛苦的特定實例,痛苦的概念化永遠不足以適用所有個別體驗的經驗,有些痛苦無法說明,也無法涵蓋在單一概念中(12)。儘管科技和科學具有減輕或消除這種痛苦的潛力,批評性理論正是需要去思考解決為何痛苦在我們的世界持續存在,以阿多諾的否定辯證法來思考、理解身體,對於失能研究有極大的助益。

彼得有同樣善良的悲憫胸懷,以落實愛的世界為職志,即便自己也身受病苦折磨,但他能同理病友的苦難,不遺餘力地進行各種倡議,降低漸凍症患者的痛苦,提升他們的醫療品質。失能的經驗對於彼得而言,正是讓其生命向上提升的動力,失能所表徵的不是失敗、沮喪、無奈或怨天尤人,反倒是激發了他更大的創意與推己及人的悲憫之心。彼得的生命最難能可貴的是,當病痛來襲時,他總有方法轉移視角,不讓自己陷入自怨自艾的情境裡,即便他的身體狀況急遽惡化崩解,半夜醒來,他仍然思索著宇宙變化的歷程及無法預測性,他覺得這樣的思考更具意義。他思考並質疑人面對命運的挑戰是否全然束手無策,所得到的結論是,透過創新的認知思維,每個人都有可能做出影響世界的改變,「所有人都有與生俱來的權利,能夠改變宇宙」(248-49)。彼得想通後,覺得自己充滿正能量與無比的精力,積極創造改變的契機。儘管他也像一般病人會經歷到無助與絕望,但很快就能調整心境,積極面對挑戰。他以自身的病苦為實驗,重新配置身體的機能與結構,以自身成功的經驗造福更多漸凍症患者。

傳統科學與人文似乎總是站在對立互斥的立基點,彼得的生命經驗做了最佳的示範,科技以更人文的方式服務受苦受難者,他以尖端科技克服漸凍症帶來的虛空(the Void),他不只是想存活

（survive），還要茁壯成長（thrive）（94）。更重要的是，他期待把希望帶入黑暗的虛無（Dark Void）中，設法打破所有的既定醫療規則，直接反抗命運，如其所言，他要利用網路、虛擬及擴增實境，加上人工智慧，創造出「蛻變」（metamorphosis）中的人體藝術，創作《黑暗虛空交響曲》（*Symphony from the Dark Void*），再塑造一件名為《蛻變》（*Metamorphosis*）的藝術作品（95），他帶著如此的使命感，積極地改變失能者的生活，他期待無論遭受多麼嚴重的疾病或失能，仍能在希望中活著。

【第八章】

輪動藝術與人生 [1]

　　失能藝術挑戰了傳統對藝術、美學的定義與創作方式，也拓展了各種展、演表達的可能性。藝術創作不再局限於傳統的藝術媒材，可能使用科技輔具、回收材料、甚至身體來創作，創作品也因此顯得特別具有實驗性、前衛性。近年來在台灣失能研究領域中，除了有為數不少的學者在學術界發展並建構相關的失能藝術知識論述，也有許多失能者實際投入失能文化藝術的表演，類型甚多，從音樂、戲劇到舞蹈表演，共同開創出多元的表演模式。這些新崛起的藝術展演呼應了西伯斯的新寫實主義概念，亦即直接以「粗糙的邊緣和遲鈍的角度」展演，跟來自能者意識形態的歧視、貶抑進行對話、詰問，進而重構失能的正向主體與認同（Siebers, "Disability in Theory" 179）。藝術表演者將過往被隱藏或遮蔽的人事物細膩且刻意地展演出來，讓人們開啟不同的藝術賞析新視角。本文則接續前文，繼續梳理輔具與人體的關係，析論重點則為輔具如何從身體延伸的功能性逐漸轉換成藝術展演工具；文中將以輪椅為例，析論台灣輪椅發展為舞蹈藝術的歷程與代表性舞者，以及它做為輔具與

---

[1] 本文部分內容乃根據 2018 年於美國比較文學會議發表之論文 "Cripping the Stage and Mobilizing the Prosthetic: Disability Aesthetics and Reception of the Disabled Artists and Dancers in Taiwan" 增修撰寫。

失能者身體的互聯性。

　　輪椅在協助失能者發展競速、運動或跳舞等延伸的特殊才藝之前，於失能者的生命發展歷程中早已扮演了不可磨滅的角色。輪椅不僅可以幫助行動不便者更自由地移動，無論是在家中還是外出，都能更方便地進行日常活動；最重要的是，它快速地讓失能者從隱密處出櫃，參與社交活動、工作和學習都不再是難事，從而提升他們的生活品質和社會融入感。除了提供外在行動的便利外，輪椅也協助強化了失能者的心理素質，增強他們的自信心、獨立性和自主權，從而活得更有尊嚴。台灣在五〇年代前後曾發生小兒麻痺大流行，其產生的後遺症多數為雙腳上的行動障礙，損傷程度或有不同，有單腳、有雙腳，在輔具並不普及的年代，身體本身就是互為代償的輔助機制，受損程度不一的兩腳，較強的一腳總是代償協助另外一隻較弱的腳，雙腳皆受損則靠手或爬行等不同方式取代走路。

　　作家鄭豐喜在穿義肢前，以膝蓋走路。台大中文系教授李惠綿是重度小兒麻痺患者，她曾分享自己雙腳失能後的代償方式，她在十個月大時罹患小兒麻痺症，但卻保有了一雙強而有力的手（72）。十二歲以前，她只能蹲坐地上，用手拉著拖鞋，右手拉右腳、左手挪左腳，一寸一寸挪移，過程也需要透過雙手來代替執行，手在代償過程中也會自動、適應性地發展出不同且更強的動能，此經驗促使她出版了一本以「以手走路」為題的傳記。發明家劉大潭三歲時因誤打過期的小兒麻痺疫苗，造成腰部以下癱瘓，只能像鱷魚一樣在地上爬行，也被親友們認定為要「當廢人了」（劉大潭、李翠卿 17）。

　　當他們年紀漸長後，必須藉助輔具協助移動、行走。鄭豐喜以義肢代替雙腳，李惠綿十二歲以後穿上支架、鐵鞋、拐杖，全身帶

著五公斤的鋼鐵裝備,靠雙手撐拐杖讓自己跨步。李惠綿的拐杖不僅是助行輔具,更表徵著她的精神,如同她傳記的副標:「拐杖支撐一身傲骨」,表徵她的精神與形象(李惠綿 26)。除去行走輔具,父親還幫她設計了馬桶椅、沐浴椅、渡橋椅等輔具。劉大潭上小學時,以一輛小孩子騎的小三輪車當代步工具(28),後來姊姊幫他訂做了一輛手搖三輪車(30),除了代步的三輪車外,他還用雙手支撐著腳上的皮鞋,用雙手的力量走路(35)。十二歲時,他幫自己打造了一台滑板車當輔具(39),移動速度快了三倍;三十歲時,他自行設計了可以上下飛機的六十三段變速拼裝車,這部車也帶他去了三十多個國家(104)。他從在地上匍匐爬行開始,靠著創意走過大半個世界。劉大潭的好友范可欽形容他:「走路像條狗,生活像條龍」,雖然有幾分誇張的意味,但也寫實傳神,重點是活得像條龍,他的雙腿失能,但卻有更多能「行」的創意發明(劉大潭、李翠卿 126)。他們或靠鐵鞋支撐、或靠手杖等輔具輔助行動能力。在小兒麻痺群體中,這類經驗不勝枚舉。在他們的成長階段,輪椅並不普及,即便有,也是造價昂貴,並非一般人能夠負擔得起。李惠綿與劉大潭靠雙手及不同的輔具代行。李惠綿經過匍匐於地之爬行、蹲在拖鞋走、穿鐵鞋支架拄雙拐前行、輪椅到三輪摩托車;劉大潭則從爬行、用雙手支撐著腳上的皮鞋,到各式三輪車。

　　輪椅在台灣的普及是一個漸進的過程,日治時期輪椅主要集中在醫療院所,用於病患的移動,戰後初期,台灣的醫療資源相對匱乏,輪椅的普及程度不高。七○、八○年代以後,隨著經濟發展和醫療技術的進步,加上九○年代失能者權益運動的興起,政府推動相關的社會福利政策,補助失能者購買輪椅,輪椅的使用才開始逐漸普及。隨著科技的進步,輪椅的功能與設計也越來越多元化,為使用者提供了更多元的選擇,或代步、或運動、或跳舞;輪椅這看

似平凡的輔具,在藝術家的巧思下,蛻變為表達自我、挑戰社會規範的獨特媒介。

如果肉身稱為第一身體,輔具則是第二身體或外部化的人體器官與部位,除去上述以自身身體互相代償的情況外,屬於第二類的輔具假體也有其不可抹滅的替代性,它們可以視為雙腳的投影或投射物件,也像是外化的器官,與內在器官不同之處在於它們能與身體分離,是「可拆卸、可移動的」,具有「移動性的優勢」（Smith 37）。事實上,技術化不僅發生在科技化的物質領域,在人體進化的過程中,技術化亦扮演了關鍵的推動力,而使用技術產品或輔助工具也不是失能者專有的現象,此點可在德勒茲的論述看出端倪,儘管德勒茲從未明確提出跟技術哲學有關的論述,但專精德勒茲思想的丹尼爾・史密斯（Daniel W. Smith）試圖梳理出一系列相互關聯的概念,其中他所提到的輔具或假體概念最具代表性,說明了人類向來仰賴技術發明與工具來延伸身體的功能。

一般人較容易注意到失能者使用輔助工具來協助補強失去的功能,鮮少留意非失能者其實更是全方位地依賴各種輔助工具改善或增加生活功能,史密斯指出,我們每個人現在都「生活在兩個軀體中,參與了兩個進化時空:一個是我們的有機軀體,它是由一個極其緩慢的進化過程演變而成;另一個是我們在自己周圍創造的第二個技術軀體（technium）,它是由外達爾文主義（exo-Darwinism）以更快的速度形成的」（Smith 38）。假體輔具技術與生活相互滲透,以雙腳為例,一旦其功能損傷,可以外化補強或替代的方式很多,輔具也十分多元,從鐵鞋支架、拐杖、手杖、助行器、手動輪椅到電動輪椅等,皆能提供不同的替代或輔助性協助。不少使用輔具的失能者也證實了身體如何寬容地接納第二身體,與之合作無間。

此一現象在失能者如此,在非失能者亦然,史密斯詳細列舉了

人類在演化過程中產生的技術工具，及其如何用來延伸、加強身體功能，成為一種外化器官，例如榔頭模仿身體的前臂和拳頭，將木樁敲入地面，榔頭類似手臂並替代了手臂功能，其他如「奶瓶則是將母親的乳房外化，廚房爐灶是胃的延伸」，衣服使皮膚外化，同樣地，「輪子將我們的臀部、膝蓋和腳踝的類球形關節外化」（Smith 34）。而彼得・加利森（Peter Galison）更列舉了科學儀器做為外化假體器官，例如望遠鏡或顯微鏡增強眼睛功能，收音機像大耳朵一樣聆聽天上的聲音，科技有能力透過技術發明來擴展人們的感官（Galison 221-93；引自 Smith 35）。史密斯僅約略列出幾個外顯的案例，在技術發明的進程中，與腳相關的延伸工具則多不勝數，與輪子相關的腳踏車、機車、汽車、電動車、火車、捷運。人類的各種科技發明、技術及外加工具都與身體有關，也都為延伸或強化身體功能，貝爾納・斯蒂格勒（Bernard Stiegler）就曾說過，「技術做為一個『外化過程』，實為通過生活以外的方式來追求生活品質」（Stiegler 17; Smith 34）。人體最關鍵的呼吸功能，可由傳統的負壓型呼吸器（俗稱「鐵肺」）過渡到現在的葉克膜。

在科技掛帥的時代，身體外部化的技術及產品多元且快速地發展，越來越進入所謂的「外達爾文主義」時代，身體形式與功用能無限制地被外部化增強。邁入二十一世紀後，基因工程更是無所不用其極地進行人體延伸的大革命，隨著時代的演進，第二個身體開始對第一個身體產生作用，近期的人工智能、機器人、無人機、賽博格，在生活上扮演各式各樣便捷或延伸、取代的功能。唐娜・哈樂薇（Donna Haraway）說隨著人們的生活受到越來越多技術輔具影響，我們早已是賽博格了，人體變得越來越賽博格化。她在〈賽博格宣言〉（"A Cyborg Manifesto"）一文中也認為，科技已促成人類肢體的延伸，未來的人類多半以賽博格的樣態存在，她將賽博格

定義為「一個控制論的有機體，一個機器和有機體的混合體，一個社會現實的生物，也是一個虛構的生物」（Haraway, "A Cyborg Manifesto" 150）。她說我們所處的時代是一個神話般的時代，「我們都是嵌合體」，「賽博格人是我們的本體論」，賽博格也是「想像力和物質現實的濃縮形象」，兩者的連結讓各種「歷史變革」都成為可能（Haraway 150）。

外部化人工器官及部位與身體連結合作，不斷地向外發展衍生，彼得 3.0 的身體雖說是一種想像的未來，但不無可行性，而霍金的輪椅更是一個多元複雜的多功能外化輔具，不僅取代了他的行動功能，也協助他說話溝通、寫作、演講，乃至於管理公務及家務，例如遙控辦公室及家裡的電視、音響、燈和門，輪椅上的軟體也提供了健康檢測功能，注意霍金的身體狀況。進入二十一世紀後，尤其在新冠疫情大爆發後，人們越來越依賴外部裝置監控自身的生理狀況，各種穿戴式智慧裝置因應而生，例如智慧手錶、穿戴式心電圖監視器、血壓計，以及可測量心跳、呼吸頻率、皮膚溫度、身體姿勢、跌倒檢測等穿戴式生物感測器。此外，醫生進行手術時，透過虛擬實境眼鏡及手持遙控桿，加強及延伸自身的眼手功能，能精準地幫病人切除腫瘤（林琮恩 2023）。相較於過去，人體更依賴外部機器強化身體的功能。

人體與外化輔具及機器互相作用，莎拉‧布里爾（Sara Brill）根據莫里斯‧梅洛-龐蒂（Maurice Merleau-Ponty）的觀點，指出由於人體與輔具的功能之間有相互「流動性」，因此不能說身體是人造的，或說它是自然的（Brill 245）。葛蘿茲提出的「易揮發的身體」或「不穩定的身體」（volatile Bodies），乃試圖傳達身體的多變性和流動性概念，提供了一個批判性的觀點，挑戰傳統的身體觀念和對身體的限制性觀點。她強調身體並非固定不變的實體，而

是受到多種因素，例如社會、文化和科學等外部因素塑造而成的流動實體。葛蘿茲指出身體是多層次的，具有豐富的感官、情感和運動能力，並且其意義和價值在不同的文化和社會背景下是多樣而變化的。失能的藝術及美學所關注的與「不穩定的身體」所關注的相同，它們都捐棄對身體的單一觀念，設法超越二元對立和固定身分的觀念，強調多元、包容和公正的身分及其與社會的關係，接納不同能力和失能經驗產生的美感。同樣地，德勒茲在組裝理論中強調差異性和交織性，事物不是固定的實體，而是由各種元素和力量組成的複合體，這種組合不斷地生成新的結構和身分。

　　人體與輔具的功能之間有相互「流動性」，這點特別容易從義肢、拐杖或輪椅看出，它們皆是一種外部化的腿，當它們熟練地與身體合一時，則可從功能性提升為藝術性；事實上，這些替代腿功能的輔具已成功地藝術化為舞蹈媒介。舉例來說，在台灣許多截肢者透過舞蹈找到新的生命力，他們將義肢視為舞蹈的一部分，創造出獨特的舞步。這些舞者們組成不同的舞團，透過表演、教學等方式，鼓勵更多人認識義肢舞蹈，「弦月舞集」尤具代表性。該舞團由「中華民國截肢青少年輔健勵進會」所組成，這個協會於1995年11月3日成立，旨在協助截肢青少年擁有開放的心靈，勇於追求圓滿的人生，弦月舞集的成立乃是協會在推動失能者藝術發展上的重要一步，其成員都是截肢者，他們將義肢融入舞蹈中，用舞蹈來表達自己，創造出獨一無二的舞風。義肢舞蹈在台灣是一個相對較新的領域，發展時間較短，但已經培養出許多優秀的舞者。弦月舞集也曾多次受邀參加國際性的表演活動，將台灣的義肢舞蹈推向國際舞台。弦月舞集的每一位成員都堪稱是義肢舞蹈領域的先驅者，他們用自己的行動證明了，只要有心，凡事皆有可能，截肢一樣能舞出生命的力與美。

至於拐杖舞蹈，台灣尚未發展出來，在美國則有著名的拐杖舞者比爾・香農（Bill Shannon），他出生時有股骨頭缺血性壞死的問題，行走時需要使用拐杖，但拐杖沒有成為他的限制，反而轉化為一種藝術表演工具，創造出獨特的舞蹈風格。香農將拐杖視為他外部化的雙腿，與身體協調配合，產生各種令人驚嘆的動作，創作拐杖舞的過程中，他需要極高的平衡感和協調性，加上拐杖舞的動作幅度大，很容易造成意外傷害或摔跤，每次演出時他都必須克服許多常人難以想像的挑戰。他以拐杖舞動生命，將拐杖化為藝術道具（Gilbert 2022）。香農身為拐杖舞蹈的先驅，在舞蹈的設計上結合了街舞、爵士舞、滑板和現代舞等元素，透過巧妙的動作和節奏，創造出獨特的舞蹈語彙與表演形式，他在舞台上展現出令人驚嘆的動作和創意。香農的拐杖舞蹈不僅僅是技術上的展示，更是一種藝術的表達，給觀眾帶來強烈的視覺和情感衝擊。

至於輪椅舞蹈，則有其相對的特殊性，因為輪椅不像拐杖，它在舞動時完全取代雙腳的功能，輪椅化身為雙腿與舞鞋，滑動出舞步時，身體與輪椅相互和諧流動至為重要。輪椅舞蹈在國外的發展已行之有年，早在十六世紀末的英國就發展出雙椅舞，二十世紀六〇年代末，英國、蘇格蘭的康復中心從輪椅復健中發展出輪椅舞蹈，八〇年代初，荷蘭輪椅使用者科麗・范・胡頓（Corrie van Hugten）來到英國，她將輪椅舞蹈基本元素帶回荷蘭，設計發展出可以融入標準舞和拉丁舞的技術，輪椅舞蹈於是在荷蘭迅速發展，並傳播到世界各地。1998 年，輪椅舞蹈運動成為國際帕奧委員會（International Para Competition，簡稱 IPC）錦標賽項目；如今，輪椅運動舞蹈已列為帕拉林匹克運動會的比賽項目之一。

在台灣，第一個輪椅舞蹈團是由伊甸基金會於 2001 年成立，輪椅發展為舞蹈藝術大約是從 2010 年左右開始，2010 年代中期開

始，台灣的輪椅舞蹈活動變得更加頻繁和多元化，2015年開始擴大舉辦國際賽事，2016年台灣舉辦了第一屆IPC輪椅舞蹈亞洲錦標賽，2017年起，台灣每年舉辦媽祖盃WPDS輪椅體育運動舞蹈國際公開賽，吸引來自世界各地的選手，這些賽事不僅提升了台灣在國際輪椅舞蹈界的知名度，也促進了輪椅舞蹈的普及和發展，近年來台灣的選手在國際賽事中陸續取得優異的成績，展現了台灣輪椅舞蹈的實力（楊艾喬2024）。在台灣，目前有三個主要團體積極地推廣輪椅舞蹈，分別是伊甸輪椅國際標準舞推廣隊、身心殘障舞蹈運動協會，以及中華民國輪椅體育運動舞蹈協會。

　　基本上，輪椅舞蹈以組合式舞蹈為特色，每對舞者都由一名輪椅使用者和一名站立舞伴組成，但也有兩個輪椅使用者組合的雙人舞。輪椅不僅是舞者的代步工具，也是「乘載夢想的舞鞋」，表演形式主要分為輪椅國標舞以及各種不同舞風的輪椅團體舞蹈。舞蹈輪椅與一般代步輪椅不同，經過特殊設計修改，拿掉兩個把手，輪子呈現外八角度，座椅也專為每個使用者的身形量身打造，並特別添加綁帶以綁住雙腳，協助穩定身體。近年來，台灣的輪椅舞蹈不僅在技巧和創意上有了更多突破，也開始涵蓋更多的風格和表現形式，從傳統舞蹈元素到現代、流行和街舞，從狐步舞到探戈，從恰恰到倫巴，輪椅舞蹈呈現出多元的風貌，同時也強調融合舞者的個人風格和情感。此外，早期輪椅舞蹈在台灣的推廣還有賴特別的舞蹈訓練及編舞，有為數不少的專業舞蹈教練投入訓練，其中重要的推手應屬施達宗、謝娟娟夫婦及蔡秀慧老師。

　　施達宗、謝娟娟夫婦曾為台灣職業國標舞競賽連續十八年的冠軍，是華人首次於英國黑池世界大賽取得佳績的選手，他們的愛子施亞良在耳濡目染下也對國標舞產生興趣，曾到伊甸基金會擔任義工，後因車禍喪生，夫婦倆忍痛繼續推動輪椅舞蹈（張凱

翔 2016）。蔡秀慧是另一位推動台灣輪椅舞蹈發展的重要推手，擁有英國皇家舞蹈教師學會典試認證的高階教練執照，投身輪椅國標舞教學約有二十多年。大眾透過她的努力認識了輪椅舞蹈的魅力，她為身障朋友創造了更多展現自我的舞台。為了教學，她還訂製一台專用輪椅，學著坐上輪椅操控它，嘗試教舞後，她也能夠依照各種障別不同的強弱狀況去編排舞步，「我現在都可以坐上輪椅，跟輪椅舞者尬舞」。她笑稱一切都是意外，對她而言，帶著一顆做公益的心來推廣輪椅國標舞，才是支撐她繼續奉獻的原因（張嘉穎 2019）。蔡秀慧如今已成功培育出許多國際級舞者，朝著國際性的輪椅國標舞邁進，希望能讓更多身障者找到人生新舞台。這些團體和舞者在台灣的輪椅舞蹈發展過程中扮演了重要的角色，不僅在國內外的表演和比賽中取得佳績，也促進了社會對失能者藝術才華的關注和尊重。

不同於國外的輪椅舞者，台灣的輪椅舞者較少注重舞蹈理論上的分析整理，他們主要著重在執行層面，是行動者，也是生命經驗的分享者。自 2000 年以來，透過障礙組織或社團的推廣，產生為數不少的輪椅舞者，有的舞者是業餘，單純地把舞蹈視為休閒或交友活動，或為個人夢想的實踐平台，但也有不算少數的輪椅舞者以此為志業或職業，在國內外舞蹈比賽場上展現技藝與美感。一般大眾可在 YouTube 網頁中看到部分演出，或在媒體新聞中看到賽事報導。關於台灣舞者們的出版著作較為有限，本文現以大眾熟知的三位舞者做代表性介紹，分別是林秀霞、鄭自強及何欣茹。林秀霞在輪椅舞蹈最負盛名，2015 年，中山大學外文系承辦中華民國比較文學「體、適、能」研討會，會中特別邀請林秀霞演出輪椅舞蹈，她的舞藝極具特色，深深感動了現場觀眾。林秀霞一歲時患上小兒麻痺症，導致左下肢癱瘓，成年後因為雙腳長度不同，接受腿部伸

展手術,遺憾的是手術失敗,從此必須依賴拐杖行走。她三十五歲開始學習輪椅舞,她說:「有了輪椅當我的『舞鞋』,讓我發現自己全身充滿舞動的細胞,看見自己可以跳舞,並且盡情享受在舞蹈中⋯」(張昊辰 2015)。她因此不再像以往專注在缺陷上讓自己痛苦,而是從不同視角看見自己身體的可能性以及潛能,看見自己的身體也能以不同的方式表達內在的感受,生命變得如此豐富且精彩,也讓她更加勇於接受各種新挑戰。她曾代表台灣出國參加輪椅舞蹈比賽,獲得國內外無數的邀請演出以及輪椅國際標準舞獎項。舞蹈教練蔡秀慧曾讚許她為「天生的舞者」,除了輪椅舞蹈,她還擅長中東肚皮舞、現代舞、詩歌敬拜舞,她亦曾和蔡秀慧一起發展雙人輪椅國標舞。她在運動方面也有許多創舉,曾七次泳渡日月潭、攻頂玉山、手搖自行車環台九天九百公里等,目前主要的工作為生命故事講師及輪椅舞蹈表演與訓練工作。她分享自身的體驗時說:「因為輪椅,我意識到我的細胞有多麼渴望跳舞,舞蹈可以有多麼身臨其境。我不再關注自己的殘疾,而是看到了可能性。我看到自己身體的美麗以及它能夠如何說話,舞蹈改變並完善了我的生活」(張昊辰 2015)。舞蹈讓她有機會再一次去思考自己的生命,並深刻體會到生命的奇蹟,不完整的身體創造了圓滿、美麗的人生。

　　學習舞蹈帶給林秀霞最大的體悟就是:「開心和身體有無缺陷是沒有關聯的」,成長過程中遭受的異樣眼光、求職時的不如意,曾使得她無法接納自己,「很挫敗,不但沒有成為正常人,心裡更黑暗」(羅雅微、謝苡晨 2012)。學會輪椅舞蹈後,林秀霞說:「雖然一雙手要當手又要當腳使用,加上得跳在節拍上,是一件很困難的事,也很容易受傷,但我覺得跳舞的快樂大於辛苦,只要能充分運用肢體,再怎麼累都是值得的」(羅雅微、謝苡晨 2012)。跳舞

不僅達到運動的效果,還可從中學習溝通、協調,增強人際關係。

另一位知名輪椅舞蹈選手是阿美族的鄭自強,他在台東長大,兩歲時得了小兒麻痺,因延誤就醫而失去行動力,家人無法接受這個噩耗,唯獨外公體貼地幫他做了拐杖,鼓勵他練習走路,免得被人欺負。就學期間,他只會講原住民母語,聽不懂課堂上的內容,想交朋友,但又沒辦法溝通,同學排擠,加上沒人理他,因此得了憂鬱症。國小六年級時,爸媽離婚了,他因此轉學到彰化仁愛實驗學校,那時也正值鄭自強的叛逆期,他在學校當起小霸王,欺負弱小的同學,成為問題學生,老師只好讓他學習輪椅舞蹈,轉移注意力。十六歲時,他到美國觀摩舞蹈節,並受邀跳開場獨舞,這是他第一次在台上獨自跳舞,頗獲好評,美國報紙稱他是「坐著輪椅跳舞的麥克‧傑克森」(艾絲特 2015)。

高中畢業後,他曾短暫離開舞蹈的世界,像沒根的小孩,在外面漂泊,長時間的孤獨讓他憂鬱症復發,後來離開台中,到了三重的耕心蓮苑工作,重拾輪椅舞蹈。他花了很長的時間才找回跳舞的感覺,也體會到在舞台上跳舞表演對他至為重要,他需要一個屬於自己的舞台找回自信;重回舞台後,憂鬱症不藥而癒。他經常受邀到各地表演,上電視跳舞,也曾到中國大陸參加「中國達人秀」,擊敗萬組參賽者,勇奪第十名。鄭自強曾分享練舞的辛苦,他說:「因為兩腳都無力,剛開始時連運動輪椅都坐不穩,常常會跌倒,為了姿態好看,拚命練脊椎和腰的耐力,這次比賽中以輪椅倒立的招式騰空起舞獲得滿堂喝采,但這樣的動作是要透過上千次的練習才能達成。」不過,他也因此獲得無數獎項(〈鄭自強簡介〉n. d.)。

何欣茹從小學業表現優異,也是田徑運動健將,曾有「飛毛腿」之稱,九歲時在一場火車意外中痛失雙腿,只剩下一截左大腿和右膝以上的部位,發生事故當時她才剛拿到田徑冠軍,受傷後的

手術及復健過程讓她歷經各種煎熬，活潑外向的何欣茹從此把自己封閉起來，時間長達十四年。後經朋友介紹，接觸到輪椅國標舞，她在輪椅舞蹈場上找到再出發的動力，靠著無比的毅力與堅持克服練舞及比賽的艱辛，舞蹈喚醒何欣茹潛在好動的細胞基因。訓練半年後，何欣茹即參加全國選拔賽，奪得拉丁舞和摩登舞的十項冠軍，代表台灣到日本參加比賽。2004年及2006年，她兩度代表台灣參加「世界IPC輪椅國際標準舞錦標賽」。首度登上國際舞台，即奪得亞洲第一、全世界第四的佳績，她成為台灣首位登上《遠見》雜誌「新台灣之光」的輪椅舞者；此外，她也從全球1,984名候選人中脫穎而出，成為第十四屆全球熱愛生命獎章得主。

何欣茹曾分享她比賽中歷經體力、毅力等挑戰，幾度受傷，但仍撐著表演完規定的曲目，在世錦賽決賽時她毫無把握能跳完最後一首曲子，她說：「我在心中告訴自己，絕不放棄，即使上天要再度讓我的右手殘廢，我也要盡力去爭取眼前的榮耀。當時我的右手幾乎已經完全無法動了，可以說是完全靠意志力在支撐。忍痛跳完最後一首曲子後，我告訴我的舞伴，請他幫我推輪椅，因為我的右手已經痛到失去知覺，無法推輪椅了」（何欣茹、周鴻隆 211）。最後她獲得評審們的肯定，如願以償地獲得佳績，但她在過程中展現的毅力與堅持比獎項更為可貴。之後，何欣茹也帶動一家人投入輪椅舞蹈，她與兒子周逸凡開創輪椅嘻哈，這段輪椅嘻哈舞後來加入了她先生周鴻隆，一家三口也因此獲邀到上海世博會表演。何欣茹回想當年練舞的辛苦，「練到手掌起水泡、長繭，多次因為控制不好從輪椅上摔下來，撞得滿身瘀青」（呂愛麗 2）。但她沒有因此氣餒，對舞蹈依然熱情，她重生後的生活過得比一般人更精彩，除了舞蹈，她還嘗試游泳、浮潛、騎馬等運動，她走遍全國的學校、醫院或監獄巡迴演講，她舞遍全世界，幫助了無數的人，雖然失去雙

腿,照樣行遍天下,散播生命的光與熱。

　　輪椅舞蹈啟動了何欣茹、鄭自強及林秀霞重生的力量,更開啟了他們的斜槓人生,他們三人除了常態性地在台灣各地進行生命教育演講及表演外,本身也有各自的專業,何欣茹在台電有份工作,鄭自強是射箭國手及電台主持人,林秀霞擁有游泳、登山等多元專長與技能。失能僅是他們生命中的一部分限制,從跌倒再站起來後,他們的各種潛能與潛力都被開發出來,舞蹈讓他們的人生變得亮麗,但他們的生命故事更令人讚嘆,每一位都有把不可能變為可能的魔力,從人生的低谷攀上高峰,這番寒徹骨的淬煉彰顯了生命的價值與潛能,也印證了「天下無難事,只怕有心人」的道理。

　　輪椅舞蹈對於失能者而言,「是一項平等的運動,站立者與輪椅舞者相互配合,是真正能夠落實運動平權的一個項目」(陳可嘉、黃桓瑜 2013)。不僅如此,伊甸舞團的指導老師莊舒涵也指出學習輪椅舞蹈的附帶優點,「輪椅舞能讓身心障礙者運用更多的身體肌群,能有效幫助復健;更重要的是,學習輪椅舞有更多與他人接觸的機會,使學員們能展開心胸,不再為行動不便所苦,鼓勵身心障礙朋友們走進社會,"If you can dance, you can fly"」(陳可嘉、黃桓瑜 2013)。除此之外,舞蹈也提供了他們在國際場合嶄露頭角的機會,2023 年 5 月,雲林縣政府在北港鎮體育館舉辦全國會長盃身心障礙者輪椅舞蹈錦標賽暨國家代表隊選拔賽,優勝者可代表赴日本參賽,爭取 2028 年的帕奧參賽資格,以及於義大利舉辦的 WPDS 輪椅舞蹈世界錦標賽國家代表隊的參賽權(陳苡葳、蔡維斌 2023)。總教練蔡秀慧與輪椅舞者共同努力爭取進入 2028 帕奧的參賽資格。無論如何,輪椅舞蹈在藝術領域確實發揮了影響力,打開了夢想的曲目,讓每個人都感受到這些舞蹈的活力和體現的技巧。

輪椅做為輔具在輪椅舞蹈的表演中發揮關鍵作用，它不僅強化了功能失調的身體，也改變、延伸了自我。失能舞者與輪椅相互依存，他們的身體從被動、依賴和不平等的社會地位轉向更加獨立。對他們而言，輪椅不僅是一種輔具、一種生活體驗存在方式，還是一種敘事方式、一種美學陳述和一種自我認同形式。一般設計輪椅的概念主要以功能性為主，甚少考慮情感和審美的概念。艾倫‧紐厄爾（Alan Newell）等學者曾指出，一般設計師認為老年人和失能者「缺乏審美意識」，因此設計的著眼點都在產品的「功能性」（Newell et al. 237）。這種功能至上但缺少美感的理念其實也反映出大眾對失能者的制式投射。近年來，舞蹈用的輪椅設計逐漸將設計重點從功能性轉向情感和身體體驗。舞蹈演出不同於其他形式的文化產品，例如書籍或繪畫，它在表演的情境中，完全地展現身體的可見性與流動性。

　　對輪椅舞蹈的初學者而言，精密地掌握身體技巧並在輪椅上執行各種複雜的舞蹈動作是極大的挑戰，舞者在輪椅上需要呈現不同類型的動作，從流暢的旋轉到動感十足的跳躍，都必須十分嫻熟。舞者除了需要學會多樣的技巧和動作，更要能夠透過非有機物件表達失去的能力和增強現有能力的輔具，創造新的行動能力。舞者們透過鍥而不捨的努力，將輪椅的功能與舞蹈技術個人情感結合起來，情感、手勢和動作和諧地導引舞者融入藝術表達中，每次在舞台上的演出都因著自身個別差異為舞蹈賦予新意。輪椅打開了他們身體被束縛的框架，具體地跳脫傳統二元的常與非常的局限概念。

　　輪椅本身的意義也被重新界定，它不是以一種「與身體分離的、靜態的方式使用，而是以一種動態的、嵌入式的方式與身體同步作用；換言之，輪椅被改造成一種創造性的體現工具，完全超出傳統『復健』的範疇」，透過平衡、倚靠、調整空間方向、拋擲、

甩動、偏離軸線傾斜和允許跌落等方式，以「直觀、無縫、免持（hand-free）的方式移動，並增加其他運動動力，如全向性、高度變化和座椅旋轉」等功能，輪椅重新被想像為一個具有互動和冒險活動可能性的獨特平台（Morris 2015）。輪椅使用者與輪椅成為親密的夥伴關係，他們一起探索空間和環境的可及性，在這些互動連結中，舞者與輪椅組合的賽博格不僅具有創新的潛力，也有修訂傳統舞蹈典範的動能。

舞蹈是人們表達情緒的最直接方式，也是生活中慣有的肢體活動，但在過往數個世紀，舞蹈僅限於少數有特別的外表和體能的人表演，不知不覺中成為一個菁英文化的藝術領域。舞蹈做為一種傳統藝術，甚少與輪椅使用者在舞池上旋轉的能力聯繫在一起，一般的舞蹈專業教練也不認為這樣的表演藝術對於失能者而言是可行或適當的活動。舞蹈教練通常會拒絕與使用輪椅的失能者一起工作，這也造成失能者投身於舞蹈領域被認為是不務實的選項。一般舞者及觀者無法想像在這有限條件外的身體可以參與學習，遑論體型異常的失能者，尤其是少了關鍵性下肢的輪椅使用者，他們完全不符合理想的藝術形象。無論如何，對於使用輪椅的失能者來說，輪椅舞蹈是一項創新的突破，挑戰了傳統舞者的概念，從根本上修訂了舞蹈表演的身體結構與美學概念，也拓展失能藝術與美學的領域，從理論擴展到現場表演，舞蹈與失能的跨域與跨界創造出更豐富的身體能力及文化可見性，讓大眾對於失能主體性及典範有更多元的理解。

總體來說，台灣輪椅舞蹈的發展經歷了從啟蒙到成熟的過程，從最初的尋找定位到今天的多元創新。它不僅成為一種藝術表現，創造出更多元、有深度的舞蹈作品，並逐漸成為一種失能者表達自我價值和展示藝術才華的重要媒介，同時促進了社會對失能者的尊

重和包容。台灣的輪椅舞蹈儘管具有突破性，但或多或少仍然沿襲傳統舞台表演的表象框架，強調精湛技藝和專業技術的元素，附和古典舞蹈對身體的局限概念，舞者們應更勇於表現身體的「粗糙邊緣和鈍角」（Siebers, "Disability in Theory" 179）。

戲劇與舞蹈在傳統上是一種「排他性」的演出，一般人總帶著偏見，認為異常的身體應該被掩蓋或隱藏起來，或設法假裝表現得很正常。但當失能舞者登上舞台時，「他或她就占據了一個激進的空間，一個不規則的位置，在舞台上，關於代表性、主體性和視覺愉悅等各種不同假設開始相互碰撞」（Albright 1998）。著名的輪椅舞蹈家安・庫珀・奧爾布賴特（Ann Cooper Albright）指出，傳統舞蹈定義舞者的視野非常狹隘，舞者最好是「白人、女性、瘦弱、四肢修長、靈活、異性戀和身體健全」，她本身為非失能者，但曾經歷過短暫脊椎退化和部分癱瘓發作的失能過程，加上她兒子、祖父、學生所經歷的失能經驗，這些親友的身體歷史讓她體認到，除非人們能「有意識地構建新的圖像和方式來想像失能的身體，將失能者的身體形象化，否則失能表演最終將不可避免地複製能者意識形態的美學概念」（Albright 1998）。奧爾布賴特指出，輪椅舞者顛覆了傳統舞者「優雅仙女的瓷器形象」，迫使觀眾面對所謂的「怪誕身體」（the grotesque body），她引用瑪麗・魯索（Mary Russo）對怪誕的定義，形容失能者異形異樣的身體，魯索指出，「古典身體是巨大的、私密的、靜止的、封閉的、圓滑的，符合資產階級個人主義的訴求」，然而怪誕身體是「開放的、突出的、延伸的、分泌的身體，是不斷生成、發展和變化的身體」，怪誕身體雖與古典身體對立，但卻與資產階級以外的其他身體有連結性（Albright 1998; Russo 219）。

奧爾布賴特短暫的失能經驗讓她對舞蹈有不同的認知，她不認

為舞蹈局限於特定的身軀,醫生曾建議她接受手術,治療脊椎的問題,並承諾用最新的外科手術技術把她治療得「煥然一新」,但她拒絕接受手術,拒絕把身體當成「一台高效的機器」完全可以控制它,但她未放棄跳舞,不認為回到古典身體的理想狀態是必要的;相反地,她發現短暫失能的經驗是珍貴的,失能讓她開始「真正了解自己的身體」,她體會出無論身體多麼有限,皆具有「策略性的能力」(strategic abilities)(Albright 1998; Russo 219)。一場措手不及的意外,讓她不得不坐在輪椅上,面對突如其來的變故,許多人可能會選擇放棄,但奧爾布賴特卻勇敢面對。她並沒有因為失去行走能力而放棄對舞蹈的熱愛,反而將輪椅視為一個新的舞蹈工具,開始了她的輪椅舞蹈創作。奧爾布賴特將輪椅的靈活性與舞蹈動作結合,創造出獨特的舞姿。她不僅要克服身體的限制,還要學習如何控制輪椅,使其成為舞蹈的一部分;她設計出許多獨特的舞蹈動作,將輪椅的旋轉、傾斜等動作融入舞蹈中,創造出令人驚嘆的視覺效果。她用生命詮釋了「身障不是障礙」的精神;她的舞蹈不僅僅是藝術,更是對生命的一種禮讚。

儘管輪椅舞蹈成功地成為新興跨領域的藝術表演,但舞蹈演出對於舞者仍有很大的挑戰與學習空間,舞者必須接納身體的缺失,要面對舞蹈領域的專業能力考驗以及大眾對失能舞者的先天成見,他們不僅要克服深層的心理恐懼,讓身體出櫃,不能再遮掩偽裝(passing),還要將身體樣態赤裸裸地呈現在觀者眼前,讓大眾觀看檢視。背離常模身體的舞蹈創作,必須在理想身體和異常身體兩者之間的矛盾找到平衡點,每件作品必須以不同的方式應對此一挑戰。理想化的女性特質和美學上的精湛技藝,是大部分地區對於戲劇舞蹈的規範模式,面對這樣的前提背景,舞者需要格外的勇氣與信心,奧爾布賴特把這種不安、焦慮與矛盾描述得鞭辟入裡,她是

位舞蹈教授,但在某次演出,她以輪椅表演舞蹈,她說:

> 做為一名舞者,我是一個被展示的身體。做為一個展示的身體,姑且忽略性和美麗的面向,我被期望有一定的健康且能持續地控制身體動作。做為一名坐在輪椅上的女性,我既不被期望成為一名舞者,也不被期望將自己置於觀眾的注視之下。在這次表演中,我面臨著自己和觀眾的一系列矛盾心境。本次作品是一次有意識的嘗試,既解構了舞蹈製作的代表性代碼,又傳達了「另一種」身體現實,也是我表演過最難的作品之一。(Albright 1998)

同樣地,吉蒂·倫恩(Kitty Lunn)也分享了以輪椅跳舞所面臨的艱巨挑戰。倫恩自幼熱愛舞蹈,十五歲時就已在芭蕾舞團擔任要角,1987年,在準備她的第一場百老匯演出時於冰上滑倒,從樓梯跌下,摔斷了後背,從此下半身癱瘓,只能坐輪椅。事故發生後,她堅持繼續跳舞,並於1995年成立了「無限舞蹈劇場」(Infinity Dance Theater)。這是一個非傳統舞蹈團,倫恩在古典芭蕾和現代舞的基礎上發展出輪椅舞蹈技巧,致力於推動失能與非失能舞者共同創作的舞蹈團體。舞團的特色在於強調包容性和多樣性,並致力於挑戰傳統舞蹈的界限,探索新的表現方式和肢體語言,藉以改變世人對舞者的看法,將舞蹈的快樂和戲劇性帶入一個新的包容層面(Lunn n.d.)。倫恩受傷後,失敗及害怕被拒絕的恐懼,一度阻礙她追求曾經對她來說像呼吸一樣自然的事情,但幾經掙扎,調整好心境後,她決定繼續在舞蹈領域耕耘。遺憾的是,單單參加舞蹈課程一事,對倫恩來說就是一巨大挑戰,她擔心的不是身體的限制,而是「周遭人的態度」(L. Martin 2014)。儘管1990年的《美國失能法案》規定倫恩可以參加芭蕾舞課程,但當她到達課堂時,老師和同學都對她不屑一顧,不認為倫恩坐在輪椅上表演可稱之為「舞

蹈」（L. Martin 2014）。二十年後，這種態度依舊很普遍，有些老師仍然不允許她上課。對此，倫恩說，「我認為有史以來最嚴重的歧視形式是，評判一個人的學習能力」（L. Martin 2014）。

在努力鑽研下，她發展出輪椅舞蹈的肢體動作，輪椅經過改造，使用較輕且配有運動椅底座及低靠背，方便舞者更容易優雅地移動。此外，輪椅舞者無法站立，但必須保有站立者的舞蹈動作，倫恩教導舞者「以肩膀充當腰部；手臂當腿，手肘當膝蓋，手腕當腳踝，手當腳」，例如當站立的舞者起立時，倫恩建議輪椅上的舞者抬起胸部、頸部和頭部，將眼睛聚焦在稍微抬高的位置，輪椅上的舞者以上述方式換位時，他們與一般非失能舞者其實是做著同樣的事情，只是方式不同而已（L. Martin 2014）。所有人都能跳舞，只要能學會符合自己身體的方式。倫恩成功地顯現出身體的包容性，各個部位可以相互支持或代償，她指出，「舞者的身體就是他們的樂器，如果討厭自己的身體，就不太可能創造出任何美麗的演出」，因此學會接受和擁抱自己身體的局限性，是她傳授給失能舞者最寶貴的經驗（L. Martin 2014）。對於失能舞者，學習舞蹈動作是基本功，但傾聽內心才是舞者最關鍵的要領，之後則必須允許自己以從未想過的方式行動，以新的眼光及信心看待自己的行動能力，如此能夠增加舞者的自尊與成就感。

倫恩表示，失能不會「給予或奪走才能」，但若每個人都有學習的機會，那麼所有人都能「體驗藝術的變革力量」（L. Martin 2014）。倫恩精闢地詮釋了失能藝術的意涵，為失能者打開新視界，跳出新舞步。失能舞者打破了古典舞者範式，但舞蹈的每一個肢體動作都銘刻著翻新的意義，「讓陌生的事物出現在熟悉的環境中，讓熟悉的事物顯得陌生」（Kuppers, *Disability and Contemporary Performance* 68）。輪椅舞蹈在許多方面揭示了怪誕身體的越界

性質，也解構和徹底改革舞蹈表演的表象結構。

對於觀看輪椅舞蹈的觀眾而言，他們同樣要修訂觀賞時的慣性期待，他們不再是被動地觀看，而是面臨一些不同的視角挑戰，必須以新的學習與觀看替代，並對新的藝術形式和創新表達方式保持開放態度。這些挑戰和學習涵蓋情感、認知和文化等多個層面；舊有的框架和期待無法讓觀者啟動應有的感知能力，因此他們必須改變對身體的定型化觀點、突破對傳統身體美的預設觀念、捐棄對舞者的期待、接受不同類型的身體所呈現的美，如此那些原本就有而卻被制約或壓抑的感知能力才能在觀賞時發揮作用。換言之，他們不應再期待舞者必然擁有高大、苗條、標緻的外形，未必需要像鳥般輕盈地移動腳步，轉而理解輪椅舞蹈如何將不同的身體表達結合為一種獨特的藝術表達形式。輪椅舞蹈顛覆了藝術舞蹈需要強健四肢的假設，舞者們坦率地呈現生命的脆弱，他們拒絕了古典／怪異二元化的區隔，啟動觀者脫離「部分與整體、個人與集體、主體與客體之間的明確區分」，而輔具與身體兩者之間，何者為天然的？何者為人工的？兩者之間的界限則顯得更為曖昧與模糊（Brill 248）。

此一新視角關注不斷變化的身體，幫助舞者及觀者以更忠於自我的方式看待異常的身體。觀者不僅要學會欣賞舞者在輪椅上展示的技巧和美感，並藉此更深入地探索身體的可能性、體會多元的藝術表達方式與價值。輪椅舞蹈呈現出身體與假體輔具做為一個連續體的表演價值與邏輯，而更為重要的是，它提供觀者一個直接的平台與媒介，充分地體會身體與假體不同形式的具身實踐（embodied practices），而這些形式具有強化情動與美感的渲染力。

更為關鍵的是，輪椅舞者在舞藝背後多半帶有更為驚人的生命故事，若謂藝術表演的優異多半來自於表演者的投入付出以及挑戰

極限後醞釀出來的精湛技藝,那麼失能藝術表演無一不是克服身體限制,在不可能中創造可能的極限演出。舞蹈除了藝術表達外,其所傳達的生命力、堅韌、自信與勇敢,以及破繭而出超越極限能力所傳達的情感震撼力,才是演出的精華。觀眾觀賞輪椅舞蹈要能找到生命共鳴點,理解舞者如何透過動作來表達自己的歷練和情感,這種情感共鳴帶給觀眾的不再是同情或恐懼(pity and fear),而是生命的昇華與淨化(catharsis)。

前文提到林秀霞、鄭自強、何欣茹、奧爾布賴特及倫恩等舞者在舞蹈上的精湛演出,他們以舞蹈證明了身體的限制並不能阻擋他們追求藝術的夢想,即使坐在輪椅上也能創造奇蹟,舞出精彩的人生。事實上,他們呈現的藝術果實來自於深度的生命淬煉與洗禮,他們的舞蹈不僅是身體與輪椅相互流動產生的律動美感,更為可貴的是他們從內在流露出的生命力,他們的生命都曾經歷深刻的絕望與無助,身與心因為不同的因素都被深刻地踩躪過,然而舞蹈讓他們找到重生的力量,重新「站」起來,重新再出發,讓生命重生。

觀賞輪椅舞蹈也是理解舞者召喚生命潛能的方式之一,觀者從中感知和理解這種情感,進而產生共鳴。以何欣茹為例,她受傷後一一克服來自生命及競賽場上的挑戰,她對生命擁有蛻變的領悟,她說:「『我就是無障礙』,心中無礙、一切無障礙。」(〈「我就是無障礙」〉2012)何欣茹在遠東科技大學演講時特別強調,對她而言,任何有形的障礙如今都不再是障礙,淬煉後的重生讓她「走過死蔭幽谷,迎向幸福彼端」,關鍵在於她能敞開心胸面對一切困難或障礙,因此沒有任何事能再擊倒她。她說:「雙腳截肢,還是能走路,而且總是抬頭挺胸!因為限制你的不會是你的身體,而是你的心。心在哪裡,世界就在哪裡。」那場意外對她不再是創傷,反而開啟生命的另一扇門,她心知若非當年那場車禍,她就不可能

成為「無腿輪舞天后」；相反地，如她所言，「坐上輪椅之後，我找到自己的另外一個夢想」。以前她作繭自縛，把自己藏起來，突破生命的束縛後，她自信打趣地說，現在「巴不得人家多看我一眼」。人生不怕挫折，更不要被命運擊倒，用「運命」來運轉自己的命運（〈輪舞天后何欣茹遠東科大談「心在哪世界就在哪」〉2011）。如今的她，總是積極地跟大眾分享自己如何「活出來」的祕訣，如何破繭而出地面對生命。

輪椅舞蹈表演，將身體的限制轉化為獨特的藝術表現，透過視覺、聽覺和情感的共鳴，在觀眾心中激起深刻的情動，而情動的產生是一個複雜的過程，它涉及身體、感官、情感、認知等多方面因素，具有強大的感染力和表達力，能夠激發觀眾的情感共鳴。舞蹈產生的情動，穿透身體、生命的無限潛力，帶動了情緒釋放，直接面對生命中原始未知的混沌與深層的恐懼，那是一種不敢面對也難以承受的黑暗，舞蹈啟動了重生的力量與密碼，衝出負面力量的籠罩，從缺到圓。

人體與輔具的搭配不僅重新建構身體的活動功能與生存樣態，身體本身也能「體」會其本身的無限潛力，這些經驗是一般非失能身軀較難感受或體會的。穿著義肢者有許多與身體結合的複雜感受，疼痛或不適應的感受對於當事人都是全新且異樣的感覺，超越一般熟悉的同源詞，例如情緒、感受、心情、情感。這種難以描摹的「異」覺或許更為接近布萊恩・馬蘇米（Brian Massumi）所定義的情動，他指出，一般所謂的情感（emotions）是一種主觀的個人感受，可以被擁有、被認可，也是一種固定的社會語言形式，而相比之下，情動是「無條件的、無法被擁有，也無法被具體地辨認，因而難有評判準則」("Affective Turn" 15)。情動不被擁有，因而「會脫離人類的擁有者而自由飄蕩」，但它們仍屬於身體，具有自

主性,先於所有個人呈現出來的情感;換言之,存在,但不易歸類或辨識("Affective Turn" 15)。人與假體輔具的離、合過程中所產生的感覺多元複雜,僅能以「非」(not)、「超越」(beyond)或「後」(post)等前置詞定義其觸感,難以現有的情感詞彙描述。阿萊莫的「跨肉體性」概念,所指的是人體與外在物質及環境的糾葛關聯性,該詞其實亦適用於說明身體與假體輔具的相互滲透性,主客或自他關係的疆界越來越複雜、模糊,甚至奇幻。

　　輪椅舞蹈可以帶給觀眾和參與者多種情動,這些情動是複雜而豐富的,涵蓋了廣泛的情感範疇,從喜悅和愉悅到感動和反思。觀者在觀看過程中,內心也有複雜多層次的心理與化學變化,產生深刻的感動與共鳴,以及無法形容且難以表達的情感。一開始,觀者的反應與感覺或許是同情、不安大於欣賞,但當這種顧忌或拒斥的感受平撫後,輪椅舞蹈所展現的技巧和創意可能會引起觀眾的驚奇和敬佩,對舞者在輪椅上的複雜動作和流暢表演感到驚訝,看到舞者克服困難,用他們的能力和熱情展示藝術後,開始對他們的才華產生敬佩,心中升起感動和鼓勵,激勵自己有勇氣克服生活中的困難和挑戰。觀者內心有一種被淨化的感受,能夠更深刻地理解舞者的經歷和引發的情動感受。輪椅舞蹈的視覺效果通常具有強烈的視覺衝擊力,能引起喜悅、愉悅、驚嘆、興奮和難忘的感覺。事實上,觀看輪椅舞蹈有助於人們反思他們對身體、能力和多樣性的看法,有助於重新思考美的定義,並調整對失能者的態度與感受。輪椅除了做為協助肢障者行動的輔具,它和肢障者之間具有特殊的依附關係,當輪椅成為舞台上的展演道具時,其所表徵的美學張力與生命意義呈現出強烈的震撼效果。

　　輪椅舞者不迴避自身與眾不同的身體在眾目睽睽下被盯視著,他們直白地面對觀者,運用輪椅與身體的連動關係,展現情緒、身

體與空間上的張力，舞者的表演或許為觀賞者帶來不安的感覺，但他們巧妙地開啟身體與輪椅的連動，形成一種痛苦、掙扎與超越、唯美的張力，為舞蹈注入獨特的美感。舞者以身軀為扮演媒介，反轉大眾的盯視或窺視，主導觀看的視角，重新詮釋身體所表徵的意涵，它其實更涉及身體如何展演，以及再現自我和認同的方式。失能的意涵是身體能「做出（does）什麼」，而不再是身體「是（is）什麼」（Sandahl and Auslander, "Introduction" 10）。輪椅舞蹈現身說法地詮釋了失能身體「能做出什麼」，它不僅是一種藝術表達形式，更是失能美學的實踐和體現。失能美學鼓勵失能者以多元的方式表達自己，而輪椅舞蹈則為失能者提供了一種豐富而有力的表達途徑，並為舞者和觀者帶來了成就感、情感共鳴和社會意義，成為一種豐富而有意義的藝術形式。

　　輪椅輔具延伸了身體的功能，輪椅舞蹈透過輪椅和舞蹈結合，在舞蹈領域中開啟一個新興實驗，創造了全新的藝術形式。隨著人類對科技輔具依賴性的增加，人體獲得了自身無法發展的功能，輔具假體代表著文化、科技與自然交織在一起，而使得文化與自然之間的界限變得越來越模糊。技術發明物件給我們的身體帶來根本性的變化，同時創造了一個多元的表演途徑。哈樂薇就曾以人機混合的賽博格概念，指出技術產物其實是消除身分界限的手段之一。賽博格除了是混身生命體外，其多元的存在樣態恰恰提供了一種擺脫二元思維的方式，形成主體生成的開放性、多元化和不確定性。在後人類的論述中，身體的自然性或完整性不再是唯一的規範，如同布里爾所言，「身體組織既非必須的，也非缺陷的，它是偶然的、過渡性的，可以隨時改變與重組」，也因此，有機生命體不再是「必要組織的模型，而是趨於增強的流體組織（即假體組織）」（Brill 246）。布里爾、史密斯和莫拉在其著作中皆曾強調，後人

類的假體衝動在科技化世界的接觸中變得十分普遍，此刻是人類與高科技和生物政治管理高度關聯的時代。人機混合體也讓失能者發揮無限的創意與想像力，呈現多元的藝術表達模式。此外，布里爾特別指出葛蘿茲借鑑了各思想家的觀點，深入剖析人體越來越習於假體輔具化；換言之，「生命體傾向於假體化」（Grosz 146; Brill 245）。在此趨勢下，人體與物質之間的關係越來越緊密，界限也相對地越來越模糊。德勒茲以去領土化或去畛域化的概念，詮釋外部化創新的技術連結、人工科技產品的生成及其與有機體的關聯性。

事實上，回溯文明發展的歷程，科技與人體都共同經歷過演化及去領土化的歷程，當人類採取直立姿勢時，他們的前爪逐漸失去運動能力，而在進化過程中成為手，嘴也被手接管，逐漸失去捕捉的能力，但獲得說話的能力；換言之，手和嘴在這個過程中，都經歷了去領土化的過程（D. Smith 38）。換作現代人的用語與說法，演化或去領土化來自於不適應，而不適應其實也是一種失能、異常的表現。依據米榭・塞荷（Michel Serres）的說法，人類遠非適應環境的動物，而是超級的「不適應」（Serres, *Incandescent* 41; D. Smith 39）。弔詭的是，人類正因為不適應任何特定的環境，因此幾乎可以適應任何環境。塞荷強調，「進化只能透過不適應來實現」，「完全適應環境的物種，如水母，則幾乎沒有任何變化，也沒有理由去改變」（Serres, *Hominescence* 43; D. Smith 39）。換言之，人體沒有一定的功能與形態，因此能夠不斷地去領土化，塞荷指出，人體與代數上的 x 並無二致，後者可以代表任何數值，因為其本身並無定值，它也像是一個「幹細胞，能產生任何細胞類型或完整的胚胎」（*Incandescent* 41-8; Smith 39）。無論是身體或是科技創新，在各種無限可能的演化及生存變動過程中，印證了第一身體沒有所謂的規範標準，第二外部身體也非全然的固定不變，相較於第一身

體，它的演變及翻新則以加速度進行。

葛蘿茲也特別關注身體的不穩定性和流動性，她鼓勵身體的創造性表達，認為人們應該超越所有對身體的限制，尋求更大的身體解放。輪椅舞蹈正是透過在輪椅上表演，挑戰身體與舞蹈限制的觀念。這也如同德勒茲強調身分的連續性和變化性，以及創新和實驗性的重要性，他認為我們可以透過不斷的變化和流動性來重構或創造新的身分，超越傳統的身體規範和限制，追求個體的自由。舞者在輪椅上自由流動，打破了傳統對舞蹈者身體的限制，呈現出一種生成連結的可能性，德勒茲的生成連結理論強調身體的多樣性和流動性，輪椅舞蹈超越固定的身分和界限，正展現了身體的多樣性和動態性，顛覆傳統對身體和輪椅的二元區分，這種跨越與融合體現了生成連結思想的一個面向，並凸顯了身體與輔具之間的轉化和流動。輪椅舞蹈透過將輪椅轉化為舞蹈媒介，此一創造性轉變代表身體和輪椅之間的關係有新的生成連結與轉化，體現了身體持續地去領土化。

這些超越傳統正常與失能二元對立變化所建構的身分，亦可以李馥所提出的「我是可立」（iCrip）來表徵，此一身分同時擁抱了失能與正常的複雜性，是一種既非此即彼，而總是兩者兼而有之的新存在模式。李馥強調人們與其將輔具視為規範或修復失能者的工具，不如將其視為賽博格生活方式中「新的處世之道」。可立並非單純的失能者，而是透過科技與身體的結合，創造出超越既有分類的新身分，具有前衛、激進、自信、自主及自我意識的特質，面對主流能者意識形態的箝制，展現了不服從的激進潛力。可立的生活及生存模式充滿無限的新意與可能性，也讓藝術沒有局限地飛揚。至於輪椅舞蹈，它不僅提供了失能者表達自己的藝術才華和情感的方式，更為重要的是，它也是一種賦權式的政治實踐，帶動了

社會的覺醒意識。同樣地,穆琳斯也曾指出,輔具不必然代表一種備用的取代物,它同時具有各種潛力能創造使用者想要的身分認同(Mullins 2009)。新的主體、新的生命政治管理讓未來不僅充滿了未知,更帶動了多元的憧憬與自由想像。

艾莉森・卡佛(Alison Kafer)也強調人們不要輕易認定或強調技術輔具的「修復性」;事實上,人體與技術兩者之間是「建立在更複雜和矛盾的關係上」(Kafer 119)。她強調將失能者理解為賽博格,不是因為他們的身體需要使用義肢、呼吸機或其他輔具,而是因為他們的「政治實踐」以及「批判性地思考」,使用輔具意謂著失能者身體與政治實踐不可分割的關係,是一種反對主流社會致力於將失能者的身體問題與身分認同正常化的操演(Kafer 119)。史蒂芬・庫茲曼(Steven L. Kurzman)也表達與其說賽博格是一種身分,不如說是一種主體位置,它以多層次的方式描述了個體與「義肢的生產、交付和使用關係中的位置」,而不全然指身體與義肢的單純連結,更非「因為穿戴義肢而成為賽博格」(Kurzman 382)。

身體可以跟任何的第二外部身體組合、生成融合為一體,輪椅、拐杖、呼吸器等是顯而易見的外部物件,此外,目前尚有更多可以移植、嵌入或替代身體內部器官的假體輔具,例如心、肝、腎等部分或全部的移植,幹細胞移植可以改變身體的變化節奏,胚胎可以在不是生母的體內孕育長大,而常見的心臟繞道手術、心臟支架植入或節律器的置入則也習以為常。這些身體科技(somatechnics)改變個體與自身、他人和環境的關係。當科技被視為一種延伸或改造身體的手段時,人類與科技之間的界限變得模糊,這也是一種未來且難以抗拒、無法阻擋的後人類體驗趨勢,其對於身分、主體性和社會關係具有巨大的影響與衝擊。希爾德里克指出,在後現代時代,身體、生物與科技的發展與交融日益挑戰著「人」的概

念，身體樣態的局限性和可能擴展的身體功能也因此變得十分繁複，因此在後人類的情境裡，基因不再是定義人的唯一元素，擁有嵌合或附加假體輔具的身體未必是非常模或異常的，假體輔具挑戰了人們對人體的理解，顛覆了西方對單一自我（singular self）的理解（Shildrick, *Dangerous Discourse* 9, 32, 43）。

輪椅，原本是一種輔助行動的工具，但在失能舞者的巧手下，它搖身一變成為舞台上的主角。輪椅本身就帶有豐富的象徵意義，輪子可以成為舞者延伸的肢體，創造出獨特的舞步和造型。舞蹈可以跨越語言和文化的藩籬，傳遞情感與力量。輪椅舞者利用輪椅的特性，結合肢體動作，創造出獨特的舞蹈風格。輪椅舞蹈不僅僅是一種舞蹈形式，更是一種生活態度。輪椅挑戰了我們對身體、空間和藝術的既定認知，身體的概念不斷地快速改變，伴隨而來的第一與第二身體合體時產生的情緒、感受、心情、情感或情動，則變得更為複雜難辨。使用輔具的人眾多，但每個人的身體感受與反應都不盡相同，身體與輔具連結所表演的藝術創作除了傳達熟悉的情感，更帶動出異感的情動，身體從使用輔具的那一刻起，開始適應不熟悉的各種感覺，同時進一步尋找、探索身體過去未曾碰觸使用的部分，或做為代替、代償，或激發新的行動迴路，輔具補充的支撐力也帶動新的感覺與「體」會。

輪椅舞蹈的表演背後，舞者與輔具的契合必然歷經多種陌生複雜的感覺，重新調整或學習身體施力、使力的方式，練習過程也必然帶出新的情動，最為艱難的是，突破原有創傷的情緒迴路，建立其與心力、生命力最深的對話與連結，舞蹈學習與表演過程中，舞者與創傷的身體拉開了距離，唯有當事者能夠療癒自己，透過意識的轉變，靠自己的心力再次拾回生命，脫胎換骨。他們內在的轉變所帶出來的故事與創造出來的新的肢體動作與迴路，才是舞台上最

令人動容的情動感染。觀者或者未必能捕捉混身連體箇中的微妙乃至幽微的身體內部移位或換位,但內心應能超越身體的框架,與舞者共鳴,心領神會身心之外或之上的美與崇高。

伍、失能研究之轉向

【第九章】

後人類時代之失能主體

　　失能一詞看似單純，但它的定義與對象卻隨著時代、地區之不同而異。處在後人類時代的失能又有著何種圖像？在文化研究領域，後人類概念訴求的是人與動物、自然環境或機器皆為平等，但隨著科技的突飛猛進，世界改變了，人的定義也不同以往，失能的定義自然也隨著時代變遷而有所不同。失能者在後人類時代將以何種面貌存在？失能是否有新的意涵？在科技輔具增能的發展趨勢中，失能主體將以何種樣態呈現或存在？在未來的世代，失能者的定義如何被改寫？在未來的世代是否有新形態的失能出現？

　　在後人類世代，影響失能定義的因素更為繁複，其中有兩個重要的主導因素，亦即新自由主義與科技創新的主導性，兩者其實有緊密相連的關係。本文先就科技創新的角度審視，智慧科技輔具不僅能夠幫助失能者恢復部分功能，還能提升他們的生活品質和自主性。彼得3.0透過人工智慧的輔助，可以虛擬身體做為載體，掙脫限制、界限和約束，挑戰醫學治療的潛規則，在人腦及人工智慧的合作下，越過有機身體的固定邊界，以逃逸線式的自由，激發生活的無限潛力與可能性，遊走在無邊無際的宇宙。彼得徹底轉化了傳統主體的概念，持續不斷地生成變化，隨著欲望的流動，如此生成的主體是一個多樣性、差異化且去中心的主體，充分顯現了後人類

世代失能主體的特質，此一特質可從斜槓及可立兩個核心元素來梳理。

丹・古德利使用失能一詞時，經常在英文字 dis 及 ability 之間加上斜槓。本文引用此一斜槓做為流動符號（floating sign），表徵後人類時代失能主體的生成、流動概念以及多元繁複性；斜槓有多層意涵，它也代表彈性身分的軌道，表徵了人體與科技輔具的連結與平衡槓桿，顯現銜接、介入、崁入、融合、附加、縫隙、交會、關係、關聯、交集等暫時性與流動性。首先，斜槓概念鬆動失能者的固定身分以及主體位置，顯現能與失能主體位置是流動的。失能者慣用的輔具做為修復功能不佳或不足的部位，「物」與「肉身」的連結關係也改變了主體位置。創新義肢的使用重新定義和改變了使用者的身體功能。奧斯卡・皮斯托瑞斯和艾米・穆琳斯所佩戴的義肢即是典型的例子。皮斯托瑞斯是一位著名的運動員，他所使用的假肢在競賽時能協助他節省 25% 的體能，這也造成皮斯托瑞斯被取消競賽資格，科技輔具使他從失能瞬間變成超能，超越了所謂的「正常人」、非失能者，義肢使他擁有了雙重身分，正如阿曼達・布赫（Amanda K. Booher）所言，「他究竟是失能者？還是超級能者？」（Booher 2011）他呈現了流動身分的樣態，一個模稜兩可的立場，他因為截肢而被貼上「失能」的標籤，但義肢又使他處於更為有利的位置，從而使他成為超級能者。針對輔具假肢的雙重特色，莎拉・詹恩（Sarah S. Jain）宣稱：「一個人擴展或強化代理人的能力，個體性總是會受到各種建構介面關係的影響」（Jain 41）。輔具就如同移動的斜槓，有或無決定了失能者的能力。

科技的發展與創新，生活模式的改變，失能的生存介面與活動方式也跟著出現不同形式，最明顯的莫過於後人類論述及人工智慧的到來，彼得以人工智慧建構的虛擬人身則為更明顯的實例，除

了前文提及的霍金博士外，彼得面對漸凍症的挑戰，使用了多種高端的科技輔具，包括站立式輪椅、合成語音系統、高解析度虛擬化身、遠端操控的實體化身等。站立式輪椅特別配備了機械外骨骼系統，讓彼得坐、躺、行走，甚至站立，有助於他參加演講或進行其他需要站立的活動，也減少肌肉和關節纖維化。合成語音系統協助他發出與原本相似的聲音，能用雙眼打字，且能根據情境自動由人工智慧生成語音回應。這些輔具霍金博士皆使用過，彼得認為如果霍金能進一步獲得高端的輔具協助，或許對於他的生活與健康有更大的幫助。彼得最滿意的輔具是他設計的高解析度虛擬化身，此一輔具開發過程相當複雜且創新，彼得將面部細膩入微地掃描，生成一個高解析度的 3D 虛擬形象，模仿他的臉部表情，並能在銀幕上展示。虛擬化身還整合了人工智慧和自然語言處理技術，代替他參加線上會議，彼得透過眼球追蹤等方式來操作、控制虛擬化身，虛擬化身能根據對話內容和情境，自動生成適當的面部表情，讓交流更加自然和生動。這些輔具不僅能協助彼得進行日常交流，還全方位地提升了他的生活品質和自主性。

彼得做為賽博格並非獨特的案例，類似的人機組合可在安・麥卡芙瑞（Anne McCaffrey）於 1969 出版的《會唱歌的船》（*The Ship Who Sang*）科幻小說中看見，兩者不同之處在於前者為現實的科幻實驗，後者為科幻的想像實驗。科技的創新帶來了一種不斷生成的新身體、新主體以及新的生存模式。《會唱歌的船》故事的女主角赫娃（Helva），出生時身體有嚴重缺陷，但她的大腦功能正常，為了讓她能夠生存並發揮潛力，她的大腦被移植到一艘太空船中，成為「腦船」（Brainship）。她的人機結合是透過一種高度先進的技術實現的，她的大腦與太空船的控制系統直接連接，使她能夠完全控制船隻的所有功能，包括導航、通訊和操作各種設備，此

外,赫娃還能透過太空船上的感應器和設備感知外界環境,並與她的人類搭檔進行交流(McCaffrey 2017)。自此赫娃成為一艘擁有自我意識的太空船,並且擁有天使般的歌聲,這種人機結合的方式讓赫娃能夠在宇宙中自由探索。小說對於失能的想像極具顛覆性,但也勾勒出一種屬於科技當道時代的奇幻想像。輔具不僅僅是「物」,也是構建主體的元素之一,並屬於後人類時代特有的情境。

　　活在上個世紀的失能者或失能角色就沒有彼得與赫娃的幸運了,卡夫卡《變形記》(The Metamorphosis)的男主角格里高爾・薩姆薩(Gregor Samsa)縱然仍保有人的意識,沒有科技輔具載體協助生成新的生活模式,他僅能寄生在蟲身,完全被軀殼限制住行動與溝通能力。故事一開始他就從人變成一隻蟲,無法及時去上班,父親十分焦慮他無法趕去上班,從那一刻開始,他已在常模系統的框架外,就像多數失能者一樣,他孤立地面對這個變化所帶來的轉變,必須獨自摸索,學習以變形甲蟲的身體存活下來(Kafka 85)。身形改變後,他的居住空間與生活飲食習慣都面臨重大挑戰,最為苦惱的是,他的內在世界並未改變,依然可以觀察、思考,但無法言語,無法與家人溝通,甚至得立即承受來自家人以社會系統框架的視角對他的打量、排斥與厭惡,然而他本身卻仍以「人」的心智與情感面對周遭的人與事。他的故事顯現了一個最直接的現實,失去身體、無法言語,自然也就喪失了主體性。儘管他仍然具有屬於人的情感與思維,但甲蟲之身無法承載並跨越「人」的屬性。最為殘酷的是,他的家人從他變身那一刻起,就以對待動物的方式欺壓他,先是剝奪了他的生存空間,將他的房間出租,接著父親甚至以蘋果攻擊他,連向來跟他最親近的妹妹也毫不留情地鄙視他,拒絕與他溝通。

　　在卡夫卡筆下,身體是成為人類主體的前提,也是承載與表現

【第九章】 後人類時代之失能主體

人之所以為人的本體論基礎,包含思考方式、情緒、情感、空間分化、互動方式以及關係樣態。薩姆薩做為不具備人類身體的動物,對文化與人性的威脅是深刻的,但在後人類的世界,薩姆薩仍可保有健全的大腦以及清醒的意識,消失的身體可由人機合體的賽博格替代。在後人類的情境裡,人類與後人類以及更多基於二元系統建構的分類及知識論述,不斷地經歷瓦解、建構、再修訂的迴路,人體被機器輔具、科技產品及人工智慧逐漸填補、取代或增加,身體的意涵及邊界重新被定義與修訂。人的雙腿雖具有走路的功能,但人的行走或移動多半由汽車或高速發達的交通工具取代了,懷孕生子不再需要親力親為,人工試管及代理孕母都可代勞,健康及壽命的維持可交給新藥物及生物科技產品,各種居間(in-between)在身體的輔具如同斜槓一樣,鬆動也重新界定後人類時代人的存在及相處模式。

斜槓除了表徵輔具的中介角色外,也代表了能力的轉換機制,在失能一詞被斜線錯開後,失與能兩者間可以相吸又互斥,最關鍵的是,它凸顯出失能主體的能力(ability),而非全然的負面表述。輔具改變了失能者的能力,但人體本身也有功能互換的能力,身體功能與心理機制也有互補的功能。一般大眾稱呼身體功能損傷者為失能者,此一名詞所指涉的為缺、失、匱等負面定義,事實上,部分身體功能損傷並非代表所有能力皆喪失。失能是以一種全然負面的方式定義失能者,失/能中的斜槓除了表徵失能外,更帶出「能」的部分;換言之,不聚焦在「失」,而看見「能」的部分。在失能者的「全人」生活中,失與能其實是不斷地交互作用,或補強或替代,例如視障者,一般人對於視障者皆以「失去觀看能力」來看待,鮮少注意到其擁有一般人所欠缺的敏銳聽力或細膩的觸摸感受能力。尼爾・哈比森(Neil Harbisson)生來是完全色盲,透過

科技的發明，他擁有一個掛在頭上的電子裝置，能將色彩轉化成相應的頻率讓他聽見。哈比森眼見的世界是灰色的，但他能聽見由不同色彩組成的交響樂，甚至能聽見人臉和繪畫（Harbisson 2012）。在感官功能代換或互換的世界中，各種輔具裝置亦能建構各種生成式模擬身體的功能，有時甚至超越原本的功能。這條斜槓就好比古時測量物品的天秤，砝碼跟著測量物體的重量不斷移動，秤上講求的是平衡，若細心檢視人的身心、內外，會發現所有人都有能與不能或失能的部分，從這個觀點反思人身，人們彼此間其實沒有那麼大的差異。

斜槓表徵一種後人類時代的繁複身體樣貌（complexity of body embodiment），亦即身體具有多樣性、彈性及可塑性，失能者常不被當成「人」尊重，而後人類研究學者卻又慣以失能者使用輔具的經驗，表達後人類或賽博格的概念。史密斯與莫拉聲稱科技輔具定義了後人類的情境，然而失能研究與後人類研究間的曖昧關係在於後人類論述學者慣於借用失能者的經驗來形容有機體與機械合成的狀態，但又不自覺地忽略這個族群被壓制的現象。莎拉・韓德倫（Sarah Hendren）曾指出失能者對後人類研究有具體實質的貢獻，然而當後人類學者觸及失能議題時，又往往將他們視為一種「醫學悲劇的故事，忽視他們做為知識生產的面向」（Hendren 2012）。

此外，哈樂薇亦慣以失能者使用輔具的經驗譬喻後人類的身體，她以使用輔具的四肢癱瘓者比喻賽博格的情境，但無意中卻流露出對失能者的歧視，艾莉森・卡佛（Alison Kafer）批判哈樂薇「將失能者視為唾手可得的範例，卻不想對他們做任何分析與評論」（105）。卡佛指出哈樂薇在其〈賽博格宣言〉中至少有兩次以冒犯的詞彙「殘障」（"handicapped"）稱呼失能者。對西伯斯而言，哈樂薇則僅專注於「權力和能力」（power and ability），忽視失能

或障礙究竟是怎麼回事,他以嘲諷的口吻指出哈樂薇的「賽博格是不包含失能者的」(Siebers, "Disability in Theory" 178)。哈樂薇的後人類論述皆訴求超越本質論,但自失能研究的角度審視之,她的論述思維所指涉的對象皆是功能完整的非失能者。西伯斯與卡佛甚至還指出後人類的論述潛藏著能者意識形態。這看似矛盾的投射呈現出失能具有的獨特弔詭性,斜槓正好凸顯出這種身分的移動性、短暫性與不定性。李馥以「我是可立」("iCrip")做為失能者與輔具混身的新身分,她強調 iCrip 既(非)失能的,也(非)正常的,而是以創新載體提供各種身體體現和主體性。賽博格的繁複體現模糊了失能與非失能的界限,人工智慧與腦力的功能更是難以劃分,彼得以科技取代了言語、行動和身體,身體障礙既是限制也是創新的契機,彼得選擇將漸凍症帶來的障礙化為科技創新與人類不斷進化的原動力。

換言之,斜槓表徵虛擬身體的彈性空間(alternative space),此一空間位置正如同米契爾及史耐德所指出的非常模主體位置(non-normative position)或第三軌身分認同(third rail identity)。他們在合著的《失能的生命政治》(*The Biopolitics of Disability: Neoliberalism, Ablenationalism, and Peripheral Embodiment*)中,指出失能者可從非常模實證主義的角度闡述他們如何為世界提供另一種彈性空間,讓生活在邊緣者能提供體現中之生活選擇,做為失能經驗的關鍵的「第三軌」(6)。「非常模主體位置」是指那些不符合傳統或主流社會認為是「正常」的身分或特徵的人們所處的位置,失能者、可立或賽博格皆屬於這個範疇,這些身分或特徵還包括性別、性取向、種族、宗教信仰、社會階層等等。這些人可能被視為「邊緣群體」,在社會中扮演著不同於尋常的角色,並經常面臨歧視、排斥、忽視或暴力等問題。第三軌的身分認同跳脫了能與失能的二

分框架,展現生命的多元性和包容性,將能力視為一個連續的系譜而不是二元對立,並尊重不同的能力經驗。

斜槓除了表徵彈性空間或第三軌身分的流動特質,它也可以斜體字的方式表達,具體地凸顯主體位置的浮動性。谷珀思以斜體字的失能 *disability* 表達變化、生成、流動與創新的主體位置。在傳統文化中,非斜體字的失能(disability)像是一個標籤貼,緊貼著失能者,她形容此標籤「就像天鵝絨手套、光滑的塑膠手柄、撕開的戰旗,當我們晃動時,醫師長袍會變成張開的白色蕾絲」,而斜體的失能所代表的意涵則是浮動的身分,該詞彙與身分之間有距離,透過觸覺的無限潛力,探索、記錄失能所傳達的各種情感意涵,以及失能者如何居住在他們的身體和思想中(Kuppers, "Toward a Rhizomatic Model of Disability" 227)。斜體的失能字眼就像女性、黑人、酷兒等所使用的身分政治詞彙一樣,「它依附於個人的身體和社會場景,依附於一種結構性立場,以及一種具體的、生活的經驗,然而,它不指涉任何共同的東西:沒有特定的體現形式或世界定位,沒有起源故事,沒有流散的經歷——甚至連關於社會壓迫的共同神話也沒有,不是真的」,無斜體的失能字眼則是「一種個體化的體驗,不屬於群體,群體不允許失能者這樣玩、在這裡走路,如果加入群體,會受到傷害、被分隔」(228)。

根據德勒茲和瓜達里指出,「根莖是反系譜學」(Deleuze and Guattari, *A Thousand Plateaus* 23),斜體的失能主體如同根莖,「沒有必要的家庭相似性,我們主要是自己組建家庭,選擇我們的社區。沒有父系血統,沒有女族長,沒有複製到未來的異性戀規範敘述,召喚一種非本質性的儀式以及策略性的失能社區」,此動作本身就是一種根莖行為,不斷地延伸觸角。失能主體在後人類時代是典型的遊牧主體,沒有群體、沒有系統性的樹狀家庭、沒有系譜、

沒有相似性,也沒有固定的身分標籤。

在失能與能的兩極間存在著許多灰色地帶、曖昧情況,這些可統稱為衰弱(debility),此一浮動、中介情境在能與失能間交互流動、彼此糾葛。衰弱在二元的分類中很容易被忽略,然而在後人類的氛圍中,多數人因著環境、慢性病、精神耗弱、焦慮、壓力、失眠等因素呈現了一種耗弱或衰弱狀態。生命歷程的兩端都是失能,以不能開始,以失能結束(inablity–ablity–disablity)。生理的「能」(不含心理),從出生到死亡大致可以一個簡單的弧線表達:

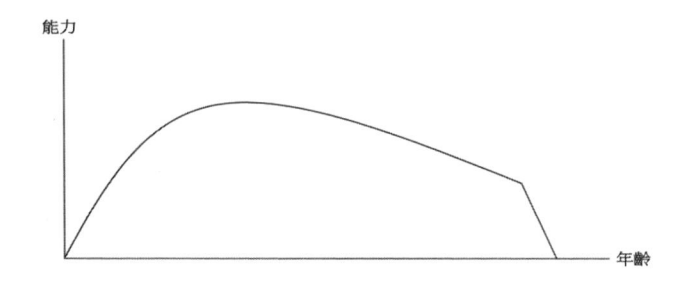

高點大約在三十歲左右,值得一提的是,最終的歲月是以更陡的斜率呈現,也就是衰退的速度更快。而一般所謂的「失能」則可約略以下方示意圖說明:

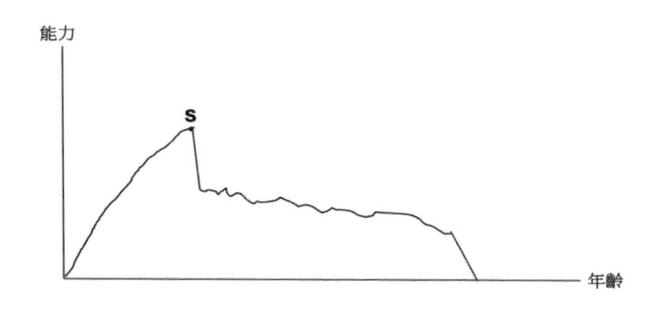

S 點是失能的發生時間，可以數學上的「奇點」（singular point）來表示，也就是一種不連續的變化，「能」與「失能」的差異僅在中間一段，首尾則是相同，尤其進入晚年後，均以加速的方式退化。「能」與「不能」僅是一種相對的變化，是個別性的，而非群體性的，是無法準確定義的。失能者和非失能者或健全者的身分，並非固定的標記，充其量只是臨時的狀態。意外創傷、疾病或是衰老過程都將改變兩者的分界，從此類別跨越到彼類別是隨機的、可預期的。湯瑪斯・高塞（Thomas Couser）曾說過，「失能對非失能者具有十足的威脅性，因為兩者之間的邊界是模糊的，失能隨時可能滲透非失能的」（Couser, *Recovering Bodies* 178; Shildrick, *Dangerous Discourse* 4）。亨利—雅克・史帝克（Henri-Jacques Stiker）亦曾直言：「我們每個人都有一個無法被承認的失能他者」（Stiker 8; Shildrick, *Dangerous Discourses* 4）。簡言之，人們終其一生僅能短暫地處在一個「能」的狀態，無論有多能，緊跟在後或與之成為一體兩面的就是衰弱與失能，失能與能的呈現在人的一生不是二分概念，而是一體的兩面，而衰弱往往也是兩面共有的狀態，斜槓不是切割了由能與失能組合的生命整體，而是恰好捕捉了人一生中遊走在失與能之間的浮動樣態，亦即平衡卻不斷地移動中。

賈絲碧兒・普爾（Jasbir K. Puar）在《肢解權利》（*The Right to Maim*）中探討了身體和身體能力的多樣性，並在能與失能外，提出第三個 debility 概念，該詞彙是指身體的「衰弱、虛弱、無力」（本文以衰弱表述）（Puar xvi）。普爾指出衰弱狀態經常被忽略或排除在身體狀況外，它的成因反覆，不易簡化歸納，舉凡社會隔離、歧視、騷擾、暴力或霸凌等因素皆會引起身體虛弱，高齡者、病人、移民和少數族裔等群體，因著這些壓力，都可能處於這樣的身體狀態。普爾認為衰弱不僅只是單純的身體因素，還可當作一種政治策

略,透過削弱某些人的身體能力來控制或支配他們;它其實也是權力關係的產物,是一種生產和管理身體及精神狀態的技術。衰弱有可能來自某種外力介入、剝奪或破壞能力,使其失去能力、尊嚴和人格。這種剝奪不僅限於單一個體,而是系統性地影響整個社會群體和族群,進而產生長期且持續的不良後果。國際間系統性地排擠特定族群或使該族群消失滅絕,皆會造成集體社會的衰弱。簡言之,衰弱是一種身體和身分的狀態,受到物質和文化的作用而遭到破壞。一個人身體能力的不斷改變,往往是經由健康、環境、政治、經濟、文化等多種因素所引起;換言之,身體與種族、性別、階級、國籍、文化、社會、經濟等多方面的因素緊密地相互作用與影響,因此「衰弱」涉及一更廣泛的、不穩定的、動態的狀態。普爾認為,將身體能力的多樣性局限於能或失能二元框架,並不足以解釋和應對當代社會中複雜的身體現象。衰弱的概念提供了一種新的理解身體的方式,幫助人們認識身體和身分的多重面向,以及它們與社會、政治和經濟結構之間的關係。衰弱在身體能力與失能的二元框架外,凸顯了社會、經濟或政治因素對身體狀態的影響,並提供了更全面的分析框架來檢視身體、權力和政治的關係,而斜槓正好捕捉了居間在失與能之間的衰弱狀況。

在資本主義及新自由主義的主導下,身體總被當作一種生產力和資本來進行管理和操控,而生產和管理身體及精神狀態的技術其實是一種權力關係的操弄,帶有政治意涵。隨著生命與身體政治管理視角的轉動,人類對於正常的定義及定位也有所不同。戴維斯在《正常的終結:生物文化時代的認同》(*The End of Normal: Identity in a Biocultural Era*)一書中指出,十九世紀的正常或常模概念正在消失中,多樣性成為新正常、新常態。一種與生物科技、後人類主義、人工智慧等因素相關的概念,不僅正解構和重構人類的身體、

意義和身分,也會創造出一種新的後正常狀態。村上春樹所著的《睡》即為一寫實的例證。小說描寫了身體異常的症狀,卻又無法診斷是否為病徵,敘事者為日本家庭主婦,書中一開始她就表明,已經十七天不曾闔眼,但她不覺得是失眠症,因為她的食慾正常、意識清楚,只是「完全沒有睡意」。她也不認為去醫院可以找到睡不著的問題。她說:

> 「類似失眠症的症狀」大約持續了一個月。一個月時間我一次也沒迎來正正規規的睡眠。晚間上床就想入睡,而在想那一瞬間便條件反射一般睡意頓消。任憑怎麼努力都睡不成,越是想睡越是清醒。也試過用酒和安眠藥,毫不見效。天快亮時才好歹有些迷迷糊糊的感覺,可那很難稱之為睡眠。我可以在指尖略微感覺出類似睡眠邊緣的東西,而我的意識則醒著。或淺淺打個瞌睡,但我的意識在隔著一堵薄壁的鄰室十二分清醒地緊緊監護著我。我的肉體在迷離的晨光中來往徬徨,而又在近在咫尺的地方不斷感受到我自身意識的視線和喘息。我既是急於睡眠的肉體,又是力圖清醒的意識。⋯⋯我邊打瞌睡邊走路邊吃喝邊交談,但費解的是,周圍任何人都似乎未注意到我處於如此極限的狀態。一個月時間我居然瘦了六公斤,然而無論家人還是朋友全都無動於衷,都沒意識到我一直在瞌睡中生活。⋯⋯是的,我的的確確是在瞌睡中生活。我的身體如溺水的屍體一般失去了感覺。一切都遲鈍而渾濁,彷彿自己在人世生存這一狀況本身也成了飄忽不定的幻覺,想必一陣大風即可將我的肉體颳去天涯海角,颳去世界盡頭一個見所未見聞所未聞的地方。我的肉體將永遠同我的意識天各一方,所以我很想緊緊抓住什麼,但無論我怎麼四下尋找,都找不到可以撲上去的物體。每當夜幕降臨,醒便洶湧而來。在醒面前我完全無能為力。我被一股強大的力牢牢固定在醒的核心。力是那樣地無可抗阻,以致我只能持續醒到早晨的來臨。我在漆黑的夜裡一直睜著眼睛,幾乎連思考問題都無從談起。我一邊耳聞時鐘的腳步,一邊靜靜凝視夜色一點點加深又重新變淡。(1)

小說中的婦人讓人重新檢視睡與醒之間的差別，在快速變化的社會中，任何人即便有不尋常的身體狀況，周遭人卻也未必察覺，婦人細膩入微地描寫了瞌睡、醒著、有意識、無意識以及身體感官的狀況。婦人無法入眠，但意識卻格外清醒，多出來的時間讓她把《安娜‧卡列尼娜》看了三遍，她也藉此機會重新檢視丈夫、檢視自我、小孩以及家庭，思維跳脫了時空限制，醒著的婦人意識不斷地擴大，似乎連內在靈魂也被喚醒。她反省了死亡與存活的問題，睡眠與失眠何種關聯性，睡眠是否為死亡的一種原型？小說充滿了現代人的荒謬，平淡中呈現了隱性的心理緊張與恐懼，婦人說：

> 所謂死，也許是與睡眠種類截然不同的狀況——或者是此刻我眼前漫無邊際的清醒的深重的黑暗亦未可知。也可能死即意謂著在這黑暗中永遠清醒下去。但我覺得這未免過於殘酷。如果死這一狀況並非休息，那麼我們這充滿疲憊的不健全的生到底又有何希望呢？然而歸根到底，誰也不知道死是怎麼一個東西。有人實際目睹過死？一個也沒有。目睹死的已經死去，活著的誰都不知曉死為何物。一切不外乎推測。無論怎樣的推測，都不外乎推測。死應是休息云云，那也屬無稽之談。不死誰也不明白死。死可以是任何東西。（6）

　　在後人類的時代，生活模式與節奏感快速地變化，所謂的常與異常，其實是政治監控、治理人民的手段，能者主義與資本主義以及新自由主義在本質上是相近的，它們皆以無形的方式管控著每個人的生活與身體，甚至思維模式，若能在其設定的框架中運作，即為正常，反之則為異常；在此模式中運作自如者，稱之為能，反之，則為失能，這也呈現了另一種形式的失能，一種不屬於身體功能上的失能現象，生產模式與經濟箝制著身體的功能，它其實也是一種暴力，只是大家習以為常且勤奮地在生活中讓自己符合運作軌道，設法落實「能」的價值，有「能」方能稱之為「人」。在經濟

生產線上,身體做為生產工具的情況早在資本主義時即已存在,只是在新自由主義主導的市場經濟中更為明顯。

在《變形記》中,薩姆薩的失能不僅只是身體變形的因素,變身後導致失業在資本主義社會或許是更嚴重的失能因素,當他因為身體的變化而無法準時搭上火車去工作的那一刻,他的父親倍感焦慮,因為無法準時搭上火車代表他可能失去工作,喪失勞動生產力,沒了工作所代表的身分,不僅他無法維生,也代表家人的生計陷入危機,在一個資本主義社會裡,沒有工作或無法穿上合適的玻璃鞋,其實就等同於失能。薩姆薩的失能與資本主義的工作倫理有著深刻的關聯性,薩姆薩在變成蟲之前,是一名辛勤工作的推銷員,他的生活完全被工作所支配,是一個僅為了經濟利益而存在的工具;他變形後無法再工作,家庭經濟狀況迅速惡化,他從原本的經濟支柱變成家庭的負擔,這些狀況在在顯示了在資本主義社會中,個人和家庭失去工作能力後的脆弱性。他即使在變形後,仍然擔心遲到和失去工作。這種對工作的過度重視和對個人價值的忽視,反映了資本主義社會中個人的價值與其經濟貢獻直接掛鉤的極端要求。他的變身事件同時印證了即便他是非失能者時,沒有變身,失去工作仍將使他成為失能者。

自二十世紀後半葉起,身體如同普爾所言,總是做為政治、經濟策略的執行工具;新自由主義將社會轉化成為以市場為中心的管理,削弱了公共領域和民主價值,導致更嚴重的社會分裂及不平等,而身體被異化為生產與消費平台的現象更為明顯。人的能力隨著市場機制的要求,把自己操演成生產線上的組件,機械化地重複並從屬於自動化生產鏈;若無法與此生產鏈無縫接軌,則成為另一種形式的失能。約書亞・費瑞斯(Joshua Ferris)小說《未命名》(*The Unnamed*)中的男主角提姆・法恩斯沃斯(Tim Farnsworth)

即為一例。提姆的失能不是不能走路,而是無法停止走路,除非他睡著了,只要醒著,他必然不停地走著。提姆是曼哈頓非常成功的律師,他罹患的疾病是雙腳違背其意願不斷地行動,他的狀況類似反失能的症狀,雙腿增能至機器人的程度,但在自由主義的社會,這種增能式失能使他無法融入文化社會系統,無法在職場上正常運作。遺憾的是,他的生活和職業生涯都強調個人責任和自我管理的重要,這是新自由主義的核心價值,他無法控制的行為象徵著在新自由主義社會中的失控,乃至於失能。提姆的病症同時給家庭帶來巨大的經濟壓力,他的妻子和女兒不得不承擔更多責任,這也間接地改變了家庭結構和人際關係。由於沒有先例,加上他實際上仍有行走的功能,在求醫過程中,神經學家、精神病學家和環境心理學家都曾是他諮詢的對象,經過無數的檢查,一位臨床醫生告訴他,鑑於「沒有實驗室可檢查確認這種情況的存在」,他的問題可能「根本不存在」。時代變遷的速度飛快,各種莫名的疾病也隨之而出,而因沒有先例,往往求助無門。

在新自由主義社會,年輕、力量及能力成為勞動市場中重要的身體商品,正常不再僅是四肢健全,而是能否符合或配合生產機器的節奏。米契爾及史奈德亦指出,「新自由主義是更直接斷然地剝奪了失能者的生存空間,在新自由主義強調正常化的脈絡中,失能者失去相互依賴的生活方式」(Mitchell and Snyder, *The Biopolitics of Disability* 2-3)。新自由主義的資本社會將人類的價值界定在全球消費文化中的實用性,新自由主義也帶來新的階級衝突,甚至造成大量的中產、勞工階級的失能。面對新自由資本主義,無論是失能者或非失能者都要適應其所帶來的衝擊。如同先前戴維斯所提及的觀點,新自由主義所訴求的是多元性主體,但這個多元、多樣的光譜上並未納入失能者。新自由主義與能者主義結合,使得社會更為

渴望強人社會，兩者以一種不為人知的方式結合，用更仁慈、更溫和的優生概念，驅除不符合常模規範的身軀。

　　提姆做為一名律師，工作督促他在辦公室沒日沒夜地詳細準備案件，有需要時，還得隨時至全國各地出差。儘管收入可觀，成功令他上癮，但這份工作已使他生病了，他全力以赴地投入工作，對自己的角色從未懷疑過，工作是他快樂的來源。當他無法控制自己的身體後，迫使他不得不承認自己失能了，連帶地他的自我也處於一種機械式的操控中，在那一刻他回想起一個人在暗黑深夜中工作，他覺得「那就是幸福」（"That was happiness."）（Ferris 37）。如今的狀況徹底剝奪了他的工作能力；他無法留在辦公室、參加會議或是見客戶，這一切的改變讓提姆變得非常絕望。極具諷刺意味的是，他擁有持續的行動機動性，卻無法「跟上」工作的步調。他甚至謊稱妻子罹癌，以解釋自己多次的無故缺席，最終因未能為一位被誤判有謀殺罪的知名客戶辯護而失職，失能使得他失去工作，即便他後來又找到工作，儘管他如此渴望回到職場，敬業地工作，但他終究還是未能保住工作。提姆的走路症狀，使他一直持續著活躍運動，儘管有耐力，但卻無法工作，毫無生產力，以致於一無所獲。他與家人的關係也同樣面臨挑戰，女兒無法理解他為何冷落她們，儘管他想跟女兒強烈表白養活她及太太的責任感，他也一直在努力工作，但終究還是無法信守自己的承諾，對於女兒的青少年尷尬及妻子的酗酒問題，他皆束手無策。相反地，為了防止走路帶來的破壞性後果，他被限制在臥室裡，被綁在床上，但他的腿卻仍然不斷移動，妻子與女兒必須輪流看守他。身體上的障礙將提姆帶入一個「失業、無家可歸和絕望的世界」，並摧毀了他的自我意識和存在的意義。除了工作，他也無法在家中保有主人的位置及生命尊嚴，與妻女完全疏遠。在小說結尾，他於暴風雪中躺在帳篷裡，生

命氣息逐漸流失，感覺「他再也不用起來了⋯⋯永遠不用走路了」（Ferris 310），他被徹底地放逐，逃離複雜的社會及職場環境，他變得不像人類，像動物一樣，回歸自然。

提姆的故事很容易跟現代人產生共鳴，小說作者在故事背後揭露了在當今社會，尤其是在新自由主義社會，要存活及成功的多元條件，例如「順從的機構、統一自我的想法、需要內在化的競爭等條件」，而提姆的故事所顯現的是，失序讓構成自我的多元條件瓦解、崩潰，而構成失能的因素則是隨著社會、經濟、醫療體系而不同，但無論在哪種社會，這些以假為真的鏡像系統必然如影隨形地跟隨著每個人（196-97）。《未命名》其實對新自由主義價值有著深刻的反思和批判，小說透過提姆的病情反思在這樣的社會裡成功的含義是由多種因素組成，除了擁有系統期待的順從的身體（docile body）外，具有競爭力、統一的自我及理性、邏輯、速度、效能，皆是不可或缺的條件，這其實也凸顯了能者意識的價值。古德利強調新自由主義與能者主義其實是一體的兩面，新自由主義「為能者主義私有化提供了一個生態系統，並培養了具有能者意識形態的公民」（26）。新自由主義的個體本身也是一個「能者意識形態的企業實體，具有創造性和適應市場的需求，在這種氛圍的主導下，我們都成為市場認知的主體」（27）。

的確，在新自由主義的社會裡，許多職業與工作已逐漸消失，例如，舉凡可以被取代的勞力紛紛自動化，失能並非源於疾病或意外事件，而是來自技術化升級。儘管人文學者們十分關注機器人的「非人」性質，以及它們加速發展對人類構成的威脅。斯圖亞特‧莫瑞（Stuart Murray）指出，邁向二十一世紀的社會，人們對科技與技術的迷戀超越以往，「機器人和自動機」被視為「技術化未來的強烈象徵」，它們也成為「後人類」概念最具體的體現（Murray 181)。弔詭的是，機器人帶來便捷，但也造成社會階級更為對立，「機器人正在取代我的工作」似乎是當代最常引述的一句話，「沒有面孔和沒有靈魂的技術單位，似乎準備取代整個就業部門的工人；不僅是機械和勞動密集型生產領域，還包括中產階級專業和服務業部門」（181）。機器人沒有所謂的疲累、情緒或道德倫理問題，它們有的是無盡的能力與力量，「它們向上或向前移動，總是走在『征服』或『到來』的軌跡上，持續不斷地威脅人類」（181）。機械化或人工智慧帶來的增能對於企業主既是誘惑，也是成功的標的，然而多數的中產及勞工階級所憂慮的則是，工作被取代後將面臨的失業。無法避免的是，貧富懸殊以及經濟差距將擴大到極端，失業加上貧窮帶來的失能更甚於身體上的失能，新自由主義帶來的自由顯然僅屬於富人階級，它將使得中產階級逐漸消失，勞工階級與經濟上的自由越來越不相及。人體面對機器，更顯得脆弱、衰弱，在身體自然的能力之外，定義失能與能之分界點更為不確定，社會、經濟或政治等因素甚至比身體本身的狀態還具關鍵性，正呈現出居間在失與能之間的衰弱狀況。《睡》中的婦人以及《未命名》中的提姆也具體表徵了失能定義的多元浮動狀況，他們既有身體上的異常症狀，也有因此與家人及工作產生的隔閡。

　　資本主義或新自由主義都是一種單一化、統一化、簡化的系統思維，儘管技術和科學取得了進步，但由於它們的剝削性質，使得社會中普遍存在著痛苦和統治。相較於印度的種姓制度（caste），資本主義所形成的階級分離是不穩定的、流動的、過渡的，但階級化的社會類別並未消失在訴求民主與自由的社會中，相反地，假性的民主與自由合理化了國家與族群間的歧視、傾軋、鬥爭乃至戰爭。阿多諾在《否定的辯證法》中特別強調，我們對世界的經驗不可被這些簡化的概念和範疇所限制，因此非同一性質的思維則顯得

極其重要,它能揭露與統一或普遍性觀念互相矛盾的內涵以及被此概念排除在外的族群,並顯示被壓抑的真相,印證其所指涉對象僅能表徵部分真相而已。物件如此,系統性的組織概念或模組概念更是如此,阿多諾強調個別且非一致性的經驗最能顛覆系統性、組織性的思維,認為否定辯證的批判性反思能揭露系統化概念之不足;系統思維所呈現的事物狀態其實是偏頗局限的,亦即所謂的「錯誤的事物狀態」("wrong state of things")(4, 6)。凱莉・弗瑞奇(Kell Fritsch)借鑑阿多諾的《否定的辯證法》,提出失能論述以及失能者受苦受難的經驗,恰恰是抗拒集體化、系統化、組織化的知識以及認知概念的視角。對於阿多諾來說,探索苦難及差異可以跳脫同質化邏輯並且為差異開闢其空間。透過痛苦來思考身體、承認不同類型的痛苦,儘管痛苦的負面經歷會凸顯社會矛盾,並導致社會關係緊張,但它容易促進變革行動。新自由主義的社會將人類的價值界定在消費資本上,失能者必須具備獨立性且能為常模社會提供生產力,才得以進入此一經濟體系,然而失能者向來被認定與貧窮有緊密的關聯性,新自由主義所產生的階級劃分形成富者愈富、貧者愈貧,在社會及經濟兩股力量的夾擊下,失能者面臨更大的生活壓迫。面對新自由主義高度規範化的身體管理以及可能帶來的危機,米契爾及史奈德提出了新的思維空間做為批判性替代觀點,亦即在主流社會建構可立主體及可立知識體系之批判性論述,為失能者提供一個超越二元之外的「關鍵性第三軌」(a critical third rail)的替代性空間,避免其徹底被壓制在社會底層,失去生存空間。麥克魯爾也強調:「失能研究旨在顛覆以醫療及復健模式看待失能的觀點,二十一世紀失能研究的主軸則為反制優生,不應排除(eliminate)怪異、畸形、扭曲及失能、非常態的人,而是重新看重(revalue)他們」(McRuer, "Afterword" 357)。他們共同強調建

構與失能主體及其文化相關的知識體系為失能研究轉向的關鍵點，他們以可立稱呼後人類時代的失能主體，認為可立應與酷兒聯盟成為新可立／酷兒主體（new crip/queer subjectivities），做為另類的強強聯手，抵抗來自性別、身體與能力的各種負面投射。

弗瑞奇亦指出，以阿多諾的否定辯證法來思考並理解身體，對於失能研究有極大的助益，利用差異的「邊緣」及他者概念，最適合挑戰所謂的「錯誤狀態」的單一思維，而可立更是做為抗爭「錯誤狀態」的主力。新自由主義剝奪了中產及勞工階級的利益，自由不是建立在資源的獨占，阿多諾在〈一個歐洲學者在美國的科學經歷〉（"Scientific Experiences of a European Scholar in America"）中指出：「我們成為自由的人，不是因為我們每個人都實現了自我，而是因為我們走出了自我的範疇，與他人建立了關係，並在某個程度上縮小自我，融入他人」（240）。阿多諾認為這種自由是一種基於共存的倫理，而不是基於個人主義或消費的倫理。在為他人放棄自己的過程中，我們其實走向一個更美好的狀態，並設想人們可以毫無畏懼地與眾不同（Adorno, *Minima Moralia* 102; Fritsch 13）。

可立理論可定位為後人類或批判性失能研究中之核心概念，可立主體其實是一種多元、生成式的主體，沒有單一、固定的特徵，具體地顯現斜槓的特色。可立的英文 "crip" 一詞是根據 "cripple" 所產生的翻轉概念詞彙，"cripple" 原始英文的字義是對失能者的一種貶義指稱，中文的對等意思是「瘸子、瘸腿」或「跛腳」，而 "crip" 一詞所表徵的則是批判及對抗 "cripple" 的負面意涵，對抗能者或健全意識形態對失能者的貶抑、歧視與偏見，其目標為將失能者從這樣的宰制視角解放出來，強調身體上的缺陷不應被不當影射或聯想為人格及行為上的缺席。更為重要的是，失能者沒有義務成為勵志角色或慈善對象，他們可以像非失能者一樣地做自己，無須滿足能

者意識形態對其所設定的角色模式,更無須看輕或貶抑自我;可立具有突破既有失能論述框架以及啟動典範轉移的潛力。

可立理論借鑑女性主義技術科學研究成果,融合了酷兒論述與失能研究的觀點,建立可立批判性技術科學論述。可立理論固然與失能研究較為親近,但它實際上是依據酷兒理論架構而開創的分析視角,挑戰常模及標準醫療實踐的悠久傳統。可立主體掙脫主流社會的單一、偏頗價值,例如健全與異性戀的操演,彼得 2.0 為一典型範例。可立論述處理失能議題的重點是朝著轉變、修訂、創新、前衛、翻轉等方向著力,重新以多元、公正、客觀、如實的視角認識失能者,徹底地將失能者從當代西方社會的敵對規範中解放出來。典範轉變的重點不僅是修改現有的定義,而是尋找不同的、創新的視角,勇於嘗試未經測試和意想不到的思維視角。可立論述如同批判性失能理論一樣,以開創性的思維方式「思考差異化體現的屬性和尚未實現的能力」,讓傳統對於失能界限和身分的所有假設更趨複雜化,而此一多重生成的繁複性,乃至於不確定性,恰恰消解或取代了過往定型化或扁平化的失能主體概念(Shildrick, *Dangerous Discourse* 175-76)。

可立論述鼓勵各種創新式的創新思維,「以不同的方式感受失能」,過程中或許有風險,這意謂著要更加地謹慎行事,而不是完全避免不適或不安感。如同希爾德里克強調的,創新改變是一種「道德的必要性,是一種對他人的責任,並且不遺漏任何人」(177)。改變的重點是,過程中即便沒有可替代的理論思維,研究視角不能停留在單一或「劃一的觀點上」,必須持續以「交叉探索」來窮盡各種可能性與潛力(172)。可立知識論(Cripstemologies)即是立基於此一概念建立的知識體系。

可立知識論是一種「外」知識庫,主要重點為收集、建立與

各種身心失能或慢性病相關的未知或被遺漏的醫療知識,尤其是那些陌生、隱性的身心衰弱、異常狀況的資訊。目前主流醫療知識對於許多疾病的辨識與治療依然束手無策,一般非失能者也缺乏與失能者互動的經驗,可立知識論則積極補強這些不足的資料,例如《睡》中婦人的類失眠狀況,或《未命名》中提姆不停行走的失控狀況,他們的狀況雖屬文學杜撰,但現實生活中無法被診斷出的病徵無以數計,可立知識論則針對這類非常態的身體症狀建立資料庫,莫名的身體不適與各種機能障礙皆涵蓋其中,這些病徵或狀況往往非單一領域所能界定或涵蓋,因此可立知識論本質上是多元、跨領域的。文化研究在對象的設定上,傾向以單一身分認同來做指標性的辨識與研究,例如女性、失能者、酷兒等;單一定向的身分認同在研究上的優點是有明確的聚焦點,但最大的問題是,過度簡化、單一化或平面化「人」的身體與存活方式。

可立知識論主要是由梅里‧麗莎‧詹森(Merri Lisa Johnson)和麥克魯爾共同推動建立,他們指出可立知識論建構的是多重、多種的疾病與失能狀況的知識系統。詹森引用奧菊‧洛德(Audre Lorde)回憶錄中的一個案例說明可立知識論的重要性,一些罹癌婦女認識疾病的方式往往被一般醫療或常模概念制約或取代,鮮少有機會認識疾病與自己的關聯性。洛德在回憶錄中指出,傳統醫學知識系統往往無法針對疾病或是失能現象產生新的、不同的或更有用的知識。例如罹患乳癌的婦女們沒有任何心靈的時間或空間來審視自己真實的感受與需要是什麼,或讓她們做自己、自己做決定。自從有了快速整容的保證,女性們總是被告知,她們的感受並不重要,外表是一切,是自我的總和(57)。

可立知識對非失能者亦同樣重要,它幫助或指導人們如何與失能者建立融洽的互動,希爾德里克以非失能者的角度分享她與失能

者珍妮特・普萊斯（Janet Price）相處互動的經驗，普萊斯罹患多發性硬化症，希爾德里克與她相處、互動時，必須熟悉在觸摸或照護她時如何拿捏輕重，人的身體，尤其是失能者的身體，都具有不穩定性、不同的承受力與耐力，身體的感知狀況更是因人而異（72）。可立知識往往來自於失能者本身獨特的經驗，透過他們各自的感覺和處境進行思考或論述，但指導非失能者與失能者互動的方式亦同等重要。可立知識論既是體現的（embodied）也是關係性的（relational），例如與失能者互動時，知道他們可以講電話的時間長短、他們的體力一天可以工作多久，這些互動細節是必要的。而失能者面對對外關係，如何學習說不，如何現實地評估可承受的特定任務及時間框架，如何平等地善待自己及他人也同樣重要（73）。

詹森以切身經驗為例，說明可立知識論如何協助失能者更為自在與自主。她分享：

> 在過去的一年裡，我（麗莎）開始限制自己外出的意願，因為外出探親或在其他校園講課之後，我的慢性背痛不斷加重。我不太願意旅行，因此我的家人以為我的身體狀況已經惡化，但其實我的身體狀況沒那麼大的變化，只是有太多突發的不同狀況。多發性硬化症的病徵是偶發性的，不是線性的，而是強度、感覺和情境的問題，無關疾病和治療方法。減少或限制旅行並非出於症狀惡化，而是由於個人對於參與強制性的家庭活動或節日儀式的責任觀念改變了。（136）

如何了解自己的體能並評估能做多少事是可立的生活原則。詹森身為教育工作者，她也強調了在所謂的新自由主義大學裡工作的挑戰與身體耗損，現今的大學總是標榜績效、成就，在這樣的學院裡工作：

> 工作能力或學術實力，往往給身體帶來長期痛苦和衰弱的風險。長途駕駛或飛行會傷害身體，這種風險也意謂著誘發各種身體問

> 題的復發,例如肌肉瘦攣、行動障礙、生產力下降,和其他康復成本,例如背部疼痛、頭暈、噁心、做焦慮夢、眼睛感染或足弓處韌帶發炎等限制,也隨之出現。當我讓生活步調慢下來,重新定義並了解我的「能夠」時或我知道如何拒絕訪問邀請時,這些症狀就不會那麼頻繁地出現,也不會加快失能的速度。我不是不能旅行,而是不願意遠行。(136)

詹森所強調的是失能者的自主管理與自主意願,掙脫常模或能者意識形態加諸的非凡或超能的克服障礙(overcome disability)的框架,乍看之下,這是一種頑固的抵抗,但事實上,這麼做是不再勉強自己繼續幻想,以為自己身體衰弱的情況或感覺是不存在的,而「拒絕按照強制性健全的意識形態或制度行事」,才是失能者真正建構可立主體的策略之一(136)。失能者的自主性來自於「你能做什麼」而非「你該做什麼」,透過真正地尊重個人身體狀況,才可能開啟具有更多「可能性」的世界。可立理論永遠是多方向的(和多數量的),它涵蓋所有從失能或失能身軀產生的認識和存在方式,超越一般普遍理解的真實與知識。批判思考在可立論述是必要的,要有換位思考(thinking differently)的能力,才能改變被歸類為少數的失能者生活,進而啟動更具創造性的思考及感受差異的方式(Shildrick, *Dangerous Discourse* 170)。

可立知識論讓失能者的身體不再是一個被壓迫的場所,而是充滿變革潛力的載體。繼古德利之後,腦麻患者奧弗伯在談論自己的身體時,特別強調他的可立特質。他描述自己的身體時,摒棄了陳舊的失能身體的缺陷,反而將其重塑為一個生存、反思和生產的場所(Goodley, *Disability Studies* 158)。奧弗伯將其肌肉的瘦攣(在規範上和醫學上被理解為他腦麻的負面折磨標誌)描述為他體現創造性元素(同性戀者稱其為生產性、創造性、身體屬性)。同樣

地，艾米・維達利（Amy Vidali）重新使用「大腸激躁症」（spastic colon）一詞做為「大腸激躁症」（irritable bowel syndrome）的替代術語，重塑她被規範為有缺陷的身體，將其帶入一個與「氣味詩學」（odor poetics）具體相關的身體領域，即與「糞便政治」（The Politics of Shit）相關的身體控制的修辭學（Vidali 2010）。她痙攣的結腸提供他人反思「正常社會」對合理身體的各種約束、要求和期望（Goodley, "Dis/entangling" 635）。奧弗伯和維達利有力地闡明體現可立生活的反霸權意謂著什麼。可立者的身體有可能是破壞性的、打破邊界的和改變範式的。這種反制透過激進的手段，翻轉主客關係，如同尚－保羅・沙特（Jean-Paul Sartre）所言，被壓制者應該「拒絕他人設定或限定我們成為什麼樣的人之情境」（Fanon 135, Sartre 16）。

此外，奧弗伯引用阿岡本的裸命概念，指出失能是一種「裸命」，一種「例外狀態」。他從社會學的角度出發，透過各種路徑來論證遺傳基本教義否定了失能者「對生命的表達」，奧弗伯強調，失能者的生活體現了裸命（與例外狀態有關）的含義，而不具有一般健全人擁有的政治生命。奧弗伯罹患腦麻，大眾很容易透過遺傳基因的概念，認定這樣的生命不值得存活，更不值得表達書寫。值得一提的，是奧弗伯的斜槓身分，他一方面被認定為例外狀態的裸命，不值得存活，但另一方面，其教授身分讓他成為具有主體性的政治生命，儘管他同時被認定為該被驅逐的「例外狀態」裸命。奧弗伯以自身實例表達出腦麻患者的斜槓生存樣態，他的身分認同是流動的，兼具裸命與政治生命，他的自身案例不僅呈現了斜槓的悖論，也跳脫能與失能的二元性，他藉此回應無處不在的能力體現與常模規範的箝制與陰影（Overboe 229）。他同時引用了德勒茲在《純粹的內在：關於生活的論文》所提的「奇點」概念，亦即沒有

二元分立、沒有能與失能的區分。他還特別強調自己的腦麻痙攣是「內在的欲望,它創造了一個非『能』亦非『失能』的奇點,並正向地以失能表達生命」,他說:「我的欲望、我的痙攣,創造了一種生命的純粹內在性,一種迄今為止尚未被承認的生命表達」(229, 232)。奧弗伯肯定「例外狀態」的生命表達權,他質問此刻是否該「超越人文主義的概念,轉而肯定和擁抱其他形式的『生命表達』,包括迄今為止一直被界定為表徵『例外狀態』之失能者?」(232)。

奧弗伯以可立自居,他對自己身體的表達以及生命狀況毫無隱藏,從偽裝者邁入可立者的坦然,勇敢地呈現缺陷部位。可立從閣樓到出櫃,在公領域公開亮相,從偽裝到自在、自主,是一重要指標。失能者的偽裝通常是為了避免遭到看輕或恥笑,故而隱藏自己的失能部位,假裝或偽裝為「正常」,這樣的案例不勝枚舉,即便位高權重的一國之尊也積極採用。德國末代皇帝威廉二世(Kaiser Wilhelm II)是個顯著案例,他出生時因生產問題而罹患歐勃氏麻痺(Erb's palsy),以致於左臂萎縮失能,懂事後他的左手從不輕易示人,拍照時刻意側著半身,巧妙凸顯出功能正常的右手,藉以遮掩有缺陷的左手,平日左手總戴著手套,喜歡用左手倚著佩劍或拐杖。在瑪麗‧雪萊(Mary Shelley)的《科學怪人》(*Frankenstein*)中,主角只能選擇荒野把自己隱藏起來,雖說衣櫃或閣樓是失能者的實體或譬喻式的生活空間,但這個怪人的衣櫃或閣樓卻是廣大開闊的荒野。瑪格麗特‧愛特伍德(Margaret Atwood)的短篇小說〈天生畸物〉("Lusus Naturae")描寫的女主角也是一個典型的例子,故事雖短,卻把一個異形異狀的生命所面臨的挑戰與排斥描寫得淋漓盡致,女主角以怪物姿態活靈活現地呈現櫥櫃何以成為失能者的唯一生存空間。[2] 類似情境也能在娥蘇拉‧勒瑰恩(Ursula K.

---

[2] 女主角因罹患特殊疾病,外表變得讓人害怕,黃色眼睛、粉紅色牙齒、紅色指

Le Guin）的短篇小說〈離開歐密拉斯的人〉（"The Ones Who Walk Away from Omelas"）中看到，該文暗諷歐密拉斯表面上看似烏托邦的城市，但這個城市將所有不符合健全意識形態的身體隱藏起來，「在城市中有個狹窄沒有窗戶的地下室，房間經年不曾清洗過，以致臭氣薰天。地下室裡住著一個看似五、六歲，實際上是十歲的小孩……小孩瘦骨嶙峋，缺乏營養，可能是天生失能，房間內僅有少量維生的食物」（457）。上述舉例的文學故事雖然是作者的想像創作，但卻是許多失能者生活的寫實描寫，成長於這樣的主流文化社會，偽裝是失能者的權巧存活方式，也是社會配置給一般大眾的生存方式或出現在公共領域的樣態。從偽裝者邁入可立者的坦然拋頭露面，是這個世紀失能研究典範重大的轉向，失能者勇於公然呈現過去被隱藏的缺陷部位。可立者開始展現自信，並以開放坦然的心態，設法讓生命歷程發生在身體上的各種寫實情境，呈現為再自然不過的現象，無須掩飾或隱藏。

　　成為可立主體是失能者最具體的覺醒，無須遮掩，理直氣壯地在街上或公共場域來去自如，以出櫃的行動回視健全者或能者梅杜莎般的凝視，以終結其視覺霸權與宰制（Davis 1999: 501）。二十一世紀起，依據可立概念創作的溝通平台、文學作品及展演也大量湧出，比較近期的有特里什・哈里斯（Trish Harris）和羅賓・亨特（Robyn Hunt）於 2016 年為聽障者和失能者作家創造的「可立文學」平台（Crip the Lit）。他們將失能者獨特的聲音、觀點和故事納入紐

甲，胸口和胳膊上還冒出暗黑色長毛，模樣連她的家人都無法接受，導致她在身體和精神上必須與外界隔絕，最終只能選擇以死亡的方式徹底隔離自己。她生前，白天必須一個人安靜地躲在黑暗的房間裡，這也使得她不再習慣日光，唯一靠近陪伴她的是家裡的貓。她甚至被強迫裝死，躺在一具很深的棺材裡，放在闃黑的房間裡供人瞻仰，家人還爲她豎了一塊墓碑。此後，夜間及田野、森林就是她的生存場域，不用再擔心會礙著別人，她靠著月光下偷挖來的馬鈴薯，或從雞舍裡偷雞蛋或雞維生（267）。

西蘭的主流寫作中,該平台的發表內容,主要是為了挑戰書籍、電影和電視中對失能者角色的刻板印象和不準確的描述;而至關重要的是,在他們的文學作品、電影、電視和影片的創作中,失能者以各自的風格展現了人的豐富性和多樣性。此一平台的最新成果是出版了《我們在此,請閱讀我們:女性、失能和寫作》(*Here We Are, Read Us: Women, Disability and Writing*)一書,該書創造性地探討了失能與創作間存在的複雜且常被忽視的關係。此外,布萊恩・庫克爾(Brian Koukol)以可立為主題出版了短篇科幻故事,他指出「失能者的經歷沒有任何可憐之處。相反地,他們的生命有力量和弱點、有毅力和失敗、有快樂和痛苦。簡言之,失能者也有人性,而且永遠不會消失,即使是放在罐子裡沒有身體的頭顱也不會沒有他的人性」(Koukol 2021)。

除了可立知識論,可立技術科學(Crip technoscience)亦為推動可立主體的重要推手。2019 年《催化劑》(*Catalyst*)學術期刊特別以可立技術科學為題,全面且具體地闡述可立論述在後人類科技掛帥的世代裡對於人文、科技跨領域研究的重要性。通篇期刊環繞著可立技術科學為主題,探討「失能、損傷、慢性病、疾病、瘋狂、聽障、神經多樣性(以及其他可立的存在方式)如何形塑我們日常的實踐,以及本體論和認識論的方式」(Fritsch, et al. 4)。主筆的四位學者凱莉・弗瑞奇、艾米・哈姆萊(Aimi Hamraie)、瑪拉・米爾斯(Mara Mills)及大衛・瑟林(David Serlin)共同介紹了可立技術科學如何做為批判性新興領域,以及其如何快速地建構科技輔具與後人類主義的對話機制。學者們在命名可立技術科學時,概念上引用了女權主義、酷兒、反種族主義和失能研究合作的悠久歷史,承襲哈樂薇的「賽博格宣言」,抵制宰制系統並找到破解和修復它們的方式。可立理論翻轉了第一代以白人、中產階級、美國為

主的失能研究學者，將性別、同性戀、種族和階級等納入跨域合作，讓失能研究變得更加多樣化和全球化。可立技術科學之為新興領域，表徵的是一個關係、知識和實踐的領域，能促使可立理論蓬勃發展，成為參與物質世界生產與變革的關鍵角色。

可立技術科學特別關注失能知識中之「反同化主義」（anti-assimilationist）面向，該領域「在失能行動主義、輔具製造、環境正義、賽博格研究，或黑人、女權主義，以及健康行動主義等層面，皆具有建構強大、複雜和意想不到的知識系譜的意義」（Fritsch, et al. 2）。可立技術科學特別著重寫實的生命經驗及歷史檔案，強調差異和體現是失能政治的核心概念，並對技術科學採取開放而非敵對的態度，不再若過往視技術科學為失能政治的詛咒（2-3）。科學與技術往往蘊含文化規範和偏見，例如傳統建築的可及性不足，阻礙了失能者出席公共場合的機會，另外像是早年的公共汽車、建築物、人行道、走道裝置等設計，都讓失能者無法自由行動或進出，以致於將他們排除在公共生活之外（Winner 125; Fritsch, et al. 3-4）。可立技術科學特別將可立與科技連結，也凸顯了可立做為後人類時代失能主體的典範。

此外，可立技術科學希望破除醫療論述帶來的壓迫，反抗優生主義的政治訴求，重新思考失能為可接受的情境（disability as desirable）。失能者認為他們固然善用輔具或假體，也是「日常生活的專家和設計師」，但他們「將技術科學用於政治行動」，拒絕遵守主流社會期待失能者必須接受醫療診治、修復，藉以消除失能的要求（Fritsch, et al. 2）。可立宣言與女權主義技術科學結盟，強調失能者的自主性，而非順應主流社會所設定的常模標準或期待而行事，他們更反對將「獨立性和生產力做為生存的要求」（2）。植基於早期的工作基礎上，他們將可立技術科學定義為「政治化設計的行動

主義」（politicized design activism），強調失能者能利用「技能、智慧、資源和駭客（Hacker）來瀏覽和改變無法進入的世界」（3）。綜言之，可立技術科學為「一種不順從、反同化的立場」、抵抗「強制性健全」的核心思想，並將失能標記為「一種理想的生成性和創造性的關係實踐」，藉以「對自由主義的同化和包容做法進行反制與挑戰」（2）。

可立技術科學與傳統的失能技術科學略為不同，後者僅關心為失能者設計的輔具，而不是與失能者一起或由失能者主導的設計，且看待失能者為使用者，而非問題解決者；可立技術科學則設法打破這樣的二分法，強調失能者知道如何有效地利用他們的知識，發展技能、能力和關係。失能者不應被視為被動的使用者，他們其實是技術變革的驅動者，也是知識傳遞者和製造者（4）。最為關鍵的是，可立承認科學和技術對於公義是雙面刃，既可伸張也能破壞正義，儘管如此，可立主張技術科學可以成為失能正義的轉變工具，強調「失能者絕非同化主義技術的消費者或對象」，他們「擁抱醜陋」（Mingus 2011），「與麻煩為伍」（staying with the trouble），「與技術科學有著積極的、政治化的和變革的關係」（16; Haraway, *Staying with the Trouble* 3, 10）。可立技術科學為未來而奮鬥，將失能者轉換生成為可立，以科技打造一個無礙的世界。期待在未來的世代裡，失能可以被接納並受到歡迎（3）。所有失能者不論是否具生產力，都有機會成長茁壯，大家都能相互依存，受到認可，且能無障礙地參與世界的建設，或積極地平反社會對待失能者的不公不義（22-3）。

可立主體的建構與發展，過程中也蘊含斜槓的概念，可立在符碼（signifier）的意涵更展現了多元、多義的能動性。若以德勒茲和瓜達里的概念詮釋，可立的概念經過了領土化（跛、瘸）以及去領

土化（獨立主體）的變動生成。事實上，符號成分也具有領土化及去領土化的特色，當符號創建與其他根莖連接並進入重新組合時，它也可能變得解域化，例如 queer（酷兒）及 crip 兩個詞彙都從原本貶義和貶低的標籤（領土化），經由去領土化的翻轉，改變了原來的含義，提供了新的思考角度及正向主體概念，並轉變原來被配置的主體位置及展演概念。可立與根莖相同，捕捉到身體最大的活力和流動性，拋開差異所具有的許多負面含義。他們強調自己的獨立性和創造根狀連接的能力，從而使自己去領土化，此一轉變不可預測也難以捉摸，是隨機的、非封閉的，不具有本質或不變性，不需要預先構建的圖像或規範意義上的統一或完整性。可立的身體及主體不斷創造新的連結，也不斷地在生成中。

　　值得一提的是，可立理論在論述概念層面之外，必須落實在生活與教育場域，失能者在教學情境中一直被當局視為一種負擔，需要額外為他們安排很多的輔助器材及資源，在台灣特別以「資源」教室為名，協助失能學生在受教過程中與一般生能有更好的融合度。針對可立理論的教育課程發展，米歇爾及史奈德強調失能研究的融合教育最關鍵，但最不被理解的面向是教學內容的改革，過往的特教特別強調將失能者納入教育環境中，而課程改革其實是關鍵的第一步，因為它能改變教師和學生「認識」失能的方式，而此一見解對課程設計至關重要，因為「它讓失能確定為教育課程中不可或缺的一部分，而不僅僅是著重如何融合需要輔助的學生群體」（45）。米契爾及史奈德以荷馬（Homer）史詩《奧德賽》（*Odyssey*）的史詩故事為例，提出教師在學校課程設計中可以融入合適的失能主題，鼓勵失能者出櫃，面對自己的個別差異；事實上能執行操作的方案很多，關鍵點在於教育者的心態與課程設計。

　　奧德修斯（Odysseus）在特洛伊戰爭後，長達十年才回到家鄉，

在旅途最後一站,他抵達伊薩卡島,在腓尼基(Phoenicia)遇到船難,卻也在此接觸到腓尼基文化。腓尼基人以造船技巧和航海的專業知識而聞名,但平民最重視的是卓越的運動能力,做為一個重視肌肉發達的部落,運動員經常在阿爾喀諾俄斯(Alcinous)國王的包廂進行各種力量、速度和敏捷性的競賽,在招待奧德修斯的晚宴上,體育比賽後的娛樂是由歌手唱出腓尼基的文化歷史以及他們如何重視強健體魄的背景。奧德修斯觀察到他的主人對身體能力的重視,自然也貶抑失明及不符合常模的身軀。作者荷馬是位盲人,故事中的德摩多克斯(Demodocus)也是失明者;他們利用被貶抑的身體講述赫菲斯托斯(Hephaestus)被背叛的故事,這個故事將「跛腳神」置於舞台中央,哀嘆被兩個沒有失能的神利用(Rose 40; Mitchell, et al. 38)。這些勇健的腓尼基運動員被德摩多克斯講述的故事深深吸引,尤其是赫菲斯托斯如何成功地將背叛他的兩位神祇(火星和金星)困在一個無法逃脫的特製鋼網中,讓他們深受羞辱。腓尼基人當下體會到失能並非脆弱無能,進而創造了一種替代價值,取代對體能的過度渴望,調整了審美規範的標準。德摩多克斯對腓尼基文化的貢獻來自於自己的親身體驗,他利用個人的經歷做為進入最健全的運動員場域的能力。他的吟唱本身就是一個真正的可立論述課程,他發揮得淋漓盡致,為所有失能者拓寬體現的舞台。晚宴在一個失能與健美相互調和的情境中結束,擁有完美身體的健將與失明詩人共融一堂。在一個強調體與力的國度裡,奧德修斯給他們上了重要的一課,強調被貶抑身軀的價值與重要性。

  米契爾及史奈德強調,奧德修斯當晚的課程就是教師在課堂上融入可立課程的最佳範例。奧德修斯在腓尼基的吟唱內容,為那些從事可立理論教學的教育人員提供了深刻的見解。可立論述所涉及的教學法與教材多半是即興的,在現有規範課程內容中是不存在

的，教學者必須掌握重點「重新想像代表失能者的生命經驗與歷史」（Mitchell, et al. 45）。

米契爾及史奈德特別強調，目前以新自由主義概念為主的教育觀念主要是通過淡化差異的方式教導學生，而非讓學生從差異中學習並融合、接納失能者；相反地，新自由主義觀念所指導的教育政策，往往是無所不用其極地強調能者意識形態、正常化和康復等價值，甚至放棄將失能做為一種認識多元與差異的寫實教材。可立理論的教學理念則是透過教材內容的修訂或調整，在課堂上鼓勵學生「以失能的身分出櫃」，藉以打斷新自由主義以同化主義的概念做為消除少數群體差異的手段。可立理論的教學理念不僅凸顯了常模或正常化概念的不合理，並有效抵制了被新自由主義所規範或箝制的教育政策（Mitchell, et al. 42）。教育人員透過可立理論的教學模式，強調尊重差異的重要性，受教者可以重新評估人類的差異，而失能者更無須再偽裝自己的身分或隱藏自我。

斜槓與可立分別表徵了後人類時代的失能主體，尖端科技對失能者其實也是兩面刃，它能協助失能者支撐或增強身體失去的功能，但也可能以維護優質化生命的藉口淘汰失能族群；它能為人類解決很多難題，但也可能帶來無法預期的威脅。後人類原始的立意在於削弱以人為中心的世界觀，人以外的其他自然界的環境與物種皆應受到同等尊重，面對外部環境、動物、土地與植物，人不應獨尊，共生共榮是其理想。不過，當後人類的機器化與人工智慧被廣為應用時，也可能帶來一些意想不到的風險和挑戰。

霍金認為人工智慧的發展為人類帶來可貴的良機，但也可能帶來毀滅性的危險。2014 年，他在接受 *BBC* 採訪時說：「人工智慧的全面發展可能會給人類帶來終結」（〈BBC 為你梳理霍金對地球人發出的警世預言〉2018）。霍金認為，人類的未來將被「超級人

類」或人工智慧取代,他們能夠自我更新和自我進化。人工智慧未來將超越人類,並可能對人類或其他生命形式造成威脅,甚至與之發生衝突或競爭。超級人類可能會分批移居到其他星球,成為外星殖民,而留在地球上的普通人類將無法與他們競爭,最終被淘汰或滅絕(〈BBC為你梳理霍金對地球人發出的警世預言〉2018)。霍金甚至預言,隨著地球人口增長,能源消耗勢必增加,地球將變成一個「熊熊燃燒的火球」,人類可能在2600年就會滅絕(〈霍金預言了啥〉2021)。其預言是否成真,我們無法見證。當人們享受科技創新的各種成果時,是否也同時失去更為珍貴的價值,世代典範如何轉移才是對人類真正有益,更考驗著人類集體的智慧。如果霍金預言為真,科技不僅無法造福人類,它淘汰的對象也不只是失能者,整個地球上的人類都有可能瀕臨滅絕的危險。

世界在改變中,人們的生活步調不斷地加快,無法快速調適跟上此節奏者,必然面對極大的身心壓力,舊世界的生活方式已追不上世界變化的腳步,壓力、焦慮成為現代人的通病,精神失能的比例越來越高,不同形式且陌生的身心病徵也不斷地浮現。在後人類時代,科技、醫療、生活模式似乎都進步了,但也同時帶來新的身心問題、新形式的失能,更可能促使人類失去一些屬於人的重要特質,例如倫理、同理心、責任、尊嚴等,此為屬於「人」的品質的失能。法蘭西斯・福山(Francis Fukuyama)在《後人類未來:基因工程的人性浩劫》(*Our Posthuman Future: Consequences of the Biotechnology Revolution*)中闡述了他對未來以生技革命主導的世代感到憂慮,他擔憂生物科技終將導致人性與社會行為的泯滅,人之為人的種種特質受到重大的考驗。他自稱撰寫此書的宗旨是論證喬治・歐威爾(George Owell)以及奧爾德斯・赫胥黎(Aldous Leonard Huxley)所預言的兩個反烏托邦新世界的圖像是正確的,

【第九章】 後人類時代之失能主體 363

這兩本書比當時任何人所能意識到的危機更有「先見之明」，且對未來世界提出了一些深刻的洞察和警告（Fukuyama 3）。[3] 當代生物技術對人類構成的最重大威脅是，它將人類推入了「後人類歷史進程」，但它更有可能「改變人類本性」（7）。他們皆強調「人性是存在的」，是一個有意義的概念，並為人們做為一個物種的經歷提供了「穩定的連續性」（7）。

基因科技、技術控制、生技革命的顛覆特質無法預估，但卻威脅變動中的全球政治與社會結構。生命可複製、基因可重組，生命是否變得更圓滿而美好？潛藏的災難如何預見或預防？福山在《後人類未來》中提到，未來可能對人類造成的危險生物科技產品很多，例如超級細菌、新病毒，或產生毒性反應的基因改造食品，這是看得到的直接威脅。極為類似的，赫胥黎的小說指出，未來社會將透過藥物和心理控制手段，統一人們的思想和情感，確保他們對體制的服從。福山則強調未來的醫療技術將提供人們「魔鬼般的交易」，更可怕的威脅是，「抱歉，你的靈魂剛死了！」（Fukuyama 8）。[4] 人可能有更長的壽命，但智力下降，透過藥物或能免於憂鬱症，但有可能失去靈魂及創造力；未來在醫療技術的療癒層面，何者是我們依靠自身力量所達成的自然結果？何者又是我們因大腦中各種化學物質的含量而取得的技術結果？兩者之間的界限趨於模糊

---

[3] 此處所指為喬治・歐威爾的《1984》以及奧爾德斯・赫胥黎的《美麗新世界》（Brave New World）。《1984》講述的是我們現在所提供的資訊技術，在大西洋的龐大極權帝國憑藉「電視螢幕」的設備，得以對社會生活進行大範圍的集中管監控每個人的一言一行，沒有所謂的個人隱私。《美麗新世界》是一部反烏托邦小說，其中所預測的未來世界情境與現在發生的重大生物科技革命極為相似，未來世界是一個科技高度發達，但人性和文化卻淪喪的社會。在這個社會中，人類的生理和心理皆可被操控，人們沒有家庭、愛情、自由和責任，只有消費、娛樂和服從，會用一種叫作索麻（soma）的藥物來麻痺自己的情感和思想。

[4] 此句出自湯姆・沃爾夫（Tom Wolfe）的著作《抱歉，你的靈魂剛死了！》（Sorry, but Your Soul Just Died）的標題。

曖昧(8)。「自然」的人類似乎難以逃脫過渡為「技術」人類的命運。

　　事實上,自然人類在身心方面方面走向非自然的技術化／科技化並不是一個假設或科幻想像而已,而是一個正在進行中的真實進程。福山提出了三種下一代或下兩代人可能的發展情境,這些假設情境也牽動著失能者。首先,未來的製藥公司能夠根據每個病人的基因圖譜量身訂製藥物,大幅度地減少副作用。呆板的人可以變得活潑,內向的人可以變得外向,甚至可以隨機選擇不同的性格。抑鬱或不快樂不再有任何藉口,即便是「正常」快樂的人也可以讓自己更快樂,而不必擔心上癮、宿醉或長期腦損傷(Fukuyama 8)。在此情況下,非正常的身心情境似乎都被控制或移除了。再者,幹細胞研究的進步,使體內的任何組織都能活化再生,百歲人瑞不足為奇。器官植入或是逆轉阿茲海默症和中風造成的腦損傷,不再是天方夜譚。傳統的生殖方式似乎並不重要;一些慢性病消失,但原來自然的、兩性、生育及親子關係都將失能(9)。這些看似走向美好世界的景象,是否暗藏了自然人消失的玄機?在科技主導的前提下,富人可以透過胚胎篩選優化孩子的類型,孩子的外表和智力完全取決於父母的社會背景及經濟實力,「『人為的生而不平等』一旦實現,新人類的衝突勢必隨之爆發」(9)。此外,人類與動物的基因還可以相互轉移,以增強身體耐力或對疾病的免疫力。與此同時,藥物文化將成為控制人類社會行為的手段,人變得容易監控管理。人與動物的混種生物界限也變得越來越模糊,此舉對於「未出生(甚至也包括已出生)的嬰兒、臨終的病人、患有虛弱疾病的老人,以及失能人士」具有難以想像的影響與威脅,也衝擊著人類的倫理問題。至於這些經過複製、不需長期經歷身心苦痛的新人類,是否還具備人類獨有的同理心、價值和尊嚴等高貴情操,似已無足輕重(10)。人類文明在科技發展的助長下,不自覺地越來越趨於

異化，背離自然法則，排除異己成為新常態。

　　自然人類被科技化的限度何在，人文學門針對這類問題，尤其是對未來的生命型態，應做出合理的界定，並提供系統化的定位和定向思考，如此方可防範現代科技可能造成的極端錯誤。布雷朵蒂引入以自然生命（zoe）為中心的平等主義，強調未來世代的生命觀應回歸以自然生命為主的生命樣態，也應作為構成後人類主體性的重要要素。布雷朵蒂指出自然生命為內在活力，與現代西方哲學所指理性和意識生命體的概念不同，它不僅指人類的生命，還包括一切有生命的存在，例如植物和動物。布雷朵蒂借鑑了德勒茲和瓜達里的根莖、無器官身體、遊牧主體、去二元化等論述，強調身體的物質性是一動態網絡，隨時在行動、生成，也隨時在變化中，此網絡包含各種人與非人的組合，例如人與動物、環境、科技輔具的連結。物質沒有二元的對立，如身體和心靈、自然和文化、人類和非人類等，而是一種多重的、動態的、關係的網絡。她以德勒茲的差異與重複概念詮釋差異，它不是一種對立或比較的關係，而是一種創造性的過程與力量。重複更不是一種單調或恆定的行為，而是一種多樣性的表現及不斷變異的形式。她呼籲地球上所有人、動物、非人、大自然和諧共生；在一體的概念中，失能、障礙，各種身體、膚色、性別或階級上的差異，不再是被壓抑或剝奪的他者，自與他無二無別。她以「我們」（we）做為一體，指稱地球上的居民彼此間是相互聯繫的。遺憾的是，人們卻習以階級、種族、性別和性取向、年齡和身體健全程度的區分定位，形成內部的分裂，並據此做為建構和管理「正常」人的重要指標。批判性後人類主義為不斷變化的「人」的觀念和形態提供了多元化的視角，其目標並非對新的「人類」達成什麼共識，而是為我們提供一個平台，能接納並承認許多隱形的少數族群的人，布雷朵蒂強調「他們的『小』或

『次要』或遊牧知識,是未來穩定發展不可或缺的溫床」,這些知識也是衡量我們正在成為什麼樣的人或世界的標準(Braidotti, "A Theoretical Framework" 53)。布雷朵蒂反對二元的分類,強調跳脫人類中心主義和生物學決定論的框架,開啟一種批判的後人類主義的倫理視角,關注所有生命,失能者自然也不再被異化為他者,承受各種邊緣化的對待。自然生命不分種族、性別、物種,尊重和保護所有生命形式,是一種不受社會規範和文化代碼束縛的生命力,生命沒有高等或低等、有價值或無價值之別。簡言之,布雷朵蒂強調人們應打破人類中心主義的界限,關注整個生態系統,尊重所有生物的存在價值,重新思考與自然界和其他生命體之間的關係及共同性,提倡一種更加包容和持久的生態倫理。在此情境中,科技的發展與生命多樣性,兩者間應有完善的倫理機制做為橋梁,應避免相剋之害,以達相生之利。如何悅納異己是現今重要的人文課題,也是人文關懷的核心課題。

【第十章】

從失能到智能之生命光譜[1]

在以高科技、生物科技及基因工程主導的時代，不老、不病、年輕、健康及能力，是眾所追求的目標。失能及老人自然成為被邊緣化的生命個體，他們應如何獲得自在並建構有尊嚴的生命個體，至關重要。人的一生是由無數片段組合而成，看似單純的歷程，但人似乎都活在當下的片段中，以致於獅身人面（Sphinx）的謎語：「有一種動物，早上用四條腿走路，中午用兩條腿，晚上用三條腿，這是什麼動物？」難倒了每個過路人。嬰孩的時期用四條腿，成年時用兩條腿走路，老年時則拄著拐杖。人生身分的移動如同斜槓的轉換，也如同人生天秤上的砝碼移動，砝碼的刻度象徵人生的不同階段，砝碼每移動一個刻度，代表不同的生命階段，砝碼如同斜槓的流動性，終將滑移到人生天秤上的最後一個刻度。走過生命階段，回頭看，哪一個刻度能夠表徵天秤上的全體？這個移動的自己又是誰？根據拉岡的鏡像理論，人開始認識自己時就是一種誤識（misrecognition）。嬰兒在六到十八個月之間，透過觀察自己在鏡子或其他物體中的倒影，建立起自我意識和自我認同。在這個過程中，嬰兒將自己的身體和鏡像中的身體相互對應，並且產生一種錯

---

[1] 本文部分內容乃根據 2021 年於醫療人文學術研習營會議發表之論文〈「老殘遊記」：銀色光譜上的失能與智能〉增修撰寫。

覺，認為鏡像中的身體是一個完整、統一、理想的自我，而忽略了自己的身體實際上是分裂、不協調、不完美的。此一錯誤的認知和辨識，使得嬰兒無法真正地認識自己，人從嬰兒期所認識的自己，就是一個虛假的或異化的自我。老年是否有認識真正的自己是誰的契機？生命的光譜是否能從不能、失能跨越到智能，應是老年的要務，以智為能，寧靜度日，應是老年生活品質的指標。

人口快速老化是時代趨勢，若以世界衛生組織的統計來看，全球超過 10 億人患有某種形式的失能，約為 15% 的人口；此外，每 5 個六十五歲以上的成年人中就有 2 人患有失能。在歐盟，六十五歲以上的人中，有近一半的人患有某種形式的失能，這使得老年人面臨更多被忽視、失去支持、虐待和貧困的風險（World Health Organization, "Disability" 2020）。台灣的老化人口比與老化速度同樣也很快，而台灣的少子化現象連帶降低勞動人口，老人或失能者都需要有人照顧，根據國民健康署統計，2023 年台灣有四百多萬名老人人口，其中 12.7% 有失能狀況，更有 17.5% 有衰弱風險，隨之而來的社會問題可以預見與想像。根據 2014 年之統計資料，平均 6.3 位十五歲～六十四歲的勞動人口，共同負擔 1 名六十五歲以上長者，預估至 2060 年，將由 1.29 人負擔 1 名長者（衛福部，〈高齡化社會〉2015）。老年照顧將是所有國家在施政上重大的考驗與挑戰。

若以台灣法定的六十五歲做為老年與中壯年的分界點，當台灣邁入高齡化社會後，老年後失能加上在老年前就已失能的人口，比例占總人口數是持續攀高的。根據國家發展委員會統計，台灣已於 1993 年成為高齡化社會，2018 年正式宣告邁入「高齡社會」，推估將於 2025 年邁入超高齡社會，老年人口將占人口比例的 20.1%，其中老年人口預估於 2039 年突破 30%，至 2070 年將達 43.6%，此後

老年人口將維持 700 萬人以上，推估「八十五歲以上占老年人口比重，由 2022 年之 10%，上升至 2070 年之 31%，屆時每 10 人中有 4 名為老年人口，且其中 1 名為八十五歲以上之超高齡老人」（國發會 2023）。此外，台灣的老年人口若與亞洲各主要國家相較，比率僅次於日本，與南韓相當；而根據國家發展委員會的推估資料顯示，台灣由高齡社會轉為超高齡社會僅經歷 8 年時間，與韓國的 8 年及新加坡的 7 年之預估時程相當，比日本 11 年、美國 14 年、法國 29 年及英國 51 年更快，預估到 2050 年至 2060 年間，台灣的老年人口比率將高於其他國家（內政部 2018）。根據衛福部 2022 年 11 月的統計，台灣超過百歲以上的人瑞已超過 5,076 人，「世上難得百歲人」的說法隨著時代進步已成過去，長壽也是未來的趨勢（衛福部「歡喜慶重陽」2022）。

老年有很多不同的形容稱謂，熟齡、銀髮、高齡等都是替代老年的文雅詞彙，本文就採用最直接的老人、老年的稱謂，以老代表有經驗的尊稱。老年是人生必經的歷程，且人人皆知下一站就是終點站，但看似自然的發展歷程，卻總被看輕或歧視。老究竟為何物？它的定義其實是一個複雜而多元的議題，不同的社會和文化對老年人有不同的看法和態度，但與老人相連的詞彙多半是負面的，例如貧窮、病苦、失能、失智、醜陋、脆弱、無助、孤獨、寂寞，老人代表「次等劣化的境地」。在文字或影像創作中，老人的刻劃都是「貧乏扁平」，與老年相關的文學譬喻與想像多半是壓抑、苦悶的（陳重仁 200、212）。從社會觀念來看，傳統社會對於老人的刻板印象為老、弱、殘、病、窮，彷彿老人就是社會上的弱勢族群，一無可取（衛福部《高齡社會白皮書》19）。

面對老境，我們真能脫老、棄老嗎？張曼娟曾撰文表達老是我們的未來，我們的未來就是老，她說：「孩子不是我們的未來，老

才是。」(張曼娟 2020)在該篇文章中,她提到某天她的父親去醫院,等著搭公車,但公車司機卻拒載他,她的父親大聲怒吼:「你以後也會老!你以後也會老!」這是當事者的無助與憤怒,甚或帶點屈辱的呼喊,希望以此喚醒司機的良知。老人的呼喊不僅不痛不癢,反倒顯現了老年無助、無力的殘酷現實。「老」這件事,是多數人不願意面對的未來,然而無論接受與否,「老,總在猝不及防的時刻,鋪天蓋地,席捲而來」(張曼娟 2020)。

我們的社會對「老」充滿歧視與醜化,如果心中對老充滿排除與恐懼,連想都不願想或不敢想,又將如何「安度」晚年呢?一般人從小懂事起,不斷地學習各種專業知識或才藝,為大大小小不同的考試做準備,但鮮少認真思考如何學習做老人,人們喜歡在行事曆上寫著各種計畫與達成目標,卻不習慣為老思考或規劃,我們積極地設定人生不同階段邁向成功的步驟,但生涯規劃往往在退休時刻即中斷,老年階段似乎不需要或不值得規劃,勉強有,內容大概也不乏娛樂旅遊的放鬆與享受。我們避免思考、碰觸老死之事,因此當它來臨時,人們的反應多半是「驚惶無措、困惑惱怒」。張曼娟也提到,「父親剛過八十歲時,聽力明顯下降,加上不明所以地罹患了罕見疾病紫斑症,天天服用大量的類固醇藥物,心情很低落。有一天早晨,我從睡夢中驚醒,聽見他號啕的哭聲,痛徹心扉地問:『人為什麼要老?老了為什麼這麼悲哀?』」(張曼娟 2020)。再次地,這段質疑的呼喊與抗拒的心境,令人感到不捨與淒涼。「恐老情結」,排斥老年的各種失落、退化、疾病,乃至於死亡,這些才是老人心裡最難跨越的坎。老化再加上失能於是形成加成的悲劇畫面,老年與失能的現象及困難是如影隨形的,而最難解也最癥結的部分應該是心理上的調適與接納。

失能者形同被剝奪青春的老人,如果順利地走過生命歷程,

最後勢必增加一個新的身分,那就是老年;兩種弱勢身分將共振出何種生命樣態?失能跟老年究竟有何種關聯性?在學門分類上,失能與老年經常歸屬在兩個不同的領域,在台灣社會學專業領域通常以障礙一詞定義各種身體功能的毀損,多以失能一詞指涉老年的老化或退化現象。事實上,在身體的經驗層面上,失能與老年是極為類似的,尤其老年在移動能力層面的衰退與肢體障礙的情境幾乎相同。失能並非老化過程中不可避免的毀損,但老年經歷失能與疾病的機率隨著年齡的增長而增加,例如膝蓋關節的退化造成行動吃力,眼睛退化導致白內障或視力障礙,都是可能發生的問題。老年是集所有的失能之大成。近年來有不少學者強調失能與老年其實有密切的關聯性,也開始在失能與老年研究兩者間建立對話機制。海莉・吉崎—吉本斯(Hailee Yoshizaki-Gibbons)的〈自批判性失能研究與批判性老年學角度探索失能老年的複雜性〉("Integrating Critical Disability Studies and Critical Gerontology to Explore the Complexities of Ageing with Disabilities")即為一例,吉崎—吉本斯指出關注批判性失能研究的學者已逐漸增加,但老年的失能者仍然處於學術及教育學的邊緣,在批判性失能研究中,老年往往只是失能的可能或承諾的一個標誌(41)。

　　正如許多失能研究學者所指出的,人們只要活得夠長,終有一天會經歷失能,這也說明了失能跟所有人都有相關性,因此將老年人納入失能研究是極為重要的。吉崎—吉本斯以灰色代表高齡或變老,強調染灰失能研究即意謂著應聯手探索老衰和失能之間的交集點。老年或高齡、熟齡研究與批判性失能研究攜手合作的重要性,在於共同抗拒高齡歧視(ageism)及能者主義的霸凌,這些歧視皆是由信念、價值觀和實踐組成的壓迫系統,它們創造並強化了年輕和健全身體的理想,從而將老年和失能貶抑為邊緣或不值得存活的

狀態（Yoshizaki-Gibbons, "Engaging with Aging" 179-80）。因此，具體地建構失能與高齡研究對話，是批判性失能研究學者必須共同參與的跨域研究，避免年齡和能力歧視，在生命不同階段的歷程中，對特定族群造成負面的影響或扭曲。本文將先針對老年身分進行討論，接著再就失能與老年兩種身分的親近性爬梳、析論。

　　西蒙·波娃（Simone de Beauvoir）繼《第二性》（*The Second Sex*）後也針對老年議題撰寫了《論老年》（*The Coming of Age*，法文 *La Vieillesse*），在厚達八百多頁的書中，梳理西方老年的狀況，舉例對象多半是重要的人與藝術家。她從神話、歷史、文學、社會學、哲學、人類學、生物學、醫學等多元角度，深入探討人類文明中各種對於「老年」的觀念。全書分兩部分，第一部分主要從外在性的觀點探討老年，包括老年的生理現象、各種民族學的論據、各歷史時期社會中的老年，以及今日社會中的老年；第二部分則從老人存在世界之中的角度，爬梳老年身體切身經驗的發現與承擔、時間、活動、歷史，以及老年的日常生活等。波娃構建了老化過程的理論與實例，像是一本老年的百科全書；此書為跨文化老年議題的深度研究，縱橫深廣的面向皆涵蓋其中，時間軸橫跨千年，內容包含波娃對世界文學的大量閱讀，以及她個人細膩入微的觀察，深入描繪了現今世界中老年人因健康或經濟因素導致的窘境，是為西方思考老之為何物的重要專書。

　　波娃指出，從古至今，社會對老多半視而不見，她強調老年是一種歷史和文化的建構，未必是自然和普遍的現象。不同的時代和社會對老年人有不同的態度和待遇，從尊敬、崇拜、忽視、憐憫到排斥、消滅。老年人的地位和角色也隨著社會的變遷而變化，有時是權威、智者、領袖，有時是負擔、失能、寄生。波娃指出，老化固然是生理層面的問題，但外在環境及社會因素也具有關鍵性影響

力,例如經濟條件、社會地位、人際網絡、醫療資源、健康知識等因素或能減緩老化過程的退化與衰退,但「老年」代表一個人於根本存在上的改變,大部分的人都會成為老年人,但很少人會提早正視這個「新身分」,老年確定會到來,但一般人最沒準備的就是老年(Beauvoir 13)。

對於老年的新身分,沙特則自更深的哲學層面說明老為何物,他將老年定義為「不可實現的範疇」,「不可實現」乃因它與我們內在認知的處境相反,它的層面與內容是無限的,但卻代表了我們「不是」的情境;換言之,我們不可能在「為己」(for itself; *pour soi*)的模式下,體驗到我們對於他人而言是什麼。「不可實現」或無法成為真實的就是「從外部看我的存在,它限制了我所有的選擇,且構成了所有我沒選擇的」,這種情況以一種當事人無法理解的客觀形式存在,然而,「無法實現的事物只有在實現過程中才會顯現出來」(Beauvoir 430-31)。老年就是如此,波娃指出在我們的社會中,老年是透過各種習俗、他人行為以及詞彙本身所定義的,老人自己必須獨自面對、接受並承擔這個現實。遺憾的是,此一現實與個人所假設的現實完全無法相符。人們無法對老年有任何完整的內在體驗,它是超越個人生命之外的東西。換言之,老年的我「並不存在我的意識中,它只能在一定距離之外,從遠處觀察到」,而這種觀察必須透過圖像來達成,然而,這圖像本身並不是由個人意識產生的,我們必須憑藉他人對我們的看法來形塑自己(431)。老人透過他人理解自己老了,但他的內在並不會立即覺察自己老了,這樣的人不在少數。老,是別人的現象,別人的事,對自己而言,則不是那麼回事。沙特以自己的祖父為例,祖父自我感覺良好,身體也很健康,習於將自己比作「強大、睿智和家長式的人物」,總是設法讓別人相信他自以為是的形象,是個受人愛戴的

祖父、迷人的老人（441）。

在西方社會中，老人是否還有價值取決於他能否保有活力和效率參與社會，當他不再具備這些特質時，老年的人稱將從「他」變為「它」，變成了一個「純粹的物體」，或是被排除在群體之外的「他者」。在身分轉換的層面上，老人要比女人更徹底。相較於女人，老人則毫無價值。「他不能用來交換，不能用於生育，也不能做為生產者」，老年人的地位取決於他人的賦予（Beauvoir 133）。波娃認為「黑人問題歸因於白人，婦女的問題則來自於男性，婦女所爭取的是平等，黑人正在反抗壓迫；老年人卻沒有任何武器，他們的問題根源則與活躍的成年人有關」（133）。波娃在深入爬梳不同世代、不同社會對老人的漠視後，所得到的結論是「統治階層強加給老年人這種低落的地位，不過，整體的在業勞動人口，一如同謀般縱容此種冷漠，在私人生活中，後代子孫也不太盡心力要讓老年人過得更舒心」（321）。事實上，老人的問題與其說是源自於成年人活力或活動力所形成的對照反差，不如說是資本主義時代過於重視人力的生產價值與利潤經濟，一旦人們在勞動市場中不再具有生產力時，則立刻定義為社會的負擔，棄之毫不心慈手軟。在如是的價值觀下，孤兒、失能者或老人，做為一般規則，都無法獲得更公平、合理的人道對待，如同波娃所言，「社會對所有虐待、醜聞和悲劇都視而不見，只要這些不破壞其平衡」（321）。

波娃也列舉文學作品中對老人的刻劃，多半以負面居多，老年的苦難，無論是身體衰敗、體弱多病或殘缺不全，沒有任何東西可以補償。詩人奧維德（Ovid）是最早將時間和老年視為破壞力的人之一，他感嘆道：「時間啊，偉大的毀滅者，和嫉妒的老年，一起毀滅了一切；當你慢慢地咬著牙齒，最終吞噬它們時，逐漸死亡」（Beauvoir 182）。波娃提到羅馬嘲諷詩人德西穆斯・朱尼厄斯・尤

韋納利斯（Decimus Junius Juvenalis），又名尤韋納爾（Juvenal），對於老態的描述特別真實赤裸，他在第十部諷刺詩中，特別警告人們不要輕率地祈禱長壽。漫長的晚年會帶來一連串的苦難：

> 首先是這張畸形、醜陋、無法辨認的臉，這種骯髒的皮革而不是皮膚；這張下垂的臉頰，臉上的皺紋就像一隻老母猿坐在陰涼的薩巴坎樹林裡搔癢時嘴巴周圍的皺紋……老人都是一樣的，他們都是一樣的。他們的聲音顫抖，四肢顫抖；他們閃亮的頭皮上沒有一根頭髮；他們像小孩子一樣流鼻涕。為了咀嚼麵包，這位可憐的老人只能用沒牙的牙床咬。他是妻子、孩子和自己的累贅……。他的味覺遲鈍了，再也不能像以前那樣享受美酒佳餚了。至於愛情，他早已忘卻。……在老人中，有的肩膀疼，有的背疼，有的腿疼。還有一個完全失明的人，他羨慕那些還剩下一隻眼睛的人。……不再有他的智慧。永無止境的失落、無休止的哀悼，身著黑衣的老人，被永恆的悲傷所包圍——這就是長壽的代價。（Beauvoir 182）

尤韋納爾對於老的描繪既寫實又傳神，看不見老有何價值，這樣的認知與價值觀隱藏在西方文學與文化中，他對於老的結論是「變老意謂著看到我們所愛的人死去，意謂著注定要哀悼和悲傷」（Beauvoir 183）。古典詩人對老人的刻劃從不留情地充滿嫌惡，對於老婦人則更為尖酸刻薄，以為身為女人，社會對女性的期望是永保年輕及魅力。這些觀點滲透在整個東、西方社會的各個層面，也深深烙印了人們對於「老年」的刻板想像。

相較於這些早期的詩人，法國作家維克多·雨果（Victor Hugo）比其他作家更為重視且讚揚老年，他認為晚年將是「最完美地完成自己使命的時刻」，他喜歡用對比反義詞顯現老衰與崇高偉大的對仗連結，最常用的就是「以老態龍鍾的軀體對應高貴、崇高的靈魂」（Beauvoir 305）。他曾在劇本《伯格拉夫斯》（*Les*

Burgraves）中塑造了這樣的老人形象,在巴巴羅薩（Barbarossa）捲土重來的傳奇故事中,儘管歲月摧殘了他們的軀體,卻彰顯了他們「陰鬱的崇高與偉大」（Beauvoir 305）。在傳奇故事的虛構下,雨果特別賦予了老人年輕的特質,那就是「巨人的力量」（Beauvoir 306）。此一說法雖然過於誇張與浪漫,但至少擺脫了老人的負面形象。

當人們邁入老年之際時,最徬徨無助的是,當事人自我的感覺及歲月帶來的現實似乎難以同步。波娃指出「沒有什麼能迫使我們從內心深處承認,自己如他人眼中所見的我們的可怕形象」（Beauvoir 436）。在這樣的情況下,人們可能會以言語或行為否認或拒絕這種外在顯現的現實樣態。在具有特定病態心理的情況下,某些人會拒絕甚至扭曲自己的記憶和知覺,覺得依然年輕,如同波娃所言,有些女性試圖透過衣著、妝容和行為來遮掩老態,她們「歇斯底里地試圖讓自己相信,她們沒有受到普遍規律的影響」,認為老化「只會發生在其他人身上」（Beauvoir 436-37）。不過,也有某些特例,他們即便已邁入高齡,仍然維持著良好的體力與智力,使得年齡的客觀事實顯得失真,法國詩人安德烈・保羅・吉約姆・紀德（André Paul Guillaume Gide）在邁入老年時即是如此。他必須很努力地說服自己已年老,並擔心現在的他是否和那些年輕時看起來很老的人一樣老（436）。

紀德在日記中常提及個人內在信念和客觀知識之間的交錯感,1935年,他六十五歲,並不斷地像背誦課文般重複地告訴自己已年過六十五；1943年,他七十三歲,但他幾乎感覺不到自己的年齡,儘管他時時刻刻提醒自己已年邁,不過他坦承,「我真的無法說服自己」（438）。畢竟歲月還是不饒人,紀德八十歲時終於承認老了,他感嘆道:「我不能再在鏡子裡看到自己,那帶著眼袋的眼睛、凹

陷的臉頰、毫無生氣的樣子。我很醜陋,這讓我非常沮喪」(443)。同樣地,保羅・梵樂希(Paul Valéry)則以迴避的方式拒絕談老,他說:「除了刮鬍子之外,我從不照鏡子」(443)。英國詩人葉慈(William Butler Yeats)在與自己的關係中,則是徘徊於兩種截然不同的態度之間。在他聲名最盛的時候,他對衰老充滿怨恨,在許多詩歌中抒發了對衰老的憤怒,衰老的事實讓他感到沮喪,且因為只能用一隻眼睛看東西,更害怕失聰;他說:「年老使我疲憊不堪,怒火中燒;我擁有過去的一切,甚至更多,但一個敵人束縛並扭曲了我,使我雖然可以比以前更良好地制訂計畫和思考,卻再也無法執行」(442),但葉慈在晚年還是超越了自己(593)。作家有千百種,有不少作家在老年階段其實仍保有活躍的創造力,例如索福克里斯(Sophocles)、伏爾泰(Voltaire)[2]、約翰・沃夫岡・馮・歌德(Johann Wolfgang von Goethe)、雨果等。

　　波娃認為,著名的歷史人物看待老年的觀點,以及他們自身的晚年生活寫照,對於理解老年有很大的參考價值。老年總有一天輪到我們頭上,但我們卻相當抗拒,對於社會上普遍存在的偏見,我們選擇忽略漠視,老年尤其難以承受,因為我們總是把它「視為異類,視為外來物種,老年讓我變成另一個人了嗎?還是我仍然是我自己?」(Beauvoir 420)。波娃並引述了沙特的「為他存有」(*être pour autrui*)概念,指的是意識到外人在觀看我們時的一種存在。「對於外人而言,他客觀地定義我的存在,我透過他獲得對我自己的認識,兩者之間有著辯證關係」;換言之,「在我之內有一個他者,……而這個他者就是我自己」(420)。老年及歲數是一客觀的現實,我們「內在的私人經驗並不會告訴我們歲數,也不會產生新的感知來告知我們年齡的衰退」(420)。疾病或失能的經驗則不

---

[2]　伏爾泰原名法蘭索瓦─馬里・阿魯埃(François-Marie Arouet)。

同，波娃以疾病來區分老化，疾病的存在對經歷疾病的人而言，比對周圍的人感受更明顯，周圍的人往往不了解疾病的重要性；相反地，老則具有不被感知性。衰老對他人而言，則比對自己更為明顯（420）。此一對比關係，也可說明失能者與老人經驗的差異所在，儘管失能者也同樣從外在眼光感受到個人與周遭人的差異性。波娃呼籲人們善待老人，因為老人就是我們，我們即是老人，若忽視老年，代表我們未來也不會接受或認識自己是誰。

身體的「失能」與各種身分地位的「失去」是邁入老年的重大課題，而面對這些情境，感觸總是複雜的。人生每個階段都有其獨特的感情，劉鶚曾在《老殘遊記》書中自敘：「吾人生今之時，有身世之感情，有國家之感情，有社會之感情，有宗教之感情，其感情愈深者，其哭泣愈痛，此洪都百鍊生所以有《老殘遊記》之作也。棋局已殘，吾人將老，欲不哭泣也得乎？」（劉鶚 n.d.）面對多種、多元的情感，連歷練豐富的劉鶚也不免感傷哭泣，將老年比喻成下棋的殘局，顯見老人對各種感情的割捨都特別難，而抗拒與恐懼老年的部分原因也來自於人們仍渴望擁有，害怕面對失去。老年最令人傷感的，還是往昔無數的人事物皆一去不復返。如同崔護所寫七言絕句〈題都城南莊〉中的感傷，曾經，「去年今日此門中，人面桃花相映紅」；如今，「人面不知何處去，桃花依舊笑春風」（崔護 n.d.）。對於作者而言，「今日」是個值得紀念或追憶的時刻，其時遇到了心儀的對象，然而對於老年人而言，當生命的長河不斷往前推進，過往的「今日」則是倍數成長，其中的內涵百味雜陳，難以細數，無從追憶。

在傳統的詩詞歌賦中，同樣也有許多敘老、嘆老或詠老的作品，每位作家各有自己的觀察與感受；有人風塵僕僕，有人失意惆悵，格局有大有小，但皆流露出詩人們面對老年的生活經驗、人生

觀、情感和智慧的不同反應。

　　李白〈春夜宴桃李園序〉描述他和堂弟們在春夜聚會，飲酒賦詩的情景，人生短暫，當及時行樂，但也不免流露出浮生若夢、為歡幾何的感傷情緒，文首即感嘆時光的流逝與生命的短暫，「夫天地者，萬物之逆旅；光陰者，百代之過客」，天地是萬物的旅舍，光陰是古往今來的過客（李白，〈春夜宴桃李園序〉n.d.）。死生之差異，如同夢與醒之別，得到的歡樂能有多少？宋代蔣捷的詞〈虞美人・聽雨〉，以「聽雨」為題，展現生命每個不同階段的感受與體驗，少年只知追逐歡笑、陶醉享受；壯年經過更多的生命歷練後，聽雨則不免有飄泊孤苦的傷懷；老年則在悲歡離合、過盡千帆後，感受特別地寂寞孤獨（蔣捷 n.d.）。李商隱〈登樂遊原〉之「夕陽無限好，只是近黃昏」兩句，應是感嘆生命短暫的不捨（李商隱〈登樂遊原〉n.d.）。王維〈竹里館〉中的「獨坐幽篁裡，彈琴復長嘯。深林人不知，明月來相照」，則描述了老年人的孤獨和寂寞（王維 n.d.）。

　　有些詩詞強調生命的短暫和老年人對時間的感知，呈現老年人對年輕光陰流逝的感傷，以及對過去美好回憶的思念，並鼓勵人們珍惜當下，不虛度光陰，如李白〈將進酒〉中的「人生得意須盡歡，莫使金樽空對月」，這首詩雖是借酒澆愁，慨嘆人生短暫，老之將至，但李白也表示，即使老了，也要放蕩不羈，活得瀟灑自在（李白，〈將進酒〉n.d.）。曹操的〈龜雖壽〉是著名的詠老詩之一，他以龜蛇比喻人生，感嘆萬物生老病死的自然規律，同時也表達了老當益壯、永不言敗的豪情壯志。「神龜雖壽，猶有竟時」，神龜及騰蛇代表了最長的生命歷程，神龜的壽命即使十分長久，也還有生命終結的時候；「騰蛇乘霧，終為土灰」，騰蛇儘管能乘霧飛行，終究也會死亡化為土灰；即便生命有其終點，但仍無損人之

壯志豪情,「老驥伏櫪,志在千里。烈士暮年,壯心不已」,更為重要的是,事在人為,「盈縮之期,不但在天;養怡之福,可得永年。幸甚至哉,歌以詠志」,壽命長短,可以掌握在自己,若調養好身心,也能益壽延年,曹操就用這首詩歌來表達自己的志向(曹操 n.d.)。若用現代詞語來評述,曹操的這首詩展現了成功老化的心境。此外,李商隱的〈晚晴〉,雖非詠老之作,但警示老年時保有晚節的重要性,其最有名的警句如「天意憐幽草,人間重晚晴」,借景抒情,託物言志,以「晚晴」象徵人世間的「晚節」(李商隱,〈晚晴〉n.d.)。

在詩詞中討論老年最具代表性的,莫過於白居易的〈詠老贈夢得〉與劉禹錫〈酬樂天詠老見示〉。兩位好友在老年階段,針對老年晚景做出不同的感慨與對話。白居易在〈詠老贈夢得〉一詩中,感嘆年老時「眼澀夜先臥,頭慵朝未梳。有時扶杖出,盡日閉門居。懶照新磨鏡,休看小字書」,提到自己晚上眼睛就開始乾澀,早晨懶得起身梳頭,偶爾出門得勉強拄著拐杖,整天閉門不出、不想照鏡子,更沒有眼力看小字的書,詩中難免有時不我予的感傷與憂鬱(白居易 n.d.)。好友劉禹錫則以〈酬樂天詠老見示〉詩作鼓勵他:「莫道桑榆晚,為霞尚滿天!」(劉禹錫 n.d.)老年雖然就像照在桑榆之間的日落時光,但晚霞餘輝仍可映照滿天!白居易與劉禹錫的晚年都有一般老人的身體失能問題,視力退化、體力衰退及行動不便等,但劉禹錫似乎更為豁達大度地看到人生變化,他以人生經歷與生命體悟為資產,用樂觀態度去積極面對老年。反觀白居易所聚焦的皆是感嘆憶昔的情懷,以及令他不快的體衰失能問題。劉禹錫讀了白居易的詩,難免有所感慨,他分享了自己所體會的老年:「人誰不顧老,老去有誰憐?身瘦帶頻減,髮稀冠自偏。廢書緣惜眼,多灸為隨年」,但體衰之外,老年還有重大的資產,

經歷的事多,理解深刻透徹,看人亦有洞察力,「經事還諳事,閱人如閱川」,因此「細思皆幸矣,下此便翛然」,進而勉勵白居易,「莫道桑榆晚,為霞尚滿天」。他們二人對於老皆有深刻的體會,詩中描寫老態入木三分,同樣的經歷,兩人卻有不同的心態與人生觀,憂鬱感傷或豁達樂觀、消極被動或積極進取,皆是人生態度與視角的選擇。劉禹錫的仕途比白居易坎坷,但他卻更有生命韌性。如何看待「老」是生命中重要的課題,兩位詩人透過精緻的語言和深刻的思想,表達了老年人的內心世界,提供對老年生活的深刻洞察,並凸顯出老年人在面對艱難境遇時的心情、感知與體悟。人到老年,從頭到腳的器官都呈現著老化與退化的進行式,面對持續的「失能」,白居易的視角多半聚焦「近黃昏」的感傷,而劉禹錫聚焦於「霞尚滿天」的享受與自在,「樂天」更適合形容劉禹錫。

　　上述東西方例證證實了人們多半畏懼老年,懼怕成為老人,老的概念有多麼地不受歡迎。莎朗—戴爾·史東(Sharon-Dale Stone)在〈失能、依賴和老年:有問題的結構〉("Disability, dependence, and old age: Problematic constructions")一文中開宗明義地指出,「人們對衰老的恐懼,準確地說其實是對失能的恐懼」(Stone 59)。的確,對於失能或是老年而言,身體毀損固然是障礙,但心理抗拒與恐懼才是最大的敵人。史東引述一項英國的研究發現,多達80%的年輕人害怕變老,其中三分之二的人認為失去獨立和健康狀況不佳是他們最關心的問題(Stone 60)。此外,史東也引述了塞西兒·奎魯埃特(Cécile C. Quirouette)與多洛蕾絲·普什卡(Dolores Pushkar)兩人針對四十五歲至六十五歲之間的女性大學畢業生所進行的訪談結果,研究顯示74名受訪者,她們「對老年最大的恐懼是,害怕嚴重的衰弱疾病導致喪失自主性和生活能力」(Stone 60; Quirouette and Pushkar 245)。從這樣的研究結果中

可以清楚地看出,儘管老年要面對的擔心與恐懼很多,但在心理層面上,人們對老年的恐懼很大程度上與對失能的恐懼有緊密的關聯。

米開朗基羅(Michelangelo di Lodovico Buonarroti Simoni)在老年時對自己老化、退化的描述極為寫實,他痛苦地寫道:

> 長期的勞作已使我的身體支離破碎、體無完膚、遍體鱗傷,而我要去的客棧,我將在那裡吃喝的客棧,就是死亡……。在我裝滿骨頭和筋腱的皮囊裡有一隻嗡嗡作響的黃蜂窩,我還有三處像鞋蠟的東西在泌尿管中。我的臉就像稻草人的臉,我就像乾旱時節掛在外面的抹布,足以嚇跑鳥兒。我的一隻耳朵裡有蜘蛛跑來跑去,而在另一隻耳朵裡,蟋蟀總在夜裡發出鳴叫。我被哮喘壓得睡不著覺,也打不起呼嚕。(Beauvoir 444)

米開朗基羅的憂慮和身體疼痛使他不堪重負,他的老境與老苦令人憐惜,他的自述更親證了老為何物,多數人在老年以不同方式、不同程度的辛苦步其後塵,走著相同的路徑。同樣地,法國詩人皮耶・德・洪薩(Pierre de Ronsard)也厭惡老年,痛恨自己枯萎的身體,晚年深受失眠之苦。他在許多十四行詩中抱怨,「除了骨頭,我什麼都沒有了;我看起來就像一具失去了肉、筋、肌肉和骨髓的骷髏,被無情的死亡打上了烙印。我不敢看自己的手臂,生怕自己會顫抖」(Beauvoir 443-44)。當身體衰老、邁向老年時,心境經常無法跟著一起前進成長,不自覺地停留在青壯期。

衰弱、疾病和失能向來被認為是老年難以避免的一部分。老人與失能者一樣,衰、弱、缺、失是他們的常態,身體的脆弱性往往也是不可逆的。一般年老或失能(或兩者兼而有之)的人鮮少不虛弱或不依賴他人照顧,也因此老年人和失能者總被概念化為依賴者,在社會上都不被認為是有尊嚴、有價值的人。基本上,人們看

待老年的觀點與面對失能的看法是相似的；換言之，他們皆被視為需要被照顧的依賴者，兩者間的界限很難劃清。兩種負面形象，不是負負得正，而是被認定為一加一大於二的無奈或不幸。無論是米開朗基羅或洪薩，他們老年面對的不僅是老苦，更多的是身體上的恐懼、病苦與失能。當人們廣泛地把依賴的概念投射在老年人和失能者身上時，往往也忽略了所有人在「生、老、病、死」的生命週期中均有被照顧的需求，且以不同的方式依賴著社會多元網絡提供必要的需求。

老人與失能者的照顧需求，與非失能者相比，僅是程度與面向上的不同而已，但老人與失能者的需求往往被定義為負面的。史東則指出要消弭這樣的恐懼與成見，必須「揭開失能現象的神祕面紗」，並「挑戰失能必然導致依賴的神話」，她認為「除非我們切斷失能、依賴和老年之間的假設性對應關係，否則就難以看到老年人被視為社會不可分割的成員」（Stone 60）。換言之，改變人們對失能的成見與歧視具有關鍵性，唯有人們在想法與態度上徹底改變，否則我們不太可能看到老年人能獲得應有的尊重，或被視為社會的重要成員。

針對失能及老年依賴的問題，史東也提出了相對應的平衡觀點。所有人無論自己的能力如何，失能或非失能，生活上的福祉都依賴他人提供，儘管現今社會總是強調獨立、自主，一般非失能者往往也有這樣的假象，但卻忽略了日常生活中，我們許許多多大小事都需要他人協助。對於非失能者而言，日常生活中若少了3C產品、手機、電腦、網路、大眾運輸工具，乃至於「優食」（Uber Eats）、「富胖達」（foodpanda），多半會陷入某種程度的失能狀態，即便是短暫的。將老年人和失能者的需求與社會其他人分開，這種信念忽略了我們所有人在社會生產關係中是相互依存的事實。正如

安‧羅伯遜（Ann Robertson）所觀察到的，「我們之所以存在，只是因為我們嵌入私人和公共關係網絡中。我們沒有人能完全獨立於背景之外」（Robertson 83; Stone 61）。現今之躺平族或啃老族，或許比老年人及失能者更依賴各種服務，他們也印證了非失能者也可能是隱形的失能者，差異處只在程度與面向之別，年輕更不全然地代表具有活力或生命力。

將老年及失能特別標示為依賴者的同時，往往也忽略了所有人都是相互依存的事實。每個人嫻熟專精的事情各不相同，不僅現在，將來這樣的差異也會繼續存在，即便在單一個人身上，在一生中，不同階段所具備的能力也不盡相同。失能者最無奈的事乃是一旦被認定為依賴他人時，他們生活的「自決權就被剝奪」。失能者的「獨立生活運動」（Independent Living Movement）率先發起的核心理念，即承認每個人都是相互依存，強調失能者「有權掌控自己的生活」，獨立生活並非讓失能者在沒有他人幫助的情況下生活，而是由他們自己決定事情的處理方式，自己決定需要幫助的內容以及在何種情況下接受幫助（Stone 61）。「獨立生活運動」的哲學論點是從根本上「挑戰霸權結構」的思維，認定失能者，進而延伸到老年人為「自然依賴的」（Stone 61）。十分遺憾的是，銀髮族做為一個群體，也系統性地被歸為一類，而現有的社會制度並未將人類相處模式「重新概念化為相互依存的」，更未推廣鼓勵「互惠道德的發展」，反而努力且明確地區分出哪些人為依存者（61）。史東指出「我們看到，老年、失能和依賴的傳統等式並沒有被打破，而『獨立公民的神話』卻未被戳破，反而以隱蔽的方式被強化」；她強調「承認人類本質上是相互依存、互惠的道德經濟制度，將有助於糾正這些社會邊緣群體普遍經歷的不公正現象」（Stone 61）。

事實上，失能不是全然的依賴，多數失能者，尤其是單一身

體功能失能者，例如視障者、聽障者、肢障者等，他們多半過著獨立自主的生活，生活中的不便反而激發他們的創造力，思考如何為自己設計出一條方便之道，發明家劉大潭即為典型範例，一般失能者或許未必能有他的發明天賦，但在日常生活中都會想方設法解決生活中遇到的障礙難題。事實上，身體的包容性與潛力，失能者最懂，澳洲佈道家尼克・胡哲（Nick Vujicic）少了雙手雙腳，但一樣過著所謂的正常生活，少了手腳的身體，依然有用、可用，這也顯示出身體的潛力無限。此外，失能的部位自動能找到代償的方式與部位，手喪失了功能，腳來幫忙，反之亦然，看不見的靠耳朵來協助，畢飛宇所著《推手》中充滿了這樣的案例，在真實生活中的案例，眼耳相互代償的情況，或許從以下這段描述中看得更清楚，陳秀玲描述盲生在惠明學校以聽覺探索環境的情景：

> 他們雙臂前探，腳步輕盈，鬆脆響聲是踩踏了卷心枯葉；若身體本能停住，腳步落差在水泥與草地沿邊，猶豫，再往前就會撞進老榕樹爺爺拤著長長鬍鬚的懷裡；這時，他們會豎起耳朵，往琴聲流瀉的方向，重新定向，憑敏銳的聽力，跨步前進。若立在原地低頭，如迷途小鹿，他們依然專注聆聽，咔嚓咔嚓是修剪樹葉聲、咻咻是風帶落葉聲、啁啾是雀鳥喧譁聲。（陳秀玲 2023）

失能沒有阻礙失能者在人生道路上的發展，坊間也充滿無數失能者成功的勵志故事，顯然他們的勇氣或成長本該能消解人們對失能的恐懼，或增加對失能的認識，不過，一般人從心理上根本地拒斥失能，或許才是更深層的障礙。失能是普遍存在的，在能力的光譜上，何謂不能？何謂能？細究起來，定位座標的分割可以小到毫釐，大到千里，鳥飛、魚游、飛毛腿、順風耳、千里眼、俊男、美女、天才等能力與形象都可以對照出人我的差異，正常與非正常實難界定，人與人彼此間的差異不會消失，因為每個人都具有不同

的能力。史東說,歷史上沒有任何證據顯示「身體完美的人類曾經存在過,甚至有存在的可能性,所有人都曾在某個時刻經歷過某種程度的失能」(Stone 65)。失能者的數量龐大,但他們身體的毀損程度與經歷卻多種多樣,並非所有失能者都處於同等的不利地位。失能也並不一定意謂著貧窮,也不見得沒有出人頭地的機會。失能的原罪沒能讓人們更理解老是怎麼回事,或它的本質究竟如何,反而加深了人們對老的忌諱,而人們對老人的消極負面刻板印象,無形中也使得長輩會因此自我弱化。事實上,失能者在生活中隨處可見,甚至自己的親友家人中可能就有失能者,但人們傾向與它劃清界限,覺得失能僅屬於不幸者的境遇,與自身無關,因此即便活到老,多半並不會更加理解失能是怎麼回事,或變得更加包容;相反地,隨著年齡增加,過去對失能的偏見或歧視也隨之加劇,一旦自己經歷失能現象,首先浮上腦海的多半是,怎麼自己變成過去歧視的對象,這種心理上的震撼往往比生理上的不便更難以適應,這個心理上過不去的門檻,可以從老人出門寧願拿雨傘支撐走路,也不願意拿更有支撐力且安全的拐杖助行看出端倪。

　　失能者其實是老年人最好的搭檔與知己,他們比一般人、非失能者提前理解老年是怎麼回事,失能者與老年人之間的區別只是時間差而已。邁入老年前的失能者,其狀況好比一顆年輕的心裝在老年人的身體裡,或像一個功能健全、全新的引擎裝在一輛中古老爺車裡。失能者用一生的歲月學習如何過老年的生活,非失能者在邁入老年前,若無法看清、理解並接受失能是人生最後階段之必經歷程,一旦身歷其境時怕將難以適應,以致於艱難或懊惱的狀況有時更甚於失能者,若因懼怕失能而恐懼、排斥,這是失敗的老化。每個人一生都會經歷失能,健全或失能都是生命的一個流程,既然是自然生命的流程,失能僅是來得早或晚而已。一般人習慣把一生切

成很多段,每個階段基本上皆是自然且平等的,但人們多半習於耽溺在前半段生命的美好,並以前一段的身體感受去感嘆、批判乃至於排斥後一段的生命內容,在美與醜、能與不能之間,矛盾惆悵,坐困愁城,困擾自己,但也有不少例外者,與老共舞,享受夕陽餘暉暖而不炙的溫暖。人生好比四季,依著春耕、夏耘、秋收、冬藏的順序往前走,老年邁入人生的最後冬藏之際,將收藏了一輩子的寶藏傳遞給後人,如此為一生畫下圓滿的句點。春夏秋冬各有特色,我們應以平常心、平等心來看待生命過程的自然流轉。短暫的人生,過程中有風有雨,有起有落,皆是再自然不過的現象。人生失能與非失能兩個階段的區別只有當中幾十年,何苦以年輕的自己難為老年的自己?

波娃的研究案例顯示,古今中外,無論什麼膚色或性別,都怕老、不接受老,更不想提前認識老的世界,或多關心老人一點。無論人們接受與否,走調、變調、錯位、休止是老年的基調,健康與活力多半與老年的身體擦肩而過,而失能或死亡雖然常伴老年,卻也不分年齡、性別無差別地發生在任何人身上,就如同韓愈在〈祭十二郎文〉中說到:「孰謂少者歿而長者存,彊者夭而病者全乎!嗚呼!」他自己的情況是「吾年未四十,視茫茫,而髮蒼蒼,而齒牙動搖」,在書寫祭文時韓愈已呈老態,「蒼蒼者或化而為白矣,動搖者或脫而落矣;毛血日益衰,志氣日益微,幾何不從汝而死也!」在生命的意外與變數之前,誰都無法預知,韓愈也感慨道:「所謂天者誠難測,而神者誠難明矣!所謂理者不可推,而壽者不可知矣!……死而有知,其幾何離;其無知,悲不幾時,而不悲者無窮期矣!」(韓愈 n.d.)

事實上,無論年輕或年老,失能抑或非失能,身體礙到我們何事了?前文已提供許多失能者的生命故事案例,見證了身體即便毀

損也無礙於心境。波娃對於老年的情境有很多梳理,書中提出問題大於解決問題,但也提到東方老莊思想對於老年的豁達。老子說:「吾所以有大患者,為吾有身;及吾無身,吾有何患?」(老子 n.d.)如果人沒有身體,少欲知足,就沒有大患。人之所以有自我,是因為人有分別,有分別就有是非,有是非就有好惡,有好惡就有寵辱,有寵辱就有大患。如果人沒有分別,就沒有是非,就沒有好惡,就沒有寵辱,就沒有大患。「及吾無身,吾有何患」表達了老子道家哲學思想的無為、無欲、無我、無知,清心寡欲,也是一句啟發人們如何超脫苦難、回歸自然、與道合一的智慧之言。智慧與年老沒有必然關係,但年紀越大,獲得的生活經驗越多,就越容易獲得智慧。同樣地,莊子在〈大宗師第六〉所呈現的豁達生命觀點或許也值得參考省思,他對於身體異形異狀有極為超越的觀點,是為生命書寫的一種心靈指標:

> 子祀、子輿、子犁、子來四人相與語,曰:「孰能以無為首,以生為脊,以死為尻,孰知死生存亡之一體者,吾與之友矣!」四人相視而笑,莫逆於心,遂相與為友。俄而子輿有病,子祀往問之,曰:「偉哉,夫造物者將以予為此拘拘也。」曲僂發背,上有五管,頤隱於齊,肩高於頂,句贅指天,陰陽之氣有沴,其心閒而無事,跰𨇤而鑑於井,曰:「嗟乎!夫造物者又將以予為此拘拘也。」子祀曰:「女惡之乎?」曰:「亡,予何惡!浸假而化予之左臂以為雞,予因以求時夜;浸假而化予之右臂以為彈,予因以求鴞炙;浸假而化予之尻以為輪,以神為馬,予因以乘之,豈更駕哉!且夫得者,時也;失者,順也。安時而處順,哀樂不能入也,此古之所謂縣解也,而不能自解者,物有結之。且夫物不勝天久矣,吾又何惡焉!」(引自林希逸 426-27)。

子祀、子輿、子犁以及子來四位朋友因為對於探索生死存亡有共通的興趣,而結交成為親密的朋友。在他們成為朋友不久之後,子輿

生病了,子祀去探望子輿,以下是他們二人之間的對話。子祀問子輿:「真是了不起啊!造物者竟然把你弄成這副蜷曲的樣子。」子輿彎腰駝背,五臟都擠在背下,臉頰藏在肚臍下,雙肩高過頭頂,髮髻朝著天空,氣血錯亂不順,但是他的心情卻優游自在,若無其事。聽了子祀的話後,子輿走到井邊,看見自己的身影,他回答子祀:「唉呀!造物者怎麼把我弄成這副蜷曲的模樣。」子祀問他:「你討厭這副樣子嗎?」子輿回答:「不,我不會討厭,假使我的左手臂變成公雞,我就用它來報曉;假使我的手臂變成像彈丸一樣,我就用它來打鳥,烤了吃;假使我的尾椎變成車子,那麼我的心神變成馬,我就乘坐這個馬車,難道我還要找別的馬車嗎?有所得,是靠時機;有所失,就要適應。安於時機並且順應變化,哀樂之情就不會進入我的心中,這是古人所說的解除病苦,那些不能解除病苦的人是因為受外物束縛。再說外物是不能勝過自然的造化,那是由來已久的呢,我怎麼會討厭自己現在這樣的身體狀況呢!」(林希逸 426-27)。

　　他們的對話充滿智慧的體驗,身體礙到什麼了,他們的心境依然淡定、自然。瑪格麗特‧愛特伍德(Margaret Atwood)所著〈天生畸物〉("Lusus Naturae")故事中的女主角,對於身體外形如何並無特別自卑之感,但她卻反映、反照了主流社會常模規範呈現的霸凌。她長得與眾不同,外形的怪異與子輿的蜷曲模樣相似,因此遭到家人乃至神職人員的排斥,她心態正常,沒有不正常的自卑感或分別心,當她不斷被眾人追逐討伐時,她最急切要證明的是:「我是人」,但苦無證明自己其實是人,除了外形跟他人不太一樣,其餘都相同,最後她能選擇的,是「我應該逃跑了。我會像一顆彗星般從著火的屋頂墜落,我會像篝火一般熊熊燃燒」(Atwood 266)。這個故事最殘酷的是人們對待「怪物」的態度,期待她或是自動消

失在人群，或是死亡。故事結尾她自嘲，「也許在天堂裡我會看起來像天使一樣，或者天使們看起來都像我一樣。對其他所有人來說，那將是多麼令人驚訝啊！真是值得期待」（266）。

　　人間的價值觀或法條規定都是在特定時空及意識形態下的產物，是虛構的真實，但在現實生活中卻都當成鐵律，區隔、分化、貶抑少數人或非主流者。故事雖以悲劇收場，卻點出了人類最殘酷、也最不易提升的「人性」。這個故事令人不勝唏噓的是，家人以及神職人員理應最具接納、包容能力，而文中所揭露的卻是他們虛假的一面。女主角描述最親近的母親與姊姊都以不同的方式犧牲她，以維護自己的需求，姊姊認為只有妹妹消失她才能順利出嫁，即便她們都知道她是個人，而不是怪物。女主角裝死被埋葬後，她的姊姊在三個月後就結婚了，她說：「我的棺材是她踏上成功階梯的基石」（264）。在祖母及父親過世後，媽媽擔心之後沒人照顧她，需要照顧似乎是失能者的原罪與揮之不去的心理壓力，在故事中，她其實是沒人照顧的，她也清楚只有自己能照顧自己；相反地，姊姊想要賣房子，她只好騰出自己的房間，另外找地方住，姊姊一直覺得對她有責任感，卻始終沒能照顧她。家人相信如果沒有她，姊姊的前途一定一片光明，為了姊姊的幸福，女主角決定她該在家庭及人間消失，如此就不會妨礙姊姊。家人之外，鄰居知道她生病了，送來雞蛋和捲心菜，不時地來拜訪、打探消息，但他們並不真的想看到她，因為怕被傳染。故事裡深入描繪眾人的偽善，即便代表宗教慈愛的神父也不例外，他收了賄賂，配合家人說服她離世，在女主角的眼中，極為諷刺的是，「每個人都認為自己是在做好事，同時又中飽私囊。我們的神父也不例外」，他奉勸她離開世間，因為她是上帝特別揀選的姑娘，「被召喚來做出犧牲」，認為她的痛苦能幫忙淨化靈魂，死後會直接升上天堂（264）。故事中這

樣的說詞，對於宗教、神職人員而言，實是莫大的嘲諷。

　　故事雖短，卻道出深刻的生命意涵，若她去天堂可以成為天使，便是反證人間的視角與認知的荒謬。這篇故事同時也顛覆了失能研究中的象徵以及醫療模式的狹隘不實。女主角內心或許不斷地探問或吶喊：「身體沒礙到我，但究竟礙到你什麼了？」女主角與子輿共同傳達的訊息是：「身體究竟礙到你什麼了？」遺憾的是古今中外數千年來都陷入身體的囚禁，不得自在，畢竟礙到人的，從來都是「心」，而非「身」。無論如何，女主角與子輿的切身經驗說明了超越歧視有絕對的必要性，但也無比困難。大自然的生態法則本具多樣、多元性，身軀樣態的多樣性也是大自然的一種生命形式，而本來自然的樣態變成特異化或被主流社會排除，這皆與生命治理有必然的關係，而生命創傷多半與生命政治的治理篩選密不可分。失能者要設法超越生命政治附加的身心霸凌，而真正的生命治理必須回到生命本然。

　　失能是老年的先驅，也是非失能者的老年前沿，即早熟的老年，但身體其實並未真正地妨礙到了什麼，身體的潛能與包容度往往超越人的想像。霍金七十六歲辭世，他曾說，他的成年生涯一直與漸凍症共處，但這無礙他經營出美滿家庭，成為最偉大的物理學家之一。露絲・顯克微支-梅瑟（Ruth Sienkiewicz-Mercer）是腦性麻痺患者，具有多重障礙，罹患腦炎後造成的後遺症使得她全身的神經系統都受損，不能自己進食，也無法梳理穿衣，四肢癱瘓，無法行走，她的手無法做出任何動作或手勢，她的腳連自己七十五磅的體重也無力撐起，全身能控制的部分僅有臉部肌肉與消化系統。梅瑟一生從未開口說過一句話，即便如此，她仍透過僅存的抬眼能力，在史蒂芬・卡普蘭（Steven B. Kaplan）以字板溝通的協助下，完成了《我抬眼說是》（*I Raise My Eyes to Say Yes*）一書，內容揭

露了安養機構虐待病人的情事,引起社會譁然,許多病患因此被重新安置,開始進入社區過獨立生活,梅瑟後來結了婚並成為失能人權重要的倡議者。她對於生命最簡單、最卑微的要求是,希望能開口說話,哪怕只是一天,或一小時(封底)。他們親證了身體並沒有礙到他們什麼。[3] 身體或有其毀損與不便,障礙多半來自於內心狀態。對於老年人而言,最難以消化或泰然處之的,應是生命過程中所經歷的各種物換星移、滄海桑田的情感變化,最挑戰的或許是成熟淡定地面對生命的流逝與失去。孔子說:「逝者如斯夫,不捨晝夜」(出自《論語・子罕第九》)。生命過程中,隨著時間增長,過往的萬事萬物就如同流水般不停止地流動變化,而萬事萬物不停地變動與逝去難免令人感傷,難免不惆悵或遺憾。在《四書章句集注》中,朱熹引程子詮釋孔子這段話,點出「天運而不已,日往則月來,寒往則暑來,水流而不息,物生而不窮」,這是生命及大自然之道,繼往開來,永不停息(朱熹 n.d.)。

　　天運而不已,物生而不窮,代表只要有生必然有老,當全世界都面臨高齡化的發展趨勢,世界衛生組織及台灣皆已開始推動重視老人的觀念,提出成功老化的概念。世衛以「認知、行動、營養、視力、聽力及憂鬱(情緒)」做為老人健康的評估依據,強調「社會融合」(social inclusion)或社會凝聚力(social cohesion)是老人福利施政改革過程中的重要課題;台灣的《高齡社會白皮書》則以建構「健康、幸福、活力、友善」為樂齡的社會新圖像。人們廣泛宣傳「積極」、「成功」或「創造性」老化形象,而老化是生命過程發展的自然現象,但人們對老人的期許,在樂齡圖像中所顯現的更多是老化無妨,但要成功地老化。簡言之,成功老化在社會或

---

[3] 關於梅瑟的生命故事請參考拙作《失能研究與生命書寫》第二章〈失能的表徵與主體系譜學〉,頁 19-52。

世俗眼光中代表凍齡、健康自如，雙腿靈活到可以繼續跳國標舞，身材姣好到可以當模特兒，腳力矯健到可以參加馬拉松，甚至鐵人幾項、競走，口袋夠深，經濟上無後顧之憂，可以含飴弄孫、數代同堂等等。在媒體或電視節目中，出現的老人多半是有權有勢、富裕、健康、活躍和受人尊敬的老年人（Stone 62）；在電視廣告中，老年人看起來快樂、健康，一副成功的形象。這樣的視角讓大眾誤以為老人其實不老或不會老，大多數老年人身體仍然健康、活躍，被視為成功老化的榜樣。史東認為這樣的呼籲或媒體傳播有其隱憂，當「成功老化」的概念被大力宣傳後，是否也同時在暗示，那些不符合大眾期待標準的老年人就是不成功老化的人，如此可能導致他們被「汙名化」（62）。

健康或成功老化的概念若不加批判地使用，會在老年族群中又二分成兩種類型的老人，上流老人或下流老人，這樣的區分再度支持、強化了傳統的二分法。成功老化的呼籲有其良善面，但也蘊含不切實際的期許。此外，在一個提倡成功老化的社會中，必定認為失能是必須不惜一切代價排除的現象，務必使其消「身」匿跡，這也是強調成功老化可能會帶來的負面影響。就如同在失能族群中，社會媒體總是肯定、讚美成功地克服身體障礙的失能者，反之，則一無可取。在以自由資本主義為主的社會裡，失能的麻煩與負面印象總被媒體過度放大，對身體衰退的否定或打擊亦毫不手軟。事實上，這些差異僅能說明，無論是高齡者或失能者，個個都是獨立的個體，彼此間的差異放在群體來看，並不像一個群體，畢竟群體內仍存有個別且多樣的差異；同樣地，老的方式也是千差萬別。無論是失能或老年，必須體認身體並未障礙我們什麼，而理解個人生命的召喚，自在的生活才是重點。

優雅或成功的老化是，當時間的沙漏逐漸漏盡、到站的鐘聲

開始響起、身體逐漸衰退時,平靜地接受它。老年其實有無限的希望,老人努力的方向及其成長與蛻變,在於如何從老人昇華成為長者。老年因為有足夠的經歷、體驗,更加了解人生的來龍去脈與人性,生命也必須走到老年這個階段與時刻,才有成為長者的條件。在《奧德賽》中的奧德修斯,即示範了人如何從中壯年的英雄,過渡為一個多智穩重的長者。

　　奧德修斯返鄉前,在特洛伊戰爭中表現出十足的智慧和勇氣,他是一個成功的英雄和領袖,這是屬於他中年階段的成就。在回到家鄉伊薩卡(Ithaca)的過程中,奧德修斯面臨了多種挑戰和誘惑:有來自大自然風暴、海嘯、火山爆發的挑戰,也有人為的挑戰,更有海神的阻擋刁難。奧德修斯在不同的島嶼上遇到不同的對手,如在獨眼巨人波利菲摩斯(Polyphemus)的洞穴中被困,他用木樁刺瞎了巨人的眼睛,並藉由綁在羊身上逃出。在食蓮島(Land of the Lotus-Eaters)時,奧德修斯和他的隨行者遇到食用蓮花的居民,使他們沉迷,忘記了回家的渴望,然而人生旅程必須往前走,奧德修斯果斷地下令部下離開島嶼,以履行他們返程的使命。最艱巨的挑戰其實來自於內心的感受,他在旅程中經歷了孤獨、懷疑、恐懼、悲傷等情緒,但他必須保持堅強和希望。奧德修斯還面臨了各種名利及美色的誘惑,包括在旅途中面臨女神卡里普索(Calypso)的愛情誘惑。卡里普索是位美麗的海之女神,對奧德修斯一見鍾情,並想讓他成為她的丈夫。她用各種才藝和魅力來吸引奧德修斯,並承諾給他永生和幸福,免受老去和死亡之苦。她還為他建造了一座華麗的宮殿,並提供豐富的食物和酒。她與奧德修斯在島上同居七年,奧德修斯雖然享受了卡里普索的款待,但仍然思念家鄉和妻子佩涅洛佩(Penelope),渴望能夠重返伊薩卡。他拒絕了卡里普索的求婚,並向她表達他的返鄉之願;在宙斯(Zeus)的命令下,卡里

普索最終還是讓奧德修斯離開。奧德修斯感謝告別了卡里普索，繼續他的返鄉之旅。除了卡里普索外，奧德修斯也受到一些美麗女性的吸引，例如塞壬（Siren）和其他神祕的女性。這些場合顯示了奧德修斯面對肉體上的誘惑時所需的堅定意志，不被外界的干擾和誘惑所動搖，也不放棄自己的夢想和希望。

在返鄉路上，奧德修斯也展現了一些品格和特質，如忠誠、智慧、勇氣、機智、創造力、適應力、耐心、堅韌等，這些都是面對挑戰和誘惑時所必須的特質，更是老年階段應具備的心理素質，以應對老年生活的各種問題和困境。返鄉路上經歷的成長和轉變，讓奧德修斯從一個驕傲自負的英雄，變成了一個沉穩謹慎的智者，成功地將尋求榮譽和冒險，轉換為渴望和平與安寧的家。這些過程皆可以隱喻他的老年階段，他需要調整自己的心態和行為，以適應老年生活的新角色和新環境，也需要與自己的內在及外在的力量和平共處。奧德修斯的老年階段，是一個返回生命原鄉的歷程，回到生命的原點、原初，在人生歷程中所經歷的苦難、離別、哀傷、失敗、失落、寂寞、無助都能泰然處之；他找回自己的身分，與親人和朋友相聚，與敵人和解，並得到自己的信仰和神明的祝福，享受自己的老年生活。

奧德修斯演示了老年的調適與轉換歷程，儘管身體老衰，內心依然可以保有赤子之真、善與美。人的一生，從時間來看，是百年過客；從空間來看，人如滄海之一粟，短暫的一生，如同寄居在天地間的蜉蝣。的確，面對浩瀚無垠的宇宙，人如蜉蝣與粟米般短暫渺小。蘇軾感懷當年赤壁之戰的豪情壯志，在時間的遞嬗、生命的進程中，如滾滾長江東逝水，英雄終究如浪花般地被淘盡，走入歷史。「是非成敗轉頭空」，是與非、成與敗，皆是短暫的，僅有青山和夕陽在宇宙自然界間常在，「青山依舊在，幾度夕陽紅」。老

年應有「白髮漁樵」的瀟灑與自在，豁達的人生觀，於江渚上「慣看秋月春風」，世間紛擾「古今多少事，都付笑談中」。寧靜致遠、隨遇而安應是成功老化的基調，在淡泊中安身立命，方能享受歲月靜好。

成為長者是生命血汗換來的果實，人必須有了年紀，才能體會生命是怎麼回事；人會老，不見得會成長，但也唯有成長，才能服老而後伏老，老年能夠冬藏的就是生智長慧，成為長者。長者代表人成功地走完人生的每一個階段，拒絕讓社會否定其存在的價值，不讓自己感到絕望，更不應讓他人剝奪自己的人生方向。長者知道如何面對病苦、知道病痛時如何提起心力，經濟環境差時也能安貧樂道，接受並應對生命起落，甚至提供他人過來人的體會，身體或生理狀況不再是界定個人價值的唯一要件或元素。多數人在生命的歷程中，年輕時忙著怕留白，但老時卻又忙著漂白。事實上，老才是生命的收割時刻，生命的火候也要夠老才能懂得掌控。在歷經生命的洗禮後，儘管身體外觀已老化，留下來的是智慧。智慧的傳承多半來自於老年，智慧的果實不僅應用於解決老年問題，更能提供生命成長的資糧。長者是個人修為或努力的結果，由個人決定，不透過他人或外在條件取得，這也是年輕人難以望其項背的。成為長者，就不枉費人在生命歷程中付出的血汗與歷練。總言之，老人，在歷經生命的洗禮後，內化涵藏生命的智慧，才是成功的老化。

老人最大的任務是面對生命的終點站，生、死本是一體，在《莊子·大宗師第六》中，子輿不受軀體的局限，子來面對死亡豁達大度，仍保有無事的心境，不讓死亡成為生命的負累，生與死都是好事，如同白天夜晚交替的自然現象，莊子說道：「夫大塊載我以形，勞我以生，佚我以老，息我以死。故善吾生者，乃所以善吾死也。」天地以形體托載他，用生存勞苦他，用衰老閒適他，用死

亡安息他。我們平常對於父母唯命是從，自然的天道變化亦如同父母，沒有理由不聽從。老年是人生最後一個學習機會，處理好就是一個開心、喜樂的老人，而非鬱鬱而終的老人，欣賞或怨嘆人生最後的風光，存乎一心，也是老人給自己的最後資產。

　　生命的光譜其實就是從失能轉為智能的發展歷程。老年這個階段的身體損傷或失能多半是不可逆的，但內心可以永遠保持堅韌，可以復原、可以康復，可以重新來，最關鍵的還是心。失能或老年在行動或生活上降低了身體物質的能力，乃至生命的長度，但能開啟或提升的是心靈的視野與智慧。失能或老年的狀況與中壯年紀的相比，在形體與功能的差別上，如同《聖經》中大衛（David）與歌利亞（Goliath）的差距。歌利亞是敵軍戰士，他非常勇猛，比其他任何人都巨大；大衛是個年輕的牧童，因為有著純淨的心靈與信仰，不用任何刀劍或盔甲就打敗了歌利亞（〈撒母耳記上第17章〉）。老人的資產來自於精神、心理的富足，他的內在頻率跟生命的頻率調正確後，善用過去累積的生命體驗，所有問題應可迎刃而解。大衛因為有信仰，戰勝了勇猛的敵人。對於年長者而言，無論是否有信仰，了解宇宙人生的道理至關重要，孔子在《論語・里仁》說道：「朝聞道，夕死可矣。」即說明領悟真理的可貴與必要性，如此生命才有方向，才有豁達大度的生命視角。此道究竟為何，值得一生的努力、探索與實踐。

　　老年是生命歷程中必然的現象，失能更不會從世界消失，只要戰爭、疾病、意外或生態破壞不停止，失能就會來敲門。老年是一種存在的改變，每個老年人都有自己的生命歷程、個性特質、生活方式和價值觀，也都受到自己所處的環境、階層、性別和種族的影響。老年人的多樣性和複雜性，必須用具體和差異的視角來理解和尊重他們。老年更是外人乃至於當事人無法體認的處境，老年人在

身體、心理、社會等方面固然都面臨著衰退、孤立、歧視或貧困的困境，但也要悅納自我，享受生活，尋求更深層的存在價值。波娃建議老年人可以透過反思、創作、學習、參與和關懷等方式來豐富生命，實現自己的存在價值和精神自由。最為重要的是，在老年的生命階段，重新思考和調整自己的存在方式尤其需要。

我們向來習慣於將少數族群的邊緣經驗當成他者，例如失能或老年總被冠上他者之名，殊不知我們透過二元對照分立所選擇的世界觀或價值觀，才是一個異化生命的他者元素，生命的本質是平等、和諧、慈愛的，每個人皆具有「一」的完整性，二元概念是頭腦的產物，是認識世界的一個方便假稱，這些差異的運作是人為的虛設，與事實真理不相及，我們讓「二」元的異化概念做為認識與認知的媒介工具，逐漸也把它當成生命的主人，被挾持一生，像一種看不見的成癮，難以掙脫。人從理解世事的幼年開始，經過青、壯年都被它纏繞得無法喘息，唯獨老年，可以跳脫唯二的遊戲，也才有機會看穿「二」的虛假與不實，這是老年的專利，也是老人昇華為長者或耆老的契機，老年生命歷程開花結果的，是智慧結晶，而非功名利祿。前者可與世人共享，後者則是轉頭空的煙花。悅納異己，不是一種腦的內在調和，而是從心境上去練習跳脫自我設限的視角，跳脫以「我」為中心，去區分、揀擇的人生框架。

歧視老年或執著健全的身體，其實都是搬石頭砸自己腳的思維，因為失能與老年都有可能會是親身經歷的歷程。認識到這種謬誤思想，將有助於消除對老年與失能的恐懼。本文無意將老年概念化為類似於智慧的東西，或智慧是年老的必然結果，但不可否認的，年齡越大，獲得的生活經驗越多，就越容易累積智慧。同樣地，失能並不見得是年老的必然結果，但它是生活歷程中可能發生的經驗。事實上，老年人與一般所定義的失能者相比，尤其是年輕

的失能者,老年面臨心智的退化,無人關注,缺乏代言人,沒有戰鬥力,他們的問題多半只是新聞話題,可能顯得比失能還脆弱。在台灣,失能族群逐漸地消退中,而銀髮族快速增加。近年來經常出現博愛座、身障及婦幼停車位的爭議問題,政府當初設置博愛座的立意良善,但付諸執行時總是爭議不斷。癥結所在還是歷來的教育體系,缺乏提升國民對高齡或失能者的正向認知,除非從教育做根本上的改善,單靠立法或倡議,成效有限。弱勢團體的倡議訴求,多半期待政府當局全面立法或修訂相關法規,以法律約束來破除歧視與障礙,法規固然有用,但只能治標,因為畏懼懲罰而執行的表面尊重,向來徒具形式,這些例證俯拾皆是,不再贅述,因此破除年齡歧視與障礙,需從教育、生活態度及價值觀上徹底修正。

波娃在其著作中列舉從古至今及不同民族社會對高齡者的歧視,此種根深柢固的偏見,與失能及其他少數族裔所經歷的不公義,其實是在相同論述脈絡中產生的,不易根除。先前討論的〈天生畸物〉故事,表面上刻劃的是畸物的異形異狀,但更深刻地反映了人性的瑕疵,以及家庭、社會各階層看待弱勢「他者」的心態,這種偏見與態度更顯示了,文明的提升節奏與時代進步的速度,顯然仍有不小的差距。成為智慧老人或長者,需要透過不斷地自我教育、鍛鍊,這些訓練的必要性與重要性絕對不亞於各種實體的大考。

失能與老年是生命兩股緊密結合的力量,只要活得夠久,它們就從隱形轉為顯性的身體主導者。失能的身體是提前老化的身體,而形影不離的夥伴是死亡,多數的失能者與老年人都有老、病、死三位一體如影隨形的生活經驗。面對病苦及死亡的威脅,如何調適身心感受成為很重要的日常功課,人生流逝如瀑布般急速,在此情境下,所有生命是平等的;而面對「疾病」的侵襲與「死亡」的來臨,無人能倖免。

事實上，死亡未必是悲劇，在希臘神話及文學中，死亡是重生的開始，重生是生命在死亡後，以另一種形式或身分重新出現或復活的過程。艾盧西斯祕儀（Eleusinian Mysteries）是古希臘最重要的宗教儀式之一，祕儀的儀式，正如西塞羅（Cidero）所言，目的在幫助人們「快樂地活著，充滿希望地死去」（Hamilton 55）。帶著美好的希望離世是老年的生活重心與生命方向。艾盧西斯祕儀以神話中的狄蜜特（Demeter）及其女兒波瑟芬妮（Persephone）的故事為說明例證。波瑟芬妮被冥王哈得斯（Hades）擄到冥界，後來，在宙斯的幫助下，狄蜜特和哈得斯達成協議，波瑟芬妮每年可以在春夏兩季回到地上與母親相聚，而在秋冬兩季則必須返回冥界與丈夫相處。這個故事象徵了自然界的生死循環和季節變化，也象徵了人類的靈魂在死後可以獲得重生和救贖（56-58）。酒神戴奧尼索斯（Dionysus）的故事同樣是重生的隱喻故事，其出生和死亡都與自然界的生命週期相關聯。戴奧尼索斯的死亡和復活是每年都會發生的，他在冬天時被撕成碎片，然後在春天時又會重新長出來，就像葡萄藤一樣。戴奧尼索斯的生死與自然的季節變化同步的，也象徵了他與農業和生育豐饒的聯繫。類似的重生議題，也能在眾所周知的鳳凰（Phoenix）神鳥及阿多尼斯（Adonis）、阿提斯（Attis）、奧菲斯（Orpheus）、阿斯克勒庇俄斯（Asclepius）的故事裡看到。

　　大自然也有其生生不息的方式，以森林為例，野火對森林未必帶來終結性的破壞，美國奧勒岡州的火災權威多米尼克‧德拉薩拉（Dominick DellaSala）指出，野火是「大自然的鳳凰」（德拉薩拉 2019）。野火並非結束，而是開始，有助於維持森林健康。燃燒有助於清空林地，讓充分的陽光照進來，刺激新生；其熱度也會促使埋藏在土壤中的種子發芽；灰燼則是天然的肥料。森林大火之後的隔年春天，餘燼中會冒出許多野花。大自然又回來了！野火使森林退回到

最原始的階段,從而促進新的植物種類生長,增加森林的多樣性和複雜性。森林中的野火並未帶來死亡,提供滋養下個世代的養分。同樣地,颱風是大自然的美容師,大肆摧殘後,為大自然進行一次深層的清潔和修復,使其恢復原本的美麗和活力。在上述狀況中,死亡是慈悲的,給予的希望是推動下次的重生。至於人死後去了哪裡,東西方宗教各有不同的說法,但它們之間有共同處,死亡或許不是句點,也不是終點。這應是每個人都必須探討理解的生命課題。

　　人從哪裡來、死後去哪裡,這不是哲學家或宗教家的專利問題,每個將面對死亡的人都必須理解。精卵結合是否就是生?脈搏停止是否就是死亡?科學家們或許需要深入地探討這個問題。缺了頭尾的故事是看不懂的,僅從一生一世的角度來解讀生命是難以正確的,或許這是許多錯誤觀念形成的原因。死亡若不是生命的終點,是否為另一期生命轉換的起始?生命是由物質及精神面組合而成,亦即身體和意識(靈魂)。身體是物質性的,隨著生命結束而分解;意識是精神性的,沒有身體後它在哪裡?如果物質不滅,能量不滅,那麼由物質與能量形成的生命會不會滅?

　　羅傑‧潘洛斯(Roger Penrose)因對黑洞理論的貢獻而獲頒諾貝爾物理學獎,但他提出另外一個重要的生命觀點,那就是「當人生命結束,意識離開人體後,會重新回到宇宙之中,以量子形態繼續存在」(Hameroff and Chopra 79, 82, 91)。意識能獨立存在於時空幾何的各種標量平面中,潘洛斯的來世觀點在科學界引起爭議,認為不具嚴謹性,但與其類似的東方論述則不勝枚舉。此外,許多西方科學家都曾介紹過瀕臨死亡的體驗,看到自己漂浮在空中,也看到自己的肉體和精神意識分離,以《彼岸的真相》(After Death)在記錄片為例,片中為數眾多的受訪者有三個共同的結論:不再怕死,死後生命仍然存在,嚮往死後的世界。雖然有很多現象都顯

示，人死後意識依舊是存在的，不過可以肯定的是，自己的名利、財富、親友將不會隨行，當死亡來臨時，人們多半會感到恐懼和悲傷，因為害怕捨離，若能理解生命的流轉或流變後，知道死亡是怎麼回事，將能降低對於死亡的莫名恐懼（2023）。保持平靜和清淨的心境，將能減輕情緒的干擾和內在的煩惱，避免心智的迷惑和固著。世人常云，人生如戲或人生如夢，那麼戲散或夢醒之後，生命的真實本質究竟為何，不少學者強調沒有一個獨立存在的主體，亦有許多哲人強調生命是不斷地流轉，沒有一個永恆不變的實體。重要的是，個人的體會又是什麼？理解這些真實後，人們可以學習放下對生命的執著和貪求，避免對死亡感到恐懼和悲傷，以信心及平等、平靜的心態，接受生命的變化和轉換。

　　健康也不過是幾十年的光景，時光飛逝，幼兒可以成為老人、美女變成老婦，失能顯然不僅僅是偶然，更是人生的必然現象，是全體人類的問題。無論貧富貴賤、身分高低，都必然經歷此一歷程。死亡往往在我們意識到它的來臨前，就已悄悄在敲門了，而失能像是一個信差，告訴人們必須做好準備，不能覺得事不關己。老、死階段的重要性，在於它才是人生最後成功或失敗的決戰時刻，人生最重要的一役卻發生在身體或生命最弱的時刻，如何能不更加謹慎、認真地面對此一重大議題！失能雖不幸，卻又能很幸運地使人更早面對這樣的問題。老年的重要在於了解、準備並面對死亡，失能則是在沒有選擇的情況下遇到的情境，別無他道，唯有適應它，理解此道。失能恰恰提早提供了老年人面對疾病與死亡的經驗。事實上，除了死亡以外，生命沒有答應任何人任何事情，在這一刻，一切皆是平等。

【結語】

轉向之契機

　　二十一世紀初,各種以非人類轉向(nonhuman turn)為主的理論紛紛出現,例如物件理論、物件導向的本體論、新唯物主義、物質女性主義、動物研究、後人類主義等等,其中某些理論從根本上重新認識了人類做為動物、生物、物質的面向,以及其如何透過政治、經濟、進化、環境和科技力量被塑造建構,這些理解逐漸推翻人本中心主義,或可視為人類的反省,重新調整物、我或自、他的關係,以面對人類所造成的各種生態與生存危機及族裔間的不平等。本文在如是的轉向趨勢中,提出批判性失能研究之轉向。

　　轉向是馬丁・海德格(Martin Heidegger)討論真理的重要概念,他在〈論人文主義的書信〉("Letter on Humanism")中提到轉向是「路」的概念,引申為方法之義,並非立場的改變。海德格在他的〈論真理的本質〉("On the Essence of Truth")講稿中,指出從「存有與時間」到「時間與存有」,不是改變立場,而是從這裡(das ganze)轉向內面思維,而這樣的思維才能達到那種場所的向度(ortschaft der dimension)。根據海德格的說法,轉向的發生,並不是任何個人可以預知的,也「不是『內在於探問思想的一個過程』(vorgang im fragenden denken),而是事物本身或實在的一個不得

不的要求」(黃文宏 292)。轉向可能是「反轉」(umkehre) 或「逆轉」(bekehrung),但如同黃文宏所詮釋的轉向:

> 從真理的經驗中,我們知道「轉向」不屬於「探問的思想」,而是**深藏於事物本身中的不得不然**。轉向既是存有中的一個發生,也可以說,轉向是存有經驗的一個轉向。換句話說,存有問題**雖然沒有改變,但是思維的內容或存有的經驗改變了**,它不再單向地思考由「此」到「彼」或由「彼」到「此」,而是**將「此」與「彼」共屬地做為一個「整體」來思考**。也就是說,思維的重心不在「此」,亦不在「彼」,而是統攝兩者的「與」(und)或共屬的「即」(314,粗體為本文強調)。

此一轉向的思維模式,提供了探究失能主體的研究方法,思考的向度不限於由「此」到「彼」或由「彼」到「此」的單向發展,而是失能與非失能兩者合一,是一不是二的整體思考。

可立知識論是一種跨越二元的新視角,以肯定、正向的方式接納所有的差異性,瓦解「正常」的單一性,翻轉失能主體。可立知識論的內涵皆來自於失能者本身獨特的感知和處境來建構論述,它是體現的(embodied),也是關係性的(relational),其宗旨乃為失能者尋找解脫的微光(glimmers of relief)。理論上,西方的可立知識論固然提供了失能者正向建構主體之道,但實務上,若無法徹底突破二元框架的限制,它仍是無法解決根本問題。二元的概念在西方有強勢主導力,然而一切論述只要落入二元的框架,必然再度陷入對立模式,這是二元的內在瑕疵(intrinsic defect)。基本上,失能者經歷各種不平等,所有抗爭與倡議的訴求皆為平權、平等,然而建立在差異、分別概念上的二元思維永遠無法在認知觀念上達到真正的平等;「二」的世界就有比較、好惡選擇、高下等等一連串的問題,「二」的世界本質是對立,在現象上是衝突,只有

「一」的世界才有真正的平等。長久以來，因差異所產生的問題不勝枚舉，突破二元是學者們企圖解決各種不平等的解方。回顧西方理論，從解構、後結構邁入後人類的進程中，學者們所提出的理論立意良善，方向正確，但在現實情境中卻窒礙難行。細究起來，以二元為核心的思維與邏輯早已深植、滲透在教育、文化及各種論述中，尤其教育中的學習、理解與認識，更是仰賴此框架來建構知識內容。

事實上，建構在二元差異上的學習與認識可說是兩面刃，它一方面幫助人們認識某些人事物，提供了一些相關的道理與知識，但不可否認地，它也同時限制或框住人們想像思維的自由。換言之，此一學習方式能快速地幫人們認識陌生的事物，但它在提供各種人事物定義的同時，也附帶地置入與定義連帶相關的主觀感受與詮釋。因此，世人所謂的學習，它一方面塑造了我們的思想、人格、行為、感受，但在每項認識的背後，其實都附帶了教條式的價值，限制了我們思想上的自由以及思考的寬度和深度，它教會我們愛，也同時教會我們恨，它在我們追求快樂時，也偷偷把痛苦一起打包，二元的本質，一方面建設，卻也同時破壞。我們都是帶著有色眼鏡來看世界，以主觀意識解讀現象，而非讓現象自然顯露自己，所以牛不曉得牠是牛，花不知道它是花，都是人類自己說的。

細想在西方的思辨與論述模式中，使用定義、比較、區別等解說方式是做為評析、說理時不可或缺的要素，而這些思考工具都必須建立在二元思維的基礎上方能執行運作。定義是人們學習所依賴的思維工具，藉由劃分區塊，容易在有限的時空提供基本的理解，命名、定義或分類得越細微，越能達到互動溝通的效果，但難免不以偏概全，重小輕大，強調不同而忽略相同。以人體為例，人們向來以身體特徵中微小的差異部分來定義或區分身分，例如以性別、

膚色或其他特徵來定義一個人的身分。以此理解被定義的對象，自然是片面的、失真的，而命名也是一種定義，其他如時間、地點、方向等定義，皆為了方便行事，例如空間僅是空間，東、西、南、北是我們做的記號，而不是真正有所謂的東方、西方、南方或北方。世界就僅是一或無限，二元或多元，都是透過粗糙的比較與分別來看待人事物，往往流於主觀與粗暴，下文會詮釋一與無限是同一種概念。比較、對照是速成的學習方法，但往往忽略了事物真相與本質而不知，明明是萬綠叢中，可是我們卻只看到一點紅。如果紅、橙、黃、綠、藍、靛、紫尚不足以定義所謂的光，二元豈不是更簡化人們對人事物存在的認識？

人們在不斷區分定義的過程中，產生了無數的身分，一個我變成多個我。從出生到死亡，個人的特質、能力、價值、興趣、目標的認知和評價，皆可成為定義身分的條件，據此建構自我概念和自我形象。每個人身上擁有的各種身分，若以一生來看，多是短暫的，例如嬰兒、兒童、青少年、成年及老年。在每個階段，人類的身體、認知、語言、情緒、健康等方面都一直在變化。我們必須體認到人與身分是多面向的存在，以健康或健全的各種身分區分，都無法表徵完整或原本的自己。當我們定義某個人或某個族群時，在定義完成的那一剎那，那個人或那個族群卻已改變了，不再是方才定義的那個人或那個族群，我們捕捉或定義的，其實是一個過去的人或團體，之後再次使用那個定義的當下，已與事實不符。身分認同是一個複雜而多元的概念，涉及到一個人對自己和所屬群體的認同感和歸屬感，以及與其他群體的區別和關係。身分認同會隨著時間、環境、經驗和互動而變化，也會受到歷史、文化和政治的影響。身體外型、功能、社團、職業、性別、種族、膚色、髮型、身高、體重等特徵都可能會影響一個人如何看待自己，以及如何被他

人看待。一個人可能會認同自己是男性或女性,或者是非二元性別;在種族層面,一個人可能會認同自己是亞洲人、白人、黑人或其他種族。若依照身體功能,又可分成健康的、罹患各種疾病的,或失能、老化的;若依照職業別區分,所涵蓋的身分則不計其數。身分其實如同枷鎖,如同家,找到歸屬,但也被關在裡面。

　　人們長期定義族群,尤其是弱勢族群,區分團體,創造族群,一個團體成立後,就難免不與其他團體形成對立,分得越細,就形成更多不同的團體。定義本身或許不是問題,問題在於解讀方式,而解讀的意涵與結果多半是主觀的,容易造成選邊站,例如政黨、族群等團體;遺憾的是,解讀後,人們多半據此合理化後續的各種行為舉措。定義或區分差異是一種二元分別的方式,一旦分別後,即開始取捨,進而產生好或惡。在分別與比較中,難免不選擇,進而成為衝突與對立,產生矛盾與鬥爭,如此進入周而復始的循環,分別、揀擇力越強,固著及堅持力度就越大。回顧過去一個世紀的歷史,人們習於定義每一個族群,賦予團體某種權力,去抗爭、去爭取權益,與此同時,原本的問題未必獲得解決,但區分出來的立場已形成對立。在區分、對照比較下,強調的都是「你跟我不同」,而非「我跟你不同」,其實本來大都相同,但卻硬要強調不同,甚至要求你要跟我相同,而同或不同,還得由「我」來認定。歷史上,宗教與族群的分歧往往來自如是的分別取捨,由此所造成的衝突與戰爭不計其數。性別、宗教、膚色乃至於政黨的差異,皆不應成為衝突或戰爭的理由及藉口。人類彼此間本就是相同處多於差異處,然而一般人傾向聚焦在小部分的差異處,大作文章,大動干戈,星星之火,在刻意的運作下,終於燎原。

　　凸顯差異往往是強化衝突和對立,群體的區隔最多只能達到情感上的安慰或政治管理上的方便,而非理智上的解決方案。弱勢群

體的出現必然牽涉到人權、利益或生存上的不公不義，有些是先天的、有些是後天的，解決利益衝突，與其單單訴諸法律，不如提升文明的程度，一個是治標，一個是治本，只有人性提升後，問題才會徹底消失。解決這些霸凌或不公不義問題，只有憑藉人性的善良與同理心才是解方。正確的做法是，與其為如何把有限資源分給各個團體而傷腦筋，投入更多資源於消弭歧見與歧視的教育，才是解決所有問題的治本方法。換言之，平等、平權觀念必須從教育開始扎根，讓大眾了解黑與白只是現象上的不同，而非本質上的不同，如同黑夜與白晝，在觀念上是一不是二，是不可分的，不接受黑夜，白晝是不會存在的。對立起源於族群的定義，事實上，若真要區別比較，所有東西都可比、都要比，人們恐因此陷入瘋狂。在選舉當道的時代，族群背後考量的不外是政治因素，候選人基於選票考量，多半以政治方式處理，承諾族群的就是社會福利，倡議與政治人物的選票往往有著緊密連結的關係，而原本存在的問題則淹沒於利益交換中。在區分、對立中，強凌弱的情境成為正常，民主無法保障人人平等、人權均等，民主僅是針對選贏的那一群人而言，對選輸的那一群人則是沒有民主的。民主最多只是一種處理對立衝突的遊戲規則，骨子裡則是，反正我人多，你打不過我的。在國族間，殖民國成為仁義道德、公理正義的表徵，在壓制的過程中，從自以為是的「善」，創造了被壓迫者的「惡」，藉以將其不合理的行徑與統治合理化。被區分出來的族群，往往只能選邊站，成為政治人物的代言人或打手，而以族群的利益建構價值觀，成為生活的一部分，儼然無時無刻不在戰鬥中。

異中求同則和，同中求異則訌，訌則鬥，鬥則戰。這是必然的演變，也是世界每天上演的劇碼。膚色在人體僅是表層微量的色素，皮膚底下大量的血不都是紅色的？就人類歷史發展的長河審

視，此種區分與認知視角是極為偏執又原始的，所有的分類上幾乎是只談異，不談同，而同又往往大於異，些許的差異居然成為人類互相殘殺的理由，這是被教育出來的思維模式。遺憾的是，在學習過程中，往往在來不及建立對自己的認識或理解前，即已在家庭、學校及社會中繼承了集體視角所留下的陰影。人在不斷地區別後，開始選邊站，從同走向異，從和轉到訌，過程中爭論不止，程度嚴重者則以戰爭的方式消滅異己，輕者則是不斷地街頭示威、抗議、倡議，以求得基本的人權與公義。無數的族群、性別運動皆因強調差異性，之後選邊站或戰。衝突與對立的問題都來自於分別取捨或定義貼標籤，人們總是站在「我」的角度看世界、看待對方，自我加上優越感作祟，最終給彼此帶來無盡的煩惱與痛苦。主流社會對待少數或弱勢族群的方式就是依循著這個道理與邏輯，不管我們相同的地方是否永遠多於或大於我們不同的地方。右手和左手有沒有不同，會用右手而不會用左手算不算失能？會用左手是異端，還是一般人沒有的能力？

　　為了解決這些問題，目前透過倡議所獲得的成果，多半是透過立法提供保護，凡事訴諸法律，結果仍是難免不諍、不鬥。透過法令規定而非發自內心的建設，效果永遠是短暫的，或許我們要問，為什麼只有面對法律時才有是非對錯，而不是在日常思維中？事實上，沒有一個人能永久地符合或維持主流社會的標準，某些人之所以成為弱勢，那是人類程度與體制的問題，每個人都是獨特的，彼此間的差異確實存在，問題在於人們對差異總是特別敏感，從而生出對立的好惡感受。基於主觀的詮釋與心理反應，賦予差異的意義與選擇則多半是偏頗不實的，遺憾的是，人們無法用大部分的相同包容小部分的不同，反而是以小部分的不同否定大部分的相同。如果可以用小部分的不同來說我們是不同，那我們更可以用大部分的

相同來說我們是相同,所以我們要不是都一樣,譬如呼吸,就是都不一樣,譬如指紋,而統統一樣跟統統不一樣又有什麼不一樣?沒有一樣,又怎麼會有不一樣?所以一即是多,多即是一。用我們的相同包容我們的相異,這是一個和樂的世界;用我們的相異否定我們的相同,這個世界永無寧日。「他不好,他錯誤,他醜等等一切指控,」都是我說的,所以到底是他不好,還是我不好?是風在動,是樹在動,還是我的心在動?

　　數千年來,用定義、區分、劃分來教育,要進行此一調整並非易事,即便學者或理論家發現二元體制所蘊含的內在瑕疵,振臂疾呼要跳脫二元框架,卻成效不彰,如同俗語所說的,做賊的喊抓賊。現象界存在的各種生命,本來相安無事,一旦進入分別,就開始有取捨、評斷,這就是痛苦的根源。軟硬、甜辣、高矮、胖瘦都是一種狀態,我們妄想以潛意識裡的主宰欲或自戀做出自認高人一等的評論,殊不知我們在設計那麼多的框架時,也把自己框進去了。如同西方諺語所說的,如是因,如是果(what goes around comes around)。正如裹小腳,人的認知也是可以扭曲的,一旦開始挑軟撿硬,就走入紛擾的世界。胖、瘦、正常、非正常,都是定義的問題,我們往往在學習過程中,以權威的心態把人事物的面貌塗上色彩,以局部定義整體,得出的結論自然難免瑕疵。人們應該學習,讓一切人事物以自己的面貌呈現,而非以我們對他們的定義來解讀,而所有的解讀在本質上不是都難脫侵權的宿命?不要告訴我我是誰、他(它)是誰,而我又是誰?

　　不確定原理(Uncertainty Principle)是量子力學重要的基礎理論,它說明粒子的位置與動量無法同時確定。如果連一個肉眼看不到的微小粒子,在精準的物理世界中都無法被定義,那當我們嘗試對剎那變化不停的身體去做「能」與「不能」的定義時,顯然會是

困難的,如果不是不可能,結果只是把某一個或某一段時間所呈現的狀態視為永恆。所以所謂的「能」永遠只是一個相對變動的概念,而非靜止呈現的狀態。主體、客體本來就是一回事,就像蝸牛的兩根角。要不就同時出現,要不就同時消失,無法單獨存在。黑白、美醜、善惡、大小、苦樂、自他也是這個道理,你無法離開一個去說另一個。離開苦,你無法說樂;離開樂,你也無法說苦。同樣地,沒有我就沒有他,而沒有他,我又是誰?所有人事物都是隨著時間一直在變化中,所謂的定義只是一個瞬間的概念(snap shot),以剎那的一刻定義長久,以靜態代表動態,都是失真的。以定義或分別的角度來看,沒有兩個人是相同的,也沒有兩個世界是相同的,如此,世界怎能不亂?以這種思維模式所建構的世界已證明是行不通的,總是喋喋不休,永遠是拆東牆補西牆,唯有一元的世界,才能根本解決這些問題。

　　一元的世界是徹底開放的,所有的人事物都是沒有定義的,就單只是這個人、這件事、這個物,沒有任何主觀的情感或價值的投射,也就是沒有所謂的形容詞,也沒有「我」、「他」,更沒有「我的」、「他的」,當我們不去定義、強調、取捨的時候,所有的人事物自然以他自己的方式平等呈現。在這樣的思維或行為模式下,我們的欲望或情感作用將降至最低,我們將不再希望怎麼樣、想要怎麼樣,或應該怎麼樣,這才是真正的自由,沒有任何前提假設的絕對自由。少了形容詞的世界,意謂少了相對應的動詞,也就是少了身心的擾動,這時,平靜將自然降臨,如同炎夏的午後自然到來的微風,是一個美好的世界。

　　我們處在一個族群對立的時代,其嚴重程度在歷史上可說是前所未見,且已發展到赤裸裸的言語暴力階段,後續的進展應該是可想而知。我們努力定義或製造族群,再想盡方法融合族群,這種

矛盾又毀滅的思維模式，對於人類的傷害遠遠超過天災與瘟疫。在富裕、繁榮的表象下，隱藏著身心飽和的個體和一觸即發的衝突。詭異的是，大家似乎都曉得危機的存在，可是願不願意避免或能不能避免，卻沒人知道。英國小說家查爾斯·狄更斯（Charles Dickens）在小說《雙城記》（*A Tale of Two Cities*）開頭所說的一段話，用在今天，似乎更為貼切：

> 這是最好的時代，也是最壞的時代；
>
> 這是有智慧的時代，也是最愚蠢的時代；
>
> 這是富有信仰的時代，也是充滿懷疑的時代；
>
> 這是光明的季節，也是黑暗的季節；
>
> 這是希望的春天，也是絕望的冬天；
>
> 我們擁有一切，卻又一無所有；
>
> 我們直奔天堂之路，也正走向地獄之門。（Dickens 58）

我們是直奔天堂之路，還是走向地獄之門，結果將會說明一切，只是這不是電玩，無法重來。

老子所說的，「吾所以有大患者，為吾有身，及吾無身，吾有何患？」身體到底是我們的資產（asset）還是負債（liability）？老子顯然視身體為禍患，而幻想一個沒有身體的美好世界。我們從出生就忙著伺候這個身體直到死，一會兒要吃飯，一會兒要上廁所，一會兒要睡覺，一下子胖，一下子瘦，一下子美，一下子醜，一下子舒服，一下子不舒服。須知身體是我的，而不是我，它既是資產也是負債，只是隨著時間，從資產大於負債，變為負債大於資產。最後，不論是資產或負債，都不復在，而做為身體的股東，我們的權益多半是處於虧損的狀態。對任何人而言，身體都是麻煩的，事

實上從來沒有人滿意自己的身體,我們努力強化,努力保持,而隨著時間消逝,所有的努力終歸失敗,只能無奈地看著鏡中不願接受的自己。健康時我們未必感到快樂,但不健康的狀態往往令人不快樂,而失能似乎更強化了這種感覺。身的問題都是來自心的解讀,身體本身是不認識身體的,它僅是提供各種功能,最終的操縱解讀是屬於心理層面,而心理是被灌輸的(indoctrinated)、被制約的,是教導與學習的關係。比較一直是人類教育的核心之一,我們也因此生活在一個比較的世界,這種根深柢固的意識才是問題的核心。譬如說,我看到鳥會飛,我不會,於是我不快樂了,可是我回頭看,沒有一個人會飛,於是我的不快樂就消失了。能不能走不是問題,可是我看到別人能而我不能,於是我不快樂了,當中的問題不在於我會不會飛,或是會不會走,而是我如何詮釋,我又如何把它放大詮釋,比較或許無害,但隨之而來的欣厭取捨就會造成很大的心理問題。所以有就僅是有,沒有就僅是沒有,能就僅是能,不能就僅是不能,一旦取捨就會演起諸多天人交戰的內心戲,而失去原本珍貴的平靜。我們都聽過「做自己」這句座右銘,驀然回首,答案不是早在那裡了?這是需要努力訓練的一種反常思維模式,可是絕對值得。失能者做自己已經夠辛苦了,怎麼有餘力去想做他人這件事。做自己永遠是平靜的,至少不會不快樂,當我們一旦把「他人」混進來而產生對比後,就會造成一連串的心理問題。如同身體,記憶是另一種負債,如果不能把它結晶為(crystalize)智慧,就讓它成為角落的灰塵吧!

　　身與心是汽車與司機的概念,每一個人都是司機,出生的那一刻,生命配給每人一輛車,也就是我們的身體,我們開著這輛車到處跑,從新車開到中古車,再到老爺車,最後司機下車,車輛拆解,牌照註銷。車的顏色不同、外觀不同、性能不同,沒有兩輛是

相同的，不管開的是平民車或事故車，有凹痕，或是少了一個車燈，或是掉了漆，或是少了保險槓，不要讓它影響我們欣賞沿路的風景。

　　生命的解讀是我們一生最重要的一門課，其他都只是謀生的工具或方式，與幸福快樂沒有絕對的關係，這門課只有通過（pass）或不通過，而現實是不能不通過，更不能重修，否則只能與痛苦常相為伴，這是任何人都不應該接受的。失能似乎也隱含一種弔詭的意涵，一種柳暗花明又一村的光景。失能從不是一個選擇，當中的辛苦只有當事人能了解。行動上，步步維艱，跌倒，滑倒，東西散落一地，不知怎麼爬起來，大小傷更是家常便飯，實在忍不住時，才會找人幫忙上廁所，這些都只是小菜一碟，冰山一角。難的是，隨時隨地，被認識的或不認識的人隨意羞辱，在他們日復一日得意的嘲笑中，生命美好的事物、人性美好的一面，似乎顯得那麼遙遠。可是當你咬緊牙關走到最後時，卻反而有一種微妙而與當初截然不同的富有感覺。「我畢業了，我走出身心的牢獄。」身體不再束縛我了，它真的就只是一個機器，不是我，修修補補，直到實在不能修了，就讓它去吧，任何其他的感受都是徒增煩惱。心理上，在無數的問號中認識了生命的真相，也連帶地發現，死亡是相對容易的，活下來才難，也才更感安慰，這也連帶克服對死亡的恐懼，而不是空口說白話。如果這些算是收穫，那是怎麼來的？分析到最後不得不客觀地說，不是自己能，而是一切拜失能之賜，任何人被逼到絕路，只要不放棄，都自然是能的，為母自然強，身為身體的主人，一種更緊密的關係，怎能不強？生命似乎以一種奇妙的方式顯示，失能就是為了使能，剝奪是一種變相的給予，而誰是失能？誰被剝奪？經歷過的人都懂。如果失能不是選擇，那麼必須走的路也沒有選擇，其實生命對任何人而言哪有選擇，只有正確與不正

確，這算是選擇嗎？

　　「吾人生從何來，死去何方？」此真乃大哉問，我們將此一問題留給有智慧的人去探索，身為凡夫，若以「有罪」、「無罪」的角度思考，那麼所有問題的「原罪」均來自於我們錯誤的觀念與思考。曾經有人問行者，「生命什麼最苦？」他回答：「老苦。」老年是集所有失能於一身，年輕時，身體拉著我跑，年老時，我拖著身體爬，當我們的眼、耳、鼻、舌、身因為老化而逐漸失去其原有功能時，我們儼然被關在暗無天日的身體牢獄中，等待死亡，此情此景不是年輕時所能了解的。這看似複雜難解的問題，從理性的角度來看一點都不難，答案是「自然現象」。難道我們會問為什麼有春夏秋冬嗎？所以難的是情感上我們不願意接受失能與死亡的事實，神奇的是，如果能真心接受失能這件事，面對死亡也就不再那麼困難。失能之所以難被接受，之所以被放大，是因為它被嚴重惡意汙名化。是誰當初用「畸形、骯髒、醜陋……」的字眼定義老人？是誰接受這樣的字眼來看待自己？我們若不是製造或認同這種觀念的人，是可以一笑置之的；反之，若這是我們認同的看法，那又何必傷心難過。老年，何嘗不是另外一個獅身人面？除非給出正確的答案，否則是不給過的。實務上，若非以近似宗教的懺悔來消除這些錯誤的觀念與思考，可以肯定的是，痛苦將持續到死。說這些，對遲暮之人是否為時已晚？是否應該在年輕時建立一些正確的觀念？無論如何，任何人的一生，再怎麼苦，都會成為過去，可是我們不能允許文明葬送在邪知邪見中。

致謝詞

　　本書為國科會專書計畫（110-2410-H-110-051-MY3）之研究成果，凝聚了近十年的心血與探索。筆者自 2014 年出版《失能研究與生命書寫》以來，持續關注失能研究領域，本書正是延續這條思索軌跡，進一步拓展批判性失能研究的討論向度。這兩本書的書寫歷程跨越整整二十載，背後承載的是筆者對生命不斷的尋覓、叩問與省思。透過學術的思維與論述，筆者試圖探究「人」的定義、失能的意涵，以及生命的本質。

　　值此付梓之際，心中滿懷感激，願將這份深摯的謝意獻給在這趟旅途中，曾經陪伴、支持、指引的每一位貴人。

　　首先，衷心感謝國科會的支持與補助，讓這項研究得以順利進行；同時，感謝專書匿名審查委員的肯定與寶貴建言，使得本書內容更臻完善。在退休後仍能持續投入專書撰寫計畫，實有賴許多人的支持與協助。特別感謝前校長鄭英耀、副校長蔡秀芬與主任祕書楊育成的鼎力支持，提供一方學術淨土，也感謝人事室的羅尹秀與鄭雅君慷慨相助，處理行政事宜，使得撰寫工作得以順利推動，深致謝忱。

　　在漫長的撰寫歷程中，筆者何其幸運，能得到摯友與助理的相伴與鼓勵。感謝外文系同事好友林玉珍，無論在研究或生活上，帶來諸多關懷與支持；感謝研究助理陳意靜，細心整理書目、校訂書稿，並協助行政事務；也特別感謝專業編輯李美貞的細膩校對與嚴

謹態度。這些無聲的支持,是最珍貴的饋贈。

　　本書得以順利付梓,首須感謝書林出版公司蘇正隆董事長的慷慨支持與信任,惠予出版機會,這份知遇之恩,銘記於心,感激不盡。此外,特別感謝張麗芳編輯不僅以精湛的專業能力細緻編修內容,使本書更臻精煉流暢,更悉心統籌出版過程中的繁瑣事務,其敬業精神與高效執行力,實為成書關鍵,亦感謝王建文先生的仔細校對,使本書的文字更加縝密完善。

　　最後,筆者要將最深的感謝獻給家人,家人長年以來無私的協助與支持,是書寫的最大動力與堅實後盾,讓筆者能夠在研究與創作的路上持續前行。

　　本書雖植根於學術研究,但其核心關懷始終是那些身處逆境的人們。筆者期待身、心受苦的人都能在生命的旅途中尋得各自的療癒之道,活出屬於自己的寧靜與自在;同時,也希望社會能夠敞開更為多元與包容的生命場域,接納每一種獨特的存在。生命的意義不在於經歷了多少苦難,而在於如何面對苦難,如何在試煉中淬煉出勇氣、智慧與力量。苦難或許是一種試煉,但它也是一股驅動生命前行的動能。願所有曾經歷苦難的人,都能綻放屬於自己的光芒,找到內心真正的安適與自由。

引用書目

【中文書目】

01 哲學團隊。〈培根：視覺與觸覺互融；眼睛彷彿能觸摸與下筆，手彷彿能看見〉。《香港 01》。28 Oct. 2020。網路。16 July 2023。

〈BBC 為你梳理霍金對地球人發出的警世預言〉。*BBC News*。15 Mar. 2018。網路。29 Dec. 2023。

十八子金名。〈人被核輻射後的畸形慘狀〉。《健康》。9 June 2017。網路。23 Sep. 2023。<https://kknews.cc/health/eobg3kr.html>。

人權公約施行監督聯盟。〈身心障礙者權利公約〉。《人權公約實施監督聯盟》。2021。網路。7 Jan. 2024。<https://crpd.sfaa.gov.tw/BulletinCtrl?func=getBulletin&p=b_2&c=D&bulletinId=1696>。

刁曼蓬、李宜蓁。〈台灣健康以及河川大危機：環境荷爾蒙〉。《康健雜誌》57（2003）：104-12。

工作傷害受害人協會、原台灣美國無線公司員工關懷協會。《拒絕被遺忘的聲音：RCA 工殤口述史》。台北：行人，2013。

〈小兒麻痺症：人類戰勝脊髓灰質炎的歷程〉。*BBC News*。25 June 2022。網路。15 Sep. 2023。<https://www.bbc.com/zhongwen/trad/science-61910043>。

內政部。《老年人口突破 14% 內政部：臺灣正式邁入高齡社會》。10 Apr. 2018。網路。8 Dec. 2023。<https://www.moi.gov.tw/News_Content.aspx?n=2&s=11663>。

王昶閔。《永遠的俠醫：台灣良心林杰樑》。台北：天下文化，2014。

王維。〈竹里館〉。《讀古詩詞網》。n.d.。網路。15 Nov. 2023。<https://fanti.dugushici.com/ancient_proses/5620>。

加拉奇。〈黃美廉隱退畫展：腦麻奇蹟創作不輟〉。《有愛無礙》。5 Jan. 2019。網路。11 June 2023。<https://general.dale.nthu.edu.tw/?p=1689>。

〈加薩已逾萬人喪生，巴女孩淚喊：我想要雙腿回來〉。《聯合報》。

9 Nov. 2023。 網 路。8 Dec. 2023。<https://udn.com/news/story/123777/7561253>。

白居易。〈詠老贈夢得〉。《讀古詩詞網》。n.d.。網路。15 Nov. 2023。<https://fanti.dugushici.com/ancient_proses/23260>。

多米尼克・德拉薩拉。〈燃燒大火反而是轉機？窺探森林大火後大自然的「生機回復力」〉。《La Vie | 設計美學》。14 Aug. 2019。網路。8 Dec. 2023。<https://www.wowlavie.com/article/ae1900923>。

朱熹。《四書章句集注》。《中國哲學書電子化計劃》。n.d.。網路。5 June 2022。<https://ctext.org/si-shu-zhang-ju-ji-zhu/lun-yu-ji-zhu/zh>。

老子。《道德經》。《中國哲學書電子化計劃》。n.d.。網路。5 June 2022。<https://ctext.org/text.pl?node=11604&if=gb&show=parallel>。

艾絲特。〈阿美族人：鄭自強，2歲就被宣判一輩子坐輪椅，但他卻靠這個找回人生舞台，現在有1億人看過他的表演〉。CMoney。24 Aug. 2015。 網 路。18 Aug. 2023。<https://www.cmoney.tw/notes/note-detail.aspx?nid=36746>。

何欣茹、周鴻隆。《無腿輪舞天后：何欣茹的傳奇故事》。台北：周大觀文教基金會，2011。

克萊兒・康寧漢。〈給我一個活下去的理由〉。《英國文化協會》。2017。表演。16 July 2023。<https://www.britishcouncil.org.tw/2017Give MeaReasontoLive>。

吳武典。〈吳序〉。《家家都有藝術家：親子EQ與美學》。台北：心理，1998。iv-viii。

吳凱琳。〈全球7600萬人確診、近170萬人死亡，疫情如何改變2020年〉。《天下雜誌》。20 Dec. 2020。 網 路。23 Sep. 2023。<https://www.cw.com.tw/index.php/article/5104024?from=search>。

吳量。〈無腿飛人：科學奇蹟還是人的奇蹟〉。《阿波羅新聞網》。7 Feb. 2008。網路。31 Aug. 2023。<https://tw.aboluowang.com/2008/0207/74488.html>。

呂培苓。〈瘟神的腳印：台灣傳染病的歷史足跡〉。《我們的島》。11 May 2020。網路。15 Sep. 2023。<https://ourisland.pts.org.tw/content/6330>。

呂愛麗。〈何欣茹：愛跳舞，裝上義肢也不變：19世界IPC輪椅國際標準

舞錦標賽亞洲第1〉。《遠見》。30 July 2010。網路。18 Aug. 2023。
<https://www.gvm.com.tw/article/14106>。
〈「我就是無障礙」輪舞天后何欣茹生命故事超感人〉。《ETtoday公益新聞》。13 Apr. 2012。網路。31 Aug. 2023。<https://www.ettoday.net/news/20120413/38884.htm#ixzz8AWrTTf2Z>。
李白。〈春夜宴桃李園序〉。《讀古詩詞網》。n.d.。網路。15 June. 2023。<https://fanti.dugushici.com/ancient_proses/71662>。
——。〈將進酒〉。《讀古詩詞網》。n.d.。網路。15 Nov. 2023。<https://fanti.dugushici.com/ancient_proses/7545>。
李宜蓁。〈怎麼吃，避免環境荷爾蒙〉。《康健雜誌》。1 Aug. 2003。網路。23 Sep. 2023。<https://www.commonhealth.com.tw/article/64246>。
李商隱。〈登樂遊原〉。《讀古詩詞網》。n.d.。網路。15 June 2022。<https://fanti.dugushici.com/ancient_proses/28288>。
——。〈晚晴〉。《讀古詩詞網》。n.d.。網路。5 July 2023。
李惠綿。《用手走路的人：拐杖支撐一身傲骨》。台北：九歌，2018。
村上春樹。《睡》。譯者：張致斌。台北：時報出版社，2012。
沈寧衛。〈我國毒物及化學物質重大污染事件及事故案例〉。《立法院全球資訊網》。Aug. 2021。網路。15 Sep. 2023。<https://www.ly.gov.tw/Home/Index.aspx>。
身體氣象館。〈關於生之重力的間奏式：第十屆第六種官能表演藝術祭‧台灣韓國匯演〉。《台新銀行文化藝術基金會》。n.d.。網路。8 Nov. 2024。<https://www.taishinart.org.tw/art-award-year-detail/2016/189>。
周月清、朱貽莊。〈檢視台灣身心障礙福利政策與法案之歷史進程與變革〉。《社會福利模式：從傳承到創新研討會論文集》。北京：中華救助總會，2011。15-19。
易君珊。〈無障礙的藝文節？讓我們一起從臺北藝穗節歧視障礙者事件中學習〉。《獨立評論》。24 Aug. 2015。網路。29 Nov. 2024。<http://opinion.cw.com.tw/blog/profile/52/article/3226>。
——。〈障礙文化與社會正義：博物館無障礙可及性服務的實踐與服務關係中的權力議題〉。《博物館與文化》12（2016）：5-42。<https://fanti.dugushici.com/ancient_proses/28518#google_vignette>。
林向陽。〈沒有雙臂的畫家：楊恩典的故事〉。《紐約基督徒短期宣教訓練

中心》。1 Nov. 2021。網路。8 May 2022。<https://nystm.org/nytm1121-01/>。

林希逸，注疏。〈內篇・大宗師第六〉。《莊子口義》。台北：臺灣商務印書館，1983。

林宜平。〈台灣環境無法承受之輕〉。《科技、醫療與社會》9（2009）：n. pag.。網路。15 Sep. 2023。<https://stmjournal.tw/old/en/node/222.html>。

林杰樑、譚敦慈。〈人心險惡：魔鬼藏在複方裡〉。《綠師資健康網》。23 Jan. 2021。網路。16 Sep. 2023。<https://www.greencross.org.tw>。

林琮恩。〈元宇宙進軍「醫學手術」 台大醫院搞定難治腫瘤〉。《聯合報》。9 Aug. 2023。 網路。18 Aug. 2023. <https://udn.com/news/story/7266/7357230?from=udn-referralnews_ch2artbottom>。

林萬億。〈社會福利政策之回顧與展望〉。《社區發展季刊》109（2002）：12-35。

林裕清。〈從一級致癌物 PM2.5 談空氣污染對人體的危害〉。《台灣癌症防治網》。網路。15 Sep. 2023。<http://web.tccf.org.tw/lib/addon.php?act=post&id=4241>。

法拉・巴加特（Farah Bahgat）。〈歷經越戰橙色劑傷害與孩子夭折，前越南戰地記者在法國起訴跨國化學公司失敗〉11 May 2021。網路。2 Mar. 2022。 <https://www.thenewslens.com/article/150801>。

花孟璟。〈噴藥噴到怕，抗癌改當有機農〉。《自由時報》。12 July 2019。網路。8 Sep. 2023。<https://news.ltn.com.tw/news/life/paper/1302573>。

邱大昕。〈不要再說「愛」了〉。《國語日報》。25 Mar. 2016。網路。7 Jan. 2024。<https://www.mdnkids.com/specialeducation/detail.asp?sn=1261>。

邱宜君。〈半年逾萬死，詹長權：今年是新冠災難年〉。《聯合報》。11 Oct. 2022。網路。16 Sep. 2023。<https://udn.com/news/story/120940/6676396?from=udn- catebreaknews_ch2>。

邱意媜。〈六輕面面觀：揭露你所意想不到的六輕〉。《Peopo 公民新聞網》。12 Jan. 2023。網路。15 Sep. 2023。<https://www.peopo.org/news/619267>。

涂鴻恩。〈黃美廉隱退畫展：腦麻奇蹟創作不輟〉。《有愛無礙》。45 Jan.

2019。網路。11 June 2023。<https://news.tvbs.com.tw/life/1060073>。

牯嶺街小劇場。〈台灣韓國匯演：關於生之重力的間奏式—第十屆 第六種官能表演藝術祭〉。《牯嶺街小劇場》。28 Nov. 2016。網路。28 Nov. 2016。<https://www.glt.org.tw/?p=7970>。

紀元文、李有成。〈緒論〉。《生命書寫》。台北：中央研究院歐美研究所，2011。1-18。

孫小玉。《失能研究與生命書寫：失能女性之性/別、身體/政治、與詩/美學》。高雄：國立中山大學出版社，2014。

—。〈再探健全至上主義：身體與空間的思辨〉。《以物觀物：臺灣、東亞與世界的互文脈絡》。編者：楊雅惠。高雄：國立中山大學人文研究中心，2016。447-74。

—。《雨後霓虹：失能者的生命故事》。高雄：中山大學人文研究中心，2020。

時金對話。〈為了讓霍金「說話」，在他輪椅上用了哪些科技？〉。《每日頭條》。15 Mar. 2018。網路。3 July 2022。<https://kknews.cc/zh-tw/news/b28b26o.html>。

高詣軒。〈馬斯克公司 Neuralink 成功植入大腦晶片〉。《聯合報》。1 Jan. 2024。網路。19 Jan. 2024。<https://udn.com/news/story/6811/7744292>。

國發會。《人口變動趨勢》。n.d.。網路。8 Dec. 2023。<https://www.ndc.gov.tw/Content_List.aspx?n=3CF120A42CD31054>。

國際劇場組織。〈日本舞踏 Butoh 美學：從舞蹈看內心黑暗，崩毀而絕美〉。《女人迷》。30 Mar. 2015。網路。16 July 2023。<https://womany.net/read/article/7100>。

崔愫欣。〈一場公害倖存者的鬥爭：記錄片《油症：與毒共存》〉。《環境資訊中心》。19 Oct. 2008。網路。15 Sep. 2023。<https://e-info.org.tw/node/38051>。

崔護。〈題都城南庄〉。《讀古詩詞網》。n.d.。網路。15 June. 2023。<https://fanti.dugushici.com/mingju/12873>。

張昊辰。〈生命的舞者：林秀霞〉。*Facebook*。20 Oct. 2015。網路。18 Aug. 2023。<https://m.facebook.com/media/set/?set=a.10208173896891066.1073742608.1410803144&type=3>。

張曼娟。〈孩子不是我們的未來，老才是〉。31 Mar. 2020。網路。8 Dec. 2023。<https://www.parenting.com.tw/article/5086238>。

張淑卿。〈復健、輔具與台灣小兒麻痺病患生活經 1950s-1970s〉。《台灣史研究》20.2（2013）：123-74。

―。〈小兒麻痺症史〉。《中研院歷史語言研究所》。n.d.。網路。7 Jan. 2024。<https://www.ihp.sinica.edu.tw/~medicine/medical/2013/program_5-3.html>。

張凱翔。〈舞蹈家夫婦忍喪子痛，力推身障舞蹈15年〉。《自由時報》。28 Aug. 2016。 網路。18 Aug. 2023。<https://news.ltn.com.tw/news/life/breakingnews/1809026>。

張嘉穎。〈輪椅國標舞，舞出新人生〉。《小世界》。26 Dec. 2019。網路。18 Aug. 2023。<http://shuj.shu.edu.tw/blog/2019/12/26/%E8%BC%AA%E6%A4%85%E5%9C%8B%E6%A8%99%E8%88%9E-%E8%88%9E%E5%87%BA%E6%96%B0%E4%BA%BA%E7%94%9F/>。

張懿文。〈觀視下的殘缺身體《關於生之重力的間奏式》〉。《表演藝術評論台》。4 Jan. 2017。網路。28 Nov. 2016。<https://pareviews.ncafroc.org.tw/comments/90d179b9-d6a2-46d0-8d8c-35096fca972a>。

曹操。〈龜雖壽〉。《讀古詩詞網》。n.d.。網路。15 Nov. 2023。<https://fanti.dugushici.com/ancient_proses/47604#google_vignette>。

莫聞。〈台灣油症事件30年，受害者支持協會成立〉。《環境資訊中心》。19 Oct. 2009。網路。15 Sep. 2023。<https://e-info.org.tw/node/48497>。

陳人齊。〈染疫後偏頭痛，當心長新冠敲門〉。《中國時報》。16 Oct. 2022。<https://www.chinatimes.com/newspapers/20221016000346-260114?chdtv>。

陳文茜。《樹，不在了》。台北：時報出版，2014。

陳可嘉、黃桓瑜。〈伊甸輪椅舞團，舞出生命無限潛能〉。《公民新聞》。11 Apr. 2013。網路。18 Aug. 2023。<https://www.peopo.org/news/110314>。

陳志昊。〈冰桶挑戰了什麼？淺談「漸凍人」〉。《亞東院訊》。Jan. 2015。網路。3 July 2022。<https://www.femh.org.tw/magazine/viewmag?ID=6588>。

陳秀玲。〈百合花語〉。《中國時報》。31 Oct. 2023。網路。13 Dec. 2023。<https://push.turnnewsapp.com/content/20231031700640-260115>。
陳昭如。《被遺忘的1979：台灣油症事件三十年》。台北：同喜文化，2010。
陳苡葳、蔡維斌。〈奧運輪椅舞蹈國家隊選拔賽 本周日在北港體育館登場〉。《聯合報》。26 May 2023。網路。18 Aug. 2023。
陳重仁。《老樣子：從神話史詩到現代小說，跟著西方經典作品思考「老化」這件事》。台灣：三民書局，2023。
陳國熏。〈台灣食品安全史的大事件：多氯聯苯中毒〉。高醫醫訊。Mar. 2014。網路。17 July 2022。<https://www.kmuh.org.tw/www/kmcj/data/10303/11.htm>。
陳暉明。〈石化工廠周遭地下水污染及其附近居民健康狀況：生態學研究〉。碩論。高雄醫學大學，2014。網路。15 Sep. 2023。<https://www.airitilibrary.com/Publication/alDetailedMesh1?DocID=U0011-1912201411065600>。
凱拉・愛普斯坦、娜汀・尤西夫（Kayla Epstein and Nadine Yousif）。〈美國俄亥俄火車脫軌事件引發小鎮居民對有毒物質的恐懼〉。*BBC News*。16 Feb. 2023。網路。24 Feb. 2023。<https://www.bbc.com/zhongwen/trad/world-64659573>。
彭瓊芳。〈精準生態醫療論壇探討，環境荷爾蒙與疾病關係〉。《中國時報》。6 Dec. 2020。網路。15 Sep. 2023。<https://www.chinatimes.com/newspapers/20201206000191-260207?chdtv>。
曾心儀。〈黑鄉：多氯聯苯中毒案採訪筆記〉。《現代文學》15（1981）：183-206。
黃文宏。〈海德格「轉向」（Kehre）的一個詮釋：以真理問題為線索〉。《歐美研究》31.2（2001）：287-323。
黃紹宗。〈新興及再浮現傳染病〉。《行政院衛生署胸腔病院》。18 Sep. 2009。網路。12 July 2022。<https://www.ccd.mohw.gov.tw/public/custom/hygiene/f5660d2b089d64c31f497a0bca96fd6c.pdf>。
〈新冠疫情：影響人類歷史進程的五次疫疾大流行〉。*BBC News*。15 Feb. 2021。網路。15 Sep. 2023。<https://www.bbc.com/zhongwen/trad/world-51959677>。

楊艾喬。〈2024 媽祖盃 WPDS 輪椅舞蹈國際公開賽 10/4 舞動生命〉。《風傳媒》。3 Oct. 2024。網路。29 Nov. 2024。<https://www.storm.mg/localarticle/5248429>。

楊瑪利。〈病在文明蔓延時〉。《天下雜誌》。1 Sep. 1993。網路。23 Sep. 2023。<https://www.cw.com.tw/article/5105768>。

葉靖斯。〈福島核廢水排放爭議：核災廢水與核電廠廢水哪個更可怕〉。《BBC News》。21 July 2023。網路。23 Sep. 2023。<https://www.bbc.com/zhongwen/trad/science-66264193>。

詹長權。〈空氣污染對沿海地區環境及居民健康影響之風險評估規劃〉。《九二一重建基金》。2009。網路。15 Sep. 2023。

鄒尚謙。〈日本排核廢水 6 大 Q&A 毒物專家解析罹癌風險〉。《聯合報》。24 Aug. 2023。網路。23 Sep. 2023。<https://udn.com/news/story/123707/7391673>。

廖培真。〈當叢林變成了敵人：越戰/美戰文學、生態疾病與慢性暴力〉。《再探文學與醫學》。編者：馮品佳。臺北：書林，2023。143-74。

廖修慧。〈同理的場域而難以跨過的身體界限《我是一個正常人二部曲：我們一起撿到槍》〉。《表演藝術評論台》。11 Aug. 2020。網路。28 Nov. 2016。<https://pareviews.ncafroc.org.tw/comments/89cd962b-3068-4ab8-9b49-b236a486cd16>。

〈認識烏腳病〉。《台灣烏腳病醫療紀念館》。n.d。網路。5 May. 2021。<http://www.blackfoot.org.tw/know/know.html>。

劉大潭、李翠卿。《用手走路的發明王：身障發明家劉大潭》。台北：親子天下，2017。

劉光瑩。〈疫後最大的覺醒：與地球和好，從 3 件事做起〉。《天下雜誌》。15 June 2020。網路。16 Sep. 2023。<https://www.cw.com.tw/article/5100701?from=search>。

劉嘉玲。〈霍亂〉。《衛生署疾病管制局》May 2008。網路。11 Sep. 2022。<https://www.cdc.gov.tw/Uploads/4ebcf0b0-0285-4446-adfb-f9239108bd69.pdf>。

劉禹錫。〈酬樂天詠老見示〉。《讀古詩詞網》。n.d。網路。5 July 2023。<https://fanti.dugushici.com/ancient_proses/18168#google_vignette>。

劉鶚。〈自序〉。《老殘遊記》。《中華古詩文書籍網》。網路。11 Sep. 2023。<https://www.arteducation.com.tw/guwen/bookv_12257.html>。

廣州日報。〈霍金輪椅上的八大「黑科技」〉。《每日頭條》。24 Mar. 2018。網路。3 July 2022。<https://kknews.cc/zh-tw/science/9lmbjx5.html>。

潘韜宇。〈歷經千日閉館修復　牯嶺街小劇場「再打開」募資起跑〉。《立報》。26 Aug. 2020。網路。29 Nov. 2024。<https://www.limedia.tw/fea/13498/>。

蔡牧融。〈食品公害事件之集體訴訟：重新回顧台灣油症事件〉。《基礎法學與人權通訊》7（2012）:18-33。

衛福部。〈高齡化社會的安心保障《長期照顧服務法》〉。《衛福》。Sep. 2015。網路。8 Dec. 2023。<http://www2.mohwpaper.tw/inside.php?type=history&cid=253>。

──。《高齡社會白皮書》。2015。網路。8 Mar. 2023。<https://www.hpa.gov.tw/File/Attach/10767/File_12355.pdf>。

──。《「歡喜慶重陽」111年百歲人瑞5,076人，創歷年新高》。4 Oct. 2022。網路。8 Dec. 2023。<https://www.mohw.gov.tw/cp-5273-71909-1.html>。

《論語》。《中國哲學書電子化計劃》。n.d.。網路。23 May 2023。<https://ctext.org/analects/zi-han/zh>。

〈輪舞天后何欣茹遠東科大談「心在哪世界就在哪」〉。《人間通訊社》。3 June 2011。網路。31 Aug. 2023。<https://www.lnanews.com/news/53566>。

〈鄭自強簡介〉。《社團法人中華民國身心障礙者藝文推廣協會全球資訊網》。n.d. <http://www.apad.org.tw/ap/cust_view.aspx?bid=83>。

閻連科。《受活》。台北：麥田出版社，2007。

──。《沈默與喘息：我經歷的中國和文學》。台北：印刻文學，2014。

〈霍金預言了啥？為何建議人類離開地球〉。《三立新聞網》。19 June 2021。網路。29 Dec. 2023。<https://www.setn.com/news.aspx?newsid=955716&p=0>。

環保署。《中華民國重大環境事件彙編》。台北：行政院環境保護署，2011。

韓愈。〈祭十二郎文〉。《中國古詩文精讀精選500篇》。n.d.。網路。8

Mar. 2024。<https://www.classicalchineseliterature.org/article.php?article=%E7%A5%AD%E5%8D%81%E4%BA%8C%E9%83%8E%E6%96%87>。

藍約翰。《奇異恩典：藍約翰生命陶藝創作個展》。高雄：財團法人藍約翰文教基金會，2001。

魏國金，編譯。〈橙劑受害者求償案美法院駁回〉。《自由時報》。12 Mar. 2005。網路。24 Mar. 2023。<https://news.ltn.com.tw/news/world/paper/5392>。

羅雅微、謝苡晨。〈「輪椅國標舞后」林秀霞：舞出新人生〉。《公民新聞》。1 Apr. 2012。網路。18 Aug. 2023。<https://www.peopo.org/news/93276>。

嚴正。〈忍教生者哀？—多氯聯苯病患近況〉。《生活與環境》1.4（1982）：46-51。

蘇上雅。〈重構食安風暴：從 1979 年的米糠毒油事件說起〉。《基礎法學與人權通訊》15（2015）：3-10。

【英文書目】

"About MFPA." *MFPA*. n.d. Web. 20 May 2023. <https://www.mfpa.co.uk/about-mfpa/>.

Adorno, Theodor W. *Negative Dialectics.* New York: Continuum, 1973.

---. *Minima Moralia: Reflections from Damaged Life*. New York: Verso, 2005.

---. "Scientific Experiences of a European Scholar in America." *Critical Models: Interventions and Catchwords*. New York: Columbia UP, 2005. 215-42. Print

"Affective Turn." *Posthuman Glossary*. Ed. Rosi Braidotti and Maria Hlavajova. London: Bloomsbury Academic, 2017. 15-17.

After Death. Dir. Stephen Gray and Chris Radtke. Provo: Angel Studios, 2023. Film.

Alaimo, Stacy. *Bodily Natures: Science, Environment, and the Material Self*. Bloomington: Indiana UP, 2010.

Albright, Ann Cooper. "Strategic Abilities: Negotiating the Disabled Body in Dance." *Disability, Art, and Culture* 37.3 (1998): n. pag. Web. 8 Aug. 2023. <http://hdl.handle.net/2027/spo.act2080.0037.313>.

Alvarez, Manny. "First Child to Receive Double Hand Transplant is Thriving." *Fox News.* 29 July 2019. Web. 6 May 2023. <https://nypost.com/2019/07/29/first-child-to-receive-double-hand-transplant-is-thriving/>.

Anderson, David R. Rev. of *Disability Studies and the Environmental Humanities: Toward an Eco-crip Theory*. Ed. Sarah Jaquette Ray and Jay Sibara. *Disability Studies Quarterly* 38.4 (2018): n. pag. Web. 24 Feb. 2023. <https://dsq-sds.org/article/view/6436/5130>.

Araniello, Katherine. "Interview With Katherine Araniello." *Canadian Journal of Disability Studies* 2.4 (2013): n. pag. Web. 26 July 2022. <https://cjds.uwaterloo.ca/index.php/cjds/article/view/114>.

---. "Sick, Bitch, Crip Dance." *Canadian Journal of Disability Studies* 2.4 (2013): n. pag. Web. 16 July 2023. <http://10.15353/cjds.v2i4.108>.

Arya, Rina. "Abjection and Representation." *Abjection in the Visual Arts: An Exploration of Abjection in the Visual Arts, Film and Literature*. Palgrave: Macmillan, 2014. 82-117.

---. "Taking Apart the Body." *Performance Research: A Journal of the Performing Arts* 19.1 (2014): 5-14. Web. 16 July 2023. <http://10.1080/13528165.2014.908079>.

Arya, Rina, and Nicholas Chare. "On Abjection." *Performance Research: A Journal of the Performing Arts* 19.1 (2014): 1-4.

Atwood, Margaret. "Lusus Naturae." *The Norton Introduction to Literature*. Ed. Kelly J. Mays. New York: W.W. Norton, 2015. 262-67.

Balsamo, Anne. "Reading Cyborgs, Writing Feminism." *Technologies of the Gendered Body*. Durham: Duke UP, 2000. 17-40.

Barnes, Colin, and Geof Mercer. *Disability*. Cambridge: Polity Books, 2003.

Barret, Juan, and Veronica Tomasello. "Indications for Face Transplantation." *Face Transplantation.* 22 November 2014. Web. 6 May. 2023. <https://doi.org/10.1007/978-3-662-45444-2_3>.

Baynton, Douglas C. "Disability and the Justification of Inequality in American History." *The New Disability History: American Perspectives*. Ed. Paul K. Longmore and Lauri Umansky. New York: NY UP, 2001. 33-57. Print

Beauvoir, Simone de. *The Coming of Age*. Trans. Patrick O'Brian. New York: W. W. Norton, 1996.

Booher, Amanda K. "Defining Pistorius." *Disability Studies Quarterly* 31.3 (2011): n. pag. Web. 6 Oct. 2023. <dsq-sds.org/article/view/1673/1598>.

Booker, Chloe. "Performance Artist Stelarc Grows an Ear on His Arm and Connects It to the Internet." *The Sydney Morning Herald*. 14 Aug. 2015. Web.

16 July 2022. <http://www.smh.com.au/technology/sci-tech/performance-artist-stelarc-grows-an-ear-on-his-arm-and-connects-it-to-the-internet-20150814-giz695.html>.

Braidotti, Rosi. *Metamorphoses: Towards a Materialist Theory of Becoming.* Cambridge: Polity P, 2002.

---. *Transpositions: On Nomadic Ethics.* Cambridge: Polity P, 2006.

---. "Elemental Complexity and Relational Vitality: The Relevance of Nomadic Thought for Contemporary Science." *The Force of the Virtual: Deleuze, Science and Philosophy.* Ed. Peter Gaffney. Minneapolis: U of Minnesota P, 2010. 168.

---. *Nomadic Subjects: Embodiment and Sexual Difference in Contemporary Feminist Theory.* New York: Columbia UP, 2011. Print

---. *The Posthuman.* Cambridge: Polity, 2013.

---. "A Theoretical Framework for the Critical Posthumanities." *Theory, Culture & Society* 36.6 (2018): 31-61.

Brandt Jr., Edward N., and Andrew M. Pope, eds. *Enabling America: Assessing the Role of Rehabilitation Science and Engineering.* Washington: National Academies P, 1997.

Brill, Sara. "The Prosthetic Cosmos: Elizabeth Grosz's Ecology of the Future." *Philosophy Today* 55 (2011): 245-54.

Cachia, Amanda, and Katherine Araniello. "Interview with Katherine Araniello." *Canadian Journal of Disability Studies* 2.4 (2013): n. pag. Web. 16 July 2023. <https://doi.org/10.15353/cjds.v2i4.114>.

Callaway, Ewen. "Coronavirus Vaccines: Five Key Questions as Trials Begin." *Nature* 579.7800 (2020): 481. Web. 12 July 2022. <https://doi.org/10.1038/d41586-020-00798-8>.

Carter, Mary E. *A Death Delayed: Agent Orange: Hidden Killer of Vietnam.* New York: Tovah Miriam, 2017.

Castillo, Ana. *So Far from God.* New York: W. W. Norton, 2005.

Chen, Mel Y. "Lead's Racial Matters." *Animacies: Biopolitics, Racial Mattering, and Queer Affect.* Durham: Duke UP Books, 2012. 159-89.

Clare, Eli, and Stacy Alaimo. "Notes on Natural Worlds, Disabled Bodies, and a Politics of Cure." *Disability Studies and the Environmental Humanities: Toward an Eco-Crip Theory.* Ed. Sarah Jaquette Ray and Jay Sibara. Lincoln: U of Nebraska P, 2017. 242-66.

Clynes, Manfred E., and Nathan S. Kline. "Cyborgs and Space." *Astronautics.* September 1960. Rpt. in *New York Times.* Web. 18 Aug. 2023. <https://archive.

nytimes.com/www.nytimes.com/library/cyber/surf/022697surf-cyborg.html>.
Cohen, Jeffrey Jerome. *Stone: An Ecology of the Inhuman*. Minneapolis: U of Minnesota P, 2015.
Cohen-Rottenberg, Rachel. "10 Answers to Common Questions People Ask When Being Called Out for Using Ableist Language." *The Body is not an Apology*. 27 Oct. 2018. Web. 7 Apr. 2023. <https://thebodyisnotanapology.com/magazine/on-ableist-language/>.
Couser, G. Thomas. *Recovering Bodies: Illness, Disability and Life Writing*. Wisconsin: U of Wisconsin P, 1997.
---. "The Future of Life Writing: Body Stories." *a/b: Auto/Biography Studies* 32.2 (2017): 379-81.
Crip the Lit. "Crip the Lit Launches 'Little Book with Big Ideas.'" *Arts Advocates*. 5 Mar. 2019. Web. 20 May 2023. <https://artsaccessadvocates.org.nz/Crip-the-Lit-launches-%22little-book-with-big-ideas%22>.
---. "Crip the Lit: Telling Our Stories Our Way." *Arts Advocates*. Dec. 2019. Web. 20 May 2023. <https://artsaccessadvocates.org.nz/crip-the-lit-telling-our-stories-our-way>.
Cronin, Linda J. "Yi's Crip Couture and Wearable Art." *Wordgathering: A Journal of Disability Poetry and Literature*. n.d. Web. 11 June 2023. <https://www.wordgathering.com/past_issues/issue22/art/yi.html>.
Cummings, Edward Estlin. *E. E. Cummings: Complete Poems, 1913-1962*. New York: Harcourt, Brace, Jovanovich, 1972. 406.
Darling, Rosalyn Benjamin. *Disability and Identity: Negotiating Self in a Changing Society*. Boulder: Lynne Rienner Publishers, 2013.
Davies, Thom. "Slow Violence and Toxic Geographies: 'Out of Sight' to Whom?" *Environment and Planning C: Politics and Space* 40.2 (2022): 409-27.
Davis, Lennard J. *Enforcing Normalcy: Disability, Deafness, and the Body*. London: Verso, 1995.
---. "Crips Strike Back: The Rise of Disability Studies." *American Literary History* 11.3 (1999): 500-12. Web. 3 Mar. 2023. <http://doi.org/10.1093/ALH/11.3.500>.
---. *The End of Normal: Identity in a Biocultural Era*. Ann Arbor: U of Michigan P, 2014.
---. "Disability: The Next Wave or Twilight of the Gods?" *Conference on Disability Studies and the University Proceedings*. Atlanta: Emory U, 2004. 527-32.
Deleuze, Gilles. *The Logic of Sense*. Trans. Mark Lester. London: Athlone P, 1990.

---. *Pure Immanence: Essays On A Life*. Trans. Anne Boyman. New York: Zone Books, 2005.
---. *Francis Bacon: The Logic of Sensation*. Minneapolis: U of Minnesota P, 2005.
Deleuze, Gilles, and Félix Guattari. *Kafka: Toward a Minor Literature*. Trans. Dana Polan. Minneapolis: U of Minnesota P, 1986.
---. *A Thousand Plateaus: Capitalism and Schizophrenia*. 1980. Trans. Brian Massumi. Minneapolis: U of Minnesota P, 1987.
---. *Anti-Oedipus: Capitalism and Schizophrenia*. London: Penguin Classics, 2009.
Derrida, Jacques. "Structure, Sign and Play in the Discourse of the Human Sciences." *Writing and Difference*. Trans. Alan Bass. Chicago: U of Chicago P, 1978. 278-93.
Dickens, Charles. *A Tale of Two Cities*. Ed. Richard Maxwell. New York: Penguin Books, 2007.
Dunn, Katherine. *Geek Love*. New York: Knopf, 1989.
Ferrando, Francesca. "'The Body' in Post-and Transhumanism." *Post- and Transhumanism: An Introduction*. Ed. Robert Ranisch and Stefan Lorenz Sorgner. New York: Peter Lang, 2014. 213-26.
Ferris, Joshua. *The Unnamed*. Boston: Back Bay Books, 2010.
"First Child to Undergo a Bilateral Hand Transplant Marks One Year since Surgery at The Children's Hospital of Philadelphia." *CHOP News*. 23 Aug. 2016. Web. 6 May 2023. <https://www.chop.edu/news/first-child-undergo-bilateral-hand-transplant-marks-one-year-surgery-children-s-hospital>.
Fishman, Steve. "Biography of a Face." *Nymag*. 15 Nov. 2015. Web. 6 May 2023. <https://nymag.com/intelligencer/2015/11/patrick-hardison-face-transplant.html>.
Foster, Hal. *Bad New Days: Art, Criticism, Emergency*. London: Verso, 2015.
Fox News. "Mississippi Firefighter Receives Brooklyn Man's Face in Transplant." *Fox News*. 17 Nov. 2015. Web. 6 May 2023. <https://www.foxnews.com/health/mississippi-firefighter-receives-brooklyn-mans-face-in-transplant>.
Friend, David C. *Vietnam II: Impact of Agent Orange & PTSD*. Carol Stream: Tyndale House, 2020.
Fritsch, Kelly. "On the Negative Possibility of Suffering: Adorno, Feminist Philosophy, and the Transfigured Crip to Come." *Disability Studies Quarterly* 33.4 (2013): 1-17. Web. 25 Apr. 2023. <http://dsq-sds.org/article/view/3869/3408>.
---. "Accessible." *Keywords for Radicals: The Contested Vocabulary of Late*

Capitalist Struggle. Ed. Kelly Fritsch, Clare O'Connor, and A. K. Thompson. Chico: AK P, 2016. 23-28.

Fritsch, Kelly, et al. "Introduction to Special Section: Crip Technoscience." *Catalyst: Feminism, Theory, Technoscience* 5.1 (2019): 1-10. Web. 3 Mar. 2023. <http://www.catalystjournal.org>.

Frost, Robert. "The Road Not Taken." 1916. *The Heath Anthology of American Literature*. Ed. Paul Lauter. Boston: Wadsworth Cengage Learning, 2014. 1061.

Fukuyama, Francis. *Our Posthuman Future: Consequences of the Biotechnology Revolution*. New York: Farrar, Straus and Giroux, 2002.

Galison, Peter. *Einstein's Clocks, Poincaré's Maps: Empires of Time*. New York: Norton, 2003.

Galtung, Johan. "Violence, Peace, and Peace Research." *Journal of Peace Research* 6.3 (1969): 167-91.

Gane, Nicholas. "When We Have Never Been Human, What Is to Be Done? Interview with Donna Haraway." *Theory, Culture & Society* 23.7-8 (2006): 135-58. Web. 31 Aug. 2023. <https://doi.org/10.1177/0263276406069228>.

Garcia, Chris. "Bringing A New Voice to Genius: Mitalk, The CallText 5010, and Stephen Hawking's Wheelchair." *Computer History Museum*. 26 Mar. 2018. Web. 3 July. 2022. <https://computerhistory.org/blog/how-dectalk-gave-voice-to-a-genius-engineering-stephen-hawkings-wheelchair/>.

Garland-Thomson, Rosemarie. *Extraordinary Bodies: Figuring Physical Disability in American Culture and Literature*. New York: Columbia UP, 1997.

---. "Disability and Representation." *PMLA* 120.2 (2005): 522-27.

---. *Staring: How We Look*. Oxford: Oxford UP, 2009.

Gilbert, Andrew. "In the New Doc 'Crutch,' Dancer Bill Shannon Doesn't Need a Hand." *KQED*. 5 November 2020. Web. 12 July 2022. <https://www.kqed.org/arts/13888759/in-the-new-doc-crutch-dancer-bill-shannon-doesnt-need-a-hand>.

Gibson, Barbara E. "Disability, Connectivity and Transgressing the Autonomous Body." *Journal of Medical Humanities* 27.3 (2006): 187-96. Web. 24 Feb. 2023. <http://doi.org/10.1007/s10912-006-9017-6>.

Glissant, Édouard. *Poetics of Relation*. Trans. Betsy Wing. Ann Arbor: U of Michigan P, 1997.

Goodley, Dan. "Towards Socially Just Pedagogies: Deleuzoguattarian Critical Disability Studies." *International Journal of Inclusive Education* 11.3 (2007): 317-34.

---. *Disability Studies: An Interdisciplinary Introduction*. London: Sage, 2011.

---. "Dis/entangling Critical Disability Studies." *Disability and Society* 28.5 (2013): 631-44. Web. 28 May 2023. <http://doi.org/10.1080/09687599.2012.717884>.

---. *Dis/ability Studies: Theorising Disablism and Ableism*. London: Routledge, 2014.

Goodley, Dan, and Griet Roets. "The (Be)comings and Goings of 'Developmental Disabilities': the Cultural Politics of 'Impairment.'" *Discourse Studies in the Cultural Politics of Education* 29.2 (2008): 239-55. Web. 22 Apr. 2023. <http://doi.org/10.1080/01596300801966971>.

Grech, Shaun, and Karen Soldatic, eds. *Disability in the Global South: The Critical Handbook*. NY: Springer, 2016.

Greenberg, Slava. "Stories Our Bodies Tell: The Phenomenology of Anecdotes, Comings Out, and Embodied Autoethnographies." *Review of Disability Studies* 14.4 (2018): 1-16.

Grosz, Elizabeth. *Volatile Bodies: Toward a Corporeal Feminism*. Bloomington: Indiana UP, 1994.

Guthman, Julie. *Weighing In: Obesity, Food Justice, and the Limits of Capitalism*. Oakland: U of California P, 2011.

Hadley, Bree. *Disability, Public Space Performance and Spectatorship: Unconscious Performers*. New York: Palgrave MacMillan, 2014.

---. "The Last Avant-garde?: Disability Arts and (Rethinking) Mobility." *QUT ePrints*, 2015. Web. 16 July 2023. <https://eprints.qut.edu.au/95146/>.

Hameroff, Stuart, and Deepak Chopra. "The 'Quantum Soul': A Scientific Hypothesis." *Exploring Frontiers of the Mind-Brain Relationship*. Ed. Alexander Moreira-Almeida and Franklin Santana Santos. New York: Springer, 2012. 79-93.

Hamilton, Edith. *Mythology: Timeless Tales of Gods and Heroes*. New York: Little Brown, 1969.

Hamscha, Susanne. "Disability Aesthetics and Vandalism in American Visual Culture." *The Failed Individual: Amid Exclusion Resistance and the Pleasure of Non-Conformity*. Ed. Katharina Motyl and Regina Schober. New York: Campus Verlag, 2017. 119-37.

Haisman, Alice. "The Biocultural Turn." *The Minnesota Review* 67 (2006): 163-67. Web. 3 July 2022. <https://doi.org/10.1215/00265667-2006-67-163>.

Halon, Yael. "Firefighter Talks New Life 5 Years after Historic Face Transplant." *Fox News*. 5 July 2021. Web. 6 May 2023. <https://www.foxnews.com/media/firefighter-reflects-on-historic-face-transplant-as-he-looks-towards-new-future>.

Hamraie, Aimi. "Cripping Feminist Technoscience." *Hypatia: A Journal of*

Feminist Philosophy 30.1 (2015): 307-13. Web. 28 May 2023. <http://doi.org/10.1111/hypa.12124>.

Hamraie, Aimi, and Kelly Fritsch. "Crip Technoscience Manifesto." *Catalyst: Feminism, Theory, Technoscience* 5.1 (2019): 1-34. Web. 3 Mar. 2023. <https://doi.org/10.28968/cftt.v5i1.29607>.

Han, Qing, et al. "Long-Term Sequelae of COVID-19: A Systematic Review and Meta-Analysis of One-Year Follow-Up Studies on Post-COVID Symptoms." *Pathogens* 11.2 (2022): 269. Web. 12 July 2022. <https://doi.org/10.3390/pathogens11020269>.

Haraway, Donna. J. "A Cyborg Manifesto: Science, Technology, and Socialist Feminism in the Late 20th Century." *Simians, Cyborgs, and Women: The Reinvention of Nature*. New York: Routledge, 1990. 149-81.

---. *Staying with the Trouble: Making Kin in the Chthulucene*. Durham: Duke UP, 2016.

Harbisson, Neil. "I Listen to Color." *TED*. June 2012. Web. 6 May 2016. <https://www.ted.com/talks/neil_harbisson_i_listen_to_color?subtitle=en>.

Healy, Melissa. "For Face Transplant Recipients, Some of the Healing is Psychological." *Los Angeles Time*s. 20 Nov. 2015. Web. 6 May 2023. <https://www.latimes.com/science/sciencenow/la-sci-sn-facial-transplant-psychology-20151120-story.html>.

Hendren, Sarah. Interview by Ana Alvarez. *Inside the Prosthetic Imaginary. Sara Hendren*. 2012. Web. 3 Mar. 2023. <https://sarahendren.com/projects-lab/inside-the-prosthetic-imaginary-rhizome-interview/>.

Holmes, Seth M. *Fresh Fruit, Broken Bodies: Migrant Farmworkers in the United States*. Oakland: U of California P, 2013.

Hopkins, David. *After Modern Art 1945–2000*. Oxford: Oxford UP, 2000.

How It Works Team. "How Stephen Hawking's Wheelchair Works." *How It Works*. 8 Jan. 2016. Web. 3 Jan. 2021. <https://www.howitworksdaily.com/how-stephen-hawkings-wheelchair-works/>.

Huang, Wei Ji, and Xiao Xiao Tang. "Virus Infection Induced Pulmonary Fibrosis." *Journal of Translational Medicin*e 19.1 (2021): 496. Web. 12 July 2022. <https://doi.org/10.1186/s12967-021-03159-9>.

Jaffee, Laura, and Kelsey John. "Disabling Bodies of/and Land: Reframing Disability Justice in Conversation with Indigenous Theory and Activism." *Disability and Global South* 5.2 (2018): 1407-29.

Jain, Sarah S. "The Prosthetic Imagination: Enabling and Disabling the Prosthesis Trope." *Science, Technology, & Human Values* 24.1 (1999): 31-54. *JSTOR*.

Web. 13 Apr. 2017. <http://www.jstor.org/stable/690238>.
Johnson, Merri Lisa, and Robert McRuer. "Cripistemologies: Introduction." *Journal of Literary and Cultural Disability Studies* 8.2 (2014): 127-47.
Kafer, Alison. *Feminist, Queer, Crip.* Bloomington: Indiana UP, 2013.
Kafka, Franz. *Metamorphosis and Other Stories.* Trans. Michael Hofmann. New York: Penquin Classics, 2008. 85-146.
Kristeva, Julia. *Powers of Horror: An Essay on Abjection.* New York: Columbia UP, 1982.
Kilander, Gustaf. "Firefighter Speaks Out about Historic Face Transplant: 'There's Hope for Everyone out there.'" *The Independent.* 6 July 2021. Web. 3 May 2023. <https://www.independent.co.uk/news/world/americas/patrick-hardison-face-transplant-mississippi-b1879114.html/>.
Koukol, Brian. *Handicapsules: Short Stories of Speculative Crip Lit.* Traverse: Independent Publisher, 2021.
Kuppers, Petra. *Disability and Contemporary Performance: Bodies on Edge.* New York: Routledge, 2004.
---. "Toward a Rhizomatic Model of Disability: Poetry, Performance, and Touch." *Journal of Literary & Cultural Disability Studies* 3.3 *(*2009): 221-40. Web. 13 Mar. 2023. <http://doi.org/10.3828/jlcds.2009.2>.
---. *Studying Disability Arts and Culture: An Introduction.* London: Palgrave Macmillan, 2014.
Kurzman, Steven L. "Presence and Prosthesis: A Response to Nelson and Wright." *Cultural Anthropology* 16.3 (2001): 374-87. *JSTOR.* Web. 31 Aug. 2023. <http://www.jstor.org/stable/656681>.
Le Guin, Ursula. *The Ones Who Walk Away from Omelas: A Story.* New York: Harper Perennial, 2017.
Levin, Mike. "The Art of Disability: An Interview with Tobin Siebers." *Disability Studies Quarterly* 30.2 (2010): n. pag. Web. 24 Feb. 2021. <https://dsq-sds.org/article/view/1263/1272>.
Lévinas, Emmanuel. "Is Ontology Fundamental?" *Emmanuel Lévinas: Basic Philosophical Writings.* Ed. Adriaan T. Peperzak, Simon Critchley, and Robert Bernasconi. Bloomington: Indiana UP, 2008. 1-10.
Lindgren, Kristin, Amanda Cachia, and Kelly C. George. "Growing Rhizomatically: Disability Studies, the Art Gallery and the Consortium." *Disability Studies Quarterly* 34.2 (2014): n. pag. Web. 24 Feb. 2023. <https://doi.org/10.18061/dsq.v34i2.4250>.
Linton, Simi. *My Body Politic: A Memoir.* U of Michigan P, 2006.

Lunn, Kitty. "Welcome to Infinity Dance Theater." *Infinity Dance Theater.* n.d. Web. 18 Aug. 2023. <https://www.infinitydance.com/index.html>.

Martin, Glen. "Cluster: Random or Environmental?" *San Francisco Chronicle.* 4 Oct. 1998. Web. 17 Mar. 2023. <http://www.sfgate.com/education/article/Cluster-Random-or-Environmental-The-small-2987351.php>.

Martin, Lindsay. "Dancing with Disability." *National Endowment for the Arts.* 2014. Web. 18 Aug. 2023. <https://www.arts.gov/stories/magazine/2014/3/healing-properties-art-health/dancing-disability>.

Mason, Micheline. "Internalised Oppression." *Disability Equality in the Classroom: A Human Rights Issue.* Ed. R. Rieser & M. Mason. London: Disability Equality in Education, 1992. 27-28.

May, Ashley. "Zion Harvey, Boy with First Double Hand Transplant, Can Now Hold a Baseball Bat." *USA Today.* 19 July 2017. Web. 6 May 2023. <https://www.usatoday.com/story/news/nation-now/2017/07/19/zion-harvey/491548001/>.

McCaffrey, Anne. *Ship Who Sang.* New York: Random House Publishing Group, 2017, <http://www.myilibrary.com?id=988467>.

McCafferty, Georgia. "The Man with an Ear on His Arm." *CNN News.* 13 August. 2015. Web. 24 Feb. 2018. < https://edition.cnn.com/style/article/stelarc-ear-arm-art/index.html>.

McClintock, Anne. *Imperial Leather: Race, Gender, and Sexuality in the Colonial Contest.* New York: Routledge, 1995.

McRuer, Robert, et al. "Proliferating Cripistemologies: A Virtual Roundtable." *Journal of Literary and Cultural Disability Studies* 8.2 (2014): 149-69.

McRuer, Robert. "Afterword." *Journal of Bioethical Inquiry* 9.3 (2012): 357-58. Web. 3 Mar. 2023. <http://doi.org.10.1007/s11673-012-9381-z>.

Metzl, Jonathan M., and Dorothy E. Roberts. "Structural Competency Meets Structural Racism: Race, Politics, and the Structure of Medical Knowledge." *Virtual Mentor* 16.9 (2014): 674-90.

Mingus, Mia. "Moving Toward the Ugly: A Politic Beyond Desirability." *Leaving Evidence.* 22 Aug. 2011. Web. 26 May 2023. <https://leavingevidence.wordpress.com/2011/08/22/moving-toward-the-ugly-a-politic-beyond-desirability/>.

Minich, Julie Avril. "Greenwashing the White Savior: Cancer Clusters, Supercrips, and *McFarland, USA.*" *Latinx Environmentalisms: Place, Justice, and the Decolonial.* Ed. Sarah D. Wald, David J. Vázquez, Priscilla S. Ybarra, Sarah J. Ray, Laura Pulido, and Stacy Alaimo. Philadelphia: Temple UP, 2019. 35-51.

Mitchell, David T., and Sharon L. Snyder. *Narrative Prosthesis: Disability and the Dependencies of Discourse. Corporealities: Discourses of Disability*. Ann Arbor: U of Michigan P, 2000.

---. *A World Without Bodies*. New York: Program Development Associates, 2001. Film.

---. *The Biopolitics of Disability: Neoliberalism, Ablenationalism, and Peripheral Embodiment*. Ann Arbor: U of Michigan P, 2015.

Mitchell, David, Sharon Snyder, and Linda Ware. "Curricular Cripistemologies. The Crip/Queer Art of Failure." *Jahrbuch Frauen- und Geschlechterforschung in der Erziehungswissenschaft (Yearbook of Women's and Gender Studies in Educational Science)*. Ed. Jürgen Budde, Susanne Offen, and Anja Tervooren. Berlin: Verlag Barbara Budrich, 12 (2016), 37-53.

Morris, Merry L. "The Dance Lens: A New Paradigm for Envisioning Assistive Devices and Disability." *Theatre and Dance Faculty Publications* 10 (2015): n. pag. Web. 18 Aug. 2023. <http://scholarcommons.usf.edu/the_facpub/10>.

Morrison, Toni. "Toni Morrison on Trauma, Survival, and Finding Meaning." *The Connecticut Forum*. 4 May 2001. Web. 8 Mar. 2023. <https://www.youtube.com/watch?v=5xvJYrSsXPA>.

Mullins, Aimee. "My 12 Pairs of Legs." *TED*. Feb. 2009. Web. 6 May 2023. <https://www.ted.com/talks/aimee_mullins_my_12_pairs_of_legs/transcript>.

---. "Is Choosing a Prosthesis So Different than Picking a Pair of Glasses?" *GIZMODO*. 10 Nov. 2009. Web. 18 Aug. 2018. < https://gizmodo.com/is-choosing-a-prosthesis-so-different-than-picking-a-pa-5401408>.

Murphy, Michelle. "Uncertain Exposures and the Privilege of Imperception: Activist Scientists and Race at the U.S. Environmental Protection Agency." *Osiris* 19 (2004): 266-82. *JSTOR*, http://www.jstor.org/stable/3655244.

Murray, Stuart. *Disability and the Posthuman: Bodies, Technology, and Cultural Futures*. Liverpool: Liverpool UP, 2020.

Nash, Gemma. "Beware the Beginning: Interview with Disabled Artist and Anti-Austerity Activist, Liz Crow." *Gemma Nash: Artist*. 10 June 2015. Web. 16 July 2023. <http://gemmanashartist.com/disability/beware-the-beginning-interview-with-disabled-artist-and-anti-austerity-activist-liz-crow/>.

---. "Hanging in the Balance." *Gemma Nash: Artist*. 2015. Web. 16 July 2023. <http://gemmanashartist.com/hanging-in-the-balance/>.

Newell, Alan F., et al. "User-sensitive Inclusive Design." *Universal Access in the Information Society* 10.3 (2011): 235-43.

Nixon, Rob. *Slow Violence and the Environmentalism of the Poor*. Cambridge:

Harvard UP, 2013.

---. "Slow Violence, Neoliberalism, and the Environmental Picaresque." *Slow Violence and the Environmentalism of the Poor.* Cambridge: Harvard UP, 2013. 45-67.

Overboe, James. "Disability and Genetics: Affirming the Bare Life (the State of Exception)." *The Canadian Review of Sociology and Anthropology* 44.2 (2007): 219-34. Web. 14 Feb. 2022 <https://doi.org/10.1111/j.1755-618X.2007.tb01135.x>.

Penwarden, Charles. "Of Word and Flesh: An Interview with Julia Kristeva." *Rites of Passage: Art for the End of the Century.* Ed. Stuart Morgan and Frances Morris. London: Tate Gallery Publications, 1995. 21-27.

Perez, Domino Renee. "Dances with Mexicans: Disney's *McFarland, USA.*" *NewsTaco.* 9 Mar. 2015. Web. 3 Feb. 2022. <https://newstaco.com/2015/03/09/dances-with-mexicans-disneys-mcfarland-u-s-a/>.

Petryna, Adriana. *Life Exposed: Biological Citizens after Chernobyl.* New Jersey: Princeton UP, 2002.

Porkertová, Hana. "The 'Assemblages' of Disability: An Affirmative Conception in a Deleuze-Guattarian Perspective." *Czech Sociological Review* 55.5 (2019): 561-86. Web. 6 May 2023. <http://doi.org/10.13060/00380288.2019.55.5.477>.

Price, Emily. "Why Wear a Prosthetic When You Could Become a Superhero Instead?" *The Guardian.* 27 Jan. 2016. Web. 3 Mar. 2023. <https://www.theguardian.com/technology/2016/jan/27/why-wear-a-prosthetic-when-you-could-become-a-superhero-instead>.

Puar, Jasbir K. *The Right to Maim: Debility, Capacity, Disability.* Durham: Duke UP, 2017.

Pullella, Philip. "Vatican Marks Anniversary of 1972 Attack on Michelangelo's Pieta." *Reuters.* 21 May 2013. Web. 16 July 2023. <https://www.reuters.com/article/us-vatican-pieta-idUSBRE94K0KU20130521>.

Quirouette, C. Cécile, and Dolores Pushkar. "Views of Future Aging among Middle-aged, University Educated Women." *Canadian Journal on Aging* 18.2 (1999): 236-58. Web. 13 Dec. 2023. <http://doi.org.10.1017/S071498080000979X>.

Ray, Sarah Jaquette, and Jay Sibara, eds. *Disability Studies and the Environmental Humanities: Toward an Eco Crip Theory.* Lincoln: U of Nebraska P, 2017.

Reeve, Donna. "Cyborgs, Cripples and iCrip: Reflections on the Contribution of Haraway to Disability Studies." *Disability and Social Theory: New Developments and Directions.* Ed. Dan Goodley, Bill Hughes, and Lennard Davis. London: Palgrave Macmillan, 91-111.

Rice, Carla, et al. "Imagining Disability Futurities." *Hypatia: A Journal of Feminist Philosophy* 32.2 (2017): 213-29.

Robertson, Ann. "Beyond Apocalyptic Demography: Toward a Moral Economy of Interdependence." *Critical Gerontology: Perspectives from Political and Moral Economy.* Ed. Meredith Minkler and Carroll L Estes. New York: Baywood P, 1998. 75-90.

Roets, Griet, and Rosi Braidotti. "Nomadology and Subjectivity: Deleuze, Guattari and Critical Disability Studies." *Disability and Social Theory.* London: Palgrave Macmillan, 2012. 161-78.

Rose, Martha L. *The Staff of Oedipus: Transforming Disability in Ancient Greece.* Ann Arbor: U of Michigan P, 2003.

Rousso, Harilyn. *Don't Call Me Inspirational: A Disabled Feminist Talks Back.* Philadelphia: Temple UP, 2013.

Russo, Mary. "Female Grotesques: Carnival and Theory." *Feminist Studies/Critical Studies.* London: Palgrave Macmillan, 1986. 213-29.

Salih, Sara, and Judith Butler, ed. *The Judith Butler Reader.* Oxford: Blackwell, 2004.

Samuels, Ellen. "Six Ways of Looking at Crip Time." *Disability Studies Quarterly* 37.3 (2017): n. pag. Web. 7 Mar. 2022. <https://dsq-sds.org/article/view/5824/4684>.

Sandahl, Carrie. "Ahhhh Freak Out! Metaphors of Disability and Femaleness in Performance." *Theatre Topics* 9.1 (1999): 11-30.

Sandahl, Carrie, and Philip Auslander. "Introduction: Disability Studies in Commotion with Performance Studies." *Bodies in Commotion: Disability and Performance.* U of Michigan P, 2005. 1-12.

Sangren, Paul Steven. "Fate, Agency, and the Economy of Desire in Chinese Ritual and Society." *Social Analysis* 56.2 (2012):117-35.

Sarmiento, Samuel. "Zion Harvey: A Year After Double Hand Transplant 9-Year-Old 'Can Do More Than I Imagined.'" *NBC News.* 24 Aug. 2016. Web. 6 May 2019. <https://www.nbcnews.com/health/health-news/zion-harvey-year-after-double-hand-transplant-9-year-old-n636646>.

Sartre, Jean-Paul. "Preface." *Wretched of the Earth.* By Frantz Fanon. Trans. Richard Philcox. New York: Grove P, 2005. xliii-lxii.

Scott-Morgan, Peter. *Peter 2.0: The Human Cyborg.* London: Penguin, 2021.

Serlin, David. "The Other Arms Race." *The Disability Studies Reader.* Ed. Lennard J. Davis. New York: Routledge, 2006. 49-66.

Serres, Michel. *Hominescence.* Paris: Pommier, 2001.

---. *Rameaux-Poche*. Paris: Pommier, 2007.
---. *The Incandescent*. Trans. Randolph Burks. New York: Bloomsbury Academic, 2018.
Shakespeare, Tom. "This Long Disease, My Life." *Disability Studies Quarterly* 31.4 (2011): n. pag. Web. 23 Sep. 2022. <https://doi.org/10.18061/dsq.v31i4.1727>.
Shildrick, Margrit. *Dangerous Discourses of Disability, Subjectivity and Sexuality*. New York: Palgrave MacMillan, 2009.
Shildrick, Margrit, and Janet Price. "Breaking the Boundaries of the Broken Body." *Body and Society* 2.4 (1996): 93-113. Web. 24 Feb. 2023. <https://doi.org/10.1177/1357034X96002004006>.
Siebers, Tobin. "Disability as Masquerade." *Literature and Medicine* 23.1 (2004): 1-22.
---. "Disability in Theory: From Social Constructionism to the New Realism of the Body." *The Disability Studies Reader*. 2nd ed. Ed. Lennard J. Davis. New York: Routledge, 2006. 173-83.
---. *Disability Theory*. Ann Arbor: U of Michigan P, 2008.
---. *Disability Aesthetics*. Ann Arbor: U of Michigan P, 2010.
Sienkiewicz-Mercer, Ruth, and Steven B. Kaplan. *I Raise My Eyes to Say Yes*. Boston: Houghton Mifflin, 1989.
Smit, Christopher B. "A Collaborative Aesthetic: Levinas's Idea of Responsibility and the Photographs of Charles Eisenmann and the Late Nineteenth-Century Freak-Performer." *Victorian Freaks: The Social Context of Freakery in Britain*. Ed. Marlene Tromp. Columbus: Ohio State UP, 2008. 283-311.
Smith, Daniel W. "Deleuze, Technology, and Thought." *Tamkang Review* 49.1 (2018): 33-52. Web. 18 Aug. 2023. <http://10.6184/TKR201812-3>.
Smith, Marquard. "The Vulnerable Articulate: James Gillingham, Aimee Mullins, and Matthew Barney." *The Prosthetic Impulse: From a Posthuman Present to a Biocultural Future*. Ed. Smith Marquard and Joanne Morra. Cambridge: MIT P, 2007. 43-72.
Smith, Marquard, and Aaron Williamson. *Aaron Williamson: Performance/Video/Collaboration*. London: Live Art Development Agency. 2008.
Smith, Marquard, and Joanne Morra, eds. *The Prosthetic Impulse: From a Posthuman Present to a Biocultural Future*. Cambridge: MIT P, 2007.
Sobchack, Vivian. *The Address of the Eye: A Phenomenology of Film Experience*. New Jersey: Princeton UP, 1992.
---. "What My Fingers Knew: The Cinesthetic Subject, or Vision in the Flesh."

Carnal Thoughts: Embodiment and Moving Image Culture. Berkeley: U of California, 2004. 53-84.

---. "A Leg to Stand On: Prosthetics, Metaphor, and Materiality." *The Prosthetic Impulse: From a Posthuman Present to a Biocultural Future.* Ed. Marquard Smith and Joanne Morra. Cambridge: MIT P. 2006. 17-41.

Sontag, Susan. *On Photography.* New York: Rosetta Books, 1973.

Stellman, Steven D., and Jeanne Mager Stellman. "Agent Orange During the Vietnam War: The Lingering Issue of Its Civilian and Military Health Impact." *American Journal of Public Health* 108.6 (2018): 726-28.

Steven, Mark. Rev. of *Bad New Days: Art, Criticism, Emergency,* by Hal Foster. *Affirmations: of the Modern* 3.1 (2015): 149-55. Web. 16 July 2023. <https://doi.org/10.57009/am.55>.

Stiegler, Bernard. *Technics and Time, 1: The Fault of Epimetheus.* Trans. Richard Beardsworth and George Collins. Redwood: Stanford UP, 1998.

Stiker, Henri-Jacques. *A History of Disability.* Trans. William Sayers. Ann Arbor: U of Michigan P, 1999.

Stone, Sharon Dale. "Disability, Dependence, and Old Age: Problematic Constructions." *Canadian Journal on Aging* 22.1 (2001): 59-67. Web. 13 Dec. 2023. <http://doi.org.10.1017/S0714980800003731>.

Sumitra. "Orlan: The French Performance Artist Who Used Plastic Surgery to Challenge Beauty Standards." *Oddity Central.* 3 Jan. 2013. Web. 6 Mar. 2021. <http://www.odditycentral.com/news/orlan-the-french-performance-artist-who-used-plastic-surgery-to-challenge-beauty-standards.html>.

Sun, Hsiao-yu. "Reclaiming Disability: Chinese Cultures' Journey from Discrimination to Reform." *Italian Journal of Disability Studies* 2.1 (2014): 137-56.

---. "Prosthetic Configurations and Imagination: Dis/ability, Body, and Technology." *Concentric: Literary and Cultural Studies,* 44.1 (2018): 13-39.

Sze, Julie. *Noxious New York: The Racial Politics of Urban Health and Environmental Justice.* Cambridge: MIT P, 2006.

Tate, Andrew. *Apocalyptic Fiction.* London: Bloomsbury, 2017.

Taylor, Astra, and Sunaura Taylor. "Military Waste in Our Drinking Water." *AlterNet.* 4 Aug. 2006. Web. 26 Mar. 2023. <https://www.alternet.org/2006/08/military_waste_in_our_drinking_water>.

Tolle, Eckhart. *The Power of Now: A Guide to Spiritual Enlightenment.* New Zealand: Hodder, 2004.

Turns, Anna. *Go Toxic Free: Easy and Sustainable Ways to Reduce Chemical Pollution.* London: Michael O'Mara, 2022.

---. "The Chemicals that Linger for Decades in Your Blood." *BBC News*. 31 July. 2022. Web. 24 Feb. 2023. <https://www.bbc.com/zhongwen/trad/science-62252076>.

Vidali, Amy. "Out of Control: The Rhetoric of Gastrointestinal Disorders." *Disability Studies Quarterly* 3.4 (2010): n. pag. Web. 2 May 2023. <https://dsq-sds.org/article/view/1287/1313>.

Wade, Cheryl Marie. "It Ain't Exactly Sexy." *The Ragged Edge: The Disability Experience from the Pages of the First Fifteen Years*. Ed. Barrett Shaw. Louisville: Advocado P, 1994. 88-89.

Weir, Lucy. "Abject Modernism: The Male Body in the Work of Tatsumi Hijikata, Günter Brus and Rudolf Schwarzkogler." *Tate Papers*. 2015. Web. 16 July 2023. <https://www.tate.org.uk/research/tate-papers/23/abject-modernism-the-male-body-in-the-work-of-tatsumi-hijikata-gunter-brus-and-rudolf-schwarzkogler>.

Wester, Daphne. "All Eyes on Neil Marcus: A Champion of Disability Visibility Through Artistry." *Accessibility*. 3 Jan. 2022. Web. 24 Feb. 2023. <https://www.accessibility.com/blog/all-eyes-on-neil-marcus-a-champion-of-disability-visibility-through-artistry>.

Wheatley, Trish. "Liz Crow on Figures." *Disability Art Online*. 5 Apr. 2015. Web. 15 July 2023. <https://disabilityarts.online/magazine/opinion/liz-crow-on-figures/>.

Whitman, Walt. *Leaves of Grass*. Ed. Malcolm Cowley. New York: Penguin Books, 1986.

Wills, David. *Dorsality: Thinking Back through Technology and Politics*. Minneapolis: U of Minnesota P, 2008.

Wilson, James C. "(Re)Writing The Genetic Body-Text: Disability, Textuality, and the Human Genome Project." *The Disability Studies Reader*. 2nd ed. Ed. Lennard J. Davis. New York: Routledge, 2006. 67-78.

Winner, Langdon. "Do Artifacts Have Politics?" *Daedalus* 109.1 (1980): 121-36.

World Health Organization. "Disability and Health Overview." 16 Sep. 2020. Web. 13 Dec. 2023. <https://www.cdc.gov/ncbddd/disabilityandhealth/disability.html>.

---. "14.9 Million Excess Deaths Associated with the Covid-19 Pandemic in 2020 and 2021." 5 May 2022. Web. 21 June 2023. <https://www.who.int/news/item/05-05-2022-14.9-million-excess-deaths-were-associated-with-the-covid-19-pandemic-in-2020-and-2021>.

---. "Zika Virus." 8 Dec. 2022. Web. 12 July 2023. <https://www.who.int/news-room/fact-sheets/detail/zika-virus>.

---. "Ebola Virus Disease." 20 Apr. 2023. Web. 16 Sep. 2023. "Zion's Story: One

Year Later." *Almanac* 63.5 (2016): 1. <https://www.who.int/en/news-room/fact-sheets/detail/ebola-virus-disease>.

Yoshizaki-Gibbons, Hailee M. "Engaging with Aging: The 'Greying' of Critical Disability Studies." *Manifestos for the Future of Critical Disability Studies*. Ed. Rosemarie Garland-Thomson, Katie Ellis, Mike Kent, and Rachel Robertson. New York: Routledge, 2018. 179-88.

---. "Integrating Critical Disability Studies and Critical Gerontology to Explore the Complexities of Ageing with Disabilities." *Handbook on Aging with Disability*. Ed. Michelle Putnam and Christine Bigby. New York: Routledge, 2021. 32-43.

"Zion's Story: The Gift of Hands." *The Children's Hospital of Philadelphia*. July 2015. Web. 6 May 2023. <https://www.chop.edu/stories/zion-s-story-gift-hands>.

索引

A

abject 賤斥體 / 2, 89, 194, 200-02, 205-06
ableism 能者意識形態 / 2, 4, 10, 13-14, 19-20, 22, 28, 84, 87, 92, 127-30, 146-47, 149, 154-55, 158, 164-65, 170, 188, 190, 192, 195, 214, 228-29, 230, 238, 261, 297, 313, 323, 335, 345, 348, 352, 361
About Raw Gravity's Intermezzo《關於生之重力的間奏式 Intermezzo》/ 247
access 可及性 / 90, 145, 312, 357
Adorno, Theodor W. 阿多諾 / 293-94, 346-48
　Negative Dialectics《否定的辯證法》/ 293, 346-47
affect 情動 / 96, 99, 123, 177-81, 183, 190, 193, 195, 197, 200, 206-07, 223, 237, 317, 319, 320, 325-26
After Death《彼岸的真相》/ 401
ageism 年齡歧視 / 22, 371, 399
Agent Orange 橙劑 / 22, 37, 38, 40, 51-52, 58, 79
Alaimo, Stacy 阿萊莫 / 28, 44, 53, 320
Albright, Ann Cooper 奧爾布賴特 / 313-14, 318
Amyotrophic lateral sclerosis（簡稱 ALS）肌萎縮性脊髓側索硬化症（又稱漸凍症）/ 258, 262
Anderson, David R. 安德森 / 29
anti-assimilationist 反同化主義 / 357
Araniello, Katherine 阿拉尼洛 / 194, 215, 217-21
　Sick Bitch Crip（簡稱 *SBC*）《生病蕩婦可立》/ 219-21
Araniello, Katherine & Williamson, Aaron 阿拉尼洛及威廉森 / 217-18
Assisted Passage《協助通道》/ 217-19
Arbus, Diane 阿勃絲 / 188-90, 192
　"Mexican Dwarf in His Hotel Room in New York City"〈紐約市旅館房間裡的墨西哥侏儒〉/ 188

"A Jewish Giant at Home with his Parents in the Bronx, New York, 1970"〈1970年紐約布朗克斯的一個猶太巨人和他的父母在家裡〉/ 189
Artaud, Antonin 阿爾托 / 15, 203
Arya, Rina 阿里婭 / 201-03
　"Taking Apart the Body"〈拆解身體〉/ 201
Artificial Intelligence 人工智慧 / 22, 91, 125, 256, 258-61, 264-65, 268, 270-71, 277, 278-87, 290-92, 295, 329-31, 333, 335, 339, 346, 361-62
Auslander, Philip 奧斯蘭朵 / 213, 232, 321
avant-garde 前衛 / 11, 175, 178, 180, 184, 185, 193, 194-95, 200-01, 203, 208, 210, 212, 219, 221-23, 239, 246, 280, 287, 297, 323, 349
assemblage theory 組裝概念 / 91, 109, 121
　Assemblages 組合性 / 113, 124
Atwood, Margaret 愛特伍德 / 354, 389
　"Lusus Naturae"〈天生畸物〉/ 354, 389, 399

B

Bacon, Francis 培根 / 178-81, 193, 202, 206
　"Three Studies for Figures at the Base of a Crucifixion"〈十字受刑架上的人物習作〉/ 180
　Portrait of John Edwards《約翰・愛德華茲肖像》/ 202, 206
Bai, Ju-yi, 白居易 / 380-81
Ballroom Dancing, 國標舞 / 230, 305-07, 309, 393
Barnes, Jason, 巴恩斯 / 129
Barney, Matthew 巴尼 / 105
　Cremaster 3《懸絲 3》/ 105
Baudrillard, Jean 布希亞 / 292
Baum, Lyman Frank 鮑姆 / 271-73

Bavel, Bert Van 巴維爾 / 36
Baynton, Douglas 貝恩頓 / 84
Beauvoir, Simone de 波娃 / 372-74, 376-78, 387-88, 398-99
　The Second Sex《第二性》/ 372
　Old Age（法文 *La Vieillesse*）《論老年》/ 372
Becoming 生成 / 15-17, 46, 79, 102-03, 105, 109, 117, 123-25, 139, 182-83, 195, 210, 222, 242, 256, 273-76, 278-79, 281-82, 285, 287-90, 292, 303, 313, 322, 324, 329-32, 334, 336, 349, 358-59, 365
Belluso, John 貝魯索 / 213
Bird and Water Dance Ensemble 鳥與水舞集 / 230, 235, 242-44
bios, 政治生命 / 5, 8, 19-21, 353
Body without Organs (BwO)「無器官身體」/ 11, 14-16, 121, 148, 181, 193, 206, 277, 280, 282, 285, 288-91, 365
Body Phase Studio, 身體氣象館 / 235, 245-46, 248
Booher, Amanda K. 布赫 / 112, 330
Bosch, Hieronymus 波希 / 195
Braidotti, Rosi 布雷朵蒂 / 11-12, 17, 78-79, 124, 259, 261, 274-75, 277, 292-93, 365-66
　Posthuman, The 後人類 / 11, 22, 27, 78, 106, 195, 255, 258-59, 261, 271, 273, 277, 279, 281, 291, 293, 321, 324-25, 329-30, 333-37, 341, 345, 348, 356, 361, 362, 405
　Nomadic Subjects 《遊牧主體》/ 124, 274-75, 281, 288
Bricolage 修補術 / 91-92, 277
Brill, Sara 布里爾 / 302, 321-22
Butler, Judith 巴特勒 / 1, 89, 200-01, 213
Butoh 舞踏 / 203-06

C

Cao, cao 曹操 / 379-80
Carson, Rachel 卡森 / 44
　Silent Spring《寂靜的春天》/ 44
Castillo, Ana 卡斯蒂略 / 44
　So Far From God《遠離上帝》/ 45

Catalyst《催化劑》/ 242, 356
Chen, Bo-wen 陳伯文 /
Chen, Guo-xun 陳國熏 / 62
Chen, Hui-ming 陳暉明 / 66
Chen, Mel Y. 陳梅爾 / 29
　"Lead's Racial Matters"〈鉛的種族問題〉/ 29
Chen, Zhao-ru 陳昭如 / 62-64, 70
　《被遺忘的 *1979*：台灣油症事件三十年》/ 63
Chiu, Da-xin 邱大昕 / 169-70
Chiu, Yi-jun 邱宜君 / 74
Chiu, Yi-xuan 邱意媗 / 67
Clare, Eli, 克萊爾 / 29-35, 38
　"Notes on Natural Worlds, Disabled Bodies, and a Politics of Cure"〈自然世界、失能身體和治療政治筆記〉/ 29
Close, Chuck 克洛斯 / 175
Cohen-Rottenberg, Rachel 科恩—羅滕伯格 / 84
Confucius 孔子 / 392, 397
　Analects of Confucius, The《論語》/ 392, 397
Convention on the Rights of Persons with Disabilities（簡稱 CRPD）身心障礙者權利公約 / 166-169
Couser, Thomas 高塞 / 85, 338
　"The Future of Life Writing"〈生命書寫的未來〉/ 86, 260
　Recovering Bodies《康復身體》/ 338
COVID 新型冠狀病毒肺炎 / 28, 55
Crescent Moon Dance 弦月舞集 / 303
crip 可立 / 2, 13-14, 21, 112-13, 194, 220-21, 235, 239, 261, 323, 330, 335, 348-49, 351, 353-59, 361
Crip technoscience 可立技術科學 / 14, 356-58
Cripistemologies 可立知識論 / 14, 349-52, 356, 404
Critical Disability Studies 批判性失能研究 / 1, 2-3, 9, 13-14, 17, 276, 348, 371-72, 403, 417

索引 447

Crohn's Foot Disease 烏腳病 / 61
Cronin, Linda J. 克羅尼 / 239
Crosz, Elizabeth 葛蘿茲 / 209-10, 302-03, 322-23
Crow, Liz 柯洛 / 194, 197-200
 Bedding Out《公開臥床》/ 197-98
 Figures《人物》/ 198
Crutches 拐杖 / 91, 93-94, 107, 109, 133, 135, 141, 143, 195-96, 199, 298-300, 303-04, 307-08, 324, 354, 367, 380, 386
Cunningham, Claire 康寧漢 / 194-97
 Give Me a Reason to Live《給我一個活下去的理由》/ 195, 197
Cybathlon 賽博馬拉松 / 256

D

Darling, Rosalyn Benjamin 達林 / 231
Davis, Lennard J. 戴維斯 / 7-8, 187
 Enforcing Normalcy《強制正常化》/ 7, 187
 The End of Normal《正常的終結》/ 7-8, 92, 339
Davies, Thom 戴維斯 / 40-41, 44, 92
debility, 衰弱 / 337-39, 346, 350-52, 368, 381-82
deterritorialization 去畛域，去領土 / 17-19, 182, 280, 288, 322-323, 358
Deleuze, Gilles 德勒茲 / 11, 14-20, 91, 109, 117, 121-24, 177-79, 181-84, 193, 206, 209-10, 273-76, 278, 281, 287-93, 300, 303, 322-23, 336, 353, 358, 365
 Pure Immanence: Essays on a Life《純粹的內在：關於生活的論文》/ 19, 353
 Francis Bacon: The Logic of Sensation《法蘭西斯・培根：感覺的邏輯》/ 181
Deleuze, Gilles, and Félix Guattari 德勒茲與瓜達里 / 15, 17, 121, 181, 184, 273, 280, 282
 A Thousand Plateaus《千高原》/ 15, 17-18, 122, 178, 182-83, 274, 276, 288, 336
Derrida, Jacques 德希達 / 91-92, 131, 277

Diao, Man-peng & Li, Yi-zheng 刁曼蓬與李宜蓁 / 73
Díaz, Danny 迪亞茲 / 50
Dickens, Charles 狄更斯 / 412
 A Tale of Two Cities《雙城記》/ 412
Dioxin 戴奧辛 / 37, 52, 60, 66-68, 73
Disabled Cyborgs 失能賽博格 / 83, 90, 92-93, 98-99, 102, 112, 125, 261
Dis/human 全人 / 333
diversity 多元 / 2, 5, 7-8, 12, 17-18, 22-23, 79, 85, 90-91, 93, 102, 105, 112, 121-22, 124, 132-33, 154, 156, 171, 175, 177-78, 183, 185, 193, 195, 209, 213, 223, 225-26, 233, 240-43, 245-46, 249, 260-61, 268, 273, 277, 280-82, 286, 288, 290, 297, 299-03, 305, 310, 312, 317, 320-22, 324, 330, 343, 345-46, 348-50, 358, 361, 369, 372, 378, 383, 406, 418
dorsality 側背 / 98-99, 102, 111, 207
dualistic 二元 / 121-122, 125, 182, 193, 202, 208-10, 221, 223, 250, 281, 311, 317, 321, 323, 333, 336-37, 339, 347, 365-66, 398, 404-07, 410
Duffy, Mary 達菲 / 234

E

Eisenmann, Charles 艾森曼 / 190-192
Enabling America: Assessing the Role of Rehabilitation Science and Engineering《賦能美國：評估康復科學與工程的作用》/ 27
epidemic disease, 流行病 / 55, 58-59, 68, 75, 77
 Ebola virus disease 伊波拉病毒病 / 57
 Marburg virus 馬堡病毒 / 57
 Chagas Disease 屈公病 / 57
 Zika virus 茲卡病毒 / 57, 76
 Malaria 瘧疾 / 56, 59
exo-Darwinism 外達爾文主義 / 300-01

F

fate 命，命運 / 129-30, 151, 156-57, 171, 229, 249, 266-67, 270, 293-95, 319, 364

Ferrando, Francesca 費蘭多 / 291-92
Ferris, Joshua 費瑞斯 / 342, 344-45
　The Unnamed《未命名》/ 342, 345-46, 350
fluidity 流動性 / 5, 99, 102-03, 105, 121, 123, 176-78, 210, 248, 259, 281, 289, 302-03, 311, 323, 330, 359, 367
Foster, Hal 福斯特 / 185
Four Books of Notes to Sentences《四書章句集注》/ 392
Friend, David 富蘭德 / 38
Fritsch, Kelly 弗瑞奇 / 347-48, 356-57
　"On the Negative Possibility of Suffering"〈苦難的負面可能性〉/ 293
Fukuyama, Francis 福山 / 362-64
　Our Posthuman Future: Consequences of the Biotechnology Revolution《後人類未來：基因工程的人性浩劫》/ 362

G

Galison, Peter 加利森 / 301
Galtung, Johan 加爾通 / 40, 42
Garland-Thomson, Rosemarie 嘉蘭-湯姆森 / 85-86, 88, 105, 155
　Staring: How We Look《盯視：我們如何看》/ 88
　Extraordinary Bodies: Figuring Physical Disability in American Culture and Literature《非凡的身體》/ 155
Gibson, Barbara E. 吉布森 / 17, 122-23, 124, 277, 282, 288-89
Gide, André Paul Guillaume 紀德 / 379
Glissant, Édouard 格里桑 /
　Poetics of Relation《關係詩學》/ 207
Goethe, Johann Wolfgang von 歌德 / 377
Goodley, Dan 古德利 / 16-17, 275, 330, 345, 352-53
　Dis/ability Studies《失/能研究》/ 16
Grech, Shaun & Soldatic, Karen 格雷奇與蘇爾達提克 / 9
　Disability in the Global South: The Critical Handbook《全球南部的失能問題：批判手冊》/ 9

Greenberg, Slava 格林伯格 / 86-90, 113
　"Stories Our Bodies Tell: The Phenomenology of Anecdotes, Comings Out, and Embodied Autoethnographies"〈我們的身體講述的故事〉/ 86
Grosz, Elizabeth 葛蘿茲 / 209, 322
　Volatile Bodies《揮發體》/ 209, 302
Guin, Ursula K. Le 勒瑰恩 / 354
　"The Ones Who Walk Away from Omelas"〈離開歐密拉斯的人〉/ 355
Guthman, Julie 古斯曼 / 50

H

Hadley, Bree 海德里 / 194, 212, 214, 216-18, 221-23
　Disability, Public Space Performance and Spectatorship: Unconscious Performers《失能、公共空間表演和觀眾：無意識的表演者》/ 194
Haisman, Alice 海斯曼 / 106
Hamscha, Susanne 哈姆沙 / 186-90
Han, Yu 韓愈 / 387
Haraway, Donna 哈樂薇 / 301, 321, 334-56
　"A Cyborg Manifesto"〈賽博格宣言〉/ 301-02, 334, 356
　Staying with the Trouble《忍受煩惱》/ 358
Harbisson, Neil 哈比森 / 333-34
Hardison, Patrick 哈迪森 / 114-20, 125
Harvey, Zion 哈維 / 114, 119-20, 125, 190
Hawking, Stephen William 霍金 / 99-102, 137, 139, 279, 302, 331, 361-62, 391
Hendren, Sarah 韓德倫 / 334
He, Xin-ru 何欣茹 / 306, 308-10, 318-19
Heidegger, Martin 海德格 / 403
　"Letter on Humanism"〈論人文主義的書信〉/ 403
　"On the Essence of Truth"〈論真理的本質〉/ 403
Herr, Hugh 赫爾 / 257-58
Holmes, Seth 霍姆斯 / 49
Homer 荷馬 / 359-360
　Odyssey《奧德賽》/ 359, 394

索引 449

Hua, Meng-jin 花孟璟 / 78
Hugo, Victor 雨果 / 375-77
Hugten, Corrie van 胡頓 / 304
Human Genome Project, The 人類基因模組計畫 / 258-59
Huxley, Aldous Leonard 赫胥黎 / 362-63
Hwang, Meillian 黃美廉 / 235-37, 242
Hwang, Wen-hong 黃文宏 / 404

I

I am a Normal Person duology《我是一個正常人二部曲：我們一起撿到槍》/ 249
inspiration 勵志 / 47-48, 103-04, 128, 165-66, 228-32, 234, 249, 385
International Para Competition 國際帕奧委員會 / 304

J

Jain, Sarah S. 詹恩 / 330
Ji, Si-dao 紀思道 / 73
Ji, Yuan-wen & Li You-cheng 紀元文與李有成 / 128, 131
Jiang, Jie 蔣捷 / 350-52, 379
Johnson, Merri Lisa 詹森 / 350-52
Johnson, Gary M. 強生 / 50
Juvenalis, Decimus Junius 尤韋納利斯 / 374

K

Kafer, Alison 卡佛 / 324, 334-35
Kafka, Franz 卡夫卡 / 18, 19, 332
  The Metamorphosis《變形記》/ 332, 342
Kahlo, Frida 卡蘿 / 175, 181, 251
karma 因果報應 / 157
Kazuo, Ohno 大野一雄 / 203-04, 206
  La Argentina《阿根廷》/ 204
Kuppers, Petra 谷珀思 / 17-19, 96, 181-84, 222, 316, 336
  Studying Disability Arts and Culture《失能藝術與文化之研究》/ 96
Kristeva, Julia 克莉斯蒂娃 / 194, 200-01, 203
  The Power of Horror《恐怖的力量》/ 200

L

Lacan, Jacques 拉岡 / 7, 209, 367
Lindgre, Kristin, Amanda Cachia, Kelly C. George 林格倫、凱琪亞及喬治 / 183
  "Growing Rhizomatically: Disability Studies, the Art Gallery and the Consortium"〈根莖式的成長：失能研究、美術館和財團〉/ 183
Lakmaier, Noemi 拉克邁爾 / 194, 215-16
Lan, Yue-han 藍約翰 / 232-34
Lao Tzu 老子 / 388, 412
Levin, Mike 萊文 / 119-20, 184
Lévinas, Emmanuel, 列維納斯 / 191-93, 222
Li, Hui-mian 李惠綿 / 298-99
  Walk on One's Hands《以手走路》/ 298
life writing, 生命書寫 / 81, 83, 85, 92, 96, 128-29, 131, 260, 388
Lin, Jie-liang & Tang, Dun-ci 林杰樑與譚敦慈 / 68
Lin, Wan-yi 林萬億 / 166
Lin, Xi-yi 林希逸 / 388-89
Lin, Yi-ping 林宜平 / 66
Li, Po 李白 / 379
Li, Shang-yin 李商隱 / 379-80
Lin, Xiu-xia 林秀霞 / 230, 306-07, 310, 318
line of flight 逃逸線 / 17, 287-88, 329
Linton, Simi 林丹 / 93, 95-96, 99
  My Body Politic《我的身體政治》/ 95
Liu, Da-tan 劉大潭 / 298-99, 385
Liu, er 劉鶚 / 378
Liu, Guang-yin 劉光瑩 / 77
Liu, Xia 劉俠（筆名杏林子）/ 129, 136, 138
Liu, Yu-xi 劉禹錫 / 380-81
long COVID 長新冠症 / 74
Luminance Art Space 光之藝廊 / 235, 242, 244-45
Lunn, Kitty 倫恩 / 315-16, 318
  Infinity Dance Theater 無限舞蹈劇場 / 315

M

Marquard, Smith & Morra, Joanne 馬夸德與莫拉 / 255, 321, 334

The Prosthetic Impulse: From a Posthuman Present to a Biocultural Future《義肢衝動：從後人類的現在到生物文化的未來》/ 255
Mason, Micheline 梅森 / 100, 158
Massumi, Brian 馬蘇米 / 319
McCaffrey, Anne 麥卡芙瑞 / 331-32
　The Ship Who Sang《會唱歌的船》/ 331
　McFarland, USA《美國麥克法蘭》/ 45-49
McRuer, Robert 麥克魯爾 / 112, 194, 347, 350
Mercé, Antonia 梅爾斯 / 204
Merleau-Ponty, Maurice 梅洛-龐蒂 / 209, 302
Minich, Julie Avril 米尼希 / 45-49
　"Greenwashing the White Savior: Cancer Clusters, Supercrips, and McFarland, USA"〈綠化白人救世主：癌症集群、非凡失能者和美國麥克法蘭公司〉/ 45
Mitchel, David T. & Snyder, Sharon L. 米契爾與史奈德 / 84, 335, 343, 347, 359-61
　Biopolitics of Disability: Neoliberalism, Ablenationalism, and Peripheral Embodiment, The《失能的生命政治學：新自由主義、健全國家主義、邊緣典型》/ 335
　Narrative Prosthesis《敘事假體》/ 1, 84-85, 131
Monet, Oscar-Claude 莫內 / 176-78, 237
　"The Water Lilies"《睡蓮》/ 176
　"On the Bank of the Seine, Bennecourt"《班納庫爾的塞納河畔》/ 176
monistic 一元的 / 12, 411
Morrison, Toni 莫里森 / 23
Mouth and Foot Painting Artists（簡稱MFPA）口足畫家 / 229, 232, 234-35
Mullins, Aimee 穆琳斯 / 8, 83, 103-07, 112, 324, 330
　"It's not fair having 12 pairs of legs"〈我有十二雙義肢〉/ 103
Murakami, Haruki 村上春樹 / 340

Sleep《睡》/ 340, 346, 350
Murray, Stuart 莫瑞 / 260-61, 272, 345
　The Robotics Revolution《機器人革命》/ 262-63, 277
　Peter 2.0: The Human Cyborg《我是賽博格：彼得 2.0》/ 261
　Peter 2.0 彼得 2.0 / 261-62
　Peter 3.0 彼得 3.0 / 261-62, 264-65, 271, 273, 277-78, 281-82, 284-85, 286-88, 290
　"Twenty-one Years Later"〈二十一年後〉/ 278-79
　"The Phoenix Pyre"〈浴火鳳凰〉/ 279
　"Rainbows and Ghosts"〈彩虹與魔鬼〉/ 267
　"Pleasure"〈歡愉〉/ 283
　"Salania"〈薩拉尼亞〉/ 286
　Symphony from the Dark Void《黑暗虛空交響曲》/ 295
　Metamorphosis《蛻變》/ 295
　The Unwritten Rules of the Game《遊戲的潛規則》/ 263
Musk, Elon 馬斯克 / 258

N

Nash Gemma 納許 / 199-200
　"Hanging in the Balance"〈懸而未決〉/ 199
Neoliberalism 新自由主義 / 7, 13-14, 22, 40, 43, 53, 185, 329, 339, 341-43, 345-48, 351, 361
New Realism 新寫實主義 / 14, 96-98, 297
Newell, Alan 紐厄爾 / 311
Nixon, Rob 尼克森 / 36-37, 40, 42-44, 48, 51, 53
　Slow Violence and the Environmentalism of the Poor《慢性暴力與窮人的環保主義》/ 36

O

odor poetics 氣味詩學 / 353
one and only 不二概念 / 13
opacity 不透明性 / 207, 212, 214, 223

Orlan 歐蘭 / 210-12
Overboe, James 奧弗伯 / 19-21, 352-54
Orwell, George 歐威爾 / 362-63

P

paradigm shift 典範轉移 / 3, 11, 14, 17, 349
Peng, Xiong-fang 彭瓊芳 / 67, 73
Penrose, Roger 潘洛斯 / 401
Penwarden, Charles 潘沃登 / 202, 203
People with Disabilities Rights Protection Act《身心障礙者保護法》/ 142, 149, 166
Petryna, Adriana 派翠娜 / 51
Pietà 聖殤像 / 186-188
Pistorius, Oscar 皮斯托利斯 / 107
PM 2.5 懸浮微粒 / 73-74
Poliomyelitis 脊髓灰質炎（俗稱小兒麻痺症）/ 56, 58-59, 94, 129, 133, 140-42, 145, 204, 243, 306
Polychlorinated biphenyls 多氯聯苯 / 60-66, 72, 79
post humanism 後人類主義 / 14, 78, 98, 106, 261, 339, 356, 365-66, 403
Price, Janet 普萊斯 / 183, 351
prosthesis 假體或輔具 / 91-92, 131
Puar, Jasbir K. 普爾 / 338-39, 342
  The Right to Maim《肢解權利》/ 338
Pushkar, Dolores 普什卡 / 381

Q

Qi, Bo-lin 齊柏林 / 77
  Beyond Beauty: Taiwan from Above《看見台灣》/ 77
Quirouette, Cécile C. 奎魯埃特 / 381
quantum mechanics 量子力學 / 410

R

Radio Company of America（簡稱：RCA）台灣美國無線電公司 / 69-72, 79
Rain, The《雨》/ 246-47
Rain 2, The《雨 2》/ 246
Ratzka, Adolf 拉茨卡 / 168
Ray, Sarah Jaquette & Sibara, Jay 雷與西伯樂 / 28-29, 53
  Disability Studies and the Environmental Humanities: Toward an Eco-crip Theory《失能研究與環境人文學科：邁向生態失能理論》/ 28
Reeve, Donna 李馥 / 112-113, 323, 335
reterritorialization 再畛域化 / 182-83, 280
rice husk oil 米糠油 / 61-65
rhizome 根莖 / 15, 17-19, 121-22, 181-84, 193, 223-24, 273, 275-76, 278, 281, 288, 290-91, 336, 359, 365
Robertson, Ann 羅伯遜 / 384
Roets, Griet 羅茨 / 274-75
Ronsard, Pierre de Ronsard 洪薩 / 382-83
Rousso, Harilyn 露素 / 165
  Don't Call me Inspirational: A Disabled Feminist Talks Back《莫稱我具啟發性：失能女性主義者回嘴》/ 165
Russo, Mary 魯索 / 313
Roy, Arundhati 羅伊 / 43

S

Sabin, Albert 沙賓 / 56
Salk, Jonas 索爾克 / 56
Sartre, Jean-Paul 沙特 / 353, 373, 377
Serlin, David 瑟林 / 107, 356
Serres, Michel 塞荷 / 322
  Incandescent《白熾燈》/ 322
Shelley, Mary 雪萊 / 354
  Frankenstein《科學怪人》/ 354
Sienkiewicz-Mercer, Ruth 顯克微支-梅瑟 / 391
  I Raise My Eyes to Say Yes《我抬眼說是》/ 391
Smith, Daniel W. 史密斯 / 300-01
Smith, Marquard 史密斯 / 106
  "The Vulnerable Articulate"〈脆弱的發聲〉/ 106
Samuels, Ellen 薩繆爾斯 / 87
  Six Ways of Looking at Crip Time《六種看待可立時間的方式》/ 87
Sandahl, Carrie 桑達爾 / 86, 88, 234
Sandahl, Carrie & Auslander, Philip 珊埭及奧斯蘭朵 / 212

Bodies in Commotion《騷動的身體》/ 212
SARS 嚴重急性呼吸道症候群 / 57-59, 77
Shannon, Bill 香農 / 304
Shen, Ning-wei 沈寧衛 / 61, 68-69
Shildrick, Margrit 希爾德里克 / 17, 85, 123-24, 183, 276, 287-88, 324, 349-51
    Dangerous Discourse《危險論述》/ 85, 121, 123, 125, 183, 276-287, 289-90, 292, 325, 338-49, 352
Shonibare, Yinka 修尼巴爾 / 176, 194
Siebers, Tobin 西伯斯 / 86, 89, 93-94, 96-97, 99, 169, 175, 178, 184-85, 187, 193, 214, 226-27, 251-52, 297, 334-35
    "Disability in Theory"〈失能理論〉/ 89, 93, 175, 201, 297, 313, 335
    Disability Aesthetics《失能美學》/ 178, 187, 226, 252
    "Disability as Masquerade"〈失能之偽裝〉/ 86, 94
singularity 奇點 / 19-21, 338, 353-54
Sixth Sense in Performance Arts Festival 第六種官能表演藝術祭 / 235, 242, 245-47, 249
slash subjectivity 斜槓主體 / 5, 13-14, 113
Smit, Christopher B. 史密特 / 190-92
Sobchack, Vivian 索布查克 / 86, 87, 93, 103-04, 107-12
    The Address of the Eye《眼睛的地址》/ 86
    "What My Fingers Knew: The Cinesthetic Subject, or Vision in the Flesh"〈我的手指知道：電影審美主體或肉體中的視覺〉/ 86-87
    "A Leg to Stand on: Prosthetics, Metaphor, and Materiality"〈單腳站立：義肢、隱喻與物質性〉/ 104, 108, 110-11
Sontag, Susan 桑塔格 / 155, 188-90, 192
Sphinx 獅身人面 / 367, 415
Spinoza, Baruch de 史賓諾沙 / 12
Stelarc 史泰拉克 / 83, 210, 212
Stellman, S. & Stellman, J. 斯泰爾曼 / 37
Stiker, Henri-Jacques 史帝克 / 1, 338
Stone, Sharon-Dale 史東 / 381, 383-84, 386, 393
    "Disability, Dependence, and Old Age: Problematic Constructions"〈失能、依賴和老年：有問題的結構〉/ 381
Su, Shih 蘇軾 / 395
Sun, Hsiao-yu 孫小玉 / 158, 165
    《失能研究與生命書寫：失能女性之性／別、身體／政治、與詩／美學》/ 2, 10, 90
    〈再探健全至上主義：身體與空間的思辯〉/ 145
    "Prosthetic Configurations and Imagination: Dis/ability, Body, and Technology" / 107, 255
    "Reclaiming Disability: Chinese Cultures' Journey From Discrimination to Reform" / 127
    《雨後霓虹：失能者的生命故事》/ 127
Stiegler, Bernard 斯蒂格勒 / 301
Su, Shang-yu 蘇上雅 / 65
Summers, Lawrence 薩默斯 / 43-44
supercrip 非凡失能者 / 45, 48
Swinton, Tilda 斯溫頓 / 198
Sze, Julie 施 / 51

T

Tatsumi, Hijikata 土方巽 / 203-04, 206
Taylor, Sunaura 泰勒 / 38-39
    "Military Waste in Our Drinking Water"〈飲用水中的軍事廢料〉/ 38
technium 技術軀體 / 300
Theseus 特修斯 / 6
third rail identity 第三軌身分認同 / 335
Tin Woodman 錫樵夫 / 271-73, 277, 286, 292
tree 樹 / 15-19
Tsai, Chong-ron 蔡崇隆 / 63, 65
    《油症：與毒共存》/ 63, 65
Tsai, Mu-rong 蔡牧融 / 63
Tsai, Xiu-hui 蔡秀慧 / 305-07, 310
Tóth, László 托特 / 186
tripleostomy 三重造口手術 / 264
turn 轉向 / 3, 5, 12, 14, 23, 91, 99, 114, 125, 184, 223, 262, 265, 273, 291, 327, 348,

355, 403-04
Turns, Anna 特恩斯 / 35-36

U

uncertainty principle, the 不確定原理 / 410

V

Valéry, Paul 梵樂希 / 377
Vidali, Amy 維達利 / 353
Volatility 揮發性 / 66, 69, 209-10, 212
Voltaire（原名 François-Marie Arouet）伏爾泰 / 377
Vujicic, Nick 胡哲 / 385

W

Wade, Cheryl Marie 韋德 / 96-97
Wang, Chang-min 王昶閔 / 68
Wang, Wei 王維 / 379
Weir, Lucy 威爾 / 204
wheelchair dance 輪椅舞蹈 / 304-21, 323, 325
White Paper on Aging Society《高齡社會白皮書》/ 369, 392
Wills, David 威爾斯 / 98, 114
  Dorsality: Thinking Back through Technology and Politics《背向性：透過科技和政治進行反思》/ 98
Williamson, Aaron 威廉森 / 194, 215
Wilson, James C. 威爾森 / 259
Wonderful Wizard of Oz, The《綠野仙蹤》/ 271-73
World Health Organization (WHO) 世界衛生組織 / 28, 57, 67, 73, 167, 368, 392
Wu, Kai-lin 吳凱琳 / 74

X

Xie, Kun-shan 謝坤山 / 229

Y

Yan, Lian-ke 閻連科 / 9, 130
Yan, Zheng 嚴正 / 63
Yang, En-dian 楊恩典 / 229, 232-234
Yang, Ma-li 楊瑪利 / 68

Yi, Chun-Shan (Sandie) 易君珊 / 235, 237-42
Yoshizaki-Gibbons, Hailee 吉崎―吉本斯 / 371
  "Integrating Critical Disability Studies and Critical Gerontology to Explore the Complexities of Ageing with Disabilities" / 371
  "Engaging with Aging" / 372

Z

Zeng, Xin-yi 曾心儀 / 64
Zhan, Chang-xuan 詹長權 / 66
Zhang, Man-juan 張曼娟 / 369, 370
Zheng, Feng-xi 鄭豐喜 / 129, 298
  He Never Gives Up《汪洋中的一條船》/ 129
Zheng, Zi-qiang 鄭自強 / 306, 308, 310, 318
Zhuang zi 莊子 / 388, 396
zoe 自然生命 / 5, 8, 12, 365-66, 386